敦煌与丝绸之路文化，是西部这片热土所孕育出的灿烂杰作。如今随着考古发掘及文献释读的深入，研究新成果不断涌现，越来越多的学者对于敦煌与丝绸之路文化产生了浓厚的兴趣。已出版关于敦煌与丝绸之路文化的图书数以千计，并且每一时段都会有新的论著问世。“敦煌与丝绸之路学术文丛”就是在以往诸多学者研究成果的基础上，对学界关于敦煌与丝绸之路文化最新研究成果的一次梳理与总结。

敦煌与丝绸之路学术文丛

俄　军　杨富学　主编

俄　军　主编

丝绸之路文物考古研究

读者出版传媒股份有限公司
甘　肃　教　育　出　版　社

图书在版编目（C I P）数据

丝绸之路文物考古研究 / 俄军主编. -- 兰州 : 甘肃教育出版社, 2015.1
ISBN 978-7-5423-3448-0

Ⅰ. ①丝… Ⅱ. ①俄… Ⅲ. ①丝绸之路－历史文物－考古－研究 Ⅳ. ①K872.4

中国版本图书馆CIP数据核字(2015)第021466号

出 版 人：吉西平
项目负责：白　鑫
责任编辑：温亚莉　王露莹
封面设计：徐晋林

丝绸之路文物考古研究

俄　军　主编

甘肃教育出版社出版发行

（730030　兰州市读者大道 568 号）

www.gseph.cn　0931-8773056

兰州新华印刷厂印刷

开本 787 毫米×1092 毫米　1/16　印张 24.25　插页 4　字数 400 千

2015 年 10 月第 1 版　　2015 年 10 月第 1 次印刷

印数:1~1 000

ISBN 978-7-5423-3448-0　　定价:62.00 元

目　录

总 序

“丝绸之路”是古代中国走向世界之路。这条古老的商路在今天已成为历史的陈迹,但在几千年的历史长河中,却是中华民族得以向全世界展示其伟大创造力和灿烂文明的门户,也是古代中国文化得以与西方文化实现交流,成为相互影响、融合,共同促进人类文明进程的合璧之路。丝绸之路上传播的不仅是东西方的经济交流,更重要的是古代中国与其他国家、地区、民族之间物质文化和精神文化互相交往的产物,是东西文明相互撞击的结果,这才是丝绸之路的真正文化价值所在。丝绸之路上流动的是一种夹带着精神的物质,通过丝绸之路,中西文明第一次接触与交流,并在以后的交往进程中共同进步。季羡林先生曾言:“世界上历史悠久、影响深远的文化体系有四个,即中国、印度、希腊和伊斯兰文化。由于丝绸之路的影响,我国的敦煌和吐鲁番是这四大文化体系在全世界仅有的两个交汇点。从人类发展的愿景来看,对文化汇流的研究有其特殊的意义。目前研究这种汇流现象和汇流规律的地区,最好的、最有条件的恐怕就是敦煌和吐鲁番。”

敦煌、吐鲁番作为四大文明汇聚之地的代表,毋庸置疑。除此之外,长安、于阗、龟兹、楼兰、张掖、武威、天水、西宁、固原等地也都莫不以作为东西方文化的交汇之地而著称于世。穿越西北的丝绸之路不仅是重要商道,也是文化交流的通道。甘肃河西走廊作为丝绸之路上唯一不变的交通干道，也是丝绸之路历史遗存最典型、最丰富的地区。而地处丝绸之路咽喉的河陇地区则是中国传统文化“承前启后,继绝扶衰”之地,更是多种文化交融荟萃的枢纽。敦煌文献与石窟艺术、吐鲁番文书与石窟、居延汉简与悬泉汉简、黑水城文献、藏文文献等大量古代的文化遗存的相继发现都令世界震撼。丝路文化也逐渐成为中外文化交流中最为耀眼的部分，以致对其研究成为东方学诸多学科领域内最为突出的内容之一。

敦煌与丝绸之路文化，是甘肃这块贫瘠的土地所孕育出的灿烂杰作,是甘肃历史悠久、文化厚重的真实写照,也是对甘肃历史文化地位和特色的最好诠释。甘肃作为中华文明的重要发祥地、中西文化交汇的要道和各民族交融的前沿地带,必将对中华民族文化的传承创新和发展起到重大的推动作用和深远的影响。如今随着考古及文献的不断发掘,越来越多的学者对于敦煌与丝绸之路文化产生着浓厚的兴趣，在国内外学者的努力耕耘下,获得了相当丰硕的研究成果。截止目前,有关敦煌与丝绸之路文化方面出版的图书数以千计,而且研究范围正日益扩大,每一时段都会有新的学术成果涌现。

甘肃学术资源丰富,然而就其在国际学术界的影响而言,无疑应首推敦煌学、丝绸之路史和少数民族历史文化,三者可并称为拉动甘肃学术研究走向世界的“三驾马车”。甘肃教育出版社长期以来一贯坚持“立足本地,传承文化,追求特色,出版精品”的原则和方针,先后推出了大量优秀的敦煌学、丝绸之路史和少数民族历史文化方面的研究著作,引起了国内外学术界的广泛关注与推重。这套“敦煌与丝绸之路学术文丛”的策划与出版,正是该社突出“敦煌文化”与“丝路研究”主导思想的具体体现,这些选题又都和丝路沿线纷繁复杂的民族历史文化问题息息相关。

“敦煌与丝绸之路学术文丛”是一套综合性学术研究丛书,从不同方面探讨丝绸之路沿线历史、宗教、语言、艺术等文化遗存。和以往的有关丝绸之路文化方面的论著相比,本套丛书有自身个性,即特别注重西北少数民族文献与地下考古资料,在充分掌握大量最新、最前沿的研究动态和学术成果的基础上,在内容的选取和研究成果方面具有一定的权威性和前沿性。整套丛书也力求创新,注重学科的多样性和延续性,其中的各分册图书,在该学术研究领域都有一定的创新性。当然,这12册图书只是国内敦煌与丝路文化的部分成果,我们今后还将进一步通过出版续编的方式逐步完善,竭诚欢迎各位同仁的参与、批评与指正。

文丛的作者,既有成就卓著的老专家,也有青年才俊,更多的则是在这一领域有着突出成就的中年学术骨干。本丛书从策划到编辑,得到了诸位作者的大力支持与协助,从完善书稿到认真校对,都付出了不少辛劳,从而保证了书稿的写作质量和出版质量,在此致以由衷的感谢。

此外，不少年轻人，如甘肃省博物馆的赵天英，敦煌研究院民族宗教文化研究所的彭晓静、王东、张海娟，甘肃省社会科学院历史研究所的李志鹏以及兰州大学和西北民族大学的研究生俄玉楠、史淑琴、阿尔斯兰、史亚军等都参与了本丛书的具体工作，孜孜矻矻，乐此不疲，保证了丛书编纂工作的顺利完成，这里致以深深的谢意。

俄军　杨富学

2014 年元旦

甘肃省博物馆藏敦煌藏文文献补录

俄　军

甘肃省博物馆成立于1939年1月，以收藏新石器时期彩陶、简牍文书、佛教艺术品为馆藏三大特色，同时收藏由各界人士捐赠或征集的敦煌文献，包括汉文写经和藏文写经，汉文写经138件，已在2000年6月《甘肃藏敦煌文献》以图片、题录的形式刊出①，兹不赘述。

甘肃省博物馆藏敦煌藏文文献的数量，以前公布为44卷②，其原因可能是将一部分非莫高窟藏经洞出土藏文文献也计算在内。真正出自莫高窟藏经洞的敦煌吐蕃文献应该是36件（号）。2003年，兰州大学敦煌学研究所博士研究生黄维忠与我馆王南南同志合作，将其中24件以《甘肃省博物馆所藏敦煌藏文文献叙录（上）》的形式在《中国藏学》2003年第4期予以刊布③。但还有12件一直没有进行整理。2005年3月以来，敦煌研究院文献研究所与我馆合作，对这部分文献进行重新整理并做出较为详细的编目。参加这次整理工作的有敦煌研究院文献所马德、邰惠莉、张延清、勘措吉，我馆俄军、王南南、孔德众、班睿等。现将另12件再行刊布。

这12件写本中，有社会文书3件，其中《国家福田道场祈愿文》具有极高的史料价值。甘肃省博物馆将对这3件文书做更深的研究。

本目录编写过程中得到敦煌研究院文献研究所所长马德研究员、邰惠莉副研究员的指导和帮助，张延清、勘措吉提供藏文转写和相关汉译资料。谨此说明并致谢忱。

甘博·T.2478 tshe dpag du myed pa zhes bya ba theg pa chen povi mdo——大乘无量寿宗要经。

现状：麻纸，卷轴装。长130厘米，宽31厘米。天头2.5厘米，地脚3厘米。单纸长4厘米，共3纸，隔栏宽1.8厘米，行距1.5厘米，栏19行，抄

①段文杰主编《甘肃藏敦煌文献》，甘肃人民出版社，2000年。

②季羡林主编《敦煌学大辞典》河西吐蕃藏文写本条，上海辞书出版社，1998年。

③黄维忠、王南南《甘肃省博物馆所藏敦煌藏文文献叙录（上）》，《中国藏学》2003第4期。

写 1 遍，首尾完整。卷面有水渍，经文有朱笔修改痕迹。

首题：rgya gar skad du a pa rI mi ta a yur na ma ma ha ya na su trav——梵语名：大乘无量寿宗要经；bod skad du tshe dpag du myed pa zhes bya ba theg pa chen povi mdo——藏语名：大乘无量寿宗要经。

尾题：tshe dpag du myed pa zhes bya ba theg pa chen povi mdo rdzogs so——大乘无量寿宗要经终

题记：brtan legs bris/dge slong shin dar zhus/leng cevu yang zhus/cI keng sum zh us——端勒抄，比丘辛达儿校，林照二校，吉刚三校。

甘博·T.1046 tshe dpag du myed pa zhes bya ba theg pa chen povi mdo——大乘无量寿宗要经

现状：卷轴装。长 389 厘米，宽 31 厘米，由 7 纸、3 半纸、1 小半纸粘接。藏文粘接比较零乱，其中第 1 半纸长 9.5 厘米，倒贴，为经文末页，尾全，有题记；第 2 半纸长 21 厘米，首尾缺；第 3 半纸长 27 厘米，跟粘接经文相续，尾全，有题记；卷末粘接小半纸，长 17 厘米，书校经人朱笔题记。

甘博·T.10461a，半纸，倒贴。尾全，无尾题，有题记。

题记：bam kong gis bris——氾贡（勒？）抄

甘博·T.10461b，一纸，首缺尾全，有尾题、题记。

尾题：tshe dpag du myed pa zhes bya ba theg pa chen povi mdo rdzogs so——大乘无量寿宗要经终

题记：mal gzigs kong gis bris——玛息贡抄。

甘博·T.10461c，半纸，首尾缺。

甘博·T.10461d，一纸，首尾缺。

甘博·T.10461e，两纸，首全尾缺，有首题。

首题：rgya gar skad du a pa rI mi ta a yur na ma ma ha ya na su trav——梵语名：大乘无量寿宗要经；bod skad du tshe dpag du myed pa zhes bya ba theg pa chen povi mdo——藏语名：大乘无量寿宗要经。

甘博·T.10461f，首尾全，三全纸加两半纸。有朱笔校改痕迹。

首题：rgya gar skad du a pa rI mi ta a yur na ma ma ha ya na su tra——梵语名：大乘无量寿宗要经；bod skad du tshe dpag du myed pa zhes bya ba theg pa chen povi mdo——藏语名：大乘无量寿宗要经。

尾题：tshe dpag du myed pa zhes bya ba theg pa chen povI mdo

rdzogs so——大乘无量寿宗要经终

题记:brtan legs bris/dge slong shi (n dar) zhus/dge slong dam tshong gi yang zhus/ce king gis sum zhuso——端勒抄,比丘辛(达尔)校,比丘达木宗二校,吉刚三校。

甘博·T.10461V1:汉文《御制古佛菩萨舍经》。

甘博·T.10461V2:小半纸后汉文"贞观六年虔敬"及长方形"三界寺藏经"印。

按:甘博·T.10461 背面的经文及纪年、藏经印均系后世伪造。

甘博·T.10490 tshe dpag du myed pa zhes bya ba theg pa chen povi mdo——大乘无量寿宗要经。

现状:卷轴装。长 153.5 厘米,宽 31.5 厘米,存 3.5 纸,7 栏,每栏 19 行。天头 2.2 厘米,地脚 2.5 厘米,每纸长 45 厘米,高 31.3 厘米。乌丝栏高 1.3~1.4 厘米,长 19.5~19.8 厘米。抄写 1 遍,首尾完整,有题记。第 4~7 栏均有大小不等的水渍。

首题:rgya gar skad du/a pa rI mi ta/a yur/na ma ma ha ya na su tra/——梵语名:大乘无量寿宗要经;bod skad du tshe dpag du myed pa zhes bya ba theg pa chen povi mdo——藏语名:大乘无量寿宗要经。

尾题:tshe dpag du myed pa zhes bya ba theg pa chen povI mdo rdzogs so——大乘无量寿宗要经终。

题记:g·yu rton brIs/dge slong leng cevu zhus/cI keng yang zhus/shIn dar sum zhus——野东抄,比丘林照校,吉刚二校,辛达尔三校。

甘博·T.10551mo vdebs yi ge——占卜书(拟题)。

现状:黄麻纸,长 72 厘米,高 24.7 厘米,首残。

正面藏文占卜书(原文略)。背面汉文为玄奘译《大般若波罗蜜多经卷第二百七十六·初分难信解品第三十四之九十五》经文片断,参见《大正藏》第六册第 399 页。

甘博·T.10556 smon tshig——国家福田道场祈愿文(拟)

现状:长 50 厘米,高 8.5 厘米;长条单栏,双面横写,正面 7 行,背面 6 行。

原文(略)

甘博·T.10558 sngags kyi cho ga——仪轨书(拟)

现状:白麻纸,高 32.2 厘米,宽 29.5 厘米。

(原文)略

甘博·T.13090 tshe dpag du myed pa zhes bya ba theg pa chen povi mdo——大乘无量寿宗要经

现状:麻纸,卷轴装。长 178 厘米,宽 31 厘米。天头 2.2 厘米,地脚 3.1 厘米。单纸长 4.5 厘米,共 4 纸,隔栏宽 1.5 厘米。栏高 1.5 厘米,栏 19 行;抄写一遍,首尾完整,有题记。第 1 纸第一栏空白;有朱笔校改痕迹。卷尾有"敦煌县政府印",正方形 6.7 平方厘米。

首题:rgya gar skad du a pa ri mi ta a yur na ma ma ha ya na su trav——梵语名:大乘无量寿宗要经;bod skad d u tshe dpag du myed pa zhes bya ba/theg pa chen povi mdo——藏语名:大乘无量寿宗要经。

尾题:tshe dpag du myed pa zhes bya ba theg pa chen povi mdo rdzogs svo——大乘无量寿宗要经终

题记:thong thong bris svo/shes rab zhus/dzeng thevI yang zhus/jI ain sum zhus——东东抄,喜然木校,曾泰二校,吉文三校。

甘博·T.13102 tshe dpag du myed pa zhes bya ba theg pa chen povi mdo——大乘无量寿宗要经

现状:麻纸,卷轴装。长 139 厘米,宽 32 厘米。天头 3 厘米,地脚 3.2 厘米。单纸长 40.5 厘米,共 3 纸,隔栏宽 1.4 厘米。栏高 1.6 厘米,栏 19 行。抄写一遍,首尾完整,有题记。后粘接有汉文经文无量寿经,经文中间杂有梵文咒语,用藏文标音。属印刷品。不记在总长之内。白麻纸,长 51 厘米,高 32 厘米。跟甘博·T.13103 后接印刷品完全相同。

首题:rgya gar skad du a pa rI mi ta a yur na ma ma ha ya na su trav——梵语名:大乘无量寿宗要经;bod skad du tshe dpag du myed pa zhes bya ba theg pa chen phovi mdo——藏语名:大乘无量寿宗要经。

尾题:tshe dpag du myed pa zhes bya ba theg pa chen phovi mdo rdzogs so——大乘无量寿宗要经终

题记:khong dge legs gis bris/phab dzang zhus/phab cI yang zhus/dpa1 mchog sum zhus——孔格勒抄,帕布藏校,帕布吉二校,贝却乎三校。

甘博·T.13103 tshe dpag du myed pa zhes bya ba theg pa chen

povi mdo——大乘无量寿宗要经

现状:麻纸,卷轴装。长 133.5 厘米,宽 31 厘米。天头 3 厘米,地脚 2.7 厘米。单纸长 4 厘米,共 3 纸,隔栏宽 1.6 厘米。栏高 1.4 厘米。栏 19 行。抄写一遍,首尾全,无尾题,有题记。卷面有两处小洞。后粘接有汉文经文无量寿经,中间有梵文咒语,用藏文标音。属印刷品。不记在总长之内。长 51 厘米,高 32 厘米。跟甘博·T.13102 后接印刷品完全相同。

首题:rgya gar skad du a pa rI mi ta a yur na ma ma ha ya na su trav——梵语名:大乘无量寿宗要经;bod skad du tshe dpag du myed pa zhes bya ba theg pa chen povi mdo——藏语名:大乘无量寿宗要经。

题记:khri brtsan gis bris——赤赞抄。

甘博·T.20897 tshe dpag du myed pa zhes bya ba theg pa chen povi mdo——大乘无量寿宗要经

现状:麻纸,卷轴装。长 180 厘米,宽 31.5 厘米。天头 2.7 厘米,地脚 3 厘米。单纸长 45.2 厘米,共 4 纸,隔栏宽 1.5 厘米。行距 1.4 厘米,栏 19~20 行。抄写一遍,首尾完整,有题记。页面有油渍。第一栏空白。

首题:rgya gar skad du a pa ri mi ta a yur na ma ma ha ya na su trav/aom——梵语名:大乘无量寿宗要经,嗡(六字真言第一字);bod skad du tshe dpag du myed pa zhes bya ba theg pa chen povi mdo——藏语名:大乘无量寿宗要经。

尾题:tshe dpag du myed pa zhes bya ba theg pa chen povi mdo rdzogs sho——大乘无量寿宗要经终

题记:an dge brtan gyis bris/phab dzang zhus/phab cI yang.zhus/dpal mchog sum zhus——安格端抄,帕布藏校,帕布吉二校,贝却乎三校。

甘博·T.20898 tshe dpag du myed pa zhes bya ba theg pa chen povi mdo——大乘无量寿宗要经

现状:麻纸,卷轴装。长 13.43 厘米,宽 31.2 厘米。天头 2.2 厘米,地脚 3.2 厘米。单纸长 45.5 厘米,共 30 纸,隔栏宽 1.4 厘米。栏高 1.6 厘米,栏 19~20 行。为同一人抄写 10 遍,首尾均完整,有抄写人题记。

甘博·T.20898a,首尾完整。

首题:rgya gar skad du a pa ri mi ta/a yur na/ma ma ha ya na su trav/——梵语名:大乘无量寿宗要经;bod skad du tshe dpag du myed pa zhes bya ba theg pa chen povi mdo——藏语名:大乘无量寿宗要经。

尾题:tshe dpag du myed pa zhes bya ba theg pa zhen povi mdo rdzogs so——大乘无量寿宗要经终

题记:gzangs lha stos bris——桑拉堆抄。

甘博·T.20898b,首尾完整。

首题:rgya gar skad du a pa ri mi ta a yur na ma ma ha ya na su tra——梵语名: 大乘无量寿宗要经;bod skad du tshe dpag du myed pa zhes bya bav/theg pa chen povi mdo rdzogs so——藏语名: 大乘无量寿宗要经。

尾题:tshe dpag du myed pa zhes bya ba/theg pa chen povi mdo rdzogs so——大乘无量寿宗要经终

题记:gzangs lha stos bris——桑拉堆抄。

甘博·T.20898c,首尾完整。

首题:rgya gar skad du a pa ri mi ta a yur na ma ma ha ya na su trav——梵语名:大乘无量寿宗要经;bod skad du tshe dpag du myed pa zhes bya ba/theg pa chen povi mdov——藏语名:大乘无量寿宗要经。

尾题:tshe dpag du myed pa zhes bya ba/theg pa chen povi mdo rdzogs so——大乘无量寿宗要经终

题记:gzangs lha stos brIs——桑拉堆抄。

甘博·T.20898d,首尾完整。

首题:rgya gar skad du a pa rI mi ta/a yur na/ma ma ha na ya/su tra——梵语名: 大乘无量寿宗要经;bod skad du tshe dpag du myed pa zhes bya ba/theg pa chen povi mdo——藏语名:大乘无量寿宗要经。

尾题:tshe dphag du myed pa zhes bya ba/theg pa chen povi mdo rdzogs so——大乘无量寿宗要经终

题记:gzangs lha stos bris——桑拉堆抄。

甘博·T.20898e,首尾完整。

首题:rgya gar skad du a pa rI mi ta/a yur na ma ma ha ya na su tra——梵语名: 大乘无量寿宗要经;bod skad du tshe dpag du mye dpa zhes bya ba/theg pa chen povi mdov——藏语名:大乘无量寿宗要经。

尾题:tshe dphag du myed pa zhes bya ba theg pa chen povI mdov

rdzogs so——大乘无量寿宗要经终

题记：gzangs lha stos bris——桑拉堆抄。

甘博·T.20898f，首尾完整。

首题：rgya gar skad du a pa ri mi ta/a yur na ma ma ha ya na su trav——梵语名：大乘无量寿宗要经；bod skad du tshe dphg d u myed pa zhes bya ba theg pa chen povi mdo——藏语名：大乘无量寿宗要经。

尾题：tshe dphag du myed pa zhes bya ba/theg pa chen povi mdov rdzogs so——大乘无量寿宗要经终

题记：gzangs lha stos bris——桑拉堆抄。

甘博·T.20898g，首尾完整。

首题：rgya gar skad du a pa ri mi ta/a yur na/ma ma ha ya na/su tra——梵语名：大乘无量寿宗要经；bod skad du tshe dphag du myed pa zhes bya bav/theg pa chen povi mdo——藏语名：大乘无量寿宗要经。

尾题：tshe dphag du myed pa zhes bya ba theg pa chen povi mdov rdzogs so——大乘无量寿宗要经终

题记：gzangs lha stos bris——桑拉堆抄。

甘博·T.20898h，首尾完整。

首题：rgya gar skad du a pa ri mi ta/a yur na ma ma ha ya na su tra——梵语名：大乘无量寿宗要经；bod ska du tshe dphag du myed pa zhes bya bav/theg pa chen povi mdo——藏语名：大乘无量寿宗要经。

尾题：tshe dphag du myed pa zhes bya ba/theg pa chen phovi mdov rdzogs so——大乘无量寿宗要经终

题记：gzangs lha stos bris——桑拉堆抄。

甘博·T.20898i，首尾完整。第三纸第一栏第四行中间有刮削修改痕迹。

首题：rgya gar skad dua pa ri mi ta/a yur na/ma ma ha ya na/su tra——梵语名：大乘无量寿宗要经；bod skad du tshed phag du myed pa zhes bya ba/theg pa chen povi mdov——藏语名：大乘无量寿宗要经。

尾题：tshe dphag du myed pa zhes bya bav/theg pha chen phovI mdov rdzogs so——大乘无量寿宗要经终

题记：gzangs lha stos bris——桑拉堆抄。

甘博·T.20898j,首尾完整。第三十纸第二栏背面有藏文“sum cu”—三十,应指纸张数量。

首题:rgya gar skad du a pa rI mi ta/a yur na/ma ma ha ya na su tra——梵语名:大乘无量寿宗要经;bod skad du tshe dpag du myed pa zhes bya ba theg pha chen povi mdov——藏语名:大乘无量寿宗要经。

尾题:tshe dphag du myed pa zhes bya ba/theg pa chen povi mdov rdzogs so——大乘无量寿宗要经终。

题记:gzangs lha stos bris——桑拉堆抄。

甘博·T.30193 tshe dpag du myed pa zhes bya ba theg pa chen povi mdo——大乘无量寿宗要经。

现状:麻纸,卷轴装。长 132.2 厘米,宽 31 厘米。天头 2.9 厘米,地脚 2.6 厘米。单纸长 43.5 厘米,共 3 纸,隔栏宽 1.2 厘米。栏高 1.5 厘米,栏 19 行。抄写一遍。说明:首尾完整,有题记。

首题:rgya gar skad du a pa ri mi ta/a yur na ma ma ha ya na su tra——梵语名:大乘无量寿宗要经;bod skad du tshe dpag du myed pa zhes bya ba theg pa chen povi mdos——藏语名:大乘无量寿宗要经。

尾题:tshe dpag du myed pa zhes bya ba theg pa chen povi mdo rdzogs svo——大乘无量寿宗要经终。

题记:stag lod gyi bris——都罗抄。

(本文原载:《敦煌研究》2006 年第 3 期)

甘肃省博物馆馆藏西夏文献述略

俄　军

西夏享国190年，主体民族是党项羌，境内还有汉、吐蕃、回鹘、契丹等民族，形成党项民族和汉、藏、回鹘等民族融汇的西夏文化。西夏正式立国前夕创制了记录西夏主体民族党项羌语言的文字，当时称为"蕃文"，后世称为西夏文。其字体仿汉字结构和笔画，是表意文字，乍看似汉字，细看无一字与汉字相同。西夏文随着西夏的灭亡而逐渐消亡，明、清时期已降为无人可识的死文字。一百年前世上没有一本西夏文书籍。由于西夏历史没有正史可循，汉文史料又极其匮乏，使西夏在今人眼中成为充满美丽传说的神秘王国，西夏王朝的真实面目无法揭开，史叹千古之谜！

近百年来随着西夏文文献的不断出土，给西夏研究带来转机，对西夏文字的破译和解读，西夏文献的整理、修复，以及对西夏历史的研究起到决定性的意义。

1908年，法国汉学家伯希和在敦煌莫高窟北区洞窟盗掘文物，其中有西夏文文献200件，现藏于法国巴黎国立图书馆。

1909年俄国科兹洛夫率领的探险队在中国黑水城遗址(今属内蒙古自治区额济纳旗)发现大批文献和文物。其中以西夏文文献最多，长期封藏于俄国圣彼得堡东方学研究所。

英国人斯坦因、瑞典人斯文赫定都从中国获得数量不等的西夏文文献。

1917年宁夏灵武县知事余鼎铭修城时，于城墙内掘获出土两大箱西夏文文献，1929年大部分文献运至北京图书馆（今中国国家图书馆)入藏，少部分辗转传藏于甘肃、宁夏，一部分流失于日本。

1941年至1943年间，张大千在敦煌莫高窟工作，在北区洞窟挖掘出文物，其中有西夏文文献，现分别藏于日本天理大学附属天理图书馆和美国普林斯顿大学葛斯德图书馆。

1952年以来，在甘肃省武威天梯山石窟、武威县张义公社小西沟岘、永靖县炳灵寺石窟、"文革"初期从"破四旧"书堆中先后发现西夏文文献，现保存于甘肃省博物馆。

1959年至2002年，敦煌莫高窟多次发现西夏文献，现收藏于敦煌研究院考古研究所。

1991年在宁夏贺兰山拜寺沟发现一批西夏文献，现保存于宁夏考古研究所。

1990年，在内蒙古额济纳旗绿城寺庙遗址发现一批重要的西夏文献，现分别保存于内蒙古博物馆和额济纳旗文物管理所。

此后又陆续发现的西夏文献分藏于宁夏博物馆、甘肃武威博物馆、甘肃定西博物馆、陕西西安市文物局及新疆维吾尔自治区博物馆等地及个人如罗学樵、张思温先生家中。

上述分藏国内各地及个人的西夏文文献总计在一万面以上，皆为数百年前的珍贵古籍，世间稀有，至为珍贵，是具有民族和地域特色的皮藏。从文献文字上分为西夏文文献和汉文文献、藏文文献；文献内容除大量佛经外，还包括辞书、字典、医方、占卜辞、日历、题记、便条、请假条、欠款单、会款单、贷粮账、贷钱账、卖粮账、户籍文书、军抄装备文书、告牒、告状案、审案状等世俗文献；文献版本有写本、刻本，还有现存世界最早的木活字印本和泥活字印本。甘肃省博物馆所藏的西夏文献文物，虽然数量不是很多，但价值极高，有些文献甚至是国内外西夏藏品中的"唯一"或罕见珍品。

一、佛教典籍

1. 发现于天梯山石窟的佛教典籍

1952年，在甘肃武威天梯山石窟大佛洞发现一批西夏文文献，在千佛洞第七洞发现一件藏文文献。省文物管理委员会主任冯国瑞先生把它们分页粘贴在特制的本子上，编上号码保存，共有35页(有的略残)。这批文献是新中国成立以来我国西夏文物文献的首次重大发现。经翻译、研究，始知全是佛教典籍[①]，有墨写的发愿文、《妙法莲华经》和陀罗尼(佛教咒言)，更多的则是雕版印刷和活字版印刷的佛经，即《佛母大孔雀明王经》《大般若经》《圣胜慧到彼岸功德宝集偈》《圣观自在大悲心总持》《三胜

①陈炳应《天梯山石窟西夏文佛经译释》，《考古与文物》1983年第3期。

之说缘》等。

因为在《圣胜慧到彼岸功德宝集偈》的经名之下，标有西夏皇帝的尊号——“奉天显道耀武宣文圣智惇睦懿恭皇帝”，可知是西夏第五位皇帝仁宗嵬名仁孝的尊号，但它比其他西夏文佛经刊载的仁宗尊号少了“神谋”和“制义去邪”六字①。据《宋史·夏国传》和《西夏书事》记载：夏仁宗(1139—1193 年)于宋绍兴九年(1139 年)六月继位，十一年(1141 年)八月，“群臣上仁孝尊号‘制义去邪’”。绍兴二十年十二月癸卯，因白虹贯日，金国皇帝诏夏仁宗去其尊号，但到次年九月，夏仁宗遣使至金国，表请不去尊号②，可见，夏仁宗并未因宗主国金国皇帝的诏命而去掉或改变自己的尊号；夏仁宗即位头三年的尊号没有“制义去邪”四字，这样便可判定：天梯山石窟这批西夏文佛经(至少是其中的一部分)刊印的时间是 1139 年 6 月—1141 年 8 月间③。

天梯山石窟这批佛经有着极为重要的学术价值。其中有几件特别重要，如发愿文《圣胜慧到彼岸功德宝集偈》《圣观自在大悲心总持》和译自藏文的西夏文《佛母大孔雀明王经》等，使我们有许多重要的发现，那就是：武威天梯山石窟是我国早期的著名石窟之一，历代香火不断，到西夏时期，同样受到高度重视，有法师高僧住持，有党项、吐蕃、汉族、印度僧人共同生活，翻译、刊布、流传过不少西夏文、藏文、汉文、梵文佛经，应是西夏的佛教圣地之一。西夏译经的蓝本是多元的，有汉、藏、梵文，可能还有回鹘文的。经研究，西夏文《佛母大孔雀明王经》译自藏文本，它比国家图书馆收藏的同一部佛经更为精确，如把“种咒”全部改为“明咒”，充分体现了天梯山石窟西夏文佛经的精确程度。此外，与宋版书同时代的这批西夏文雕版佛经，版本大小、格式多种多样，刻工精细，文字秀美，是研究古代版本的珍贵资料。有的雕版佛经的空白处，增添了版画“小沙弥绘花供养图”，很有生活情趣，也是其他佛经上罕见的。特别是《圣胜慧到彼岸功德宝集偈》《圣观自在大悲心总持》乃迄今所知最早的活字印刷作品④，弥足珍贵。

2. 武威张义修行洞遗址出土的佛教典籍

1972 年 1 月，甘肃省武威县张义公社的农民在山区小西沟岘挖药材

① 这个尊号的全称是“奉天显道耀武宣文神谋圣智制义去邪惇睦懿恭皇帝”。

②《金史·变聘表》。

③ 陈炳应《天梯山石窟西夏文佛经译释》，《考古与文物》1983 年第 3 期。

④ 陈炳应《西夏人对活字印刷术的杰出贡献》，《陇右文博》2005 年第 2 期。

五灵脂时,发现一批西夏文物文献,近百件[①],是新中国成立以来我国发现的第一个西夏遗址和第二批珍贵的西夏文物,包括世俗文献、生产生活用品、佛教典籍和文物。

佛教典籍部分有雕版印刷佛经,如《佛说观弥勒菩萨上生兜率天经》、千佛名经和发愿文等。发现两个珍贵的西夏年号——“天盛”(1149—1169年),“乾祐十六年”(1185年)。而《佛说观弥勒菩萨上生兜率天经》的纸质非常好,在地下埋藏八九百年后仍很洁白、柔软,雕版精细,书法精美,非民间印刷品可比,应该就是文献记载夏仁宗时一下子刊印10万册的那部“上生经”。

墨书西夏文佛经有:圣观自在菩萨说法和称颂圣观自在菩萨的偈颂、《文殊师利行愿经》《妙法莲华心经》等,这里也有一个西夏年号“天盛己巳元年(1149年)七月二十日”,对于这批文物的断代颇为重要。

上述佛教文献文物和大量汉文、西夏文文书的发现,充分说明这个地区当时有汉、党项、吐蕃(藏)等多民族成分聚居、和睦相处,并且这里的佛事活动相当兴盛。

3. 发现于炳灵寺石窟佛教典箱

在甘肃永靖炳灵寺石窟发现11件墨写行草书体的西夏文陀罗尼和1件墨写正书体藏文陀罗尼,分别写在黄麻纸和白麻纸上。它们分属于三种陀罗尼(佛教咒言),特别珍贵的是西夏文中的一类陀罗尼(6件)与藏文陀罗尼的内容基本上相同。因为西夏文是表意文字(或称为音意文字),不是拼音文字,是早已不用的死文字。而用以标音的汉字应是唐宋时期的西北方音,与今天的读音不尽相同,所以,仅用汉字标音难以准确拟定西夏文的音读。而藏文是拼音文字,虽然其音读也有时代、地区的不同变化,但其标音能够比较切近西夏字的音值,是研究西夏语音的重要资料。所以,当在俄罗斯发现我国黑水城出土的一件夏、藏文对音的佛经时,立刻被视为珍品加以研究。现在,炳灵寺发现的夏、藏文对音陀罗尼,也具有同样重要的价值。初步看来,炳灵寺发现的这些夏、藏文陀罗尼,对于研究西夏语鼻韵尾的有无、强弱,同类辅音的变化,不同类辅音的通转,元音的变化等,具有重要的价值[②]。

4. 从“破四旧”书堆中捡到的佛教典籍

1966—1967年“文革”初期“破四旧”运动中,兰州市有些单位把收缴

①甘肃省博物馆《甘肃武威发现一批西夏遗物》,《考古》1974年第3期。
②陈炳应《珍贵的西夏语音材料》,《民族语文》1987年第4期。

的古书刊、书画交到博物馆，胡乱堆放在我馆食堂后面一间仓库的空地上，被我馆西夏学专家陈炳应先生发现、捡出，并毫无保留地交给历史部库房登记珍藏。经研究，这是西夏文《大方广佛华严经》中的一册，而且是极为罕见的早期木活字版印本。

二、世俗文献

主要出土于武威张义小西沟岘西夏修行洞，有官府文书、会款单、欠款条、占卜辞、历日、医方和社会教育读物《四言杂字》等，都是国内西夏藏品中极为罕见的，品类又多，对研究西夏社会历史具有相当重要的价值。

1. 官府文书

有8件，其中汉文5件，西夏文3件。例如：有一件下级给上级的布告(残)，墨书汉文行书体："……者……右谨具申……西路乐府口勾官所……光定二年九月日监乐官府……监乐官府……礼。"虽然只存一二十个字，但有明确纪年"光定二年"，即1212年，是西夏第八位皇帝夏神宗的年号之一。特别是文书中提到"西路""乐府口勾官所""监乐官"等，都是史籍缺载的，对于研究西夏的行政建制、官制和音乐制度等都很重要。

有一件(两残片)是请假条，墨书汉文行书体，残存的内容是："今申本卡先差司吏高践苟一名本人告称或有……遣及诸处驱赶请假今日下见……患伤寒行履不能本卡并无□□手力不……乐人…… 惜…… 文目行送之……"。其中，"卡"的建制，史籍罕见；"伤寒"病的名称及其症状对考定出土的西夏文医方有参考价值；请假条更是国内外西夏藏品中极为罕见的。

2. 会款单和欠款条

会款单为墨书行草体西夏文，内容是：天庆虎年正月十五日，有10位西夏人聚会，各交50钱或100钱、150钱，共计750钱，"入于众钱中"。干什么用的没有说明。但从"入于众钱中"一句可知，有可能是大家凑钱共做佛事功德，随个人的财力、心愿施舍。也可能是民间互助会性质，平时大家凑份子，谁有困难，可从会中获得帮助。时代明确，是天庆虎年，即1194年，为夏桓宗统治时期，距离西夏亡国只有三十几年。

欠款条是墨写行书体汉文，残存两行：李伴初欠钱叁吊伍佰文，"刘的欠钱贰吊贰佰伍拾文”。

上述会款和借钱,都是民间行为,但有两点值得注意。其一,从会款单10 个人的姓氏看,有 8 位是西夏主体民族党项人,两位是其他少数民族之人。而欠款条中借款人的姓名则显示他们是汉人,这就说明,当时这里为多民族聚居区。遗址中发现的西夏文、汉文、藏文文书、佛经并存,也说明这个问题。其二,佛事施舍或互助、借贷,都用钱币,而非实物,说明当时武威地区货币经济比较发达,这与其所处丝绸之路要道,开发早、商品经济发达是密切相关的。这在有关资料中也有明确记载。例如西夏碑的碑铭就记载:“况武威当四衢地,车辙马迹,辐凑交会,日有千数。”《马可·波罗行纪》记载:凉州“居民是商贾工匠”等等。

3. 占卜辞

两件,都是墨书西夏文行草书体。译文分别是:“卯日遇亲人、辰日买卖吉巳日□□□午日求财顺未日出行恶申日万事吉酉日遇于贼戌日有倍利亥日有喜事……月□头□吉日”。“寅后变甲时安巳后日变口时安申后日变庚时安亥后日变壬时安月日长星……五……月……土……”。

西夏主体民族党项羌人原来信奉的是原始的多神教,即信奉天、地、祖先和各种神灵,史籍有明确记载,如《隋书· 党项传》载:“三年一聚会,杀牛羊以祭天。”《梦溪笔谈》载:“其俗,所居正寝,常留中一间,以奉鬼神,不敢居之,谓之‘神明’,主人乃坐其旁。” 西夏文《圣立义海》记载:“七月十五日,□□报父母之恩,供神石,设具场,乃众神会聚之日也。”因而其占卜方法也是原始的,别具特色。据《辽史·西夏外纪》记载: 其占卜方法主要有四种: 一是“勃焦”,就是用艾草熏灼羊胛骨,以灼裂的纹路来判断吉凶祸福。二是“擗算”,即在地上劈竹子,最后计算竹片的数量以定吉凶。三是“咒羊”,晚上牵来一只羊,焚香、烧谷祷祝,第二天一早,剖开羊肚子,看其肠胃是否通畅。通畅则吉利;若羊心上有血,则是凶兆。四是“矢击弦”,即用箭敲击弓弦,听其声音,以判断吉凶,这主要用于判断军事行动的胜败。此外,党项人还有“野立卜石念秘咒”的石卜,根据乌鸦叫声占卜的乌卜,根据星象和云彩颜色占卜的星云卜等等[①]。后来,汉族的占卜方法也传入西夏,成为西夏人重要的占卜方法,西夏人自己也撰写了《周易卜筮断》等书。上述两件占卜辞就是汉族占卜方法的体现,它是我国传统的干支纪日法和推算法的运用,毫无党项人原始占卜方法的特点。这两件

①陈炳应《西夏文物研究》,宁夏人民出版社,1985 年;陈炳应《西夏谚语》,山西人民出版社,1993 年。

占卜辞的价值还在于,它有助于我们研究西夏社会的某些问题。例如,第一件残存8日的卜辞,其中求财的就占3日,其他事项的各只占1日,可见西夏人重视经商、发财和“以富为贵,以贫为丑”的心理。

4. 曆日

表格式,墨书汉文楷书体,残存七个月(七行)的上截部分六栏。

根据上述每月的大小和朔日干支,可以推断出这是乙丑年(1145)年的曆日,即西夏人庆二年。

党项人原来只是“候草木以记岁时”,北周时开始传入中原的曆法知识[①]。此后,中央王朝的曆日和推算技术不断传播给党项人和西夏王国,西夏人也逐渐掌握了这些天文曆法技术,有了“年年观天法”,会“量虚空”,应有中央王朝的曆日、自己的曆和西方的曆日因素。武威出土的这件曆日中,二十四节气的名称、配置,闰月和干支的用法等,都是我国传统曆法的运用,应是宋朝颁赐的曆日。曆日中各月标出星宿的不同,应是标明太阳周年视运动所经过的天区和宿站点的不同,对于研究当时的天文知识有重要参考价值。

5. 医方

墨写西夏文行书体,残存8行,包括汤药、丸药和单味药用植物3种药方,都是治疗伤寒和寒气病的。

汤药厚罗辛麻汤,是用中草药厚朴、罗勒、细辛、麻黄煎制。其中,厚朴、罗勒是芳香化湿药;细辛、麻黄是辛温解表药,放在一起,主要用于治疗寒湿症,起化湿、祛风寒、行气导滞、平喘止痛的作用。中医认为,这个医方主要是治疗因体质差、不注意饮食卫生,又患感冒而引起的肠胃寒湿症的。

丸药所用的牛膝,也是用于治寒湿症的。而莨菪子的功效是温中散寒,止泻止痛,用于治寒湿症也是适宜的。

单味药用植物花椒皮,有温中止痛的作用,可用于治胃寒、心腹冷痛、肢节疼痛,是容易找到又省钱方便的大众化医方。

这三种医方和因伤寒而请假的请假条,说明寒湿症是武威当时的常见病、多发病;中医研究出多种医方来治疗这种病,以适应不同病人的治疗需要;同时也充分说明我国传统医学已在西夏人中发挥主导作用,使西夏的医药卫生事业有了巨大的进步,因为党项羌人原来毫无医药知识,人

①陈炳应、石中琦《西夏科技》,《中国少数民族科学技术史丛书·通史卷》,广西科学技术出版社,1996年。

生病，认为是魔鬼作祟，因而不吃药，只请巫师送鬼而已，现在有病，知道请医生诊断、吃药治疗了，其医药水平已经相当接近中原地区了①。

6. 社会教育读物《四言杂字》

残存两页，雕版印刷，从形式上看，每行有12个字，每2字为一组，组与组之间有间隔。但从释义和内容连贯上看，则是每4个字组成一个词组，各词组连接起来，成为一篇完整的人生叙事文，所以被称为《四言杂字》。这是通过党项人一个富贵人家子弟的一生历程，用通俗易懂、讲故事的方法，来宣扬西夏社会的道德规范，从而为我们留下了反映西夏社会及西夏人精神面貌多方面极其珍贵的资料。主要表现在如下几个方面：

有反映阶段关系的罕见资料，即文书中说到的“口奴仆隶，厮僮奴婢”，包括在野外劳动的奴隶和搞家务活的奴婢。

有反映党项羌人精神面貌重大变化的资料。文书中说，党项羌人原来从小就好胜刚勇，并以此为荣，这符合游牧民族的特性。后来儒学精神广泛传播，在社会中占主导地位，因而党项羌人的思想观念也变了，要求自己的孩子懂礼貌，循规蹈矩，并请儒士担任家教老师，学习儒学，改造思想。孩子一学“便通”，对下人和孤寡老人都施以仁爱。

有反映社会文化面貌的，如有喜事，则以宴请、歌舞、鼓乐庆贺。乐器有笛、鼓等。妇女怀孕，要穿宽敞的衣服，非常喜欢小孩，注重婴儿卫生等，都是不可多得的罕见资料。

（本文原载：《考古与文物》2006年第6期）

①陈炳应《西夏探古》，甘肃文化出版社，2002年。

甘肃藏西夏文物述略

俄　军　赵天英

西夏的主体民族是党项族。甘肃是历史上党项族活动的主要区域之一,西夏的统治区涉及甘肃的区域西至玉门,东至庆阳,北至民勤,南达兰州。作为西夏故地的甘肃出土了不少西夏文物,除零星采集和征集的文物以外,大多数出自现存西夏遗址,主要有张掖大佛寺、武威亥母洞、武威小西沟岘修行洞、武威塔儿湾遗址、武威西郊林场西夏墓和古浪县古丰乡西山堡村寺讧遗址。出土文物按类别分有文献、碑刻、瓷器、金器、银器、铜器、铁器、木器、石器、丝绸、钱币、雕塑造像、木版画、唐卡、砖瓦等。有宗教用品、生活器具、文房用具、雕塑艺术品、石窟壁画、建筑材料、兵器、工具等。这些器物直接反映了西夏人的生活状况、习俗文化、宗教信仰、价值取向等等,同时也反映了西夏人高超的技术水平。这些文物资料,是西夏历史研究的珍贵资料,也是中国民族史、语言文字史、艺术史、佛教史的研究资料。对其深入研究,可填补史阙、印证史载、诠释史记。

2011 年,由中国社会科学院学部委员、民族学与人类学研究所研究员史金波先生为首席专家的国家社科基金特别委托项目“西夏文献文物研究”正式启动,甘肃省博物馆获得其子课题重大项目“西夏文物·甘肃编”。借此项目,我们对甘肃藏西夏文物做了为期一年的调查。

自 2012 年 2 月始,甘肃省博物馆组织本馆及省内其他文博单位相关专业人员组成课题组。在甘肃省文物局的支持下,课题组先期利用甘肃省馆藏珍贵文物数据库中的数据资源以及其他资料,对全省馆藏珍贵西夏文物资料做了初步搜集整理工作。经调查可知甘肃省藏有西夏文物的单位分布广泛,馆藏地点覆盖了除甘南以外的全甘肃地区,藏品比较多的是兰州市区、河西地区以及陇东和陇西地区。馆藏单位共有 32 家,分别是武威市博物馆、甘肃省博物馆、敦煌研究院、甘肃省考古研究所、西北民族大学、西北师范大学、兰州市博物馆、麦积山石窟研究所、炳灵寺文物研究所、景泰县博物馆、古浪县博物馆、天祝县博物馆、张掖市甘州区博物馆、肃南县博物馆、山丹县博物馆、民勤县博物馆、瓜州县博物馆、平凉市崆峒区博物馆、临洮县博物馆、华亭县博物馆、静宁县博物馆、敦煌市博物馆、庆阳市博物馆、庆阳市西峰区博物馆、宁县博物馆、镇原县博物馆、定西市博物馆、定西市安定区博物馆、合水县博物馆、华池县博物馆、临夏州博物馆及酒泉市肃州区博物馆。共藏有文物六百多件。

自2012年4月始,课题组多次到各个馆藏单位搜集文物信息和拍摄文物照片,对文物做甄别、称量和描述工作,其中不乏新的发现。课题组将一部分非西夏的文物剔除,也将新发现的文物收录进来。

我们将过去和新发现的甘肃省西夏文物做了系统整理和分类,概述如下。

一、价值不菲的文献

甘肃藏西夏文献,主要来自于发掘出土,也有石窟采集的。早期发现于敦煌的部分文献,流失海外,数量不详。现存的文献若按编号计算,共有307件,其中纸质文献302件,木牍5件,现主要藏于敦煌研究院、甘肃省博物馆、武威市博物馆、瓜州县博物馆、临洮县博物馆。从文献内容上可分为社会文献和宗教文献,其中宗教文献占的比例较大;从版本上分,有刻本、活字本和写本。文字种类有西夏文、汉文、藏文。字体有楷书、行书和草书。

甘肃藏西夏文献的发现,主要有以下几次:第一次是1908年,伯希和在莫高窟北区第464窟和465窟首次发现了西夏文文献200件,运至法国,今藏法国巴黎国立图书馆[①]。第二次是1936年,安西县政府公退人员毛仲阳在安西古锁阳城(今瓜州县东南70千米处)东北佛塔中发现西夏文佛经数页,1937赠与临洮教育局,1953年藏于临洮县博物馆。第三次是20世纪40年代初,张大千先生在莫高窟北区发现西夏文献,具体数目不详,但也流失国外,分别收藏于日本天理大学附属天理图书馆和美国普林斯顿大学葛斯德图书馆。第四次是1952年,在甘肃武威天梯山石窟发现一批西夏文文献,甘肃省文物管理委员会主任冯国瑞将这些文献粘贴在特制的本子上,编号保存,共有35页,现存甘肃省博物馆。第五次是1959年,莫高窟第三次发现西夏文献数件。第六次是1966年在炳灵寺石窟发

①史金波、陈育宁主编《中国藏西夏文献》第16卷《敦煌研究院藏卷·综述》,甘肃人民出版社、敦煌文艺出版社,2006年,第8、9页。

现十二件西夏文献残页，其中一件是藏文。这批陀罗尼共有十五件，其中，在天梯山石窟发现西夏文陀罗尼三件，在炳灵寺石窟发现西夏文陀罗尼十一件，藏文陀罗尼一件，这些陀罗尼都是墨书，写在黄麻纸或白麻纸上，西夏文为草书体，藏文为正书体，除一件较大外(长 30 厘米，宽 15.5 厘米)，其他十四件都写在小纸片上，最小的长 2.5 厘米，宽 16 厘米，最大的长 20 厘米，宽 8.5 厘米，只写一至五行字。第七次是 1966 年至 1967 年，"文革"初期"破四旧"运动中，兰州市的一些单位将收缴的古书刊、古书画交到甘肃省博物馆，该馆陈炳应同志发现一本木活字版《大方光佛华严经》，藏甘肃省博物馆。第八次是 1972 年，甘肃省武威县张义公社的社员群众在小西沟岘挖药材时，发现一批西夏遗物，其中包括西夏文献 70 多件。同年，在武威天梯山石窟发现三件西夏文献。第九次是 1983 年，景泰县五佛沿寺石窟北壁维修时从填土中清出三件西夏文佛经残页。第十次是 1987 年，武威市新华乡缠山村群众发现一批西夏文献，共有 34 件，其中世俗文献 7 件，佛教文献 27 件，藏武威市博物馆。第十一次是 1987 年 10 月 8 日，安西县文化馆工作人员在东千佛洞泥寿桃窟采集数件，遂入安西县文化馆收藏。第十二次是 1988 年至 1995 年，敦煌研究院对莫高窟北区洞窟的整理发掘中，发现了大批文献，藏于敦煌研究院。2002 年 7 月敦煌研究院对藏经洞之上的第 476 窟进行了考古发掘，出土了一件西夏文献残片[①]。

甘肃藏西夏文献，有些是世界孤本，有些是国内仅存的，是几百年前西夏社会的实物遗存，都是珍贵的文物。大多数都被国家文物鉴定委员会和甘肃省文物鉴定委员会分别鉴定为一、二、三级文物。这些文献具有珍贵的文物价值、学术价值和版本价值。一面世，就有学者积极研究，体现了其在西夏文研究方面的价值[②]。佛教文献对研究西夏佛教史有重要的价值。甘肃藏的西夏佛教文献是世界孤本的有《诸密咒要语》《地藏菩萨本愿经》，国内仅存的有《碎金》《三才杂字序言》《番汉合时掌中珠》《种咒王阴大孔雀明王经》《观弥勒菩萨上升兜率天经》《大方等大集经》。世俗文献有西夏文，也有汉文，都有各自的特殊价值。这些社会文书对于西夏经济、法律、基层行政制度的研究都很有价值。有些文书虽然只残存几行，却承载

①史金波、陈育宁主编《中国藏西夏文献》第 16 卷《敦煌研究院藏卷·综述》，甘肃人民出版社、敦煌文艺出版社，2006 年，第 8、9 页。

②甘肃省博物馆《甘肃武威发现一批西夏遗物》，《考古》1974 年第 3 期，第 200~203 页；王静如《甘肃武威发现的西夏文考释》，《考古》1974 年第 3 期，第 205~207 页；陈炳应《珍贵的西夏语音材料》，《民族语文》1987 年第 4 期，第 63~65 页。

着许多信息,如年号、行政建制的名称等。对甘肃藏西夏文献的性质、特点、价值有的学者做过论述[①],在《中国藏西夏文献》中刊布后,在甘肃卷前的综述里,也做过详细的描述。

甘肃藏西夏文献的装帧,多见的是经折装,比较有特色的是缝缋装。对于缝缋装,甘肃藏中可见的方式有三种,一为书页较厚,对折后折缝集在一起作书背,再用线缝住,与敦煌遗书中所见的缝缋装很相似。甘肃藏有一件藏文西夏文书小册,用的就是这种装帧方式,有意思的是,这较厚的书页是由一张纸对折黏粘而成,其中一页开胶,可见里边有字,是汉文佛经。这就有别于敦煌文献中那种书页较薄,对折后折缝集在一起作书口,与书口相对一侧订线的装帧方式。另一种装帧为书页较薄,将一页页的纸叠摞,中间缝线,再在缝线处对折,对折处为书背,另一侧为书口。甘肃省博物馆藏的一件空白小册,即为此种装帧方式。因为是残件,所以也可能是像拜寺沟方塔出土的一件西夏文献那样,分沓缝缀,连沓成册中的一沓[②]。对于这种装帧,以前误认为是蝴蝶装,所以命名为蝴蝶装小册,实际上是缝缋装。第三种是将一页纸对折,再对折,然后在角上缝一下。这种装帧的文献散落后便出现一张纸上从中间分开,两边文字方向相反的现象。这样的文献在甘肃藏中仅见两件。缝缋装是遗存实物较少的古老装帧方式,是线装的前身,在书籍装帧史上有重要地位。自具特色的西夏缝缋装,更是有着特殊的研究价值。

在这次调查中,又新发现了许多西夏文献,有印本也有写本,文字有西夏文、汉文、藏文,主要在华池县和瓜州县。

华池县新发现文献皆出自双塔寺遗址二号造像塔第六层塔体中。双塔寺遗址位于华池县林镇乡张岔村豹子川,在豹子川与双塔沟小溪交汇处的一个小台地上。此处海拔1445米,北纬36°23′、东经108°22′。2000年3月24日,文物盗贼盗走了一号塔的上八层,5月4日又盗走了下面三层。经各级公安部门努力,于2000年8月4日,将盗卖至台湾的塔体追回。经此事件,有关部门决定对双塔寺发掘遗址进行清理。2000年5月24日至7月10日,历时两个月完成清理工作。由遗址中清理出的残碑碑文“石

①俄军《甘肃省博物馆馆藏西夏文献述略》,《考古与文物》2006年第6期,第83~87页;史金波《中国藏西夏文献新探》,《西夏学》第二辑,宁夏人民出版社,2007年,第11~14页;杜建录《中国藏西夏文献概述》,《西夏学》第二辑,宁夏人民出版社,2007年,第14~18页。

②牛达生《从拜寺沟方塔出土西夏文献看古籍中的缝缋装》,《文献》2000年第2期,第87页。

塔院记”“正隆四年”“大定六年”推断此遗址原名“石塔院”,属于金代[①]。2001年9月7日,甘肃省人民政府批准将双塔异地保护,华池县委、县政府多方筹资按照原寺院的格局在华池县城东山上仿修寺院,命名为东山双塔森林公园,于2002年7月28日,将双塔搬迁至此,在双塔搬迁过程中发现了这批文物。二号造像塔,共十二层,下两层正方形,上十层八角密檐式。一至五层塔体表面均有造像,第六层只有一面有造像,以上各层塔体素面。西夏文物就藏在第六层中空的塔体内。只有这一层藏有文物。一号造像塔因为被盗过,塔体内是否藏有文物不得而知,但据当地文博工作者讲,在当时调查被盗现场时,看到了散落在地的纸片。塔体内出土的文献有写本西夏文佛经、写本西夏文人名单、写本西夏文《妙法莲华经》、写本西夏文账单、印本汉文《心经》、纸本画。这批文献残损严重,亟待修复。除文献外,还有钱币、银饰、织物、绣包、袈裟、瓷碗、服饰包裹等。

瓜州新见的文献出自东千佛洞。其中的两件曾刊布过[②],陇东学院张多勇与武威市博物馆于光建以《瓜州东千佛洞泥寿桃洞西夏文两件印本残页考释》为题在第二届西夏文研修班上讨论过。瓜州县博物馆藏西夏文献多为残页,有印本,也有写本。其中一件残片,一面是西夏文,一面是汉文。一件藏文小册,纸质较厚,这较厚的纸页是由一张纸对折粘贴而成,共16张,32面,其中一页开胶,里面为汉文佛经。整册为缝缋装,中间用蓝线装帧,蓝线两头有红、黄色绸线,有三个针眼。

临洮藏有一件西夏文献保存较为完好,共存33页,经折装,印本。经译释为《大方等大集经》残卷。难能可贵的是在封底书写了汉文跋,讲明此经的来源及时间,录文如下:

> 民国二十五年秋鄙人服务安西县政府时/公退之际[游]览古锁阳城遗址曾于该城东/北□□之浮屠中得此经数页因特赠/临洮县教育馆　惠存/毛仲阳毛仲阳印 [③]廿六·七·廿五。

由此可知文献为1936年任职于甘肃省安西县政府的毛仲阳先生,发现于锁阳城遗址(甘肃省瓜州县城东南)。

①李红雄主编《双塔寺》,甘肃文化出版社,2003年,第1、136、137页。

②甘肃省文物局编《甘肃博物馆巡礼·瓜州县博物馆》,甘肃人民美术出版社,2011年,第26、27页。

③此为朱印印文。

二、数量大、种类多的瓷器

甘肃省馆藏西夏时期瓷器近300件,其中多数为三级以上文物。主要来源于考古发掘,征集的不多,也有捐赠的。馆藏地点十分广泛,除甘南藏族自治区以外,其他地区几乎都有。主要藏于武威市博物馆、甘肃省文物考古研究所、古浪县博物馆、合水县博物馆、景泰县博物馆等收藏单位。馆藏地点的分布与其出土地点的分布息息相关,多出土于武威市古城乡塔儿湾、西郊林场西夏墓、南营公社青嘴大队喇嘛湾、新华乡亥母洞等地,另外在武威市城市建设挖地基时也多有发现。除武威外,古浪县古丰乡寺疝、肃南县大河区、华亭县西华乡、会宁县郭城驿、定西县城关乡三十里铺、景泰县白墩子村及前黑山等地都有发现。这些地区都是历史上西夏活动过的地区。

甘肃藏西夏瓷器的器型种类多,包括高足碗、高足碟、碗、碟、罐、缸、瓮、瓶、扁壶以及瓷蒺藜和瓷人。大多数的罐、壶带两系或四系,较为实用,体形独特的扁壶更是便于携带。釉色以白釉、黑釉、褐釉、黄釉居多,正如航天先生描述过的那样,釉色多不稳定,衍生出许多"近亲"颜色[①],如黑褐色、酱色等,同一件器物,由于着釉的薄厚不同而呈现不同的颜色。施釉的方式多为蘸釉,也有刷釉和涮釉。大多数为通体施一种颜色的釉。古浪县博物馆藏的一件扁壶是一个特例,一面是绿釉,一面是黄褐釉。施釉多不到底,露胎,胎多为灰白色。装饰花纹多为花卉纹和几何纹。以剔刻花最具特色。也有彩绘花纹,有白釉点褐彩碗、白釉绘褐彩罐,这种装饰方法在其他省区出土的西夏瓷器中很少见。装烧工艺多为叠烧法,因为很多小型的器物,如碗、碟类,多有叠烧痕迹或者涩圈。也有搭烧法,在体形较大的器物肩部有涩圈、粘胎现象。有些瓷器靠近底部有一孔,直径多为1.5~2厘米,为酿酒器的流口。这类器物有大也有小,最大的一件是现藏肃南县博物馆黑釉剔花瓷缸,高78厘米,口径52厘米,底径25厘米,直口圆唇,深腹至足部渐收,平底,粗缸胎,外施黑釉,上腹部剔刻大叶海棠花卉一圈,下腹近底处及圈足露胎,靠近下腹部有一流孔,孔径2厘米。最小的为现藏武威市博物馆的绿釉瓷罐,高30厘米,口径17厘米,底径13.2厘米,靠近下腹部有一流孔,孔径1.5厘米。这两个酿酒器中,小的一件可能仅

①杭天《西夏瓷器》,文物出版社,2010年,第80页。

仅是供家庭使用的酿酒器，庶几可证史书中有关西夏私酒酿造屡禁不止的记载[①]。

瓷蒺藜也是甘肃省馆藏西夏瓷器中比较有特色的一个种类。火蒺藜，又名蒺藜火球，是我国历史上北宋时期出现的火器之一。目前甘肃省馆藏瓷蒺藜共计三件，其中两件藏于古浪县博物馆，另外一件藏于武威市博物馆。三件瓷蒺藜大小、形制相似，通高 11~13.5 厘米，皆为平底球形，顶端开一小孔，为装置火药及置引火线的小孔。外表施绿釉，底部无釉。有逆刺 15~16 个，中间为空心药室。

古浪县博物馆藏的单耳褐釉执壶、双耳褐釉小罐、绿釉双耳罐、白瓷碗、白釉高足碟都具有明显的西夏文物特征，都出自新近发现的古浪县古丰乡西山堡村寺疝山西夏建筑遗址。该遗址位于古浪县城西南约 30 千米的古丰乡西山堡西南部祁连山余脉寺疝山半山腰台地上。遗址范围东西长约 1000 米，南北宽约 300 米。文化堆积层厚约 40 厘米。遗址现已被村民辟为耕地，但建筑遗迹尚能辨识。在寺疝山阳面坡地，有 3 道人工夯筑的墙基一直延伸到山顶。据当地村民讲，该遗址俗称大佛台，每年耕地时，都会有绿釉瓦当、板瓦、残瓷片、铺地方砖、建筑条砖等遗物出土。

甘肃藏西夏瓷器，数量多，器型齐全，釉色多样，纹饰优美，是西夏瓷器的重要组成部分，也是西夏研究的实物资料。

三、做工精致的金属器具

甘肃馆藏的西夏金属器有金器、银器、铜器、铁器。

金器数量不多，有金碗、金盏和饰品，皆做工精致，构思巧妙。《天盛改旧定新律令》记载西夏对金的加工有生金熔铸、熔熟板金、熟打金为器三种方法[②]，可见西夏人已经掌握了提炼金子并锻打为器的技术，甘肃藏西夏金器也进一步说明了这一点。甘肃藏的金饰品有耳链、金钗等。武威博物馆藏一对穿绿松石金耳链，长 5 厘米，宽 1.5 厘米，单个重 9 克。金链以金丝穿绿松石及珍珠组成，整体呈钩状，一端金丝较粗呈圆钩状，另一端以金丝盘绕成互相垂直的弹簧状，中间穿鸡心形绿松石，绿松石表面均有数道褐色天然石纹，间穿 3 颗珍珠，珠体小，色白，晶莹圆润。这件耳饰造

①史金波、聂鸿音、白滨译著《天盛改旧新定律令》，法律出版社，1999 年，第 564~565 页。

②史金波《西夏社会》，上海人民出版社，2006 年，第 116 页。

型别致，工艺独特，体现了西夏工匠高超的工艺制作水平。武威市博物馆藏的一件金器，长37厘米，宽0.9厘米，勺径0.8厘米，重95克。黄金一次铸成，长条形，一端呈小勺状，长柄正面平，背突棱，由颈至尾部渐窄，尾呈圆弧形。原来命名为金臂缠，认为是臂上饰物，但也有学者认为是量器撮[1]。金器具仅见三件，一件金碗和两个金盏。金碗通高3.6厘米，口径9.7厘米，底径5.4厘米，重140克。侈口，平沿直腹，平底。外口沿捶楪一圈缠枝花卉，花卉凸起，花卉上下各有两圈细弦纹。底内两组纹饰：外圈缠枝梅花，中间为团花。团花以一朵折枝牡丹为中心，周绕莲花、莲蓬、梅花及花叶，花叶脉络清晰。另有两件金盏，形制尺寸都一样，皆通高4.5厘米，口径9厘米，底径3厘米。侈口，唇内卷，深直腹，圆底，盏口内沿捶楪连续的缠枝菊花图案，上、下各一圈弦纹。底内三道弦纹，中间两枝左右交错的牡丹团花。唯重量不一样，一件140克，一件200克，重的一件，口沿饰花纹的外壁，光滑无痕；轻的一件，口沿饰花纹的外壁有捶楪的痕迹，显示它较之于前一件盏壁略薄。这两件金盏同时同地出土，形制、尺寸及纹饰都相同，但重量相差较多，值得进一步研究。

甘肃馆藏的银器有银饰和银锭。银饰有银钗和银笄。银钗由一中部细两头粗的银条折制而成，一端首稍尖，一端尾弯成钩状。笄体棒状条形，中间粗，两头细，通体银白，无纹饰。银锭共有22件，均出土于武威市署东巷，锭体呈束腰形板状，两端圆弧状，光背，背面布满蜂窝状小孔。分为两种，一种正面素面，另一种正面錾刻汉文和符号。文字内容有数字，计量单位“两”“钱”，人名。文字竖行排列，多为二至三行，最多的五行。如其中一件长15.3厘米，腰宽5.4厘米，两端宽9厘米，厚1.7厘米，重1940.1克。正面錾刻文字两行，左侧上角和下角各刻符号三个。文字为汉字，首行是“真花银壹锭”，第二行为“重伍拾两一钱”。其他的尺寸、重量略有差异。正面錾刻的文字分录如下：

“伟　肆拾玖两捌钱　使正/[2]五十两六钱/行人任应和　窦献成秤”、“使正/□□□　夏家记”、“肆拾玖两肆钱”、“肆拾玖两捌钱/行人裴元　宋琦秤”、“真花银壹锭”、“□□　廿二日辰□□□/赵铺记　肆拾玖两捌千足/行人□□□　秤子杨□□/赵铺记　□□”、“官正/官正□”、“□□　贰拾肆两肆钱/贰拾肆两

①金萍、王效军《西夏金银器鉴赏》，《收藏界》2008年第4期，第98页。

②“/”表示换行。

叁钱正　宋□□秤/秤子傅元　郭荣蕲/行人索□廿/西□□一廿二日行□”。

关于这批银锭已有学者做过讨论①，也有学者认为将这批银锭定为西夏银锭尚嫌证据不足，还有学者认为应该是金代的②。同样存疑的还有武威博物馆藏的一批铜铤，红铜冶铸，薄厚均匀，长方体，形状、大小基本一致。长45厘米，宽21厘米，厚5.5厘米，每件重量在22.5~23公斤之间。正面为素面，背面呈蜂窝状。每一件铜铤的一角均被斜斜削去，看痕迹应是铸好后，在尚未完全冷却时削去的。这批铜铤是否确为西夏文物，留此备考，待方家讨论。

西夏的冶炼技术发达，甘肃馆藏的铜器有铜牌、铜壶、铜瓶、铜印、塔婆铜范、铜马、铜锅、铜炮。西夏文物中比较少见的有铜炮，长100厘米，底径23厘米，口径17厘米，炮口内径10厘米，重108.5千克。由前膛、药室和尾銎三部分组成，外沿铸固箍，药室外突呈椭圆形，腹尾上有小孔，可置引火线，尾銎中空，口大底小，如喇叭形，两侧各有一个边长1.5厘米对称方孔，用来安装铁闩，连接支架，并起耳轴作用。置于药室内的火药有粉末和颗粒两种，经检验分析，主成分除木炭、硫黄、硝石外，掺入了硅酸等杂质，说明火炮被使用过。同时出土一枚实心铁弹丸和0.1千克黑火药。为迄今发现的世界上最早的铜火炮，出土于武威针织厂。敦煌市博物馆藏的铜马，长6.5厘米，宽3.5厘米，有同类型六件，范铸，马做行进状，首微向前倾，双耳、马鬃及马尾较长，缰绳搭于鞍前，马鞍成凹槽状，铸痕清晰，鬃须皆显。与这六件铜马一起出土的一件铜马饰，圆形，径4.8厘米，合范铸制，做工精巧。这两件文物皆出自墓里，可见西夏人对马的喜爱。出自亥母洞的擦擦铜范，高10.2厘米，底径9.6厘米，重625克，喇叭形，中空，内壁凹凸不平，外壁素面，与武威亥母洞发现的擦擦相吻合。古浪县博物馆藏的铜锅，通高19.5厘米，口径36.6厘米，侈口，束径，浅鼓腹，小平底，两对称的桥型耳置于口沿处，口沿及底有三道对称的铸痕，这件铜锅体形较大，出自新近发现的古浪县古丰乡西山堡村寺屲山西夏遗址。

①黎大祥《甘肃武威发现一批西夏通用银锭》,《中国钱币》1991年第4期，第42~47页。

②王勇《西夏货币研究琐议》,《首届西夏学国际学术会议论文集》，宁夏人民出版社1998年，第337页；白秦川《武威出土银铤应为金代银铤》,《中国钱币》2005年第3期，第19~20页。

甘肃藏有几方铜印,有学者做过研究①。甘肃藏的钱币多为铜质,铁币仅见乾祐元宝三枚。西夏文钱福圣宝钱、大安宝钱、天庆宝钱各一枚,皆为铜币,小平钱。汉文钱币乾祐元宝、天盛元宝、光定元宝和皇建元宝,亦是铜币,小平钱。这些钱,除铁币乾祐元宝略小一些以外,其他大小、形制都差不多。直径2.4厘米,穿边长0.7厘米,钱文右旋读,光背。

甘肃藏的铁器不多,有一件铁拒马颇少见,是防车马进攻武器,十字带轴形,中心为正方体,由六个面,每面伸出一条柱形臂,至端部渐细,呈圆头。六条铁臂等长,无论何方向翻滚,均三臂着地,三臂朝上,有较强的拦截防御功能。

四、珍贵的碑刻

享誉学界的三通西夏碑刻——凉州重修护国寺感应塔碑、黑水河桥敕碑、大元肃州路也可达鲁花赤世袭之碑皆藏于甘肃。

凉州重修护国寺感应塔碑,刻于西夏崇宗天祐民安五年(1094年),原立于凉州大云寺内,大云寺几经修葺,明代万历年间维修武威旧寺并敕赐清应禅寺之名的清应寺占据了原大云寺的一部分遗址。清嘉庆九年(1804年),张澍在武威清应寺发现被封闭在碑亭中的西夏碑,后来移至武威文庙保存。1961年被国务院公布为第一批全国重点文物保护单位。2004年移至武威西夏博物馆展厅。此碑高2.6米,宽1.0米,厚0.3米。阳面刻西夏文,碑额西夏文篆书"敕感应塔之碑文",正文楷书二十八行,行六十五字。阴面刻汉文,碑额篆书"凉州护国寺感应塔碑铭",正文楷书二十六行,行七十字。两面碑额各有一对线刻的伎乐菩萨,上端为云头宝盖,碑面四周有线刻的卷草纹。碑文主要记述了建塔后的感应故事及修塔的经过。碑座在2004年由文庙搬至武威西夏博物馆展厅时,才见诸世人。碑座为长方体,通高0.6米,长1.0米,宽0.72米,四周浮雕兽图、莲花纹、卷草纹。

黑水河桥敕碑,西夏仁宗乾祐七年(1176年)立于甘州城西十里之黑水河桥。原藏张掖市新墩乡下龙王庙,70年代由张掖县文化馆征集,1987年正式移交张掖市博物馆收藏。碑为青石质地,呈长方体,高118厘米,宽

①罗福颐《西夏官印汇考》,宁夏人民出版社,1982年,第45、73页;师万林《介绍甘肃民乐发现的一方西夏官印》《文物》1995年第10期,第93页;李怀顺《西北师范大学博物馆馆藏西夏印考释》《丝绸之路》2010年第10期,第18~19页。

74 厘米，厚 19 厘米。有矩形碑座，碑座正面有两道刻线分为两部分，上面部分刻仰莲纹，下面部分素面，其他三面为素面。碑顶两角呈圆弧形，两面碑额均无字，各线刻一托盘侍女图，周边饰以线刻卷云纹图案。碑正面阴刻汉文楷书，竖行十三行，行十三字。碑背阴刻藏文楷书二十一列，文字漫漶过半。内容为夏仁宗皇帝为黑水河诸神发布敕命，以求水患永息，桥道久长。

大元肃州路也可达鲁花赤世袭之碑，立于元顺帝至正二十一年（1362 年），原为整块，明代展修酒泉城时解作两方石柱嵌入东门洞壁内①，1962 年扩建市区时由酒泉城东门洞壁内拆出，现藏酒泉市肃州区博物馆。现存碑无碑额，一分为二作两长方体石柱状。碑身高 2.36 米，合并宽 0.91 米，厚 0.29 米。碑阳刻汉文二十四行，每行字数不等，碑阴刻回鹘文三十二行。汉文磨损较少，字迹可辨，回鹘文磨损严重，字迹大部分漫漶不清，中间解开处，更是凿毁了许多文字。内容记录一个党项人举立沙家族自西夏灭亡至元朝末年一百三十多年间，历六代十三人的职官世袭及其活动。这些内容都是史籍缺载的珍贵史料。

这三通碑刻由于独具价值，早已吸引学者眼光，《西夏文物研究》《西夏文物》②都对这三通碑刻有研究，其他研究也向纵深发展③。

五、其他文物

木器以武威西郊林场西夏墓出土的木器为代表，有木缘塔、木版画、木条桌、木衣架、小木塔、木碗等。对于这批木器，陈炳应先生做过详细描

①白滨、史金波《〈大元肃州路也可达鲁花赤世袭之碑〉考释——论元代党项人在河西的活动》，《民族研究》1979 年第 1 期，第 68~80 页。

②陈炳应《西夏文物研究》，宁夏人民出版社，1985 年，第 105~142、159~161 页；史金波、白滨、吴峰云编著《西夏文物》，文物出版社，1988 年，第 297~299 页。

③王尧《西夏黑水桥碑考补》，《中央民族学院学报》1978 年第 1 期，第 51~63 页；佐藤贵保、赤木崇敏、板尻章宏、吴正科《藏汉合璧西夏“黑水桥碑”再考》，《内陆アジア言语の研究》22，2007 年，第 1~38 页；彭向前《西夏〈黑河建桥敕碑〉藏文碑铭补注》，《西夏学》第 8 辑，2011 年，第 197~200 页；白滨、史金波《〈大元肃州路也可达鲁花赤世袭之碑〉考释——论元代党项人在河西的活动》，《民族研究》1979 年第 1 期，第 68~80 页；钟焓《从“海内汗”到转轮王——回鹘文〈大元肃州路也可达鲁花赤世袭之碑〉中的元朝皇帝称衔考释》，《民族研究》2010 年第 6 期，第 75~83 页；陈炳应《重修护国寺感通塔碑（西夏碑）》，《文物》1979 年第 12 期，第 86~87 页；吴峰天《“凉州重修护国寺感通塔碑铭”再认识》，《西夏学》第 8 辑，2011 年，第 212~215 页。

述[1]。除此以外，有墨书西夏文小木棺、木蜡台、木灯柱、竹笔、木壶等。还有一刮布刀，体形较大，应为纺织毛织品专用的工具。

甘肃藏雕塑造像有泥塑、铜像和瓷人。泥塑和铜像皆为佛教塑像，有菩萨，有弟子头像，有供养人像，其中一件出自武威凉州区新华乡缠山村亥母洞的米拉日巴泥塑像，通高30厘米，肩宽11厘米，通身施彩，涂金。呈坐姿，着袒右胸上衣，面带微笑，神态自然，双耳垂肩，状为说法式。瓷人皆体态娇小，其中一件，高6.5厘米，宽4厘米，丫鬟形象，呈跪姿，面部丰腴，体态丰满。左手上举，右手扶膝，施白釉至腹部，五官及发均用褐釉勾画，人物形象憨态可掬。另一件高6.5厘米，底径4.6厘米，为一妇人盘腿抱小孩，浑身施青白釉。

甘肃藏西夏铺地砖以八瓣莲云头纹方砖最为典型，是出自莫高窟西夏窟的铺地砖，灰色，呈正方形，图案模印凸起成浅浮雕状，中为一圆形乳突，外围一圈八瓣尖角莲花，四角饰云头纹，图饰厚重分明，纹饰清晰。其他砖器，形质大体相同，纹饰有异，有宝珠火焰纹、十二瓣左旋花纹、联珠纹、牡丹纹、菊花纹、凤鸟纹、飞天像、鹿衔草枝纹、羊衔莲枝纹等。

甘肃藏西夏时期的唐卡均出自亥母洞。其中彩绘十一面观音像唐卡和文殊菩萨像唐卡最具特色。前者绢地，彩线描工笔画，长65厘米，宽47厘米。画面竖长方形，中央绘十一面观音，戴宝冠、璎珞，系长裙，立莲座上，正中两手作开敷莲花合掌，其余手各持莲花、宝剑等法器呈孔雀开屏状。观音四周绘一圈共十二尊小佛，姿态各异。画面天头、地脚各缝制黑色丝织梯形护栏，地脚中心绣一枝连柄带叶莲花。画背为浅黄色薄丝绸衬垫，上墨书梵文咒语二十七组。后者布地彩绘，长67厘米，宽46厘米。画面主尊为文殊菩萨，观自在式坐于莲座上，座下为青鬃回头狮子，菩萨着三叶佛冠，黄色身相，双手当胸作说法印。右肩饰莲花短剑，左肩饰莲花梵箧。其余人物对称安置在菩萨上下左右的方格内，共有三十五位。

除以上类型外，甘肃藏西夏文物还有石磨、纺轮、牛皮鞋、铁剑、铜簇等等，都是西夏研究的珍贵实物。

对于甘肃藏西夏文物的研究，得益于《中国藏西夏文献》的刊布，文献的研究正在进一步深入。而其他文物方面的研究相对弱一些，很大一部分研究成果只是在介绍和展示文物。文物研究的第一步，便是介绍和展示文物，这就不得不提到甘肃省博物馆主办的刊物《陇右文博》。《陇右文博》为

①陈炳应《西夏文物研究》，宁夏人民出版社，1985年，第186~199页。

展示和介绍甘肃省文物提供了平台,很多甘肃藏西夏文物首先刊布于此。

(本文原载:《吴天墀教授百年诞辰纪念文集》,四川人民出版社,2013年)

甘肃西河县境内出土三方魏晋金印考述

王裕昌①

甘肃省博物馆的国家一级藏品中，有三方魏晋时期的金印非常引人瞩目。它们虽然不属于那类可令展厅生辉的宏观巨制，却总能博得专家学者们的青睐。因为它们打着鲜明的时代烙印，蕴含着丰富的社会信息，具有极高的历史价值。藏品编号为2493的“晋归义羌侯”金印和2494的“晋归义氐王”金印是1948年在甘肃西河县境内出土，1959年入藏甘肃省博物馆。藏品编号为40200的“魏归义氐侯”金印于1987年在甘肃西河县境内出土，同年入藏甘肃省博物馆。

三方金印的造型和规格大致相同，皆为驼纽方台，高在2.5~3厘米间，印面边长在2.2~2.3厘米间。驼呈跪姿，微现双峰，以平行短斜线表示毛纹，匠意简率。驼腹与台面间有不规则的圆形穿孔。印面镌刻阴文小篆，分别为“晋归义羌侯”“晋归义氐王”“魏归义氐侯”。皆为五字三栏竖行格式，“魏”“晋”二字各独占一栏，既突显了王朝称号的尊位，又协调了印文的整体布局。三印均出自属西汉水中游域内的甘肃省西和县境内。

驼纽官印盛行于魏晋，是当时中央政权对西方边域民族首领拜封爵号的法定信证。羌、氐历史十分久远，是同源异流的两个西北民族，从秦汉时起就不断内迁，渐与汉族杂居。魏晋时期广泛分布在陇南一带的羌、氐诸部，在政府及军阀频繁而激烈的军事斗争裹挟下，长时间处于被胁迫、被利用，同时又被争取、被拉拢的复杂境地。向羌、氐首领赐爵封号，是封建王朝对边域民族实施羁縻政策的重要手段。虽然此举目的在于巩固王朝的统治，但客观上有利于缓和民族矛盾，对促进民族融合、稳定边域局势具有积极意义。甘肃省博物馆所藏这三方驼纽金印，正是上述历史条件下的产物。本文拟从几个主要方面，对此展开来做些述析。

①甘肃省博物馆。

一、印体形制与印文内涵

玺印文化是展现华夏文明最具特色的窗口之一，源头至迟可追溯到商代。它不仅因载体材质的多样(陶、石、玉、骨、木及各类金属均可为印)而易于普及,又因汉字形体及书法的千姿百态而闪耀着无穷魅力,更因印文内容包罗万象而发挥巨大的社会功能。文明时代所有文化现象都被政治所主导,玺印的社会功能也首先表现在政治领域中。所以,各类官印在玺印家族中地位最尊严,受仰视的程度最高。因为,它们是国家行政体系职权授予的法制凭证,是军政机构运作过程中必具的关键性标志,也是持印者地位身份与威势的物象凝聚。官印显示着权力分配的有效性,故历代统治集团都非常重视各类官印的制作和颁发,对不同性质、不同职能、不同级别的官印,在质地和形制上都有严格规定。即以对后世影响较大的汉制而言,《初学记》卷二六引卫宏的《汉归仪》载:“诸侯王印,黄金橐驼纽,文曰玺;列侯,黄金印,龟纽,文曰印;丞相、将军,黄金印,龟纽,文曰章;中二千石,银印,龟纽,文曰章;千石、六百石、四百石,铜印,鼻纽,文曰印。”据出土及传世两汉官印做综合考察,《汉归仪》所述与实情并不完全相符,但这些规定反映了封建王朝对各类官印标准的规范化要求,则无可置疑。因时势变异出现一些局部的违制现象,决不说明官印制作可以随意为之。

须特别指出的是,驼纽金印并非如卫宏所言乃诸侯王印的常制,而多为拜封少数民族首领的印型。甘肃省博物馆所藏这三方驼纽金印,为此增添了有力的证据。推测印型设计者的用意,可能就在于让驼纽蕴含西北边域风情,以显示玺印的特殊性质。我国玺印文化很早以前就形成了重视印纽的传统,玺印形制的纷繁多样,很大程度表现在印纽形态上。在众多纽型中,动物题材居于主流地位。晚至两汉,以龙、虎、龟、驼、鹿、鸟、象、蛙、盘螭、辟邪等作印纽形象已相当流行。在玺印领域独尊于上的官印,自不会背离这种社会风气。前文已言及,官印秉承的政治等级因素,主要就是通过印材,尤其是印纽形态来体现的。官印特有的政治因素,决定其动物型印纽必然和该动物的人文含义相关联。

王朝政治体系中,最高等级印纽习用的龙、虎形象,其人文含义尽人皆知,无须赘言;官印中使用最普遍的龟纽,也源自先民崇龟的古老传统。

从新石器时代起，龟已被许多部族视为通神的灵物；至商周，上层社会宗教、政治生活中位处神圣的占卜术，主要即以龟甲为道具。后来龟被定为“四灵”之一，学者们将其进一步义理化，说它“背隆象天，腹平法地”，能“通天地之气”“见存亡，明吉凶”。以龟为高级官职的印纽，无疑源自这种崇龟的义理观。骆驼本为西北沙漠草原地区的动物，最初是由西域某些国家进贡到中原的，骆驼体躯粗犷，但性情温顺，对人不构成任何威胁，且又能忍受艰苦，负重跋涉，于是很自然地成为西北风情的象征，并被华夏至尊的政治哲学赋予了边域民族归附中原王朝的物象含义。驼纽不见于先秦而盛行于魏晋，正是因为东汉以后西北民族大量内迁，常同西北游牧部落联系在一起的骆驼形象，已被中原社会所熟悉并关注的缘故。

甘博所藏三枚驼纽金印，印主全是羌、氐首领，而且，印文落尾既不称“玺”，也不称“印”，而直言王、侯，这想必都与其为边域民族首领印玺的特殊性质有关。

三方金印虽非同一王朝颁发，但不仅形制相同，引文格式和内涵也完全一致，显示出鲜明的时代特征。“王”“侯”是王朝政体内处位极高的爵号，通常情况下最高统治者是决不轻易颁赐的。因为这不单纯是个荣耀的衔称，还意味着受封者将拥有相当辽阔的一片领地，掌握领地上的财富，并享用域内人民的剩余劳动。这在事实上是对王朝权益的分割和削弱。然而对少数民族首领的爵位封赐则性质不同，那纯粹是一种友好意向居高临下的表达，并不触动王朝任何实质性权益。那些受封民族原本就有自己生存的地域，那些获爵的部族首领原本就行使着对族体的管理权，这都不因王朝的封赐而有所变化。封赐爵号的作用只在于表明中央政府的绥靖政策，明确王朝的宗主地位，从而达到稳定该地区局势，乃至争取该民族军事合作的目的。

不可否认，我国历代封建王朝常采取歧视边域民族的政策，以残暴手段盘剥、压迫边域民族的封疆大吏也往往代有其人。阶级矛盾和民族矛盾的纠结，有时会酿成严重的社会危机，甚至发生战争。但这只是问题的一个方面，而且是不宜过分夸大的方面；除了压迫与反压迫的斗争之外，中央王朝同边域民族之间还存在主从关系基本明确、利益冲突趋于平缓、地区局势相对稳定的一面。正如钱穆先生所言，“中国政治常偏重于中央之凝合，而不重于四围之吞并”。[①]且不说那些政治稳固、社会昌盛的辉煌王

①钱穆《国史大纲·引论》，商务印书馆，2005 年，第 20 页。

朝,即使在政局动荡、社会衰败的时代里,政府同边域民族也并非总是处于紧张对立的状态。因为统治集团大都终归会认识到,以绥靖、笼络政策争取边域民族的支持和拥护,才是最为有利的。甘博所藏这三方封赐羌、氐族首领王、侯爵号的金印,就很能说明问题。它们都是在那个动荡年代里,中央王朝对边域民族实施友好、安抚政策的历史见证。

我国历代王朝边疆政策的传统思想是"昭文德以来之",即通过一些所谓的仁德措施,张扬朝廷的威望,以此感召边域民族拥戴顺附。用当时的政治术语说,就是"慕义归化"。对那些承认中央王朝宗主地位的边域民族首领,朝廷封赐某种爵号,一般不干预其族内的行政事务,更多的是设法加强政治、经济和文化上的联系,扩大王朝的影响,提高那些民族对中央政府的向心力。当然,在平定地方叛乱或反击外来侵略的战争中,王朝也要动员那些归顺民族在人力和物力上对政府军进行协助。甘博所藏三方羌、氐首领金印,爵称之前都冠以"归义"二字,正是上述政策的清晰写照。"归义"乃"慕义归化"的语意简缩,昭示受封民族崇高大义,已归顺中原王朝。

二、魏晋时期的陇南羌、氐

在我国现有的少数民族中,羌族历史最为久远。虽然目前我们还难以把该族古今分衍、流徙的所有环节都明确连接起来,但其大致的历史脉络,学界的认识趋于一致。羌族最初缘起于甘、青地区,是个以羊为图腾的牧猎部族,族系庞大,别支纷繁。大约在新石器时代中、后期,其最先进的族体沿渭水走下黄土高原向东发展。殷商时期十分活跃的羌方国,很可能就是这支羌人建立的;在关中西部以经营锄耕农业著称于史,并同姬周集团组成两合婚姻联盟的姜姓部族,亦属较早东进的羌族一支。留驻甘、青地区的羌族,一直过着牧猎生活,又受崛起于陇右的嬴秦势力的挤压,社会发展长期滞缓,史称西羌。《后汉书·西羌传》云:"西羌之本,出自三苗,姜姓之别也。"三苗是五帝时代后期由长江中游地区迁至今甘肃西部的部族,不可能和羌族同源。但范晔说羌族是"姜姓之别",则十分正确。"母系氏族社会以女系为族统,故最初的族姓往往都加女旁。'姜'字从女,保留着母系氏族社会的史影,应属最早的族姓。此外,姜姓部族又是羌族中社会发展最快、文化层次最高、融入华夏文明最早、对中原王朝影响最大的族系，以姜姓为核心，而把散居于甘、青地区过着牧猎生活的西羌诸部称之为姜姓之‘别’，应当说是合理的。”①

战国后期，秦国倾力于扫平六国一统天下的宏业，与陇右诸族的关系相对和缓，西羌各部获得发展时机，生存方式也开始由牧猎向耕牧结合过渡。秦汉时期部分羌族逐渐内迁，与汉族杂居。特别是陇右、陇南一带，羌族分布相当广泛。西汉政府对羌族的政策比较宽松，不改变羌族内部原有的同属结构，只因适应对匈奴战争的需要，不得不委派官员到羌族地区掌控军事，而民政仍交由部族首领管理。这种控而不治的羁縻政策，称作“属国制度”。宣帝时曾册封羌族首领杨玉为“归义羌侯”，开以爵封安抚羌、氐之先河。此后羌族时归时叛，政府也随之而惩抚兼用，但总的局势可谓安定。东汉在羌族聚居区继续施行属国制度，与羌族的关系却每况愈下。随着东汉王朝的加速腐败，民族矛盾空前激化。朝廷派出的“护羌校尉”，名义上的职责是“持节领护，理其怨结。岁时循行，问所疾苦”②，实则多为贪婪之辈，其掠夺欺压行为常令羌族民众痛苦不堪。为了分散羌族力量，强化对羌族地区的控制，政府又采取迁民政策，逼使大量羌民流离失所，引起羌民不断进行武力反抗。

氐族的历史和羌族同样古老，当为羌族体系中一个较大的分支，与羌族同源而异流。时代较早的文献如《诗经》《逸周书》《山海经》等，总是将氐与羌并举连提，给人这样的印象：这是两个关系特别密切的民族。孔晁注《逸周书·王会》视“氐”为地名，释“氐羌”为氐地之羌。当代学者有的以“低”训氐，认为氐羌是居于水滨或低平地带的羌族，即“低地之羌”③。有的以“坻”训氐，认为陇山又名陇坻，氐族因多居于陇坻而得名④。我们还可换个角度思考：魏晋是氐族最活跃的时期，当时文献称氐恒用“羝”字。羝义为公羊，羝作族名和羌作族名一样，显示了族源图腾的影迹。羝属羊类，也正与氐为羌族别支的思路相符。

氐族活动区域也大致同羌族邻接或相近。上文提到，秦汉以后的羌族由河湟地区向东向南分流，几乎遍布于陇右、陇南和川北一带，尤以陇南为主。魏晋时期的氐族居地也在这一区域。《魏书·氐传》记述氐族中规模

①祝中熹《甘肃通史·先秦卷》，甘肃人民出版社，2009 年，第 262 页。

②《后汉书·西羌传》。

③徐中舒《论巴蜀文化》，四川人民出版社，1983 年，第 79 页；童恩正《古代的巴蜀》，四川人民出版社，1979 年。

④赵向群《甘肃通史·魏晋南北朝卷》，甘肃人民出版社，2009 年，第 251 页。

最大的白马族系云:“秦汉以来,世居岐陇以南,汉川以西,自立豪帅。汉武帝遣中郎将郭昌、卫广灭之,以其地为武都郡。自济渭抵于巴蜀,种类实繁。或谓之白氐,或谓之故氐,各有侯王,受中国封拜。”汉武帝遣将“灭”的不过是当时氐人的族邦形式,氐族的繁衍分支并未受到遏制,只是其各部首领接受了朝廷封号,成为西汉的“属国”而已。事实上,氐族势力在甘肃东部尤其是陇南一带发展很快,跨时达二百多年的前、后仇池政权,就是氐族建立的。氐族和羌族一样,也经历着不断内迁、与汉人杂居的社会演变,其汉化程度甚至超过了羌族。《三国志·魏书》裴注引《魏略》曰:“其俗,语不与中国同,及羌杂胡同,各自有姓,姓如中国之姓矣。其衣服尚青绛。俗能织布,善田种,畜养豕牛马驴骡。其妇人嫁时著袵露,其缘饰之制有似羌,袵露有似中国袍。皆编发。多知中国语,由与中国错居故也。其自还种落间,则自氐语。其嫁娶有似于羌。此盖乃昔所谓西戎在于街、冀、豲道者也。”这段记载不仅透露了羌、氐族源相近的信息,也反映出氐族的汉化程度。史载陇蜀间氐族首领有王阿贵、杨千万、雷定、窦茂、李特、齐万年等名字,姓名已完全汉化。

东汉可以说是我国历史上民族关系处理得最不好的一段时期,在对待羌、氐的问题上表现尤其突出,传统的绥抚羁縻政策已名存实亡。决策者的功利短视,地方军政官员的贪婪凶残,招致羌、氐人民此起彼伏的武装反抗,西北地区陷入长时期的动荡不安。从东汉王朝分衍而出的魏、蜀政权以及随后的西晋王朝,某种程度上接受了东汉王朝的教训,重扬“慕义归化”的传统理念,对边域民族的态度比较开明,坚持了争取边域民族支持、合作的策略。在这种情况下,尽管政治局势极其动荡,边域民族却争取到了较大的发展空间。

三国时期,羌、氐诸部分布密集的陇南、陇右地区,是魏、蜀交锋的前沿地带。蜀国境狭势弱,欲图扩拓国力,与强魏抗争,向汉中、陇南一线发展,进而北据陇上,是唯一的出路。魏国虽已稳拥中原,但为防蜀国坐大,着眼于日后的统一,控制陇道,加强对陇右诸郡的统治进而蚕食陇南,也是必有之举。因此,位处陇南、陇右的羌、氐族落,首当其冲地成为魏、蜀双方争取、利用,必要时加以胁迫、威逼的对象。晋人江统在其《徙戎论》中说:“魏兴之初,与蜀分隔,疆场之戎,一彼一此。”①所言正是羌、氐族落在魏、蜀势力夹缝中生存的实情。应当说,该区域羌、氐诸部人心背向,已成

①《晋书·江统传》。

魏、蜀争锋战略成败的关键因素。这不单纯是谁占领地盘大小的问题,而是个综合实力的问题。双方都尽力设法从羌、氐族落中获取兵源、粮食及马匹等军需物资。而且,这种获取不是一时的权宜之计,而需要具备可持续性。所以,魏、蜀的决策者们在条件允许的情况下,总是积极笼络羌、氐首领,争取羌、氐族众为己所用。

诸葛亮对西南诸族绥抚政策的成功,是古今公认的,其与陇南羌、氐的友好关系,也有充分的史证。诸葛亮死后,姜维继承了抗魏的事业。他能与强魏在陇南地区周旋那么长的时间,原因之一便是他熟悉当地的民情与环境,得到了羌、氐诸部的支持与配合。至于曹魏,也一直把"招怀羌胡"作为国策。虽也承袭汉制设"护羌校尉"等官职,但重在维持边域地区的稳定,治理举措相对温和。对羌、氐也施行过移民政策,但情况和东汉时大不相同。如《三国志·魏书·张既传》载:建安二十四年(219年)曹操攻汉中前,"恐刘备北取武都氐以逼关中,问既。既曰:'可劝使北出就谷以避贼,前至者厚其宠赏,则先者知利,后必慕之。'太祖从其策,乃自到汉中引出诸军,令既之武都,徙氐五万余落出居扶风、天水界。"这是曹魏时代对羌、氐最大规模的一次迁民,方式是以利诱之而非强迫驱赶。当时陇南战乱频仍,粮食紧缺,为避免武都氐族为蜀所用,曹魏以"就谷"之利诱导氐人"北出",将五万余落氐民转移到了较安定富庶的地区。诸史均未载这次大迁民引起的冲突与反抗,事情进展顺利,表明氐族诸部是愿意接受的。主持此事的张既,本即一位善处民族关系的政治家,死后朝廷的诏语赞其"能容民畜众,使群羌归土,可谓国之良臣"。[①]西晋前期延续了曹魏的边域政策,对边域民族以绥抚为基本方略,鼓励边域民族"慕义归化",可见,这仍是占主导地位的政治理念。政权严重腐化,民族矛盾空前尖锐,那是惠帝即位以后的事。

甘博所藏三方金印,皆为魏、晋朝廷所颁赐,正是上述历史背景下的产物。三印均出自西和县境,那也正是魏晋时期羌、氐族落集中居住的地区。

三、余论:"魏归义氐侯"的印主

与魏相比,晋代历史稍长,且对边域民族首领的爵号封赐数量颇多,

①《三国志·魏书·张既传》。

史载有简略，故两方晋颁金印的印主无从考起。值得我们特加关注的是“魏归义氐侯”印。曹魏政权存时较短，且封爵不滥，史事较易追寻。

《水经注·漾水》云：“汉献帝建安中，有天水氐杨腾者，世居陇右，为氐大帅。子驹，勇健多计，徙居仇池，魏拜为百顷氐王。”《宋书·氐胡传》述此事，杨胜为杨腾，而杨驹只是“以百顷为号”，并未受封，“驹后有名千万者，魏拜为百顷氐王”。据此，受封者乃杨千万而非杨驹。但杨驹和杨千万都是建安年间人，是时曹魏政权尚未建立，曹氏虽然实掌朝廷大权，但还不可能以魏的名义封赐爵号，而且史言封拜的是“氐王”，与印文“氐侯”也不相符。所以，尽管仇池百顷确在今西和县境内，杨驹和杨千万都不可能是此印的印主。

《三国志·魏书·文帝纪》载，延康元年(220年)“蜀将孟达率众降。武都氐王杨仆率众人内附，居汉阳郡。”汉阳郡原为从秦时陇西郡分出的天水郡，曹魏时复称天水郡；到北魏，又把天水郡南部地域分出，再设汉阳郡。所谓“汉阳”，实指西汉水之阳。在嘉陵江尚未完全形成前，今嘉陵江上游支脉流经礼县、西和县的西汉水，与汉水是通流的，而且就是汉水上游的主流，故汉晋时的文献常直接称西汉水为汉水。关于此，晋代以前的古史地志言之甚明①。北魏重置的汉阳郡，郡治就在今西和县北部的长道镇；东汉时的汉阳郡郡治虽在冀(今甘谷县东境)，但辖域含今西和县。所以，史言氐王杨仆归魏后所居之汉阳，同“魏归义氐侯”印所出之西和县境是相符的。

杨仆归魏后是否受封，史无明载。但就当时魏、蜀都极力争夺对羌、氐控制权的情势而言，封拜侯号以奖前励后是完全可能的。在魏国历史上，氐族首领率众内附(即所谓“归义”)的记载，就这么一次，正在张罗“禅位”的魏文帝，将此事看得极重。纪文裴注引《魏略》载文帝的手令，言及对蜀将孟达封拜并使之领新城太守，下文接曰：“近复有扶老携幼首向王化者。吾闻夙沙之民自缚其君以归神农，豳国之众襁负其子而入丰、镐，斯岂驱略迫胁之所致哉？乃风化动其情而仁义感其衷，欢心内发使之然也。以此而推，西南将万里无外，权、备将与谁守死乎？”显然，曹丕此令所言即指杨仆率众归附一事，他把这看做是曹氏政权仁义德政对边裔的感召。为此他大做文章，将之与夙沙之民尊崇炎帝、豳国之民拥戴古公这类著名史事相比附，高扬了一番“慕义归化”的大旗。此时的曹丕即将荣登帝位，正需要

①刘琳《华阳国志校注·汉中志》的注文(三)~(四)，巴蜀书社，1984年，第103~107页。

这类可借以炫耀“圣威”的佳事来烘托其“龙兆”。值得注意的是,他把此事同蜀将孟达的投降紧紧联系在一起,正和上引《魏书·文帝纪》将孟达降魏与杨仆归附二事同文表述相对应。他既封拜了孟达,也必将封拜杨仆,否则他不会下如此自得并充满宣教的手令。在曹丕心目中,边域民族首领自动归附的意义,远大于敌国将领降服的意义,所以,杨仆的赐爵几乎是可以肯定的。不过,对杨仆的封拜,当是曹丕登帝位之后的事,史籍可能漏载了。

如以上考辨在理,此印的主人很可能就是杨仆。

“晋归义氐王”“魏归义氐侯”“晋归义羌侯”

“魏归义氐侯”印

“晋归义羌侯”印

“晋归义氐王”印

(本文原载:祝中熹《早期秦史·都邑篇》,敦煌文艺出版社,2004 年)

悬泉汉简中涉及国际诉讼的案卷

——简析《康居王使者自言书》册

初 昉 师 宾

在敦煌悬泉置遗址出土的汉简资料中，有一份西域康居国王使者状告敦煌和酒泉太守的文档特别重要,也非常稀罕。该材料虽已发表,但尚未引起应有的关注①。另外,该册书在标点、句读,以及文书的结构与内容的理解上,均还存在一些欠缺和不足。这里再予诠释,并谈点粗浅看法,祈请指正。

一

册书共七枚木简,用两道麻绳编缀一起,十分光整。视其文字,包括几个文书,录如下:

一五五、《康居王使者自言冊》 (II.0216②:877-883)

康居王使者楊伯刀,副偏闐;蘇薤王使者姑墨,副沙囨即,貴人為匿等,皆叩頭自言:前數為王奉獻橐佗,入敦煌 (877)

關,縣次贖食,至酒泉昆歸官,太守與楊伯刀等雜平值肥瘦。今楊伯刀等復為王奉橐佗,入關行直,以次 (878)

食至酒泉，酒泉太守獨與吏直畜，楊伯刀等不得見所獻橐佗。姑墨為王獻白牡橐佗一匹，牝二匹，以為黃；及楊伯刀 (879)

等獻橐佗皆肥,以為瘦,不如實,冤。 (880)

永光五年六月癸酉朔癸酉,使主客諫大夫謁侍郎,當移敦煌太守,書到驗問,言狀。事當奏聞,毋留如律令。 (881)

①胡平生、张德芳《敦煌悬泉汉简释粹》,上海古籍出版社,2001 年。

七月庚申敦煌太守宏、長史章、守部候脩仁行丞事,謂縣,寫移書到,縣移康居、蘇韰王使者楊伯刀等獻槖佗食用穀數,會月廿五日,如律令。/掾登、屬建、書佐政光　(882)

七月壬戌,效穀守長合宗,守丞敦煌左尉忠,謂置,寫移書到,具寫傳馬止不食穀詔書,報,會月廿三日,如律令。/掾宗、嗇夫輔　(883)

上述简文的句读,有几处颇需缜密对待。

“姑墨”应从上读,为康居小王苏韰王使者之名,下句为其“副(使)沙囷即”,再下为“贵人为匿”,为苏韰王之贵人。如按原句读,苏韰王使者名变成了“姑墨副沙囷”,即姑墨副使沙囷,又弃“即”字。姑墨虽亦西域国名,在龟兹、温宿之间,即今阿克苏,但此处作人名。又“入敦煌关”“入关行直”皆当为句。敦煌关指两关,意在强调关内的价格标准,详见后文,不当逗断。再次,“具写传马止不食谷诏书”,意为详列按诏书所禁未供给传马食谷的情况。如果将“诏书”作另句,本意全失而疑义歧生。

二

全册包含四部分。首编是康居等外国使臣的“自言书”,共四简(877—880)。所谓自言,相当于诉讼中的自述辞,是在无任何他人授意、引诱和胁迫之下,完全自愿的申诉,申诉人要为“自言”负法律责任。二是朝廷大鸿胪移敦煌太守书及自言书,命验问、报告。本案当奏闻到天子,不得滞留(881)。三是敦煌太守移大鸿胪全文予效谷县等,命汇报康居“献槖佗,食用谷数”等情(882)。四是效谷长令各置报告关于“传马止不食谷诏书”的情况(883)。以上四书,一、二是同时形成的,自言书约由外国客口述,经译人译转而书就,再由大鸿胪统一下发敦煌,看来康居使者是在京师向大鸿胪投诉的。第一书往往是第二书的“附件”。如果它具有“爰书”性质时,第二书或称“爰书自证”,但此处未称。三、四书是对第二书的逐级执行。再下应有厩置的报告,不知何故不在此册内。悬泉置将县廷转来文件编次存档即此册。

据以上分析,《释粹》将此册定名《康居王使者册》固然可从,但是否称作永光五年《康居王使者自言书》册更好些呢？

三

册文的以下要点，需做阐释："使主客谏大夫谓侍郎"，"使主客"为大鸿胪"主胡客"之官。"谏大夫"，原释文作部大夫，为光禄勋属吏，秩比八百石；侍郎同，秩比四百石，约为光禄吏而给事大鸿胪。还有两点需注意，一是投诉酒泉太守，文书为何转到敦煌郡？在这件事上，酒泉、敦煌二郡之间有何关系？二是敦煌太守、效榖县的下行文书明文要求的，似与大鸿胪文书不一致，南辕北辙，这是为什么？

"入敦煌关，行直……至酒泉"。外国客奉献物的价值，必须入敦煌的玉门阳关，按关内市场通行价，至酒泉由太守与客人公平商定。"行直"，同平价、行钱，释为通行价格、官平价。"酒泉(郡)昆归官"，如释文无误，是指酒泉太守府属专议价值的某官。敦煌入关，酒泉定价，似为定制。入关大约要登记造册并移交接收。杨伯刀说他入关后到酒泉"不得见"骆驼，让人揣测它们或另被喂养。三四白骆驼到评价时成了黄色的，在牧区白骆驼是公认体健善走的良种。又肥的变成了瘦的，这表明原入关时均应有记录手续。

"县次赎食"，赎假为续。二年律令《传食律》条目有"续食"，即按前所定标准由后边县置继续供给。续食约凭文书，或有接送人员陪同。县次是路线所经之各县，不是所有的县。由两关到酒泉郡，根据悬泉置出土的《河西道驿置道里簿》和复原研究，所经县、置是：阳关·龙勒厩—敦煌厩—遮要置—悬泉置—鱼离置—广至厩—冥安厩—渊泉厩—干齐厩—沙头厩—玉门厩—某置 A—天依厩—某置 B—禄福厩，经十县厩五置，其中没有效谷县，有二置不知名称。路程敦煌界 607 汉里，酒泉禄福以西界 468 汉里，合为 1075 汉里。"县移……杨伯刀等献橐佗，食用谷数"，"具写传马止不食谷诏书"。分别是郡、县要求各厩置上报原告有关情况。这些要求不会矛盾。前者，当然涉及驼的肥瘦黄白和本人为何未见等情，而食用谷数，则指县次续食的情形。后者，或是对前者的补充，要求再报上某诏书所禁传马不得食谷的情形。汉时因形势、财力变化，常裁减厩传及其服务范围。"传马止不食谷诏书"也是倒置句，指诏书所禁传马不得食谷事。当时大约逢到此种情形，外国客接待受到影响，需特别说明。其次，朝廷大鸿胪令“验问言状”奏明皇帝，处置是严肃谨慎的。另一方面，敦煌太守等上报实际情况，便于朝廷的总体评估、把握。可惜册文到此而止，不知后果，但肯定将由大鸿胪最后决裁。康居等使者的主要诉求在于经济利益，对大胪鸿来说这不是什么难题。

四

两千多年前在丝路敦煌、酒泉道上发生的一件小小诉讼案，真实地表明，来华的外国、西域人如遇冤失，可状告相关部门，向中央政府专理外国事务的衙门大鸿胪投诉，再转发肇事地方调查，最终向皇帝奏报，严肃处理。

这不应当是孤例，也绝非流于形式和文牍主义的敷衍塞责。此一史实说明当日由中国主守的丝路东西方的交流、贸易活动，其主流是和谐而有序的，受到法律保护和严格管理。从一个侧面反映出中国国家和政府的文明程度和进步水平。

其次，通过对待非友好联盟国家的态度，本册忠实地反映出汉王朝和平外交、广揖友邦的政策实质。

康居不属都护管辖，但自宣帝时始，屡屡支持匈奴郅支单于作乱。元帝建昭三年，都护甘延寿、陈汤发西域兵破康居城、斩郅支首级。此前，郅支杀汉使者谷吉逃奔康居，康居王以女妻之，郅支数借康居兵击掠乌孙。建昭三年之役，康居副王抱阗寇钞汉军辎重。汉军攻城，康居万骑环围汉军为郅支外应。此后，成帝时“遣子侍汉贡献，然自以绝远，独骄嫚”。乌孙传载西域都护郭舜数言“康居骄黠……遣子入侍，其欲贾市，为好辞之诈也”。但“汉为其新通，重致远人，终羁縻而未绝。”此数语极重要，概括了汉对康居的基本态度与政策。此册在灭郅支之前四年，时郅支尚未进驻康居，但其态度与战后并无大变化。一是以绝远而骄嫚，一是欲贾市而为辞巧黠，由本册视之诚然。苏䪥为康居城邦五小王国之首，态度与康居全同。但诛灭郅至单于之后，汉对康居仍然维持和平友好往来的政策。以上可作为本册背景材料。又苏䪥所在，岑仲勉考定为撒马尔罕，即隋唐康国所在，说可从。

而此一种睦邻友好、与邻为善的策略，是汉与周边和西域诸国长期搞好关系的准则。正因如此，从而极大地孤立、削弱和最终战胜了强敌匈奴。

最后要强调，类似本册这样的古今中外绝对珍稀的第一手史料，也只有在像敦煌这样干旱的丝路历史重镇的文化遗址中才能发现，而且地下的蕴藏是极其丰富惊人的。汉代是大敦煌文明、信史的开创时期，其历史遗迹、遗物和文化传统是敦煌历史文化的源头和重要组成，极具优势与特色。与前述册书同时出土于悬泉置的大批珍贵遗迹、遗物和简牍，其内涵博大精深，具有极高的史料与学术价值，本文不能一一阐述。而悬泉置遗址，不过只是数以千百计的汉代遗存之一。敦煌汉代历史文化的发现、保护、研究、弘扬，比之魏晋隋唐和佛教文化还较落后。而保护和研究好，是进一步利用与弘扬的前提。这正是亟需加强与努力的薄弱环节。

（本文原提交《敦煌文化产业开发研究学术研讨会论文集》，2013 年）

甘肃出土的元青花瓷

贾建威①

中国瓷器的发展,在唐代以前是以青瓷占主导地位;唐代以后,形成了南青北白的局面;到了宋代,则品种众多,瓷器生产呈现出百花争艳的景象。在瓷器发展史上,元代是一个承前启后的重要时期,由于海外贸易的发展,陶瓷成为重要的出口商品,随着外销瓷增加,生产规模扩大,制瓷工艺有了进一步的提高。元代在景德镇设“浮梁瓷局”统理窑务,发明了瓷石加高岭土的二元配方,烧制出大型瓷器,景德镇创烧的釉里红和发展成熟的青花瓷,是我国古代制瓷技术的突出成就。尤其是元青花烧制成功,在中国陶瓷史上具有划时代的意义。这些成就为明、清制瓷工艺的高度发展奠定了基础,景德镇因此成为全国的制瓷中心。

甘肃地理位置特殊,处于丝绸之路重要路段,是陆路对外贸易的必经之地,这块历史悠久的土地在东西方交往过程中,遗留下许多重要的陶瓷珍品,这些陶瓷精品为我们研究东西交流和对外贸易提供了珍贵的实物资料。出土于甘肃省临洮县和武威市的几件青花瓷是元代青花瓷中的精品。

1. 青花莲池鸳鸯纹玉壶春瓶(图一)

高29厘米,口径7.7厘米,底径9.3厘米。临洮县博物馆藏。临洮衙下乡寺洼山村双上社出土。喇叭口,细长颈,鼓腹,圈足外撇,圈足制作不十分整齐,仔细观察,有些弯弯扭扭,施釉不到底,稍有露胎,胎釉结合处呈火石红色。玉壶春瓶,酒器,

图一 青花莲池鸳鸯纹玉壶春瓶

①甘肃省博物馆。

图二　青花莲池鸳鸯纹玉壶春瓶

因唐诗"玉壶先春"而得名。此瓶全器纹饰分五层，主题纹饰为莲池鸳鸯纹(图二)，还有仙鹤、蕉叶、莲瓣、卷草等纹饰，口沿内饰卷草纹一周，下腹部绘仰莲纹。元代仰、俯莲瓣有两个特征：一是莲瓣之间有一定的空隙，互不相连；二是莲瓣边框用双线勾勒，内填青料呈粗线条。玉壶春瓶口内沿绘有花纹是元代的一大特征。此瓶造型优美，胎质细腻，釉面光润，纹饰精细，图案层次分明，疏密有致。青花色调纯正淡雅，是元代青花器中的精品。

2. 青花鸾凤纹匜(图三)

高 4.1 厘米，径 13.2 厘米，底径 8.4 厘米。临洮县博物馆藏。临洮衙下乡寺洼山村双上社出土。器身扁圆，有一槽形长方流，流下装饰一卷云状系，口沿及底足无釉，露胎处呈火石红色。内底绘青花双凤(图四)，内壁绘一周缠枝菊花，外壁绘仰、覆莲瓣纹，线条优美，釉面润白，青花色泽纯正蓝翠，是元代青花瓷中的艺术珍品。

图三　青花鸾凤纹匜

图四　青花鸾凤纹匜

3. 青花鸳鸯纹碗(图五)

高 7.7 厘米，口径 16.3 厘米，底径 6.3 厘米。武威市博物馆藏。武威市

图五　青花鸳鸯纹碗

图六　青花鸳鸯纹碗

城区窖藏出土。敞口，深腹，圈足。外壁绘缠枝莲纹和仰莲瓣纹，内底绘莲池鸳鸯纹(图六)，口沿饰一周卷草纹。青花瓷碗、盘之类的日用器皿在国内外都极为少见，特别是典型元青花的碗还未发现，因此武威出土的这件青花碗具有很高的研究价值。

4. 青花人物纹高足杯(图七)

口径7.7厘米，足径4厘米，高8.9厘米。武威市城区窖藏出土。武威市博物馆藏。敞口，深腹，竹节喇叭形高足。胎质洁白，釉色白中闪青。外壁绘青花缠枝莲纹，足部绘蕉叶纹，内底绘一人物骑马弹奏琵琶，有人称之为"昭君出塞"(图八)。纹饰线条流畅、自然。高足杯的杯身和足接合，采用胎接的办法，即两部分为湿胎接合，而非靠釉的黏度接合。因此，元代高

图七　青花人物纹高足杯

图八　青花人物纹高足杯

足杯足内顶端无釉，有乳钉状凸起，足部空心不封底。高足杯又称马上杯、靶杯，是元代最具特色的器型之一。

青花瓷是指一种在瓷胎上用钴料作呈色剂，在坯体上绘画，然后罩透明釉，以1300℃左右高温一次烧成的釉下彩瓷器。釉下钴料在高温烧成后，呈现出蓝色，习惯上称为“青花”。标准的青花，是指釉下彩。

青花瓷器胎洁釉润，釉下彩的蓝色彩绘，色泽艳丽夺目，幽菁可爱，图案装饰雅俗共赏。由于彩色在釉下，有不易褪脱的优点，所以经过几百年之后仍光彩依旧。

促成青花烧造技术提高的因素，主要是向中东地区出口的需要。中东地区国家的制陶业，在10世纪以后，对于釉下彩，特别是青花的制作一直没有间断过。但是由于中东地区的胎、釉原料较差，且烧成温度不高，因此始终无法达到中国青花瓷器的质量水平。随着元朝政府对外交往的发展，中东国家对中国青花瓷器的需求也逐渐增加，而浮梁瓷局所在地的景德镇，在枢府瓷胎釉制作具有完善条件的基础上，利用从中东地区进口的钴土矿，大批生产出口所需青花瓷器，在当时也是水到渠成的事。

从现存国内外的元青花瓷看，其器形多见的为盘、罐、梅瓶、长颈瓶、葫芦瓶、玉壶春瓶、扁瓶、执壶、钵、盒、水滴、豆形洗、高足碗、匜、盏托等，其中以大件器为多，特别是现存土耳其伊斯坦堡托布卡比博物馆和伊朗阿特别尔寺的藏品中大件器更多。在印尼、菲律宾等东南亚地区出土的元青花，以水注、水滴、小罐、小碗等小件器为常见，这是由于不同地域有不同生活习惯的需要。元代景德镇是根据销售地区不同的需求而生产不同类型的外销瓷。

元青花，主要发现在中东和东南亚地区，说明青花瓷应是元代输出的外销瓷。元代青花瓷器在供外销的前提下，在国内市场亦曾流通，开始为国内市场生产过一些庙宇供器及少数陈设瓷及高足杯之类的特殊器物，但还未成为民间普遍的日用器。因此，元青花的总生产量并不是太大，而国内的传世品也就更为少见了。

甘肃出土的这几件青花瓷都具有元青花的典型特征，胎体较厚重，青花色泽浓翠，有铁锈斑，器底无釉，图案花纹密布全器，并分层次布局。在器身上以主题纹饰和辅助纹饰密切结合，构成整体。其处理方法大致有两类：一是突出一组主题纹饰，其余均为辅纹；另一类是由几组主题纹饰和几组辅纹共同构成:碗杯边圈、口沿为较大型的辅纹,底心为主题纹饰。元代玉壶春瓶图案花纹层次较多,达到了九层。

元青花瓷的主题图案纹饰,主要有三种:一是以整幅图画为主题,多见鱼藻图、莲池及莲池水禽图、人物故事图等;二是动物纹,有龙纹、凤凰和孔雀、狮子等;三是花草纹,以缠枝牡丹及缠枝莲使用最多。东南亚国家出土的元青花瓷小件器,多用折枝菊及缠枝菊。

元青花瓷的辅助纹饰,主要用在器物的口部、底足部,在器身上往往用来间隔几组主题纹饰。应用最多的是缠枝花、仰覆莲瓣纹、水波纹。八宝吉祥在元代尚未形成固定形式,常出现火焰宝珠、珊瑚、钱、法螺贝、丁字、犀角、灵芝、双鱼、芭蕉、法轮、宝伞、宝瓶等。

元青花瓷的图案纹饰具有鲜明的中国风格,但考虑到出口的需要,如有些地方有使用40厘米左右的大盘和大碗、大钵的习惯,元青花瓷中也有大盘、大钵,这正是考虑中东地区的习惯而生产的。元青花瓷器以多层次图案花纹进行装饰,也可能就是适应中东的风格。有一些青花盘、碟的中央即是按照数学原理进行编排布局,然后再填以菊、莲、牡丹及波涛、禽鸟等中国传统的图案花纹。

从这些青花瓷反映出甘肃在丝绸之路上的重要作用,即是中外文化交流的交通要道。丝绸之路沿线还出土了波斯、古罗马货币,东罗马银盘,巴斯八文银牌等重要文物,说明通过这条古道,古老的中国文化、印度文化、波斯文化、阿拉伯文化和古希腊、罗马文化连接了起来,这条古道还传播了三大宗教,促进了东西文化的交流。这些文物都是研究东西文化交流的重要依据,也是我国和西方经贸往来和文化交流的历史见证。

灵台白草坡出土的西周玉器之探讨

刘志华①

甘肃省灵台县白草坡墓地，时代为西周早期至中期前段，约当西周成、康、昭、穆王时期，约公元前11世纪中叶至前10世纪中叶，是对我国商周考古中极为重要的一次发掘，对于研究西周早期历史、文化、艺术、礼制等方面有很高的价值。最早发现于1967年，并于1972年进行了大规模发掘，共发掘了9座墓，1个车马坑。但仅有3座墓保存较为完好，其余多遭盗掘和自然破坏。出土了青铜器、玉器、陶瓷器等一批珍贵遗物，其中出土玉器的有1、2、3、5、8、9号6个墓葬，共出土各类玉、石器38件。在已发表的资料中，对众多文物曾进行了介绍。通过多年来整理、学习，本人对其中的玉器部分有了较为深入的了解和认识，希望在此详细评介，抛砖于诸同好，借以引起研究同仁们的再次关注，获得方家的真知灼见，予以批评斧正，共同促进对中国古代玉器文化研究的进展。

为便于观察，本文不依照类别，而是按墓葬顺序号分别介绍文物(此处使用的编码LBM为发掘时编码)。

1号墓　M1

墓葬被水冲崩塌后自然破坏，葬式不明，有腰坑。由于此前发表的材料较为简单，尚不了解墓葬中具体情况，玉器出土时位置多无从知晓。

1. 玉璧(图一、图二，67LBM1:95)

直径16厘米，孔径5厘米，302克。

玉质石性较重，色青绿。破为四块，粘接。

扁平圆形，中有圆孔，切割不规整，厚薄不均一，外廓磨出，圆润无棱边。中心孔为单面钻打孔，后虽经修整，但仔细观察仍可见旋痕。玉璧规整，光素无纹饰。是所有玉器中体重最大的一件。

①甘肃省博物馆。

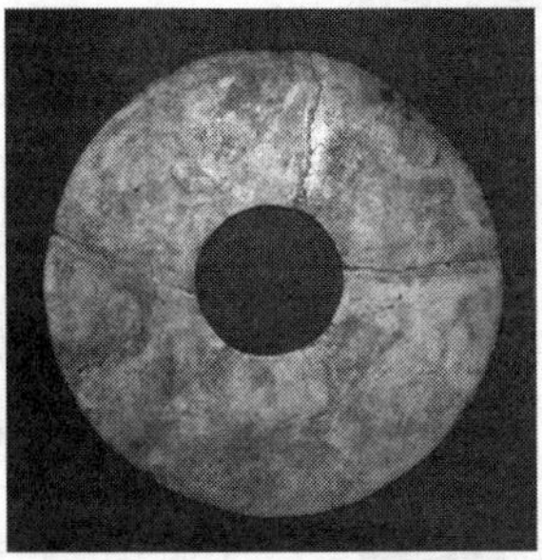

图一

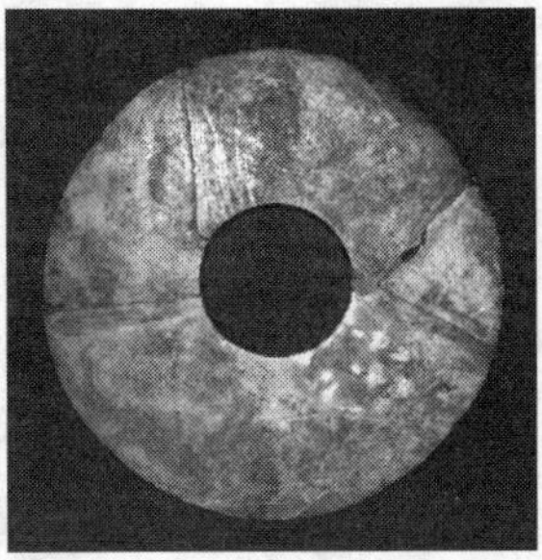

图二

2. 玉璧残片(图三、图四,67LBM1:96,残存约1/4)

玉质石性较重,色白中带青绿。

扁平圆形,中有圆孔,切割不规整,外廓磨出,圆润无棱边。中心孔为单面钻打孔,后经修整,无钻痕保留。规整,光素无纹饰。

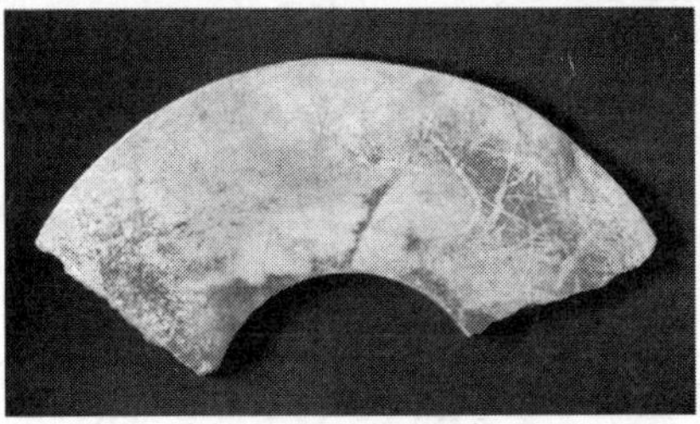

图三

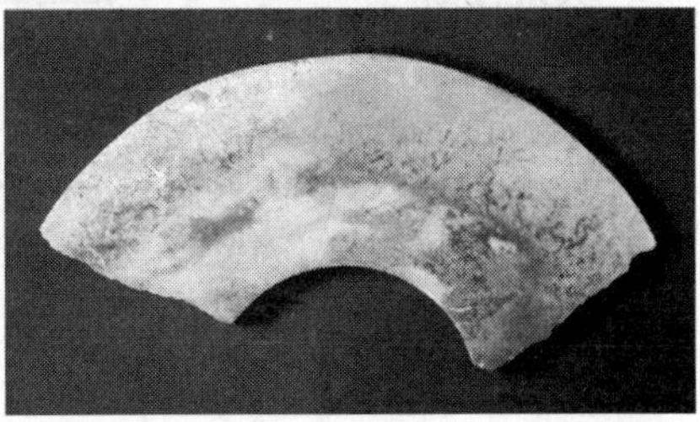

图四

3. 玉人(图五、图六、图七,67LBM1:97)

高 17.6 厘米。

青绿玉,玉质比较干涩,质差。出土于腰坑口。

立体圆雕,裸身站立,头顶盘蛇,三角形蛇头似兽头,小圆目微凸。招风耳,穿圆孔,脑后为梳理整齐的直发。浓眉,核状目,直鼻,鼻头宽阔,口紧闭,侧视面颊微凹,双臂微曲下垂,两手虚握置腹前。双腿间空隙较大,膝关节凸出,双脚以双面斜刃的方形铲足替代,铲面部有浅凹,似可分出左右足。可能供插嵌之用。玉人背部可见双臂肘,以及脊柱凹槽。

玉人无明显性征,但从身躯面相可判定系男性。

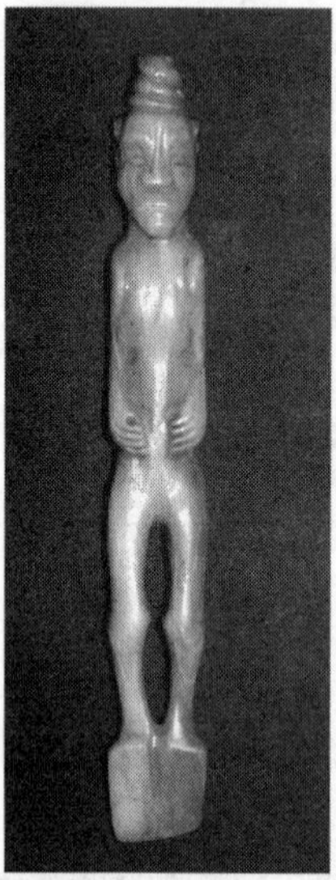

图五

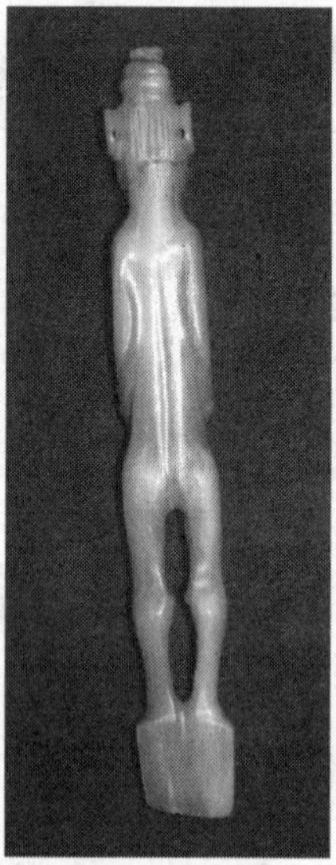

图六

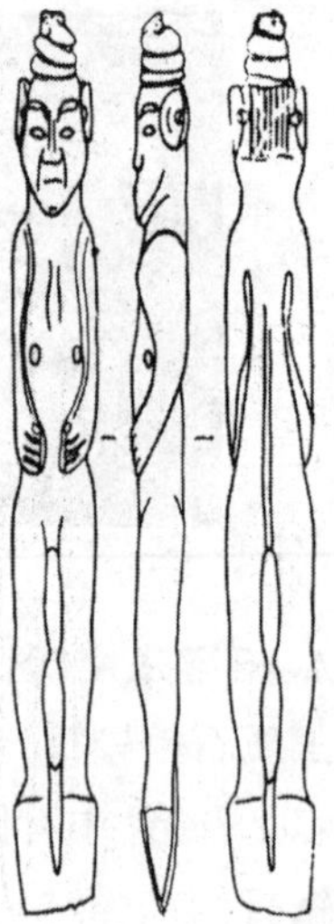

图七

4. 玉璜(图八、图九67LBM1:98)

宽2.5厘米,厚0.4~0.5厘米,28克。

黄绿色。

扁平长条弧形,两端有单面钻小穿孔。琢磨整齐,较薄,光素无纹饰。按比例为玉环的三分之一,正符合齐家文化三璜联环(璧)的常见情况。

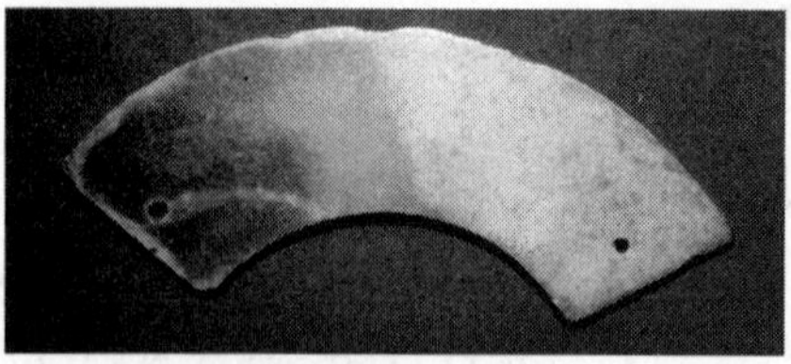

图八

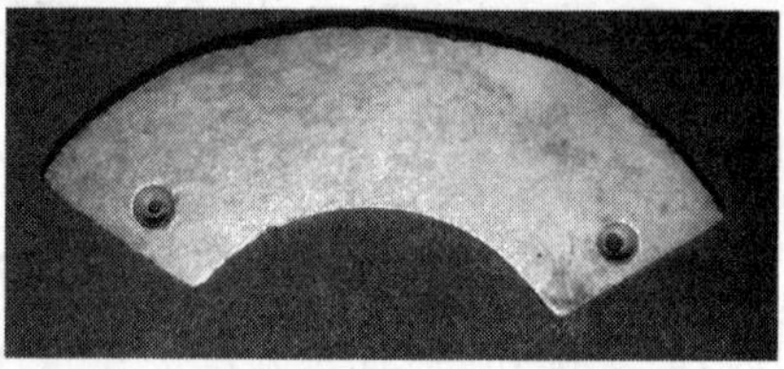

图九

5. 玉柄形器(图十、图十一、图十二,67LBM1:99)

长10.4厘米,宽2.2厘米,28克。

玉质黄白,带大片绿色。微残。

长条柄形。平台式顶部,顶下部分微缩,以一道横条阴线相隔,形成凹弧颈式柄部。下方形成肩部,亦以一道横条阴线相隔,直切而下,下端渐窄,为一断面作扁长方形的柱体。器表光素无纹。最下端削薄,形成短齐插榫。有使用磨损痕迹。棱角圆润。

下端一侧边缘部存有一约 1/3 之单面钻形成的孔，应为旧玉改工制作而成。此与洛阳唐城花园西周墓出土的玉柄形器形制相同。

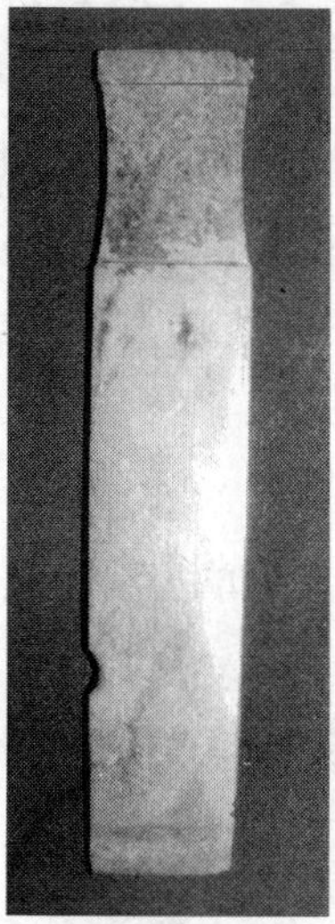

图十

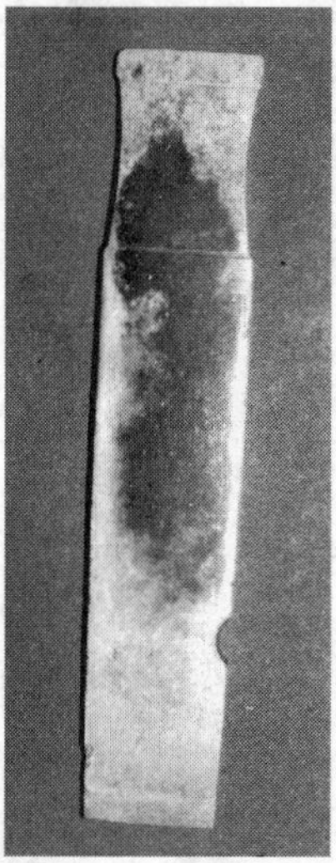

图十一

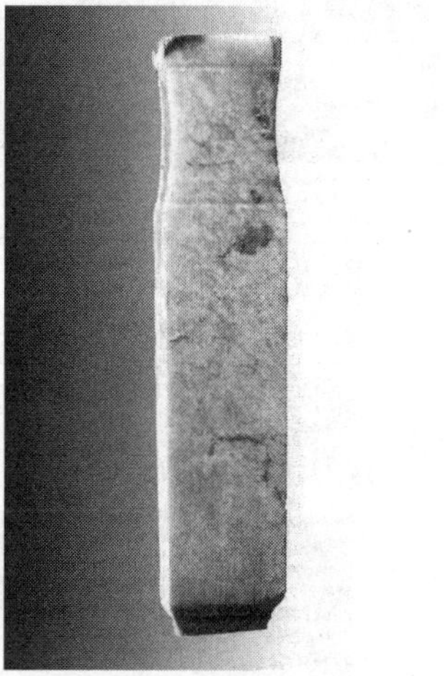

图十二　洛阳唐城花园出土　西周

6. 玉戈(图十三、图十四,67LBM1:100)

残长 11.9 厘米,宽 3.4 厘米,26 克。

黄褐色。断粘,一侧刃有较多崩残。

圭援直内式。援部琢磨出由两道宽浅波状凹槽形成的中脊,两侧斜坡出刃,三道直棱贯通至内部。圭首锋,前锋锐利,援后部有上下阑齿。梯形内短而宽,近本处微收束。中脊近本处援基一圆穿。内末端平齐。

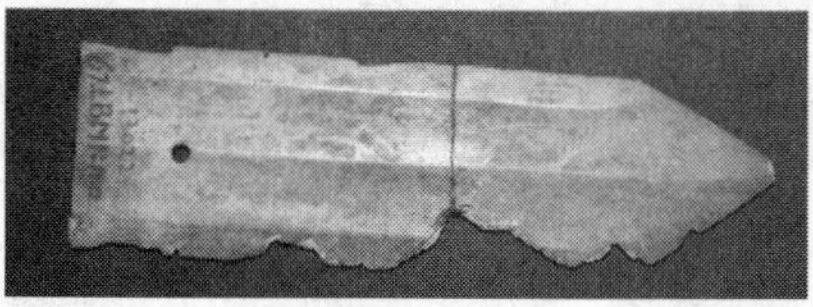

图十三

图十四

7. 玉戈(图十五、图十六,67LBM1:101)

长 10.0 厘米,宽 3.5 厘米,21 克。

黄褐色。

圭援直内式。援部琢磨出由两道宽浅波状凹槽形成的中脊,两侧斜坡出刃,三道直棱贯通至内部。圭首锋,前锋锐利,援后部有上下阑齿。梯形内短而宽,近本处微收束。中脊近本处援基一圆穿。内末端平齐。

小玉戈出现于商末期,流行于西周。

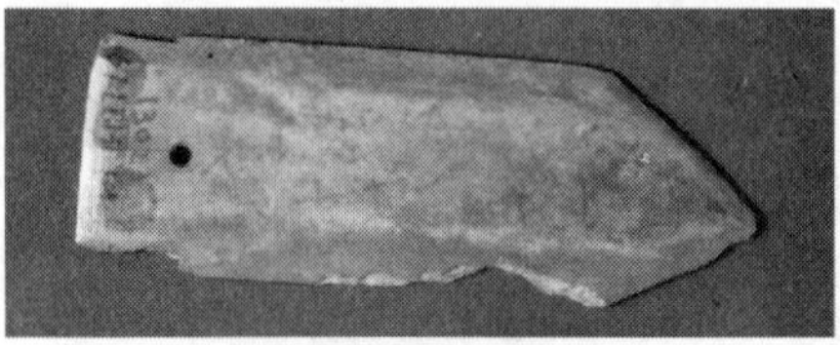

图十五

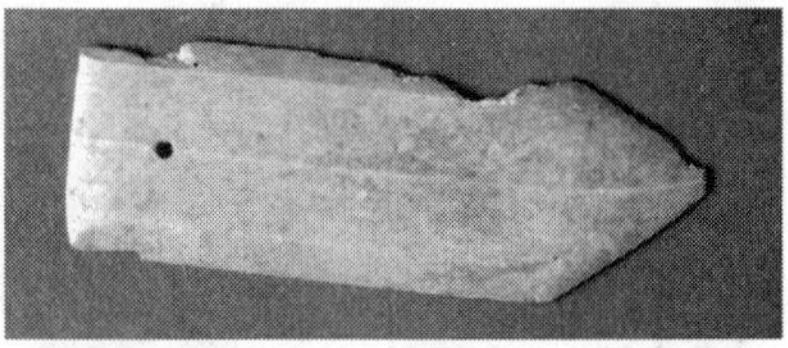

图十六

8. 玉板(图十七、图十八,67LBM1:102)

青绿色。残破。

梯形,形似磬。光素无纹,边缘受沁而变白,直长边有一单面钻喇叭形孔,另一边残存约半孔,下缘存一孔及一半孔。

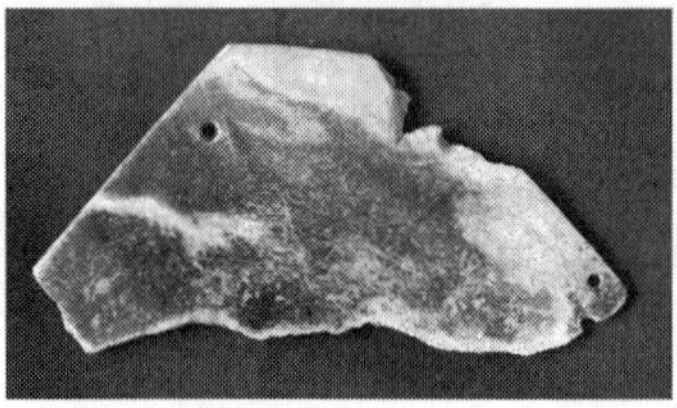

图十七

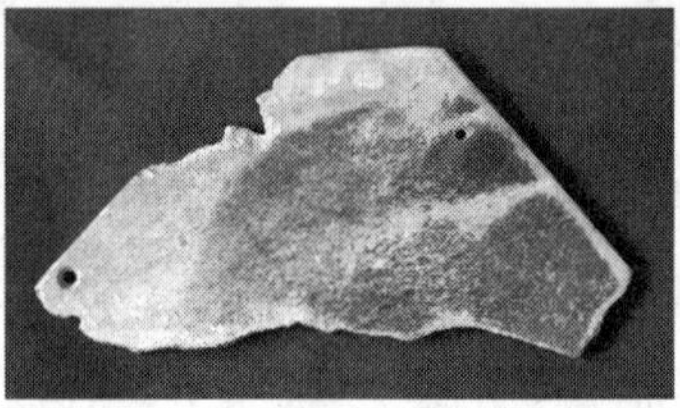

图十八

9. 玉管(图十九、图二十、图二十一,67LBM1:103)

长 4.2 厘米,径 2.8 厘米,69 克。

青白色。略残。

圆柱管状,体短粗,两端不甚平整。器表光滑,中有上下贯通的外大内细凸亚腰形对钻穿孔。在发掘报告中称为"玉琮",实应为玉管。

图十九

图二十

图二十一

10. 花叶状玉饰(图二十二、图二十三,67LBM1:104)

残长7厘米,宽2.1厘米,18克。

牙白色。下段残。

扁圆长条状。雕出对称的花叶三重,上端托起圆球状花蕾。双面叶间以双阴线示花茎。

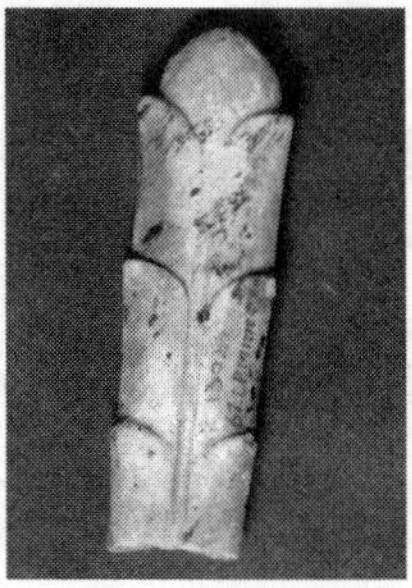

图二十二

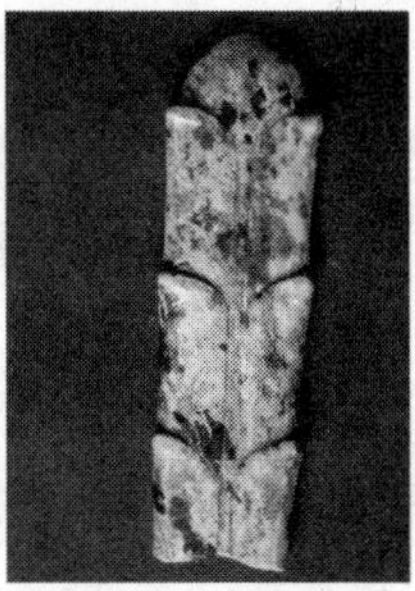

图二十三

北京故宫藏有一件玉鸟形柄，头顶的柄与此件造型相似，有三节花萼。这种上下垂直、多层花萼纹的装饰手法,也见于妇好墓出土的五重花瓣纹玉柄形器上和洛阳北窑西周早中期墓葬出土的多节叶纹玉柄形器上。具体用途尚待研究。

图二十四　洛阳市机瓦厂出土　西周

图二十五　洛阳出土　西周

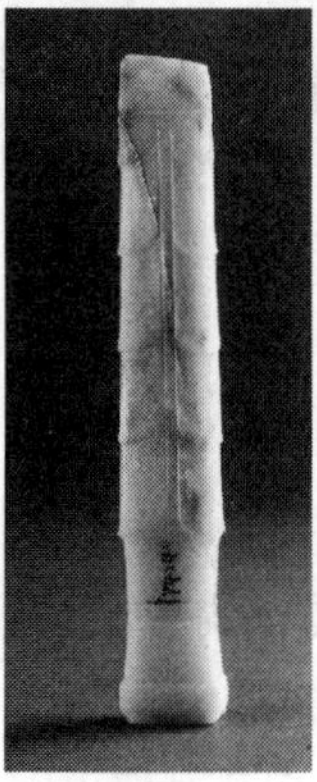

图二十六

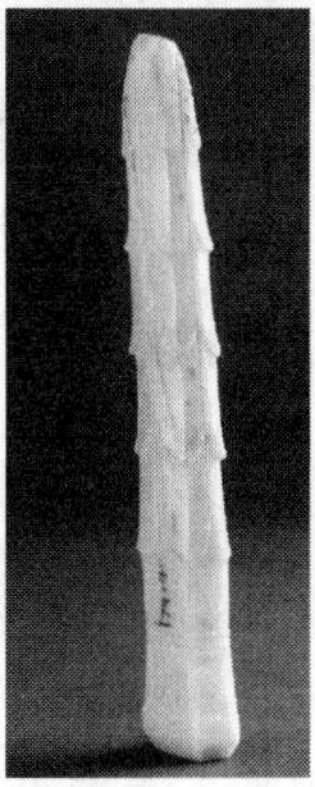

图二十七

图二十八

洛阳北窑出土　西周

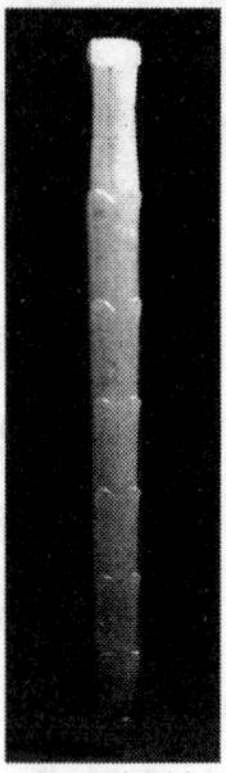

图二十九

妇好墓出土　商代

11. 玉戈(图三十、图三十一,67LBM1:105)

长6厘米。

上下援出刃,前端残缺,断,粘接。

玉质黄绿。

弯援式。弧状援,两侧斜坡出刃。援后部有上下阑齿。直方内,近阑处有一圆穿。内末端平齐。整体光素无纹。从内弧看似用旧玉璧残片改制。

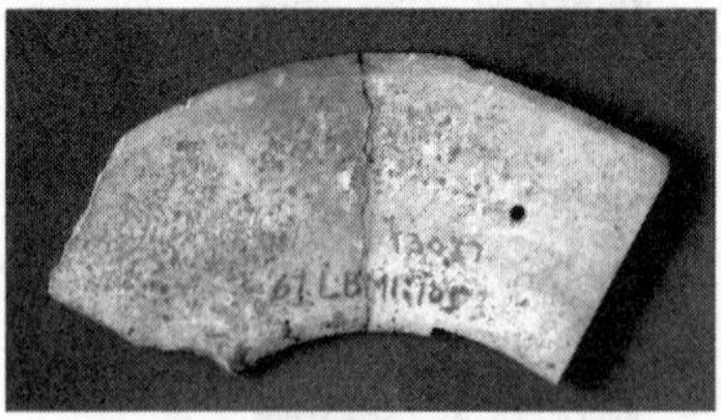

图三十

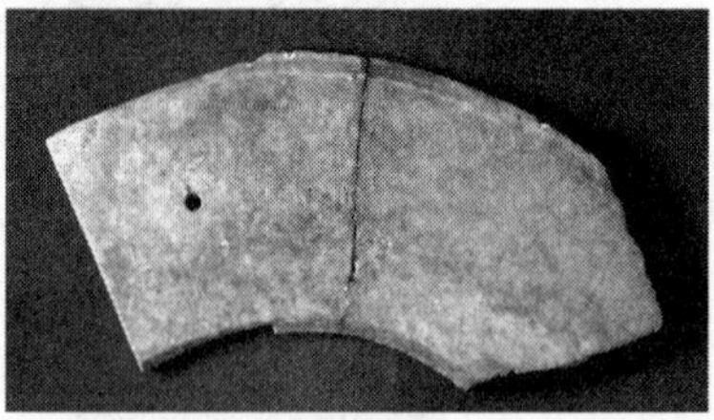

图三十一

12. 玉戈(图三十二、图三十三,67LBM1:106)

长7.0厘米,宽1.9厘米,11克。

玉质黄绿,不纯,半数有沁蚀。上弧刃及内末端有崩残。

弯援式。弧状援部琢磨出由四道宽浅波状凹槽形成的中脊,两侧斜坡出刃。圭首锋,前锋锐利。中脊近本处援基一圆穿,援后部有上下阑齿。直内,内末端琢刻有长短相间的齿棱。

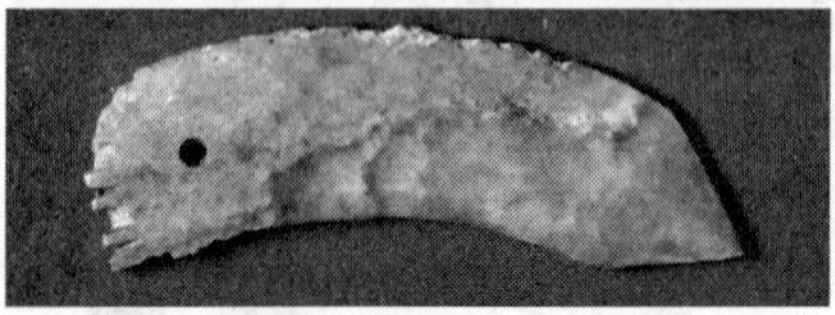

图三十二

图三十三

13. 玉戚(图三十四、图三十五,67LBM1:107)

长6厘米,宽4厘米,20克。

玉色青褐,一面呈土黄色,应为玉质本色,不纯。

扁平片状,呈长方梯形,正视类似汉字的“凤”字形。短方内,内上正中近阑处有一双面对钻穿孔,上端平直,近端角处残存一半钻孔。下端为双面坡弧形刃,一侧刃长,一侧刃短,构成弧形不等的刃部,近刃边部上一单面钻孔。两侧边有对称齿状扉棱。侧边有与刃部相同的斜坡状琢磨面,侧视为“⌒”形。整体抛磨光滑。无使用痕迹。

从玉戚主体上存留的不适当钻孔以及玉料观察，与齐家玉料近似或相同,应为旧玉改工。

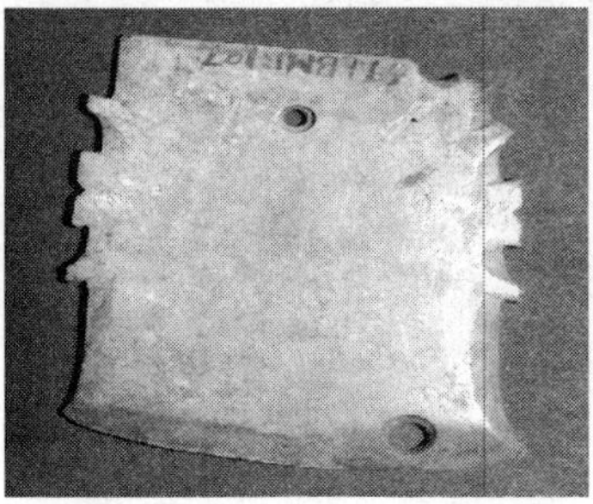

图三十四

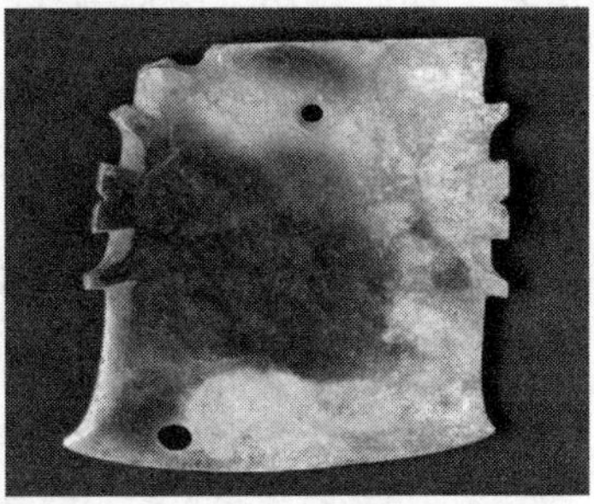

图三十五

此件玉戚与妇好墓出土的玉戚(图三十六)造型较为接近,或许有一定继承关联。

图三十六　妇好墓出土　商代晚期

2号墓　M2

此墓系白草坡中保存完好的大墓,葬具为一棺一椁,墓底有腰坑,内葬一狗。出土的玉器有一些出土于腰坑口部,但由于腰坑处的棺底及苇席已洞破,因此,有可能是墓主人身躯上的玉器因为骨骸腐朽而滑落至坑口。

14. 玉人(图三十八、图三十九、图四十,72LBM2:59)

高7.9厘米。

出土于腰坑口。黄绿色玉,质不纯净,有绺及裂,黄绿斑驳。

圆柱状,立姿圆雕。头部刻画较细,头戴双歧角的高冠,或以为“弁”。

耳贴附于头，广额，变形臣字目，阔鼻直口，嘴闭合。颈下胸前一单面钻小孔，前面圆凸，背部较平。基本不见双臂及下肢，上自胸前起，下自腰膝，有多道竖直线和斜线条纹，至背后腰部网状交结，应为袍服衣纹。圆钝状下部，无足。纹饰均用一面坡刀法。眼、鼻为压地隐起法表现。

图三十八

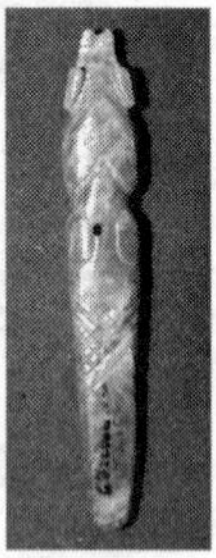
图三十九

图四十

15. 玉戚(图四十一、图四十二,72LBM2:60)

长7.9厘米，宽3.8厘米，25克。

出土于腰坑口。杂色，间有糖色斑块。

扁平片状，呈长方条形。短方内，内上正中近阑处有一单面钻穿孔，上端平直。下端为双面斜弧刃，一侧刃长，一侧刃短，构成弧度较大的刃部。两侧边有对称齿状扉棱。侧边有与刃部相同的斜坡状琢磨面，侧视为“︿”形。整体抛磨光滑，无使用痕迹。

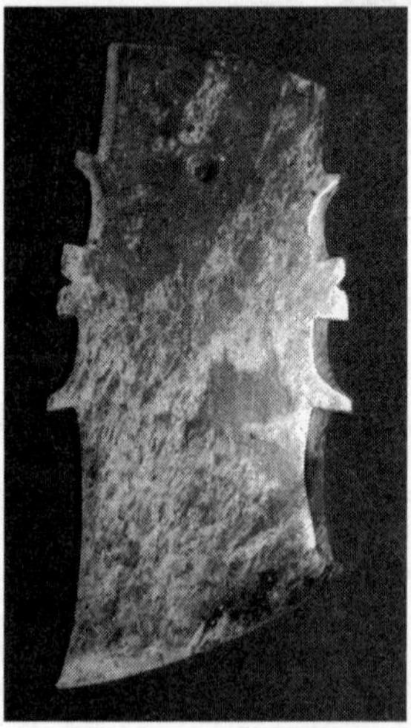
图四十一

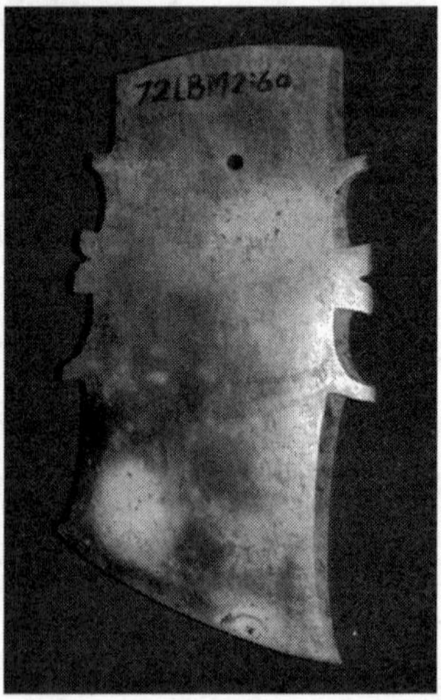

图四十二

16. 玉蝉(图四十三、图四十四、图四十五,72LBM2:61)

长 3 厘米,宽 1.9 厘米,厚 0.5~0.6 厘米,8 克。

出土于腰坑口。淡青色,玉质莹润,仅局部沁为白色。

扁平片状,外轮廓切琢出蝉的形体,两面线刻蝉纹。尖嘴部对穿牛鼻孔,内残存少量朱砂。圆眼。前肢并列于体侧,双翼下掠,夹于圆厚多节的腹部两侧。双眼用压地隐起技法凸起,其他纹饰多以双阴线勾勒,为斜刀一面坡技法。在所有出土玉器中工艺刀法最为典型。

图四十三

图四十四

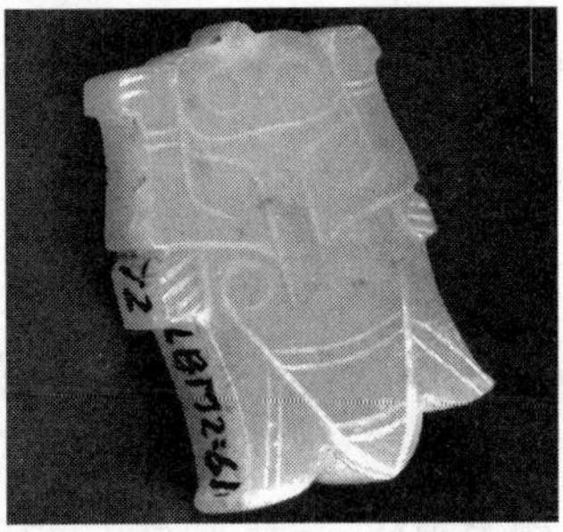

图四十五

此种造型的玉蝉最早见于湖北天门石家河镇肖家屋脊,距今 4000 年的新石器时代晚期的石家河文化中(图四十六),后被商周所继承发展。西周早期较少发现,类似的玉蝉曾在洛阳汽车修配厂出土(图四十七)。

图四十六
湖北天门 6 号墓出土　石家河文化

图四十七
洛阳汽车修配厂出土　西周

17. 玉鱼(图四十八、图四十九,72LBM2:62)

长 3.2 厘米,宽 1.3 厘米,3 克。

出土于右手腕处。淡青绿色玉,玉质莹润。

扁薄片状体,身厚边薄,鱼体略短胖。双面纹饰相同,以一面坡斜刀法刻出鳃线,用压地隐起技法凸出圆形大眼,鱼嘴部开 V 字形凹槽,穿单面钻小孔。吻部向上下两边外撇，形似钉帽。以短直等距离细阴线表示背鳍、腹鳍，尾部开 V 字形凹槽分为两歧。

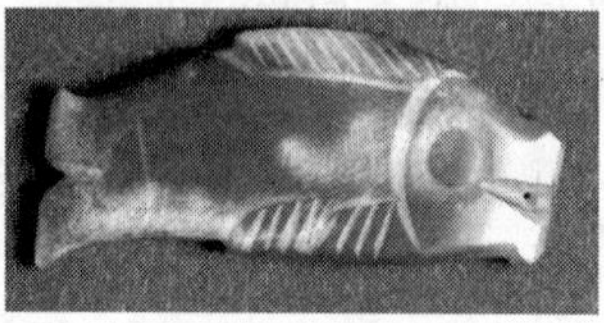

图四十八

图四十九

以上的琢刻技法多见于商代玉鱼，除考虑西周对前朝技法的继承外，也思考白草坡墓葬玉器中应该有商代玉器遗留，或是殷商遗民制品的可能性。

18. 玉鱼（图五十、图五十一，72LBM2：63）

长 4.6 厘米，宽 1.3 厘米，3 克。

出土于左手腕处。青黄色玉。

扁薄片状体，身厚边薄，鱼体较细长。双面纹饰相同，以一面坡斜刀法刻出鳃线，用压地隐起技法凸出圆形大眼，鱼嘴部开 V 字形凹槽，穿单面钻小孔。吻部向上下两边外撇，形似钉帽。以短直等距离细阴线表示背鳍、腹鳍，背鳍略长，腹鳍分为前后两部分。尾部开 V 字形凹槽分为两歧。鱼体一侧存留有切割开料痕迹。

图五十

图五十一

19. 玉鱼（图五十二、图五十三，72LBM2：64）

长 4.3 厘米，宽 1.3 厘米，3 克。

出土于左手腕处。青黄色玉，不纯，多黑点。

扁薄片状体，身厚边薄，鱼体较细长。双面纹饰相同，以一面坡斜刀法刻出鳃线，用压地隐起技法凸出圆形大眼，鱼嘴部开 V 字形凹槽，穿单面钻小孔。吻部向上下两边外撇，形似钉帽。以短直等距离细阴线表示背鳍、腹鳍，背鳍略长，腹鳍分为前后两部分。尾部开 V 字形凹槽分为两歧。

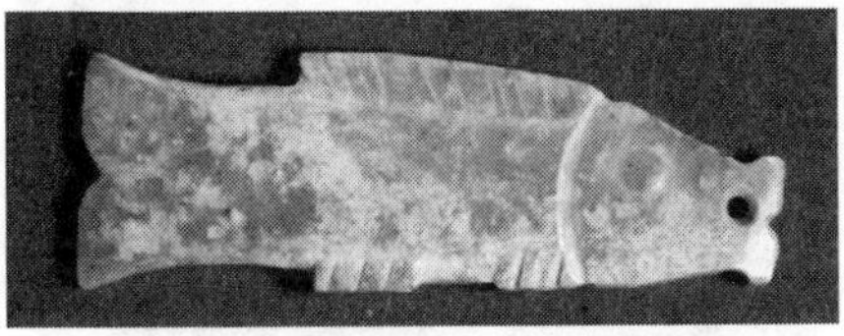

图五十二

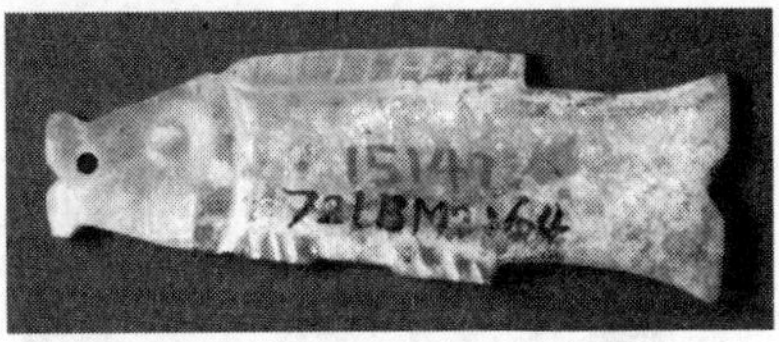

图五十三

20. 玉鱼(图五十四、图五十五,72LBM2:65)

长4.4厘米,宽1.5厘米,厚0.5厘米,7克。

出土于头骨右方处。浅青色玉。

扁薄片状体,身厚边薄,鱼体较短胖。双面纹饰相同,以一面坡斜刀法刻出鳃线,用压地隐起技法凸出圆形大眼,鱼嘴部开V字形凹槽,穿单面钻小孔。吻部向上下两边外撇,形似钉帽。以短直等距离细阴线表示背鳍、腹鳍,背鳍略长,腹鳍分为前后两部分,但距离较短,便在中间用两粗短刀分开。尾部开V字形凹槽分为两歧。

图五十四

图五十五

21. 玉鱼(图五十六、图五十七,72LBM2:66)

长2.3厘米,宽1.9厘米,4克。

出土于头骨左上方处。浅青斑玉,穿孔外略残。

尾部微缺一口。

扁平片状,雕如鱼形,呈俯视展开状,双面纹饰相同。尖嘴,嘴部有一单面钻穿孔。阴线勾勒出圆凸大眼,直阴线刻画出鳃线,双大胸鳍平展,鳍面微凹下,边缘为一面坡斜刀法勾勒出宽阴线。尾中部有“︿”形凹口分出双向鱼尾。

一侧鱼尾边缘存留有两次钻孔遗留的痕迹,应该为利用旧玉小件或残片进行再次加工琢刻而成。

图五十六

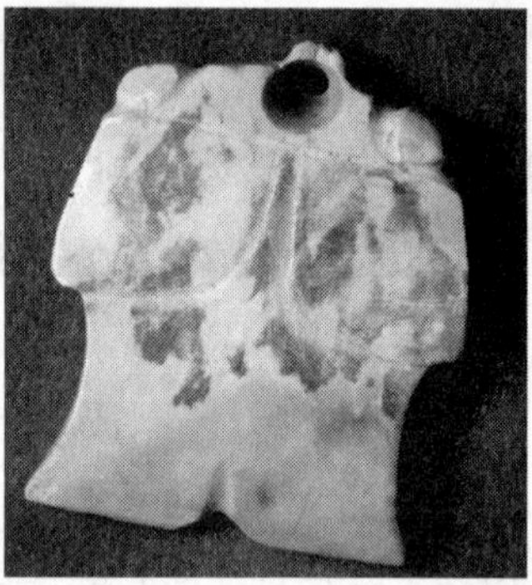

图五十七

此件器物的造型与表现手法在商周玉鱼中不太常见，少有可资比照的标本,却可以在出土的商代晚期玉鸟上找到相似点,值得深思(图五十八、五十九)。

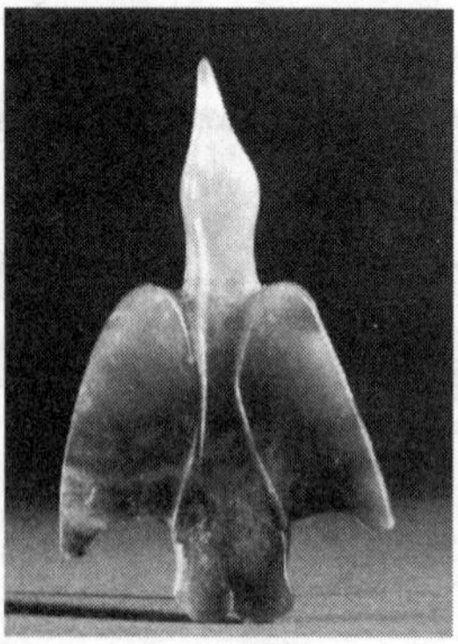

图五十八
安阳孝民屯南216号墓出土　商代晚期

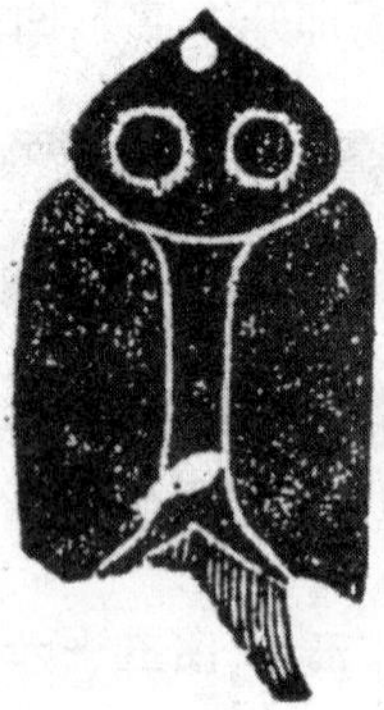

图五十九
殷墟西区墓葬出土　商代晚期

22. 玉柄形器(图六十、图六十一,72LBM2:67)

长11.4厘米,宽2.4厘米,厚0.6厘米,37克。

出土于腰坑口。青色斑玉,有裂纹一道,长条柄形。平台式顶部略弧,顶下部分微缩,以一道横条阴线相隔,形成凹弧颈式柄部,近顶处有一单面钻孔。上琢平行弦纹两周。下方形成肩部,亦以一道横条阴线相隔,直切而下,下端渐窄,为一断面作扁长方形的柱体。器表光素无纹。最下端弧平,亦有一单面钻孔,其钻孔方向与柄部的正相反。

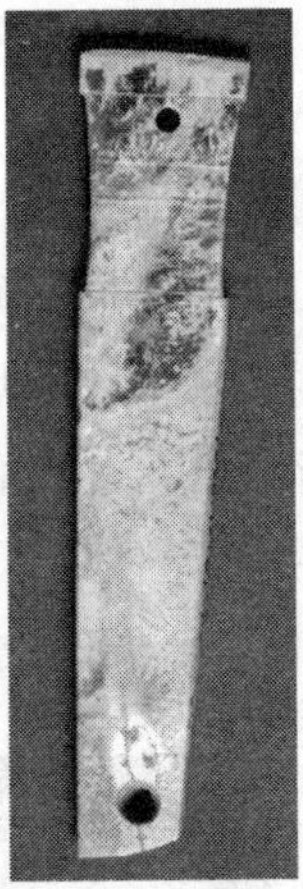
图六十

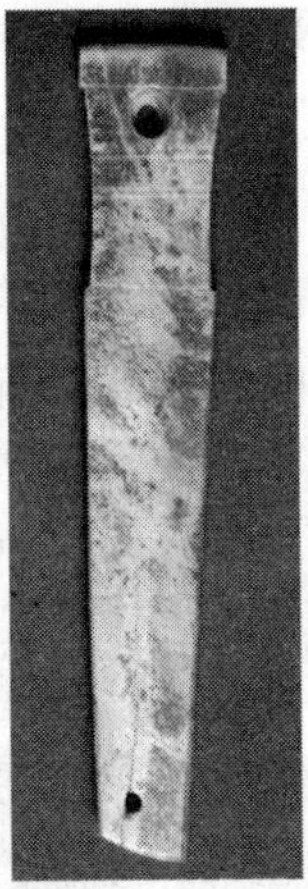
图六十一

23. 玉柄形器(图六十二、图六十三,72LBM2:68)

长 11.3 厘米,宽 2.2 厘米,厚 0.6 厘米,42 克。

出土于腰坑口。青玉,褐斑,孔边微缺,有裂纹。

长条柄形。平台式顶部略弧,顶下部分微缩,以一道横条阴线相隔,形成凹弧亚腰式柄部。腰部收分处琢压地隐起平行凸弦纹两周。下方形成肩部,亦以一道横条阴线相隔,直切而下,下端渐窄,为一断面作扁长方形的柱体。器表光素无纹。最下端斜弧,近尖角处有一单面钻孔。

图六十二

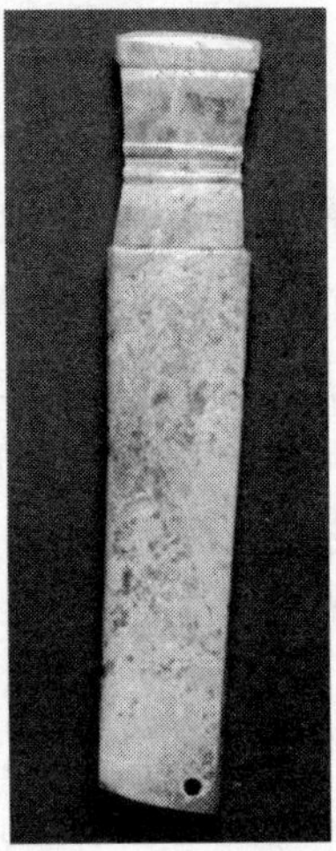
图六十三

24. 玉柄形器(图六十四、图六十五,72LBM2:69)

长 11.5 厘米,宽 2.7 厘米,厚 0.6 厘米,47 克。

出土于腰坑口。青黄玉,有较重褐斑,有细裂纹。

扁平长条柄形,高斜形平台式顶部,似盝顶形。顶下部分微缩,以一道横条阴线相隔,形成凹弧颈式柄部。上琢平行弦纹两周。下方形成肩部,亦以一道横条阴线相隔,直切而下,下端渐窄,为一断面作扁长方形的柱体。最下端斜削,双面斜刃,形成不规则的尖角。通体光素无纹。下端一侧边缘部存有一单面钻形成的半孔,应为旧玉改工制作而成。

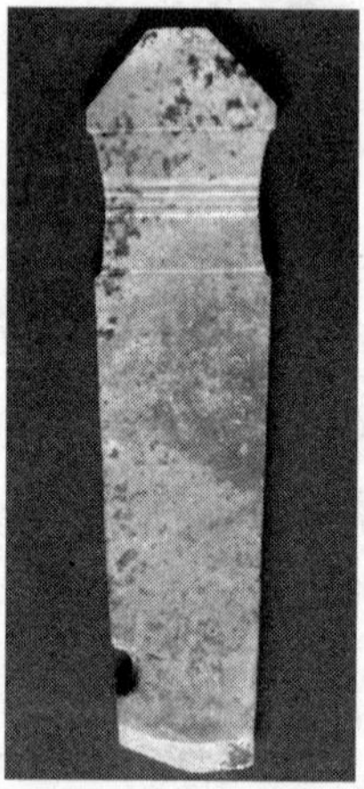

图六十四

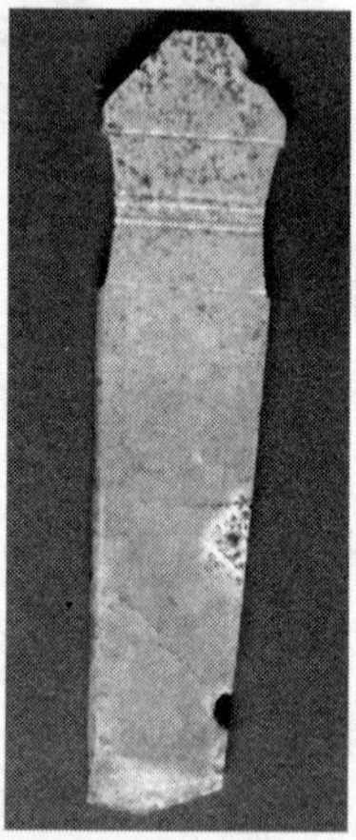

图六十五

25. 玉柄形器(图六十六、图六十七,72LBM2:70)

长 11.1 厘米,宽 2.8 厘米, 28 克。

出土于腰坑口。青黄玉,带糖色,有较重褐斑。

扁平长条柄形,高斜形平台式顶部,似盝顶形。顶下部分微缩,以一道横条阴线相隔,形成凹弧颈式柄部。上琢平行弦纹两周。下方形成肩部,亦以一道横条阴线相隔,直切而下,下端渐窄,为一断面作扁长方形的柱体。最下端并未削薄,形成不规则的茬口。通体光素无纹。

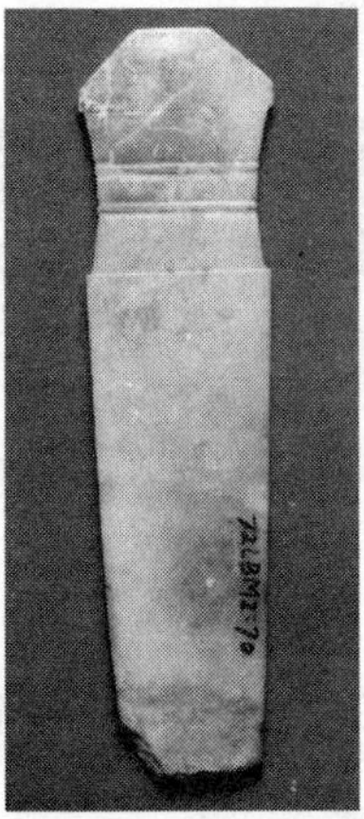

图六十六

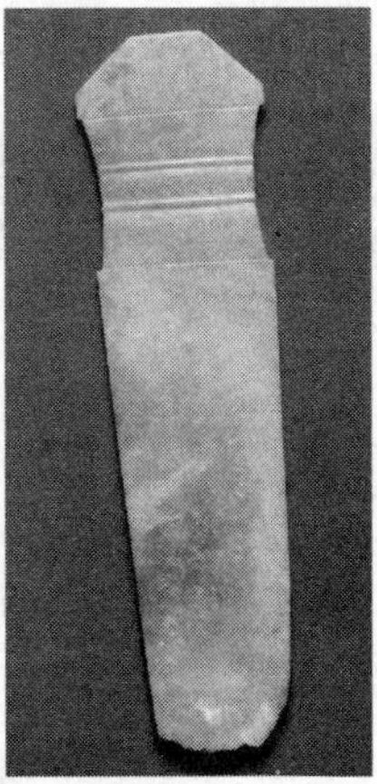

图六十七

造型一致的器物在西周早期墓葬中也多有出土（图六十八、图六十九、图七十）。

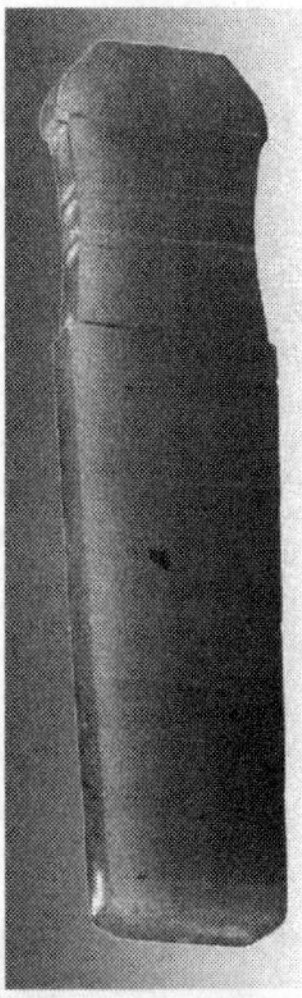

图六十八　洛阳北窑
216号墓出土　西周

图六十九　洛阳北窑
173号墓出土　西周

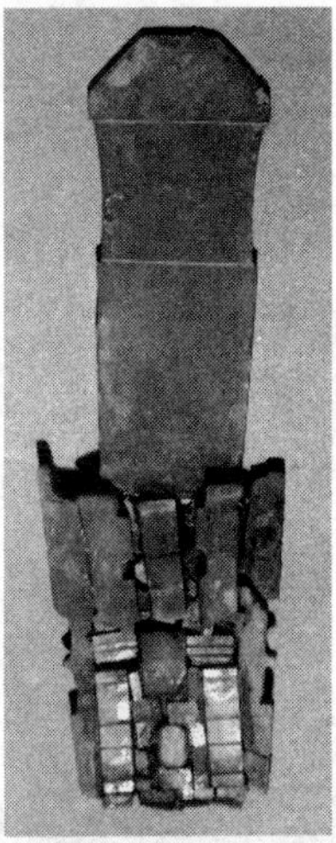

图七十　陕西长安张家坡
302号墓出土　西周

26. 玉笄(图七十一、图七十二,72LBM2:71)

残长8.6厘米,11克。

出土于腰坑口。青白玉,外表沁蚀,多白色斑块。残断。

长条棒状,底平,上部圆弧,断面呈半椭圆。一端收份渐细,斜削出刃,形似长锛但无锋，平首。此或为笄之残半。

图七十一

图七十二

27. 玉笄(图七十三、图七十四,72LBM2:72)

残长6厘米，宽1.0厘米，5克。

出土于腰坑口。青绿色玉，残断。

扁平长条形，一端凸字形，断面呈长方形，光素无纹饰。或为扁方笄之残半。

图七十三

图七十四

28. 玉鸟(图七十五、图七十六、图七十七,72LBM2:73)

高2.8厘米，长2.8厘米，厚1厘米。

出土于腰坑口。黄白色玉，表面受沁蚀已呈现白色，但在局部仍可见玉质本色，强光透射后有透明感。可见明显石纹走向。

圆雕，呈立姿，弯喙如钩，头顶有浅凹，分出前后，长冠羽向后披迤上卷，形成一圆孔。浅凹圆睛。胸腹饱满，倾垂，尾尖翘。腹下以一道阴线与趾爪相隔，爪弓曲，并以浅凹分隔两爪，尾后部垂直下折支撑。中间呈几字形掏空，前趾爪底有圆形凹坑，似可插榫，胸腹下两爪间亦有一直径略小的横穿孔，与底部圆坑相通。玉鸟从形象上多被称为鸮鸟。

图七十五

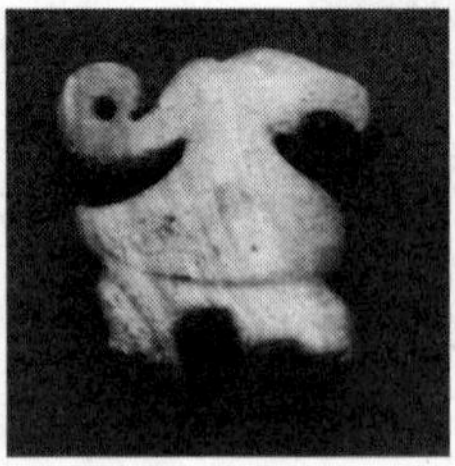

图七十六

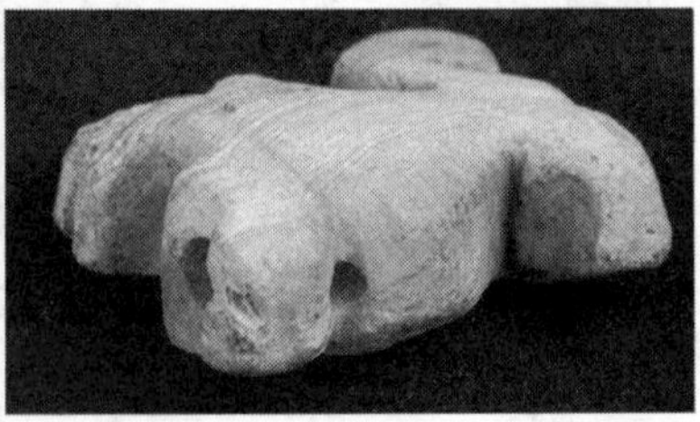

图七十七

青铜器上的鸟纹始见于商代晚期，沿用至西周早期，可以互相比对(图七十八、图七十九、图八十)。

图七十八　商代晚期

图七十九　商代晚期

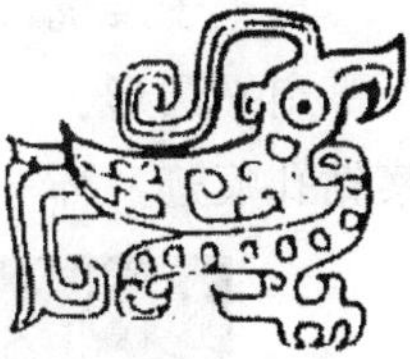
图八十　西周早期

29. 玉柄形器(图八十一、图八十二,72LBM2:74)

长 10.7 厘米,宽 2.1 厘米,厚 0.8 厘米。

出土于腰坑口。青玉,质差,表面受沁蚀变为白色,迎光可见透明感。

扁平长条柄形,高斜形平台式顶部,似盝顶形。顶下部分微缩,以一道横条阴线相隔,形成凹弧颈式柄部。上琢平行凸弦纹两周。下方形成肩部,亦以一道横条阴线相隔,直切而下,下端渐窄,为一断面作扁长方形的柱体。器表光素无纹。最下端有残损斜削,端头圆钝,有一单面钻圆孔。

这类较宽扁而光素、有高斜式平台顶部的柄形器，主要流行在西周早、中期,如高家堡戈国墓地,宝鸡茹家庄强国墓地等。

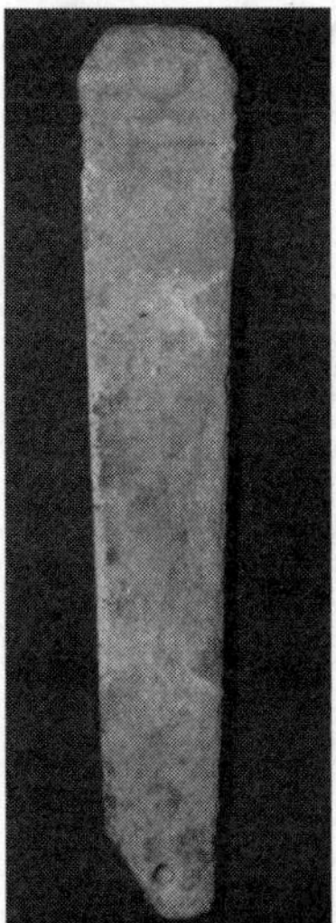
图八十一

图八十二

30. 玉环(图八十三、图八十四,72LBM2:75)

外径6厘米,孔径2.7厘米。

出土于腰坑口。白玉。沁蚀为浅黄鸡骨色,迎光可见透明感。

扁平圆形,中心一大孔。外廓因沁蚀而略不周正,内孔经修磨,无法观察钻孔痕迹。环一面尚残存纺织品编织纹理痕迹。光素无纹饰。

图八十三

图八十四

3号墓　M3

此墓历史上曾遭盗掘,葬具一棺一椁,有腰坑。清理后仅出土零星小件器物,缺乏可判定明确时期的青铜器等物,已有文物无明显时代特征。

31. 砺石(图八十五、图八十六,72LBM3:5)

长6厘米左右。

青灰色细砂石质。

扁平长条梯形,上端略窄,有一双面对钻孔,两侧微弧,下端平齐,有磨砺使用痕迹。

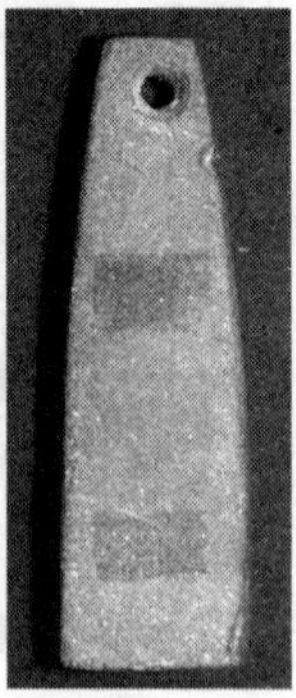

图八十五

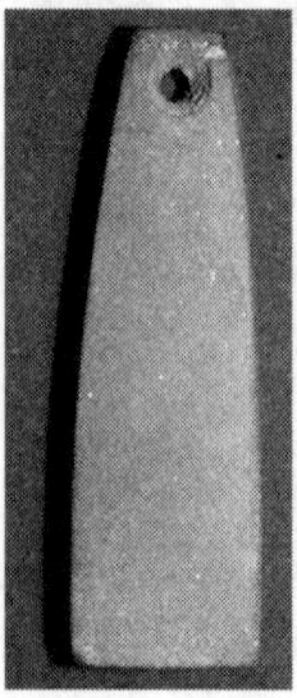

图八十六

32. 玉鱼尾部残片(图八十七、图八十八,72LBM3:6)

绿色,残断。

扁平片状。下边平直,中间有一V字形小凹,一端弧曲。上边弧曲,与直边交汇处形成锐尖小端,有一上下贯通小孔。通体光素无纹。

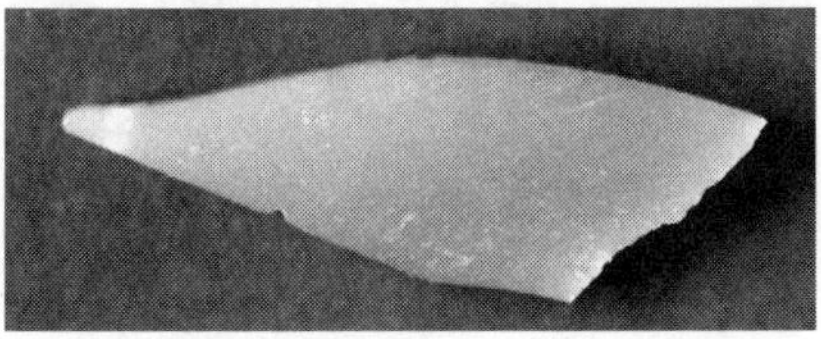

图八十七

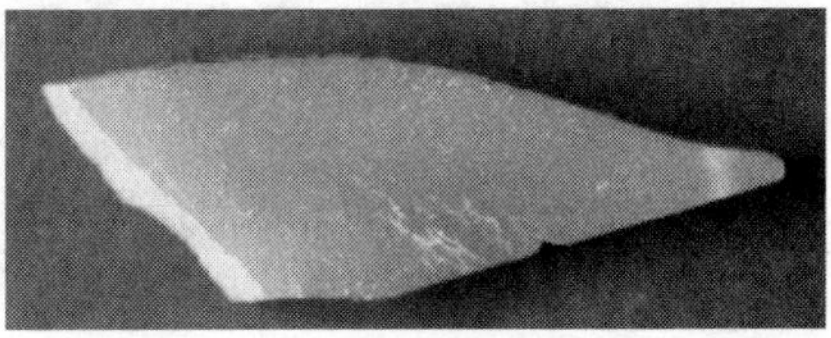

图八十八

宝鸡茹家庄強国BRM1甲(图八十九),为昭、穆王时期,属西周早期偏晚段至中期偏早段。出土的玉鱼“尾部向下与地面平齐,前后尖突,顶端呈现微弧,中间呈V字形开口”。

长安张家坡42号墓(图九十),为昭王、穆王时期。

长安张家坡60号墓(图九十一),从玉鱼特点分析应为西周中期。

长安张家坡170号墓(图九十二),为共王、懿王、孝王时期,属西周中期。

图八十九　茹家庄BRM1甲:33

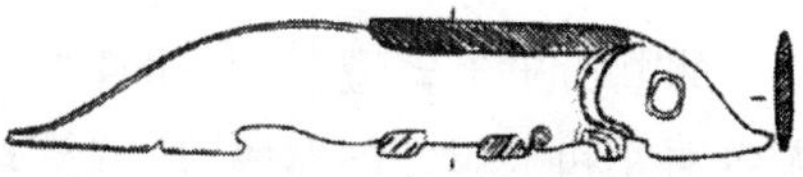

图九十　张家坡M42:3

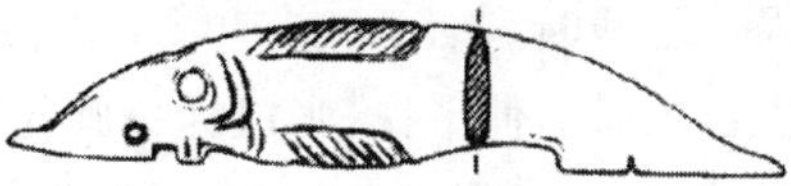

图九十一　张家坡M60:10

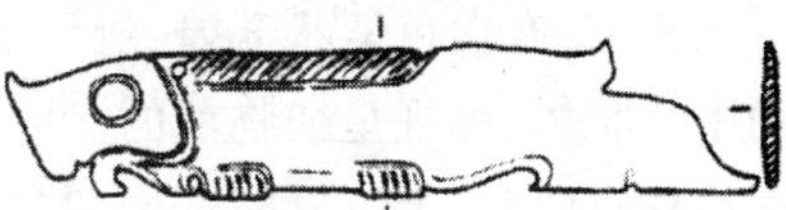

图九十二　张家坡M170:240

白草坡墓出土的残片基本与以上标本吻合,当为玉鱼尾部无疑。但又有小的差异,上述的鱼尾部均为“前后尖突”,而残片仅后端尖突,前端和缓弧曲,或为此类玉鱼之早期形制,惜无全豹可窥,待有更多资料进行排比。

由此可以推定3号墓当为西周中期,昭王、穆王之际。

5号墓　M5

此墓历史上曾遭盗掘，葬具为一棺，有腰坑。清理后仅出土1件玉璜。

33. 玉璜（图九十三、图九十四，72LBM5:1）

长8.2厘米，宽3.7厘米，29克。

淡青绿色玉，不甚透明。

扁平扇面形，两端有单面钻小孔。琢磨整齐，较薄，光素无纹饰。按比例仅为玉壁的四分之一。

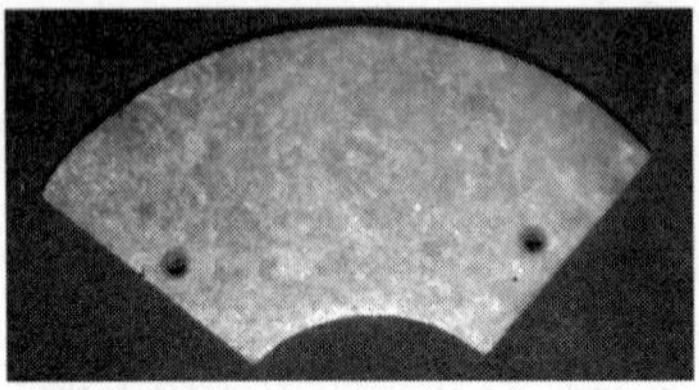
图九十三

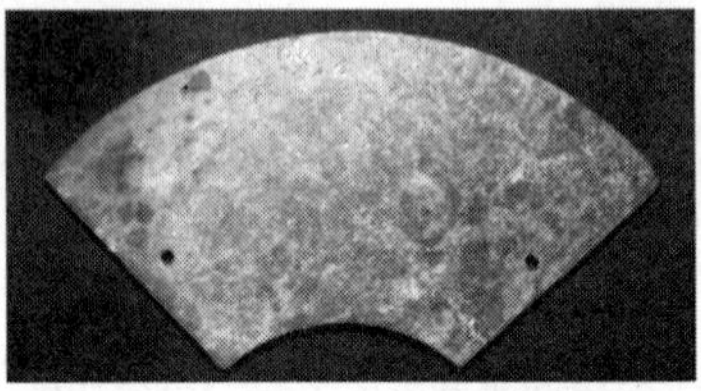
图九十四

8号墓　M8

此墓历史上曾遭盗掘，葬具为一棺，有腰坑。清理后仅出土短胡一穿无内铜戈和玉琥2件器物，从铜戈判断应属于西周早期晚段或中期早段。

34. 玉琥（图九十五、图九十六，72LBM8:3）

长5.8厘米，宽2.2厘米，8克。

青玉，有白色絮状云翳，透明感较强。尾残断。

扁平片状体，侧视呈捕物前的伏卧状，虎首微昂前伸平视，张口为一圆孔，露齿作吼叫状，上下唇间开槽，与口中穿孔相连。云形立耳外凸，耳根部一单面钻小穿孔。前后肢前屈刨地，似准备随时蹬地扑起。以剪影手法雕出主要特征，造型生动，矫健有力，十分凶猛传神。

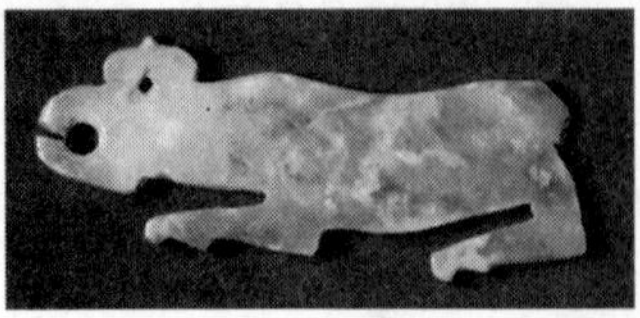
图九十五

图九十六

与此极为类似者有宝鸡茹家庄㢟国1号墓出土的两件玉琥（图九十七、图九十八），可以参考对比，想象复原缺失的虎尾形状。并由此可判断8号墓应为西周中期早段，昭王、穆王之际。

图九十七

图九十八

九号墓　M9

此墓保存完好，是白草坡最小的墓，葬具有棺无椁，无腰坑。骨骸长仅1.4米，似为一未成年人。随葬器物少且差，玉器基本上为残次品或半成品。当与其虽为贵族身份但未成丁及冠早丧有关。

35. 玉圭（图九十九、图一百，72LBM9：2）

高8.9厘米，宽4厘米，18克。

出土于墓主人头骨左侧，玉质透视为白中带黑点，呈墨色。

扁平薄片状，上端呈三角形圭首。下端因玉料缺失不规整，缺一角。双面均残存片切割的直线痕迹。光素无纹饰。

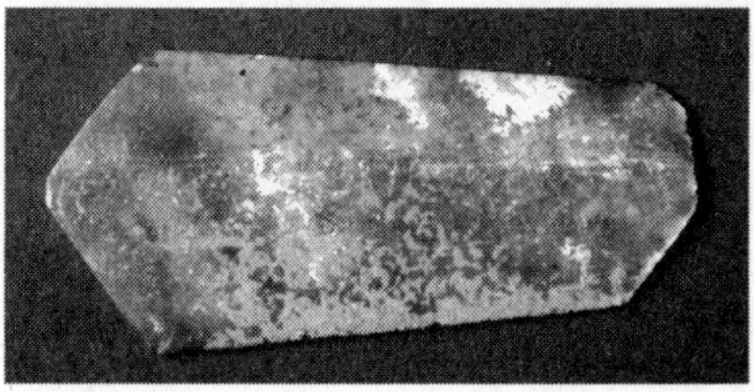

图九十九

图一百

36. 玉板（图一百零一、图一百零二，72LBM9：4）

残长6厘米，宽3.8厘米，11克。

出土于墓主人胸前，青黄玉。

扁平薄片状，不规则多边形。残破，不成形，似为圭之残下半，一面残存片切割的直线痕迹。光素无纹饰。

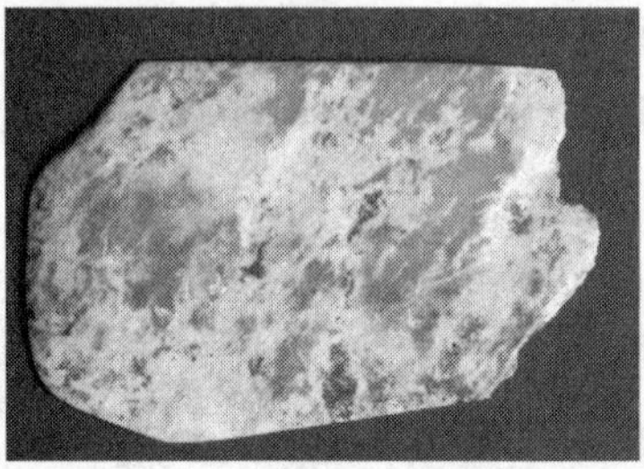

图一百零一

图一百零二

37. 玉器残片(图一百零三、图一百零四,72LBM9:5)

出土于墓主人右臂外侧偏上位置,汉白玉,石性重,残断。

扁平长方条形,断面呈长方形。一端斜杀两角,类似平首圭。似柄形器之下半。

图一百零三

图一百零四

38. 小玉件(图一百零五、图一百零六,72LBM9:6)

长 2.6 厘米,宽 1 厘米,0.9 克。

出土于墓主人右臂外侧偏下,白色玉。

扁平片状,几何形。似动物伏卧,前端短直,上部突出似角或耳,下部委角内收。上边直,后部和缓下弯转直,仿佛动物躯体后段。下边平直,中间有“几”字形凹缺,后段形成伏尾状。一面较光洁,另一面略滞涩。前端略高于主体,有一直线斜坡与主体相连。整体光素无纹。

与其他西周墓葬遗址出土的玉器对照观察, 此件几何形器物应该是制作过程中的半成品,还需打稿钉线,继续琢刻,估计成品应该是伏虎或伏兔。

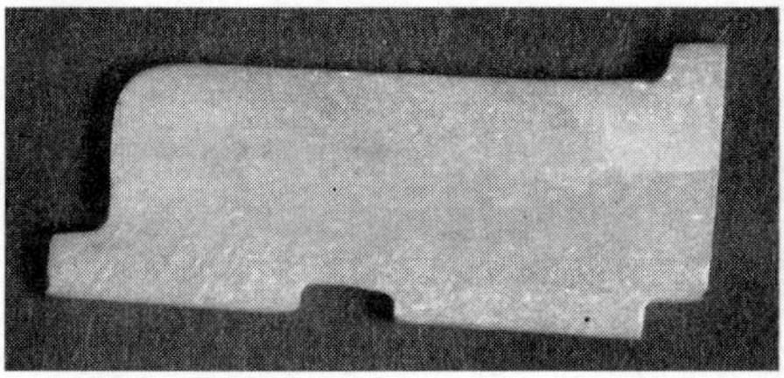

图一百零五

图一百零六

玉材探讨

认真观察这批玉器,玉材来源比较复杂,有透闪石、阳起石、蛇纹岩、汉白玉等各类,并因受埋藏状况和物理环境影响,受到沁蚀不同,呈现出多种色泽。

其中比较温润晶莹的玉器,如玉蝉(M2:61)、玉鱼(M2:62)、玉笄(M2:71,72)、玉管(M1:103),这种玉料在甘肃陇东地区罕有,结合其他方面推断,或许是从外地携带至此的。

玉戈(M1:100,101),从边缘残破处观察,石性较重,通透感不强,且制作工艺较为精致,略别于其他玉戈,似与该地区常见的玉料不同,或许也是从外地携带至此的。

玉鱼(M2:63,64,65,66)、玉戈(M1:105,106)、玉戚(M1:107)(M2:60)和玉柄形器(M1:99)(M2:67,68,69,70)这些玉器比较致密厚重,色泽偏黄褐、青黑色,与陕甘宁结合地区常见的齐家文化、陕西龙山文化的玉器材质接近或一致,且多遗留有改刀痕迹,应该是利用旧有玉材或玉器进行二次加工,改琢为周人风尚的玉器。玉璜(M1:98)更是在形制上已无法与齐家文化玉璜区分出来,疑为古玉沿用。

玉柄形器(M2:74)无论从材质上、形制上还是琢刻技法上都与上述玉柄形器有较大差异,判断应该是用较差玉料,由技艺一般的工匠加工制作的。

玉板(M1:102)这种玉器在甘青宁地区新石器时代晚期齐家文化玉器中有过发现,多以数块拼合,组成玉围圈。从玉材、开片切割、钻孔技法到形制, 均与1998年宁夏隆德县沙塘齐家文化遗址采集到的玉片相似,结合山西临汾下靳出土的陶寺文化四璜玉围圈、六璜玉围圈资料,可以认定属于典型的齐家文化玉器遗留,为出土玉器中的古玉。

玉璧(M1:95),玉璧残片(M1:96)显现的物理特性从外观上接近齐家文化所使用的玉料。

玉人(M1:97)所使用的玉料与其他玉器不一致,呈色较青白,致密度和透明度一般,尚属润泽,目前难以判断其属地,或许也是从外地携带至此的。

玉人(M2:59)所使用的玉料物理特性则比较接近齐家文化、陕西龙山文化的玉器材质。

而其他一些玉器,包括残器,具有多种不同物理特性,表现不尽相同,目前尚无法判断其玉料属性。

以上均为本人目鉴,依靠经验积累,缺乏科学检测凭据,其中讹误多多,尚请专业人士和地质部门专家给予指导。

加工工艺探讨

通观灵台白草坡的玉器,其造型有圆雕、片状玉器,施用的加工琢刻技法有裁料切割、开片、去边成型、切削、锼镂、钻孔、抛磨等工艺,充分显示了西周早期的玉器加工技艺。

玉璧、玉环、玉璜等片状器物,选料较为审慎,少有裂绺。制作时外廓较大,需修磨成型,尚可见不规则的磨边痕迹。而中心孔为单面管钻,经修磨后显得圆润,不易寻找到钻痕。表面抛磨精细,光泽度好,未见齐家文化中常见的开料切割台痕。这一方面让我们难以了解当时使用的是片切割还是线切割工艺, 另一方面说明商周时工匠不仅继承了新石器时代的玉器加工技法,而且又有了改进完善,能制作出形制相同但更精美的玉器。这便让玉器打上了较明显的时代烙印,使得我们在区分鉴定中有迹可寻。

弯援玉戈、玉戚、柄形器均属典型的商周玉器。形制上与其他地区出土文物一致,但加工工艺上有地域特点,如边角的处理,切削抛磨后显得锋刃锐利,但实际圆钝,与齐家文化玉器上的边缘处理相近或相同,我们称其为“面面带弧”,看似直线条却触摸到圆弧线条,并且在这些器物上多处可见旧玉的加工痕迹,应为充分利用旧玉或残件进行改制。这是因为古代玉料来源不易,比较珍贵。较典型的是一件齐家文化玉纺轮,在商代被琢刻上盘龙纹,后代又在边缘部位钻牛鼻孔作为配饰,出土于武威磨嘴子汉墓中。这也反向证明了老玉新工的做法自古有之。

而两件直玉戈(M1:100,101)所表现出的琢刻工艺技法方面,其线条的挺拔、棱角的直锐、凹槽的匀整均略高于弯援玉戈(M1:105,106),或许直玉戈系早期器物,被携带至此,而弯援玉戈则是对其工艺的模仿制品,此为疑问,略备一说。

玉柄形器、玉鱼属片状器物,其上的纹饰多为线刻浅雕,凸弦纹和鱼目、蝉眼用压地隐起法(或称减地凸起法)来表现,两旁可见明显的浅斜坡。而横直阴线沟槽和弯曲阴线则用斜刀一面坡技法。这些在商周玉器上被广泛运用,风格特征极为显著,一望可知。

钻孔技法,单面钻与双面对钻均有,小的穿孔多为单面实心钻,直接钻通,呈上小下大的马蹄状孔,然后略加修磨,或由于穿系佩戴磨损,少见钻孔痕迹。而大件器物如玉璧、玉环、玉璜的中心孔则采用单面管钻,还遗留有上大下小的斜壁。因为经过修磨,是否在未钻通时打落钻芯尚无法得知。玉管则由于厚度原因,采用的是双面对钻,在中部贯通的方法,留有明显对接台痕,剖面为“蜂腰形孔”。

两件玉人、玉鸟为圆雕作品,多种工艺技法并用。先裁切玉料大致成型,钻孔锼镂,去除多余部分,粗略雕成柱体或方体。经过精确成型后再琢刻出头顶盘蛇、高冠、面部、手足、衣纹等,压地隐起法和斜刀一面坡技法综合使用,抛磨光洁。代表了西周早期玉器加工制作的极高水平,是不可多得的断代标准玉器。

结　语

灵台白草坡墓葬中6座墓共出土了38件玉、石器,其中1号墓和2号墓就出土了30件精美的玉器,这当与其贵为方伯的贵族身份相关。此二人在当时不仅是军事首领——从墓中出土的大批青铜兵器,尤以表示掌握杀伐大权的虎纹耳形钺和人头戟为标志,更是宗族邦国的神权领袖,负责主导祭祀活动,二人墓中分别出土了一件玉人便是明证。《左传》成公三年所言:“国之大事,在祀与戎”,在这里得到了集中表现。

一件玉人裸身直立,头顶盘蛇,双手捧腹,神情肃穆,其形象当为部族所崇拜的神灵或重要先祖。铲状足可以插于土台(堆)或某类器物顶端,表明祭祀时可放置在庙堂之上的重要位置。另一件玉人则有所不同,头戴高冠,有学者考证认为是“爵弁”,系吉礼中最重要的服饰,只有在祭祀等重大活动场所才戴。身着衣袍,手足为衣袍所掩,神情肃穆庄严,俨然峨冠褒衣的堂堂一方伯形象,为了解西周早期的服饰提供了鲜明的具象资料,胸前穿一小孔,或可佩戴,以显示主人身份。

玉人形象最早出现于新石器时代,距今5000多年的安徽含山凌家滩文化便出土数件玉人,其后距今4000多年的湖北天门石家河文化也出土了10多件玉人头像。进入国家社会后,相当于夏代的山东龙山文化遗址出土了人面像,陕西神木石峁龙山文化遗址中发现了1件玉人头饰。商代的江西新干大洋洲墓葬出土的玉人,最著名的是商代晚期安阳殷墟妇好墓出土的数件玉人,形态各异,雕琢精致。据学术研究表明,大批玉器中有多种文化因素汇合而成,其中石家河文化的影响较大,势必会影响到此后的玉器制作工艺及风格。西周时除灵台白草坡外,还有山东济阳刘台子、河南洛阳市东郊、陕西宝鸡周原遗址、扶风黄堆老堡25号墓等均出土过玉人、玉人头等。从各地出土的玉人看,形象虽然各异,但相互之间有一定联系,有的形象被神化,有的是现实人物的写照。总之,是对人的崇拜,对祖先的崇拜,对神人的崇拜,而非奴隶社会中对俘虏、奴隶的刻画。

玉鸟虽然形体较小,但仍具备祭祀用品的功能,否则足底的圆凹坑就毫无意义,结合其他地区出土的西周玉鸮鸟也具有的相同特征,判断此时鸮鸟仍属一种被崇拜的神灵。从白草坡墓葬中出土的大量青铜器的形制风格、花纹、铭文中典型的族徽、日干名等,以及葬式中的腰坑、犬骨等这些特点分析,两位方伯的祖属应当是鸟崇拜的殷商遗民,即周灭商后降顺归附的部族,后被封伯成族迁徙至此,为周王室拱卫北部边陲,防范诸如鬼方、羌方等部族南下寇掠的边患。灵台白草坡和洛阳北瑶以及北京昌平白浮、琉璃河燕国墓地出土的一些青铜器,尤其是兵器具有很大的相似性,个人以为均系商代时关系相近的殷商遗族从征。

据《逸周书·世俘解》称:“凡武王俘商得旧宝玉万四千,佩玉亿(时为十万)有八万。”因为玉的珍贵性,大量的夏商玉器不会被毁坏,而是重新利用,或分封诸侯时颁礼,或对贵族、勋爵进行赏赐,这在史籍中屡见不鲜,也被各地出土的玉器所证实。同样,白草坡中也应该有,我们将疑点关注在玉人(M1:97)、玉鸟、玉蝉、玉鱼(M2:62)、花叶状玉饰(M1:104)上,从玉料材质、造型、工艺水平等方面分析,或许为商代旧玉或商遗民中工匠琢刻制作。这一点有必要继续深入研究,期待有更多的考古材料来佐证,使对商周玉器的研究更加细致、明确。

1、2号墓出土的30件玉器中,只有玉人、玉璧、玉鸟5件祭祀用玉制礼器。而大量的是佩饰玉,虽然其中有玉兵,但形体较小,只具有象征意义,仍应为佩玉。商周时期,玉器的使用有着严格的等级要求,《左传》宣公十二年记晋随武子论礼治曰:"君子小人,物有服章,贵有常尊,贱有等威,礼不逆也。"上层阶级以玉礼器祭祀,是权力的象征。而佩玉者是有一定身份,重视品德修养的贵族。古代的佩玉有多种玉器组合而成,行走时相互碰击,发出清脆悦耳的声音。《诗·秦风·终南》:"君子至止,黻衣绣裳,佩玉将将,寿考不忘。"毛传:将将,"玉佩声"。《礼记·玉藻》:"行则鸣佩玉。""进则揖之,退则扬之,然后玉锵鸣也。"借此来去除君子的非辟之心,提醒时时要用玉之品德来规范约束自己,谨言慎行,尊德守礼。虽然这些玉佩的时代要早于诗文的年代,但礼制的形成是逐步完善的。我们从这些诗文中也可大致看出一些仿佛来。

(本文原载:《中国西部博物馆论坛文集》,陕西三秦出版社,2007年)

妇人启门图像考

程丽君①

一

启门图像是我国宋、金时期墓葬中应用得比较广泛的题材，此外在汉代石棺②、唐代墓塔③、唐宋铜镜④以及石窟寺中也有零星发现，主要有雕刻和绘画两种形式。其画面多为一女子在推开半掩的门，也有称作“妇人半掩门”的。对这个画面的定名来自白沙宋墓的发掘者宿白先生。近年来，对这一题材的含义的研究开始多起来并走向细节研究，归纳起来，大致有三种认识：

第一，世俗生活说。以宿白先生为代表，《白沙宋墓》一书中写道：“按此种装饰就其所处位置观察，疑其取意在于表示假门之后尚有庭院或房屋、厅堂，亦即表示墓葬至此并未到尽头之意。”又推断：“妇女倚门在宋时是极为流行的一种幽美动人的题材，当时许多词曲中都有其描述。”⑤从事性别史研究的邓小南在其论文中认为宿白先生的解释“极具启发意义”，并认为“此类创作一方面不离传统规范的框架，反映着‘女无外事’的理念；另一方面画面人物又不固守于门内，或多或少反映着丰富多样的实际生活”⑥。认同此观点的还有刘毅先生，他认为启门图是墓主人生前“豪华生活的写真”，其含义是“别葬的妻妾希望死后的灵魂来到丈夫的归宿地”⑦。

第二，墓葬装饰说。以郑岩先生为代表，认为妇人启门图本来就是一

①甘肃省博物馆。

②李晓鸥《四川荥经发现东汉石棺画像》，《考古与文物》1988 年第 2 期，第 93 页。

③吴雪杉《汉代启门图像性别含义释读》，《文艺研究》2007 年第 2 期，第 111 页。

④宁夏回族自治区博物馆《宁夏回族自治区文物考古工作的主要收获》，《文物》1978 年第 8 期，第 58 页，图版柒：1 。

⑤宿白《白沙宋墓》，文物出版社，2002 年，第 55 页。

⑥邓小南《从考古发掘资料看唐宋时期女性在门户内外的活动——以唐代吐鲁番、宋代白沙墓葬的发掘资料为例》，《历史、史学与性别》，江苏人民出版社，2002 年。

⑦刘毅《“妇人启门”墓饰含义管见》，《中国文物报》1993 年 5 月。

种纯粹的装饰手法，是东汉晚期工匠在艺术手法上的大胆创新，很难说有什么具体的含义。同样持这一观点的还有刘耀辉先生。在他的学位论文中这样写道：“妇人启门图表现形式的生动性是其流行的直接原因。”①冯恩学先生也认同这一看法，由此又推断出：“启门只是利用侍婢出入门表现居宅和家内生活的一种艺术手法，并没有固定统一的含义。”②

第三，追求信仰说。以梁白泉先生为代表，他在《墓饰“妇人启门”含义揣测》一文中提出了两种推断：1. 它也许反映了世俗人们对神仙道教的追求；2. 它也许反映了死者对墓地安全的考虑，属于民俗信仰观念的表现③。与此观点近似的有王秋华先生，他认为“妇人启门与四神像、飞天、伎乐、侍卫都一样，共同的目的是保卫、护送、接引墓主人升入天堂”。④

此外，对早期启门图像的研究也有一些成果。吴雪杉的《汉代启门图像性别含义释读》一文在考察了该图像的地域分布特征后认为：“启门图像主要集中在四川和山东、苏北。从地域上看，山东、苏北地区启门者有男有女，而四川地区的启门图像以女子为主。”而且“四川地区的启门图像与西王母信仰关系密切……而山东、苏北地区的启门图像则更多地具有世俗色彩，呈现出某种理想的社会性别秩序。”⑤

除了对启门图像的含义进行研究，对启门者的性别及身份也有发现和研究，男性启门者的身份有童子⑥、官吏⑦、僧侣⑧等，女性启门者的身份则有侍婢⑨、姬妾⑩、西王母使者⑪、仙人⑫等。另外还有一种人首蛇身的妇人启门图。但是总体来说，启门图像还是以妇人启门者占绝大多数，也是延续时间最长、覆盖地域最广的模式化图像。因此，本文还是沿用这一图

①韩小囡《图像与文本的重合——读宋代铜镜上的启门图》，《美术研究》2010 年第 3 期，第 42 页。
②冯恩学《辽墓启门图之探讨》，《北方文物》2005 年第 4 期，第 33 页。
③梁白泉《墓饰“妇人启门”含义揣测》，《中国文物报》，1992 年 11 月。
④河北省文物研究所《河北宣化辽墓壁画》，文物出版社，2001 年。
⑤吴雪杉《汉代启门图像性别含义释读》，《文艺研究》2007 年第 2 期，第 111 页。
⑥长治市博物馆《山西省长治县郝家庄元墓》，《文物》1987 年第 7 期，第 90 页。
⑦吴雪杉《汉代启门图像性别含义释读》，《文艺研究》2007 年第 2 期，第 111 页。
⑧韩小囡《图像与文本的重合——读宋代铜镜上的启门图》，《美术研究》2010 年第 3 期，第 42 页。
⑨冯恩学《辽墓启门图之探讨》，《北方文物》2005 年第 4 期，第 33 页。
⑩刘毅《“妇人启门”墓饰含义管见》，《中国文物报》1993 年 5 月。
⑪吴雪杉《汉代启门图像性别含义释读》，《文艺研究》2007 年第 2 期，第 111 页。
⑫罗二虎《汉代画像石棺研究》，《考古学报》2000 年第 1 期，第 40 页。

像最早的称呼,即“妇人启门”。

这样看来,妇人启门这一图像由于时代不同、地域不同、载体不同,它所传达的信息也应当有很大的区别,但是如果追根溯源,发掘妇人启门图像最早出现时的含义并全面梳理这一图像的发展,或许有助于更能全面地解读这一图像。

二

从妇人启门的画面内容来区分,大致可分为三个发展阶段。

初期:启门图像虽然在宋、金时期的墓葬中较多见,但是单纯就画面来讲,早在汉代就已出现。以四川、山东、苏北较为集中。山东、苏北地区的启门者多男子,结合画面其他内容,当是表现世俗生活。笔者认为山东、苏北地区的启门图像对后世的影响不大并且没有延续性,故在此只讨论对后来影响较大的四川地区的汉代启门图像。四川地区的启门图像多出现在画像石和石棺上,在整个画面中往往只占一小部分,整体画面多以仙境、仙境生活、升仙等内容为主。启门者以女子居多[①]。盛磊在《四川“半开门中探身人物”题材初步研究》[②]一文中做出统计共有15幅,其中启门者为女子的就有13幅。以四川南溪县长顺坡砖室墓3号石棺(东汉晚期)[③]为例:“该棺盖顶为柿蒂纹。棺身右侧和两端有画像,前端为天门,后端为凤鸟,右侧为升仙与西王母仙境,分为上下两幅。下方为升仙图,有4个场面,从右至左分别为夫妻惜别、乘鹿升仙、仙人半开门与跪拜方士(体现了方士在送墓主升仙方面的作用)、墓主到达仙境并拜谒西王母,较完整地体现了升仙过程。”文章中提到的“仙人半开门”画面为正中有一门,开启一半,一人自门中露出左半身,左手前伸,作接引状,后来宋、金流行的妇人启门图几乎与此一样。荥经县城区乡新南村陶家拐砖室墓石棺上也有这样的图案,石棺棺身一侧浅浮雕有秘戏和西王母的图像,在两幅图像之间是一梳双环髻,穿深衣的女子右手扶门,侧身倚立于门前。另外的几幅启门图像的画面中同时也有仙人、仙境等内容。所以结合石棺的整体画面,将启门者看做是仙人是有一定道理的。有学者认为汉代“当启门图像

①吴雪杉《汉代启门图像性别含义释读》,《文艺研究》2007年第2期,第111页。

②盛磊《四川“半开门中探身人物”题材初步研究》,《中国汉画研究》第1卷,广西师范大学出版社,2004年,第83~85,88页。

③吴雪杉《汉代启门图像性别含义释读》,《文艺研究》2007年第2期,第111页。

出现在四川时，启门女子与西王母或仙境之间建立起一种相对稳定的图像联系，启门图像开始展现一种神圣的意味”。继而进一步认为“西王母的世界是一个女仙的世界，那么开启西王母世界的大门、迎接死者灵魂的使者，自然也应是一位女子”。[①]直接认定启门女子是西王母的使者我认为有失偏颇。无疑西王母是汉代画像，尤其是石图像中非常重要的题材，是仙境里的重要人物，往往位于画面中的主要位置。但是用以表示仙境的其他图案也非常多，如天门、日神、月神、凤鸟等，当这些图案出现时其实都表示所要描绘的是仙境。《汉代石棺研究》一文中所收集的 96 幅图中，5 幅有启门图像，其中只有 2 幅是与西王母同时出现的，并不能说明西王母与启门人二者之间有完全的必然联系。所以我认为启门女子的身份应当是引导死者进入仙境的使者，只是仙人而已，不一定就是西王母个人的使者。这样解释可能更稳妥一些。

过渡期：唐。就目前的资料看，这一时期妇人启门的题材不再出现在墓葬的墓室或棺椁的装饰中，其含义也不能完全等同于东汉时期的神仙信仰。这一题材在这一时期主要出现在宗教场所，资料较少，主要有陕西长安樊川竹园村唐代石塔和山东长清灵岩寺唐惠崇塔[②]。竹园村唐塔的妇人启门图像位于塔的上部近塔顶处。灵岩寺塔上的妇人启门图像则位于塔身处。此塔是个单层建筑，塔(身)的四面都雕刻有门，除南面为真门，其余三面都雕成假门，“假门作半掩状，门内出一人，门上刻门钉”。[③]作为埋葬佛舍利及佛经、佛像等神圣物品的佛塔，也有一些高僧死后建塔埋骨，灵岩寺惠崇塔就是惠崇的墓塔。可见其性质与墓的作用是一样的，而妇人启门图像出现在塔上，说明它与墓葬中的这一题材同属丧葬艺术范畴。用门来表示天界与俗界的区别，这种方法早在莫高窟早期的石窟中就有表现。莫高窟 249 窟是凿建于北魏至西魏时期的洞窟，窟顶内容既有佛教题材，又有传统的四神、羽人等道教题材内容，在洞窟西顶，主体画是阿修罗，其后是双龙护卫的须弥山，山上是佛教的“三十三天忉宫，是帝释天的居处”[④]。画面上天宫的门是开启的，虽然门前没有人物出现，但是用门作为天界与俗界的区别，其含义是明显的。虽然有学者对这幅画面的主体

①吴雪杉《汉代启门图像性别含义释读》，《文艺研究》2007 年第 2 期，第 114 页
②宿白《白沙宋墓》，文物出版社，2002 年，第 55 页。
③罗哲文《灵岩寺访古随笔》，《文物参考资料》1957 年第 5 期，第 71 页。
④段文杰《道教题材是如何进入佛教石窟的——莫高窟 249 窟窟顶壁画内容探讨》，《段文杰敦煌研究艺术论文集》，甘肃人民出版社，1994 年，第 318 页。

形象有不同的看法，认为它是道教中方相士的形象[①]，但是画面顶端开启的门仍被看做是天门，可见其含义应当并无太大差异。佛教吸收中国本土因素自它传入中国时就有。甘肃省博物馆馆藏的高善穆石造像塔是一北凉时期的石塔，上雕相轮、佛像、经文等，雕刻精美、细腻，是不可多得的艺术精品。塔顶的北斗七星和塔身的八卦图案则反映出当时民众将神佛等同的思想。对出家人也可以称呼为"道士"，直到唐时还有这样的情形。这样的例子很多。那么，是否可以这样推测：一扇门可以隔开两个真实的区域，是不是也可以表示它隔开的是两个世界呢？会不会是主人或工匠借鉴了这种含义，半启的门后是死者认为的另一个极乐世界。

盛行期：五代、宋、辽、金时期。这一时期，除四川地区外，妇人启门的题材流行的地区增至贵州、河南、河北、山西、辽宁、甘肃等地，画面也变得简单化、程式化，无论是雕刻还是绘画，往往是单独的一个画面，画面上是一扇半掩的门，门后有一女子。五代时，墓葬中重又出现了这种题材。四川彭山后蜀宋琳墓的石棺"棺墙前后两端是仿木建筑的脊檐和门柱……门各有七排乳钉，中间有一妇人，作启门欲进姿势。"[②]棺墙左、右两侧分别雕刻了青龙和白虎。这种布局与芦山县石羊上村王晖东汉墓(建安十七年，212年)石棺[③]的布局非常接近。王晖墓棺身前端雕刻的是衔环铺首和仙人启门。启门的仙人头挽双环高髻，身着似燕尾长袍，右手扶着门框露出右半身。棺身的左、右、后为青龙、白虎、玄武。宋琳墓中的妇人虽然在报告中称为"启门欲进"，但是从图片中还是可以看出，女子仍在门内，向外作探视状。对比这两处墓葬可以看出，二墓的葬具相同，都是石棺，女子启门题材的位置相同，都在石棺的两端(王晖墓在一端)，棺身两侧的装饰内容也相似，都是驱鬼镇邪的四神。再考虑这两个墓所在地均位于四川成都平原，从上述几方面考虑，表明带有仙人意味的启门者这一题材在五代时在这一地区重又延续下来并向周围地区辐射。

另一较有说服力的例子是大足北山石刻176窟的"妇人启门图"。此窟又名"弥勒下生经变相"窟，是一个以佛教题材为内容的洞窟。开凿于1126年，方形平顶窟，正壁主像是弥勒佛，窟左右两壁的图像共分三层，最上层左、右壁是文殊、普贤二菩萨及国王、大臣等各种人物，中层左、右壁是表现日常生活场景的各类人物，最下层是供养人像。上层人物雕刻地

①宁强《上士登仙图与维摩诘经变——莫高窟第249窟窟顶壁画再探》，《敦煌研究》2，1990年第1期，第30页。
②四川省博物馆文物工作队《考古通讯》，1958年第5期，第20页。
③宿白《白沙宋墓》，文物出版社，2002年，第42页。

高大、气势恢宏，中、下层人物相比则矮小，反映了信仰世界与现实世界的区别。“妇人启门图”位于176窟右壁中层里侧，也就是窟正面与右侧面的转角处，即上层与中、下层的连接处，有文章认为是“佛教世俗化的最佳例证”，“是妻子守望丈夫的场景”[①]。我认为佛教世俗化的理由可以成立，妻子守望丈夫，似乎有些牵强。判断一幅图的含义，除了大的文化背景，地域特点、画面关系也都是应该考虑的因素。这里的“妇人启门”在整个画面中处于信仰世界与现实世界的连接处，其中的启门人虽然与二、三层中现实世界的人物大小差不多，但是妇人身后却是高大的庑殿顶式的门楼，显然作者在这里想要强调的是“门”，是连接现实世界与信仰世界的门。一边是辛苦劳作的现实世界，一边是气派尊贵的佛国天界，现世的苦苦修行，就可以通过这道门到达理想中的极乐世界，这不正是开窟建寺的佛教徒们为弘扬佛法而采用的通俗的宣传方式吗？

以这一题材较为盛行的河南省为例，《河南北宋壁画墓的分期研究》[②]一文中将河南北宋壁画墓分为前、后两期，前期分为初始和发展两个阶段，后期分为兴盛和转型两个阶段，在前期的发展阶段开始出现妇人启门题材，“在晚期壁画墓中更为盛行”。遗憾的是，文章中并没有明确地统计出妇人启门图像的数据，但是文中称“盛行”，应当是出现较多。

这种题材甚至影响到少数民族。同一时期的北方墓葬中运用这一题材的有辽宁锦州市张扛村辽墓[③]。这批发掘的辽墓共四座，其中在2号墓石棺前档外侧阴刻有妇人启门图像。画面正中刻有一双扇门，一女子自门内右侧露出，右手扶于门框上。不同之处在于门外左侧立一男卫士，身穿契丹服装，双手抱骨朵，右侧是一双手捧钵的女侍。发掘者根据墓葬形制、墓中器物等分析认为此墓属于辽早期，相当于中原地区的五代时期。这种在门外一侧是侍卫、一侧是侍女的妇人启门图像似乎很具辽代风格。辽宁法库叶茂台辽早期墓中石棺[④]前端内侧也雕绘有妇人启门，“旁有立侍，立侍旁又有执笛、拍板、排箫、琵琶的乐工四人及两小孩”。辽早期的启门图虽然较宋汉人地区的启门图内容丰富，但是从妇人启门仍位于石棺的一端以及整体的画面内容来看，其含义应当是一致的。添加的执笛、拍板的

①王天祥，李琦《也论大足北山176与177窟：一个独特题材组合的案例——以“妇人启门图”为中心》，《艺术考古》2008年第4期。

②杨远《河南北宋壁画墓的分期研究》，《考古与文物》2007年第3期，第85页。

③刘谦《辽宁锦州市张扛村辽墓发掘报告》，《考古》1984年第11期，第997页。

④辽宁省博物馆，辽宁铁岭地区文物组发掘小组《法库叶茂台辽墓记略》，《文物》1975年第12期，第28页。

乐工及门外的侍卫等人的职能都是为墓主人到达另一个世界服务。

但是辽晚期的妇人启门图无论是画面内容还是它所表达的含义都发生了很大的变化。以河北宣化辽代壁画墓为例，在发现的14座墓中有妇人启门图的就有7座①，但是这7幅妇人启门图所表现出的多样性却是同一时期汉人地区墓葬中未见的。首先，启门女子大部分手中都持有物品或从其身形可以看出手中有物。第二，画面中的人物不再是安静地站在门内或门外，而是进门或出门的一瞬间的动作，表现出的是一种动态。第三，至少有两幅妇人启门图不是单独的一个画面，而是处于画面中的次要位置，是主要画面内容的补充。第四，这7幅启门图中只有2幅出自北壁，其他3幅出自西壁，2幅出自东壁，这与宋人地区启门图大多出自北壁有很大不同。显然，这一地区的妇人启门图已完全成为世俗生活画卷的一部分，根据画面所要表达的内容不同，妇人开启的可以是书房的门，也可以是厨房的门，与辽早期启门图中表现的门是墓主人对另一个信仰世界的向往的通道已是大相径庭。

这种盛行于辽的门外有侍卫和侍女的启门图像在中原地区却并不多，似只有洛阳北宋张君墓中的石棺②是这种布局。其"棺身前档浮雕门窗"，门外"除两侧共有四个近乎圆雕的侍卫者外，门扉半掩，一近乎圆雕的女侍欲启门而出，犹半遮面，富有世俗生活情趣。门窗上方两侧阴线刻牡丹图案，中央阴刻人物。前一执幡者宽袍大袖。后一老者相随，高冠，拱手，榜题'一翁'。身后一女侍，捧一圆筒状物，分节，盖上饰花卉。再后一老妪，躬身拱手，榜题'二婆'。身后一女侍，捧一盘。人物足下均有云气缭绕，似为仙人导引墓主人夫妇升仙的图画。"

宋代晚期、金的墓中妇人启门图像都变得简单、程式化，无论是雕刻还是绘画，往往是单独的一个画面，画面上是一扇半掩的门，门后有一女子探出半身来。以白沙宋墓为例：白沙宋墓③中1号墓墓室内甬道壁、前室壁、过道壁及后室壁都绘满了壁画。在后室北壁"上画绛缦、蓝绶，其下砖砌假门。假门外，西南立一砖雕的少女，双垂髻，著窄袖衫和长裙，裙下露尖脚，右手作启门状。"同样的画面也出现在2号墓的后室北壁，"上画绛帐，其下砖砌假门，左门扇微外启，自右侧露出一梳鬟饰著青衫的女子，面南作欲进墓室状"。

①张鹏《妇人启门图试探——以宣化辽墓壁画为中心》，《艺术考古》2006年第3期，第104页。

②黄明兰，宫大中《洛阳北宋张君墓画像石棺》，《文物》1984第7期，第79页。

③宿白《白沙宋墓》，文物出版社，2002年，第55页。

衰落期:元代。妇人启门图像在墓室中已出现得很少了,其仙人的意味也几迨消失,似乎完全成为整幅山水画的一部分。长治县郝家庄元墓①出有一幅启门图。"墓室东壁左侧为一幅有双线边框的山水画,一半已脱落,可看出有丛丛林木及一独木桥,桥下溪流飞泻。右侧画一双扇四抹头格子门,门右扇半开,一男童左手扶门探出半身向外张望。男童身穿袍服,额上头发梳成一绺。"这应当是很有生活情趣的画面。

三

单纯从妇人启门图像的画面看,其模式基本是固定的,只是随着时代的不同,妇人的发式、衣着、门的样式等随之发生变化。其成因则与流行的神仙信仰有密切关系。人们对长生不老的幻想早已产生,春秋战国之时,很多文献中就记载有人们认为的神仙。"肌肤若冰雪,绰约若处子,不食五谷,吸风饮露,乘云气,御飞龙,而游乎四海之外。"②这是庄子心中的"神人"。秦始皇时,耗费大量的金钱与时间派方士寻找不死药和神仙居住的三神山。汉时,武帝、宣帝、成帝、哀帝及其后的王莽都好神仙和长生之术,王公贵族也争相效仿。神仙信仰在当时盛行一时。巴蜀地区自古就"好巫",本身就具备滋养神怪思想的肥沃土壤,中原地区的这种求仙得道的思想传入后普遍被人们所接受,这可以从四川地区出土的大量的画像石中有很多神仙题材的内容得到反映。道教早期重要的流派之一——五斗米道就是在四川地区发展壮大的,追求长生不老依然是其主要宗旨之一。直至唐宋时,这里还是很多神仙故事的故乡。有文章对《太平广记》的神仙故事中神仙的活动区域做了统计③,结果如下:

表一　神仙活动的区域分布

地域	陕西	河南	山东	河北	山西	甘肃	江苏	浙江	江西	湖南	湖北	安徽	四川	广东	广西	未明
数量	52	31	22	15	16	4	16	23	21	18	7	7	42	3	1	37

从上表可以看出,四川地区的神仙活动频率排名第二,仅次于陕西。陕西和河南两地作为汉、唐、宋时的政治、经济中心,统治者对这些地区的

①长治市博物馆《山西省长治县郝家庄元墓》,《文物》1987年第7期,第90页。

②《逍遥游》,《老子·庄子》,中国戏剧出版社,第66页。

③曾礼军《〈太平广记〉中神仙的考量与分析》,浙江师范大学学报(社会科学版),2009年第6期,第122页。

神仙道教活动的影响由此可见一斑，而作为地处较边远的四川一带，《太平广记》中反映出的如此活跃的神仙活动，表明在唐、宋时期这一地区的神仙信仰仍有很深的群众基础。在宋、金时墓葬中流行的妇人启门图像的含义解释为东汉带有神仙意味的启门者图像的延续应当与神仙信仰的延续性是一致的，也与五代时四川地区的墓葬中重又出现这一题材并向周围地区辐射也是一致的。它的升仙思想在贵州桐梓宋墓①中表现得非常明显。这是一个双室墓，左、右两室后龛的雕刻相同，均为妇人启门欲进。在右室的两壁最上部，刻有横写诗句，左为"神仙洞底寒无度"，右为"□天然明宫□法"。

其次，从这一图像的位置来看，多出自墓室的北壁或后龛，也就是墓葬的最深处。这一位置往往与墓门遥相呼应，暗示墓主人死后进入墓门后即可通过这扇门到达理想中的仙境。

第三，从这一图像与其他图像的相互位置来看。墓葬中同一主题的画面往往是排列在一起的或有其固定的位置。如表现二十四孝的图多放在一起，而天象图则在墓室的顶部。如果将妇人启门图像单纯地理解为世俗生活的表现，那么就很难解释它为什么不是与持盒图、捧盒图等表现日常生活场景的画面在一起，而是要单独地出现在墓葬的最深处。

综上所述，我认为宋、金时期墓葬中较流行的妇人启门图像是汉代画像石、画像砖上启门图像的延续，是神仙信仰的表现，表达了古代人们希望在离开现实生活后仍能享受各种极乐体验的愿望。元以后，这一含义发生了变化，其中的神仙意味不见了，代之的是充满世俗生活情趣的场景。在辽地区，这一含义发生的要更早些。妇人启门这一题材的发源地是神仙信仰盛行的四川地区，后来向北方的中原、华北、东北等地区流行，东南及沿海地区不见，这种地域分布与政权统治中心的地域分布相一致，表明了统治中心地区的主流意识形态对这一题材的影响。宗教场所对这一题材的应用应当是对这一表现手法的借鉴，借以表达对信仰世界的向往。至于开启的是门的左扇还是右扇，启门人是进门还是出门，这些细节应当是艺术加工的痕迹，并不影响我们对这一题材含义的解析和判断。

①贵州省博物馆发掘组《贵州桐梓宋墓的清理》，《考古通讯》1958年第2期，第51页。

南宋官窑瓷器述略

——兼谈漳县出土的粉青釉长颈多棱瓶

王　勇

官窑,是由官府选设并直接控制生产的窑场。其产品,即通称的官窑瓷器,是严格按照宫廷的设计进行生产的,在造型、装饰和釉色等方面精益求精,制作过程中不惜工本;出窑后若稍有瑕疵,人为打碎后集中埋于地下,以免流散于社会。成品则不经商业途径而直接进入宫中,供皇室祭祀、赏玩之用。官窑是我国瓷器大发展时期的产物,然而在官窑正式确立前的唐、五代和北宋早期,曾经历过一段民窑烧制贡瓷的历史。例如陕西扶风法门寺唐代地宫中出土有越窑“秘色瓷”①,耀州窑遗址五代地层中出土有底部刻“官”字款的残破器物②等;另据宋人周辉《清波杂志》:“汝州宫中禁烧,内有玛瑙为釉,唯供御拣退,方许出卖”的记载也可佐证。但是随着社会的发展,皇室消费需求的日益递增,民窑生产贡瓷已满足不了朝廷的奢侈需求,而且也显示不出其“至高无上”的皇权地位,所以由宫中直接控制生产的官窑也就应运而生。宋人叶寘《坦斋笔衡》载:“政和间(1111—1118 年),京师自置窑烧造,名曰官窑。”官窑称谓、地位由此而正式确定。其后,南宋、元、明、清历朝历代,中央政府无不钦定窑地,派官员严格掌管经营,为其生产御用的瓷器。官窑瓷器,千百年以来,在宫中被历代帝王视为珍宝,世代相传,也不作为明器进行陪葬,故而若非特殊原因,世间极难觅得,尤其是两宋时期的官窑珍品。

两宋官窑中的南宋官窑,学术界对其的认识,近一个世纪以来,在窑址被找到之前,多依据《坦斋笔衡》中的记载:“中兴渡江,有邵成章提举后苑,号邵局,袭故京遗制,置窑于修内司,造青器,名曰内窑,澄泥为范,极其精致,釉色莹彻,为世所珍。后郊坛下别立新窑,比旧窑大不侔矣。”这一段史料明确说明,南宋朝廷曾先后在两地设置官窑烧制瓷器,两个官窑分别是通称的修内司窑和郊坛下窑。

①陕西省法门寺考古队《扶风法门寺塔唐代地宫发掘简报》,《文物》1988 年 10 期。
②薛东星《耀州窑史话》,紫禁城出版社,1992 年 9 月。

两个官窑中，郊坛下官窑在20世纪初探明在杭州南郊乌龟山一带，后经多次科学发掘，很早就证实其确实存在[①]；而修内司官窑，因其窑址长期未被发现，在20世纪中一直是学术界、古董界就其是否存在争论不休的话题。时至近日，随着考古工作者对杭州老虎洞窑址的发掘和对资料的整理研究[②]，证实南宋修内司官窑是存在的，而老虎洞窑址也就是文献中所记载的南宋修内司官窑，从而解开了中国古陶瓷研究领域的一大悬案，也基本平息了陶瓷界关于南宋官窑近一个世纪的争论。南宋的两个官窑在证明文献记载真实性的同时，各自的发展脉络与烧制瓷器的特征也渐渐清晰。

郊坛下官窑，据在杭州南郊乌龟山的发掘研究表明：胎呈黑色或褐色、灰褐色。胎体致密，胎壁较薄，施青釉，釉层较厚，有的釉层与胎骨厚度几乎相等。产品分两种类型：一种与越窑青釉相似，釉汁入胎，不透明；另一种玻璃质感光泽强，多烧成翠青或蟹壳青。器型除习见的盘、碟、洗等之外，另有许多仿商周秦汉时期古青铜器和玉器的造型，显然是宫中的陈设品与观赏品。

修内司官窑，通过对杭州老虎洞窑址出土物的研究，其所烧瓷器胎釉特征以厚胎薄釉、厚胎厚釉为主，薄胎厚釉少见，胎的颜色有香灰色、深灰色、紫灰色等。釉色以粉青、米黄色为正烧主流，另外还见翠绿、灰青和浅紫色釉等。大部分瓷器釉面有裂纹，部分釉面有冰裂纹，一些器物紫口铁足现象明显。制作工艺以轮制为主，个别手制或模制。出土量较大的器型有碗、盘、杯、罐、碟、壶、洗等日常生活用品，另有觚、琮式瓶、香炉、熏炉、器座、筷子架、花盆、灯盏等。在造型和制作工艺上明显与北宋时期的汝官窑有着承继关系，各项特征也与历史文献有关记载相吻合。

关于修内司与郊坛下二窑烧制瓷器的起始时间与早晚关系，前文所引《坦斋笔衡》中对二者早晚关系已明确表明，修内司官窑的置烧时间早于郊坛下官窑。而二窑的确切始烧时间，也有专家做过考证[③]，认为修内司官窑的置烧时间在“中兴渡江”之后，即皇室南逃之时；郊坛下官窑的兴建时间“当在郊坛置建之后”。根据《宋史·高宗本纪》中“（绍兴十三年）三月己亥，造卤簿仪仗，乙巳，建社稷坛，丙午，筑圆丘”的记载，得知郊坛建

①冯先铭主编《中国陶瓷》，上海古籍出版社，1994年11月。
②杜正贤《杭州老虎洞窑址：南宋修内司官窑》，《中国文物报》2001年。
③李德金《乌龟山南宋官窑出土的产品及烧制工艺》，《庆祝苏秉琦考古五十五年论文集》，文物出版社，1989年。

于南宋绍兴十三年(1143年)。若以上推测不误,那么郊坛下官窑的始建年代当在1143年之后,而修内司官窑的设置时间——中兴渡江,则是北宋灭亡之时。所以,修内司官窑与郊坛下官窑的始烧时间,分别在1127年与1143年之后,前者也至少先于后者十七年烧制南宋御用瓷器。

南宋官窑瓷器,存世的数量就目前所知而言非常有限,且大部分为传世品,集中收藏在北京故宫博物院、台北故宫博物院等处,出土品则更是凤毛麟角。所幸的是,地处我国西北、古"丝绸之路"必经之地的甘肃,出土了一件南宋官窑精品:粉青釉长颈多棱瓶[①]。该器也是迄今为止,"丝绸之路"上遗留的唯一一件早期官窑瓷器,因而弥足珍贵,为世人所瞩目。然而,长期以来因种种因素,该物的真实面貌与价值未被充分揭示出来而被学界与观众所认识,未免又令人遗憾。鉴于此,我们在初步了解了南宋官窑瓷器的特点后,对该件官窑珍品及相关认识等做一阐述。

南宋官窑粉青釉长颈多棱瓶,1972年出土于甘肃漳县汪世显家族墓群之4号墓,编号为72ZXM4-8-2,现收藏于甘肃省博物馆。瓶高15.4厘米,口径5.1厘米,底径8.8厘米;葵花口、长颈、罐形腹、平底微内凹,颈、腹起竖棱多条,满釉裹足在单件匣钵内以支钉法支烧,器底留有六个等距离的芝麻状支烧痕;器表棱角突出处,因釉薄而显出紫灰色胎骨,胎质淘洗精细。釉呈粉青,釉质纯正晶莹,有细碎开片。1996年9月,以中国当代陶瓷研究鉴定界泰斗耿宝昌先生为首的国家文物专家鉴定组莅临兰州,进行一级品文物确认工作时,耿老一手执此瓶,一手捏手巾蘸水细细擦拭,上下左右,反复观摩,爱不释手,口中不住啧啧称叹,后确认其为国家一级文物,定为南宋官窑早期之

图一

①甘肃省博物馆,漳县文化馆《甘肃漳县元代汪世显家族墓葬简报之一》,《文物》1982年第2期。

物。至于究竟是修内司与郊坛下哪处窑场所烧等具体详情,未有多言。下文做一略考。

关于粉青釉长颈多棱瓶的烧制窑场问题,曾有学者撰文,推断为郊坛下官窑所烧[①],我们以为不妥。主要认为,该瓶胎色紫灰,胎体较厚而施釉较薄,釉色粉青且有细小开片等各项特征,在与前文所述郊坛下官窑及修内司官窑发掘的研究成果做出对比后,发现完全吻合于修内司官窑瓷器的特征,而与郊坛下官窑瓷器特征则相去甚远。因此可以确切地说,粉青釉长颈多棱瓶并非郊坛下官窑之产品,应为修内司官窑所烧造。

至于该瓶的烧制时间,我们认为应当在南宋早期定都临安之前。原因是在仔细观察研究现今北京故宫博物院与台北故宫博物院中收藏的南宋官窑传世品并结合考古发掘成果后可以看出,成熟的南宋官窑(修内司、郊坛下)瓷器,是以胎、釉色、片纹取胜的,应具备以下几个特征:第一,胎质较薄,胎土采用杭州乌龟山紫金土与瓷石配成,胎中二氧化硅(SiO_2)及氧化铁(Fe_2O_3)含量较高,胎色紫黑,因此产生了"紫口铁足"的特点。所谓紫口是指口缘釉较薄,隐露出釉下的胎色;铁足是指足边留有1毫米左右的黑褐色胎。第二,施釉较厚,釉属于石灰碱釉,厚若堆脂,釉层有玉石感。为使釉层厚且具有玉石感,常采用先素烧坯,以增加机械强度,然后多次施釉,釉厚约2毫米以上,釉中氧化铝含量高,以克服釉厚在烧制过程中发生流釉现象,故而器物一般釉至近足边,底足边留有1毫米素胎,部分器物底部有缩釉现象。第三,瓷器釉面多有片纹,一般片纹较传世哥窑器物片纹大,有的出现冰裂纹。则片纹的形成原因主要是釉与胎的膨胀系数之间的差异造成的,釉的膨胀系数比胎大即产生片纹,反之则无片纹,釉与胎的膨胀系数差值愈小,釉层愈厚,则片纹愈大。第四,因为官窑器物釉厚而有片纹,不利于表现釉下花纹,故器表鲜有装饰。即便有,也以印、划方法表现,并且修整得横平竖直,相当规范。以上四点是成熟的南宋官窑器物具备的特征,但自漳县出土的粉青釉长颈多棱瓶看,尚不符合上述各项特征,所以耿老确定其为南宋官窑早期之物是有一定道理的。其次,从烧制技术上看,该器虽仿北宋汝官窑以支钉裹足法支烧,但釉色粉青又不类汝官窑器,以及对竖棱、葵口等处胎体的修整不太讲究,底部也内凹不平整等等,这些制作过程中细微处的忽略与草率,似乎也从另一侧面说明生产该件器物时,当时的社会可能受汉族与女真族间的战争影响而处于

① 张东辉《南宋官窑粉青釉长颈多棱瓶》,《甘肃日报》1997年12月。

动荡不安的状态,并由此反映在制瓷手工业者的意识形态上,从而表现为烧制的瓷器不成熟的结果。以上种种迹象表明,粉青釉长颈多棱瓶极有可能是浙江本地窑工在高宗定都前,南宋王朝尚未安定的情况下奉旨仿汝窑技术烧造的。又知道南宋定都时间在绍兴八年(1138年),而此时郊坛下官窑尚未设置,因此,推知这件遗落于丝绸之路上的南宋官窑粉青釉长颈多棱瓶为修内司官窑1127—1138年间的产品。

另外,宋代官窑瓷器虽有部分传世,但基本都是在宫廷中相传,以现今北京、台北二地故宫收藏最多。遗址与墓葬中的发掘品,遍观各地,少之又少。此器为何能出土于远离历代王朝腹地、地处偏僻西北的甘肃,其原因据推测可能如下。南宋建国初期,社会动荡,皇权未稳,皇室对使用的贡瓷质量也无暇顾及。稍后,随着南宋与女真族建立的金隔江对峙,政权日趋稳定,这些曾在北宋汴京(开封)过惯了豪华奢侈的皇室生活,用惯了精美绝伦的汝窑和钧窑产品的皇室人员,对宫廷用瓷的质量和数量要求也越来越高。这时,北宋官窑的工匠也相继迁至临安(杭州),南北工艺因此得到了结合,在继承一些优良工艺的基础上,促进了制瓷工艺的提高,发明了多次素烧、多次上釉的新工艺,烧出了厚若堆脂的南宋官窑青瓷。所以,先前烧制的类似粉青釉长颈多棱瓶的修内司官窑产品,逐渐遭到皇族冷落,通过被赏赐于南宋开国功臣、赐予庙宇等途径而流散于宫外,被获得者视若珍宝,在家族中代代相传。故该件珍品出自于漳县汪世显家族这一贵族墓地中也就不足为奇了,以至于今日我们能有幸共同领略丝绸之路上遗留的这件瑰宝的风采。

最后,该器作为科学发掘品,其价值与重要性也是不言而喻的。其一,为鉴别传世宋代官窑瓷器的窑口、真伪起标尺作用。宋代官窑瓷器传世品中,南北官窑相混。除此之外,元代末期,特别是进入明代以后,几乎代代都仿造宋代官窑瓷器。以前,专家学者对两宋官窑的认识多结合史料,在这些鱼龙混杂的传世器中摸索获得。现今,此件器物的出土,恰可作为一件标准器,通过对其胎、釉、制作方法等工艺技术的分析,在结合汝官窑、修内司官窑、郊坛下官窑的发掘成果后,非但可以区分南与北官窑、修内司与郊坛下官窑之别,更可剔除传世品中的后世仿品。其学术价值与重要性毋庸置疑。其二,通过对该瓶的研究,解决了学术界关于南宋建国初年宫廷是否有御用瓷的争论。在杭州老虎洞窑址科学揭示之前近一个世纪中,否认南宋修内司官窑存在的学者,对南宋建国至郊坛下官窑设置十七年间(1127—1143 年),高宗作为天子,其宫中与祭祀是否用瓷的问题,以及若有,用瓷来源于何处等问题,一直持怀疑态度。随着杭州老虎洞窑址的发掘对南宋修内司官窑的确认,并结合考古资料对我馆收藏的这件官窑瓷器的研究,上述问题得到了明确解决。显然,郊坛下官窑设置前十七年中,皇室有御用瓷,御用之瓷出自杭州老虎洞修内司官窑。而现今国内外收藏的南宋修内司官窑瓷器中,这件粉青釉长颈多棱瓶,便是当时御用瓷的实物证据之一,恰可与老虎洞修内司官窑出土瓷器相互印证,以补史料记载之不足。

(本文原载:《史学论丛》第十一辑,2005 年)

唐三彩与西域文化

——以甘肃省秦安县叶家堡出土的一组唐三彩为例

卢 冬①

中国是世界上最早开始制陶的地区之一。陶器和古代人类日常生活密切相关，一直是新石器时代以来考古遗址中最重要的文化遗存。陶器的制作、使用、废弃等，无不承载着多方面的人类行为与文化信息，考古学家一直把对陶器的研究作为复原古代人类生活的一个重要方面。同时，也为考古学家探究过去提供了最为丰富也最具启发意义的信息资源②。

甘肃是除唐都长安和东都洛阳之外的少数出土唐三彩的几个地区之一。其中，以秦安县叶家堡唐墓所出三彩最为精美。1965 年，村民们在平整土地时发现古墓，经甘肃省博物馆考古人员抢救发掘，先后共清理了 6 座唐墓，其中 5 座墓几乎被盗空，只有 1 号墓的遗存尚多，有随葬品 180 多件。除在棺床上发现五枚“开元通宝”外，其余均为唐三彩。有天王俑、文吏俑、侍俑及镇墓兽等，都放在墓室内。而骑马俑、牵马俑、牵驼俑以及马、牛、羊、骆驼、猪、狗、鸡等，则置于耳室内。从出土三彩俑的造型和艺术形象来看，都具有明显的盛唐风格，特别是天王俑、文吏俑、牵马俑及镇墓兽等③。

唐三彩是唐文化开放出的一朵绚丽的鲜花，是那些默默无闻的艺术工匠聪明才智的结晶，是繁荣昌盛、兼收并蓄的盛唐时代的真实写照，它向人类展现着中华民族旺盛蓬勃的生命力和恢宏的气魄④。

这批三彩器人物和动物造型都使用写实手法，形神兼备，稳重健美，釉色纯净，十分壮观，展现了盛唐时期三彩釉陶作品的亮丽风采。

丝绸之路畅通中西这一时期，甘肃不仅增强了与新疆、印度、西亚的联系，也成为漠北、西域、南方、西藏之间的纽带和中转站，不辞辛劳的中

---

①甘肃省博物馆。

②Charles Redman foreword, in *Approaches to Archaeological Ceramics*, by Carla Sinopoli. New York: Plenum Press, 1991, p1.

③程丽君《陇上珍藏》，敦煌文艺出版社，2001 年。

④程丽君《陇上珍藏》，敦煌文艺出版社，2001 年。

外商旅、僧众和工匠们，将中国的丝绸、瓷器、造纸术等传到西方，又将西方的音乐舞蹈和奇珍异物传到中国。

三秦五凉和南北朝时期，甘肃相对稳定。由于少数民族政权的倡导和媒介，丝路交通连绵不绝，并进一步发展。佛教和西域文化艺术首先在凉州和陇右生根开花，再传播到全国。隋唐帝国的统一和面向世界的政策，使中西交流达到顶峰，丝绸之路呈现空前的繁荣、昌盛。

20世纪60年代，在甘肃省秦安县叶家堡乡杨家沟村发掘、清理了6座唐墓。墓中随葬品大都被盗，仅M1遗存尚多，且以大批三彩釉陶器引人瞩目。其中，6件马、3件骆驼以及与之相配的9件牵马、牵驼俑，体现了盛唐时期三彩釉陶工艺的卓越水平。作为陪葬的明器，这组三彩牵马俑高大的形体规格，也比较少见。这是叶家堡所出这批唐三彩的一大特色，也是决定它们具有较高文物价值的重要因素。

甘肃为古代丝绸之路的中心地段，秦安一带是丝绸之路翻越陇峰的必经之地。盛唐时代是丝绸之路文化的黄金期，马和骆驼是丝绸之路上的骄子，东西方使臣、商人为丝绸之路的常客。秦安叶家堡出土的众多胡人骑马、牵驼俑，实为盛唐时期丝绸之路繁荣景象的艺术再现。面对这组文物，我们一方面能了解唐代所崇尚的乘马形态特征，另一方面也可想象当年马、驼奔波不绝于途和商旅使者往来相继于道的丝路盛况[1]。

1. 三彩骑俑列队(图一)

唐代，秦安县叶家堡出土。俑高36~38厘米，长36厘米，宽12厘米。这组三彩骑马俑施黄、白、绿、褐等色釉，胎质与烧制工艺均佳。女骑俑头饰高髻，身穿窄袖圆领或“V”形领紧身衣。男骑俑头戴软幞头，身着圆领窄袖紧身衣。其中一俑，深目高鼻，长着旋颊及耳的大胡须，身穿翻领胡式大衣，足着长靴，为典型的胡人形象。这组骑马俑的造型设计和艺术手法，都具有明显的盛唐风格。

①祝中熹《物华史影——陇原文物赏萃》，甘肃省博物馆编，三秦出版社，2006年。

图一　三彩骑俑列队

2. 三彩女骑马俑(图二)

唐代,秦安县叶家堡出土。俑高36.3厘米,白陶胎,施红、绿、黑、白色釉。仕女俑挽高髻,面部丰满、清秀,目视前方,唇涂朱,上着短袖衫,下穿长裤,双手扶缰,神态悠然地骑在马上。白马昂首,两耳直立,双目前视,墨绘辔饰,四腿有力,站于长方形踏板上,形态自然逼真。

3. 三彩男骑马俑(图三)

唐代,秦安县叶家堡出土。俑高38厘米,白陶胎,施红、绿、黑、白色釉。俑为胡人,头戴软幞头,深目高鼻,鬓须浓重,身穿翻领胡服,双臂弯曲,双手呈勒缰状骑在马上,双目凝视远方,神态威武,为典型的丝绸之路

图二　三彩女骑马俑

图三　三彩男骑马俑

遗韵。马体态雄健，昂首，两耳直立，双目前视，四腿挺拔有力，立于长方形踏板上。

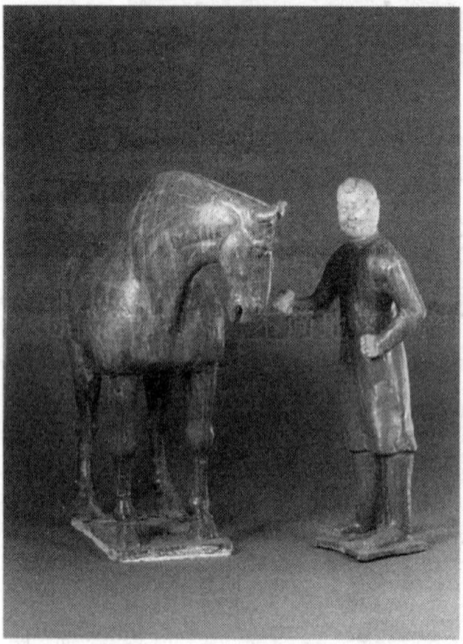
图四　三彩胡人牵马俑

4. 三彩胡人牵马俑(图四)

唐代，秦安县叶家堡出土。马高76厘米，人高73厘米。陶胎，质较松，施红褐色釉。胡人为立俑，深目高鼻，双目圆睁，两撇八字须高高翘起，身穿大衣，腰系带作结，下着紧腿裤，足穿靴，站于长方形踏板上。双臂前驱，作牵马状。显然是丝绸之路中西文化交流的产物。马首内收，口微张，双耳前立，颈部高起，体态肥壮，四腿直立于长方形踏板上。

丝绸之路上经由西域来中国内地通商的胡人不绝于途，甘肃成为中外交往的重要枢纽。

5. 三彩文官俑和三彩武官俑(图五)

文官俑又称文臣俑。随着葬俗的演化，由墓外移置墓内，属墓主人的门客家臣，通常为文臣装束。秦安县叶家堡出土的唐代三彩文官俑，就是典型例证。文官俑高133.5厘米。陶胎，质较松，施黄、绿、红、黑彩釉。文官俑头戴梁冠，五官端正，目视前方，唇涂朱，墨绘髭须。曲臂，双手拢于胸前，身穿广袖交襟上衣，下着长裙，足蹬云头靴，站立于镂空椭圆形座上。面容斯文，神态安详、谦和，凸显了唐代文官彬彬有礼的风度。

秦安县叶家堡出土的唐代三彩武官俑，高135.5厘米，头戴鹖冠，双眉紧锁，怒目圆睁。右手握于胸前，左臂下垂，向前稍弯，拳心留有持物小孔，身着广袖外衣，腰系带，下穿紧腿裤，足蹬尖头靴，站立于镂空椭圆形座上。形体高大，神态威严。

6. 天王俑(图六、图七)

天王俑是佛教中的护法神祇，分列东南西北四方位的守护神。这件秦安县叶家堡出土唐代三彩天王俑，是迄今所知国内最大的唐三彩俑。俑高分别为158厘米和162.7厘米，其高度近于真人。天王俑是唐代最常见的陶制陪葬品，是墓主人的护卫，一般是成对随葬。一俑头戴鹖冠，面部无釉，眉毛、眼睛、胡须为墨绘，怒目圆睁，右手叉腰，左手握拳，身穿铠甲，足踏小鬼，小鬼伏卧做挣扎状。另一俑身穿甲胄，怒目圆睁，左手叉腰，右手握拳高举，足踏小鬼。他们神态威猛，怒目凶狠，表现了天王威猛不可侵犯的形象，增添了墓主人的威慑力。

图五　三彩文官俑　三彩武官俑

7. 三彩镇墓兽(图八)

镇墓兽一般置于墓门口，是镇墓辟邪之神兽。据说，镇墓兽，又称方良或鬼魅，是古代送葬的“方相神”的衍生。方相神乃山川精怪，黄金四目，玄衣朱裳，专门驱除邪恶。秦安县叶家堡出土的唐代三彩镇墓兽，高 130.2 厘米，宽 58.8 厘米。陶胎，质较松，施赭、黄、绿色釉。头生角，耳竖立，头、背喷火焰，两翼奋张，双目圆鼓，昂首挺胸，前肢直撑，后肢曲蹲。兽首面目狰狞，獠牙龇露，凶猛异常，有很强的威慑力。

镇墓兽，是贵族阶层下葬的陪葬品。通常置于墓穴的壁龛中，或甬道口，左右相对。他们的造型是人面兽身和兽面兽身，多塑成蹲坐状，外形凶猛可怕，头上长角，两膊间有火焰状翅膀，蹄足，是人、兽、鸟的结合。考古发现表明，在我国，最早的镇墓兽出现于战国时期。汉代，形制变化较多，分为兽形和人形两大类。北魏以后，镇墓俑类趋向定型，既包括镇墓兽，也有铠甲武士形象的镇墓俑。隋时，镇墓兽仍承继于北周和北齐。唐时，随葬俑群逐渐制度化，镇墓兽形状成怪兽样子，以狮子面为主，早期呈蹲坐状，晚期为张牙舞爪、鬃毛飞扬状。唐末逐渐消失。

8. 三彩卧牛(图九)

唐代，秦安县叶家堡出土。牛高 19.5 厘米，长 40 厘米，宽16.6 厘米。陶胎，前身施褐色釉。牛呈伏卧状，抬头前视，短角横伸，双目圆睁，颈粗短，左前腿前伸，右前腿后蜷。牛身肌肉发达，体态雄健，造型健美。卧牛俑

图六　三彩天王俑

图七　三彩天王俑

图八　三彩镇墓兽

为三彩俑中之罕见，是唐代三彩雕塑艺术中不可多得的精品。

9. 三彩立牛(图十)

唐代，秦安县叶家堡出土。牛高29厘米，长42厘米，宽16.5厘米。陶胎，通体施褐釉。牛呈站立状，尾下垂，肌肉发达，体态雄健，为三彩雕塑艺术精品。

唐三彩以刻画人物为主，在三彩人物中，作者生动、形象地塑造了社会各阶层人物的形态，通过对生活的提炼、概括和艺术夸张，再现了唐代国富民安的社会景象。常见的三彩人物有贵妇俑、男女侍俑、牵马俑、武士俑、文官俑、武官俑、胡人俑、天王俑等，大体是根据人物的社会地位和等级来刻画其不同的性格和艺术特征的。比如，武士俑勇猛英俊、天王俑怒目凶狠、文官俑彬彬有礼、仕女俑神态雍容、胡人俑高鼻深目等。

图十　三彩立牛

中国是一个文明古国,在悠久的历史中,中国历朝历代都保持着与外界的经济、文化往来。早在春秋时期就已有了中原民族与周边游牧民族的联姻。到了秦汉时期,中外文化交流空前频繁,特别是张骞通西域开辟丝绸之路以后,中原文化广泛传播到了西域各国,甚至远播欧洲。同时,中原地区也接纳包容了西域文化。盛唐时期社会稳定,政治清明,经济富庶,是当时世界上最强盛的国家,都城长安也成为最重要的文化中心。西域的服饰、饮食、建筑风格以及风俗习惯的东传,极大地丰富了唐朝的文化内涵。到了明代,随着政权的稳定,国内社会、政治、经济一片繁荣,明朝政府进一步加大了与西域波斯及阿拉伯国家的往来,特别是郑和七次下西洋,到达红海海岸,开辟了新的通往西域的海上通道,更使中国与西域地区的交流进入了一个新的昌盛时期。

与西域地区长期的交流,使中国的文化艺术在发展过程中逐渐吸收了西域的风格特点,这在各类艺术的表现形式中都有鲜明的体现。唐三彩作为最具中国特色的艺术形式之一亦是如此。早在汉代就出现了具有西域胡人衣饰特征的陶俑、唐代的三彩骆驼以及各式各样的胡人俑、宋代出现的瓷质皮囊壶等,都是典型的带有西域风格的陶瓷实物。

唐文化与西域文化的贯通,形成了绚丽多彩、雄浑灿烂的大唐文化。在这个璀璨的文化背景下,产生了丝绸、壁画、金银器和唐三彩。唐三彩是唐代铅釉彩陶的总称,是举世闻名的艺术杰作。它多为各种器皿、墓俑和马、驼等,是雕塑艺术和陶瓷艺术相结合的产物。

受外界的影响，印度佛教造像吸取了希腊、波斯的艺术，采用“犍陀罗样式”的造型方法，人物都是薄衣贴体、褶纹稠密、优美织巧。

印度文化传入中国后，唐时的三彩俑注重造型的精美和织巧，三彩女俑的衣衫线条流畅，薄衣贴体，体现了“曹衣出水”的风格，实为印度“犍样式”的再现。

中国三彩艺人在学习外来文化的过程中，逐步加入了自己的理解、意念和再创造，使唐三彩俑一方面保留了西方雕塑造型的特点，另一方面又能注重中国雕塑艺术中的生动传统。

唐三彩的造型和装饰，都带有浓郁的异国情调。其中波斯艺术的入微模仿和发挥，形成了唐三彩的特有风格。

波斯文化将伊朗高原的金属工艺推向了高潮，这时的银器制作采用了失蜡法和银板造法，在器壁浮雕完成后用錾花手法精细处理，有些还做局部镀金，产生了辉煌的色彩效果。

而唐三彩的器型装饰吻合了波斯银器的艺术风格。唐三彩中有各种兽形杯，如象首杯、龙首杯等，都来自萨珊王朝的银器。立体高浮雕的花纹经瑰丽的三彩艺术装饰得金碧辉煌，高雅华贵。

从陶俑的发展、变迁来看，据考古发现，在我国发现最早的俑是商代王室墓中出土的奴隶俑，到东周时期逐渐流行。春秋战国时期，随着社会的进步，人殉的葬俗逐渐被俑葬取代。到了中国历史上雕塑艺术大发展的汉朝，各类造型的俑日益增多，俑的种类、数量、材质、水平等都达到了新的高度，尤其是甘肃武威雷台出土的汉代铜车马仪仗俑，代表着这一时期的俑艺术造型的最高水平。直到西晋时期，俑的造型再度兴盛并形成一定规模，镇墓俑、出行仪仗俑、侍仆舞乐俑等是这一时期的主要类型。南朝的俑在承袭了西晋传统的同时，又注入了北方少数民族的因素，出现了极具地域特色的着甲骑士俑。到了中国封建社会高度发达的隋唐时期，由于社会的安定和繁荣，俑的雕塑艺术再度被关注，出现了文官俑、武士俑、仕女俑、牵驼俑、牵马俑、骑俑、戏弄俑、胡俑等具有时代特色的种类。到了五代，由于社会动荡，镇墓神怪俑再次受到重视。在我国，焚烧纸冥器在民间丧葬活动中盛行是从宋代开始的，随之俑的使用骤减，开始出现纸人、纸马，丧葬礼俗制度发生了很大变化。元代纸明器迅速流行，俑的制作大为减少，直至清初遂告绝迹。

唐代俑，在雕塑艺术上达到了极高的成就。唐俑的塑造，充分把握住不同人物的身份、地位及特定情感和特征，使其造型形神兼备。雕塑家以其丰富的想象力，塑造出威武勇猛的天王俑，装饰华丽、体态雄健。镇墓兽体型高大，轮廓曲线富于变化，面目表情狰狞，制作精细，俑的整体造型承袭了南北朝与隋代的风格，并且逐步形成了自己特有的艺术特征。

甘肃省秦安县叶家堡出土的这批唐三彩，具有明显的时代与地域特征，它们再现了当时的服饰、发髻以及审美追求，从中折射出当时的社会习俗和时代特征，是当时社会生活的缩影。它反映了甘肃的地域文化，更反映了甘肃与西域文化的密切联系。

唐三彩是一种盛行于唐代的陶器，以黄、白、绿为基本釉色，后来人们习惯地把这类陶器称为“唐三彩”。唐代是中国封建社会的鼎盛时期，经济上繁荣兴盛，文化艺术上群芳争艳，唐三彩就是在这一时期产生的一种彩陶工艺品，它以造型生动逼真、色泽艳丽和富有生活气息而著称。唐三彩的诞生已有1300多年的历史了，它吸取了中国国画、雕塑等工艺美术的特点，采用堆贴、刻画等形式的装饰图案，线条粗犷有力。

唐三彩是一种低温釉陶器，在色釉中加入不同的金属氧化物，经过焙烧，便形成浅黄、赭黄、浅绿、深绿、天蓝、褐红、茄紫等多种色彩，但多以黄、褐、绿三色为主。它主要是陶坯上涂上的彩釉，在烘制过程中发生化学变化，色釉浓淡变化、互相浸润、斑驳淋漓，色彩自然协调，花纹流畅，是一种具有中国独特风格的传统工艺品。唐三彩在色彩的相互辉映中，彰显出堂皇富丽的艺术魅力。唐三彩用于随葬，作为明器，因为它的胎质松脆，防水性能差，实用性远不如当时已经出现的青瓷和白瓷。

唐三彩分布在长安和洛阳两地，在长安的称西窑，在洛阳的则称东窑。唐代盛行厚葬，不仅是大官贵族，百姓也如此，已形成一股风气。

唐三彩种类很多，有人物、动物、碗盘、水器、酒器、文具、家具、房屋，甚至装骨灰的壶坛等等。大致上较为人喜爱的是马俑，有的扬足飞奔，有的徘徊伫立，有的引颈嘶鸣，均表现出栩栩如生的各种姿态。至于人物造型有妇女、文官、武将、胡俑、天王，根据人物的社会地位和等级，刻画出不同的性格和特征。贵妇面部丰圆，梳成各式发髻，穿着色彩鲜艳的服装，文官彬彬有礼，武士刚烈勇猛，胡俑高鼻深目，天王怒目威武，足为我国古代雕塑的典范精品！

常见的唐三彩陶器有三彩马、骆驼、仕女、乐伎俑、枕头等。尤其是三彩骆驼，背载丝绸或驮着乐队，仰首嘶鸣，那赤髯碧眼的骆俑，身穿窄袖衫，头戴翻檐帽，再现了中亚胡人的生活形象，使人联想起当年骆驼叮当漫步在“丝绸之路”上的情景。

唐代是我国封建朝代的鼎盛时期，唐三彩从另外一个侧面也反映了唐王朝的政治、文化、生活，它跟唐代的诗歌、绘画、建筑等其他文化一样，共同形成了唐王朝文化的特征。但是它又区别于其他的文化艺术，现代的陶瓷史上认为，唐三彩在唐代陶瓷史上是一个划时代的里程碑，因为在唐以前，只有单色釉，最多就是两色釉的并用，在我国的汉代，已经有了两色，就是黄色和绿色的两种釉彩在同一器物上的使用。到了唐代以后，这种多彩的釉色在陶瓷器物上同时得到了运用。有人从陶瓷史上考证讲，这和唐代当时的审美观点起了很大的变化有关系。在唐以前人们崇尚的是素色主义，到唐代以后，它包容了各种文化，包容了外来的很多文化，也就是说这个时候从绘画也好，从陶瓷也好，从金银器的制作也好，形成了一个灿烂多彩文化的特点。

唐三彩在唐代的兴起有它的历史原因。首先陶瓷业的飞速发展，以及雕塑、建筑艺术水平的不断提高，促使它们之间不断结合、不断发展，因此从人物到动物以及生活用具都能在唐三彩的器物上表现出来。

唐代贞观之治以后，国力强盛，百业俱兴，同时也导致了一些高官生活的腐化，于是厚葬之风日盛。唐三彩当时也是作为一种明器，曾经被列入官府的规定之列，如对一品、二品、三品、四品来说，就有可以允许他随葬多少件的明文规定，但作为这些达官显贵们，并不满足于明文的规定，反而往往比官府规定的数量增加很多倍去做这种厚葬。官风如此，民风当然也如此，于是从上到下就形成了这么一种厚葬之风，这也就是唐三彩当时能够迅速在中原地区发展和兴起的主要原因之一。

唐三彩的制作工艺十分复杂。首先要将开采来的矿土经过挑选、舂捣、淘洗、沉淀、晾干后，用模具作成胎入窑烧制。唐三彩的烧制采用的是二次烧成法。从原料上来看，它的胎体是用白色的黏土制成的，在窑内经过 1000℃~1100℃的素烧，将焙烧过的素胎经过冷却，再施以配制好的各种釉料入窑釉烧，其烧成温度为 850℃~950℃。在釉色上，利用各种氧化金属为呈色剂，经煅烧后呈现出各种色彩。

釉烧出来以后,有的人物需要再开脸,所谓的开脸就是人物的头部是不上釉的,它要经过画眉、点唇、画头发这么一个过程,最后这一件唐三彩的产品就算完成了。

唐三彩的特点可以归纳为两个方面,首先是造型。从造型方面来讲,它的造型与一般的工艺品的造型不同,与其他时代出土的马也不同。

唐三彩的造型丰富多彩, 一般可以分为动物、生活用具和人物三大类,而其中尤以动物居多。出土的唐三彩,从现在分类来看主要也是分为动物、器皿和人物三类,尤其以动物居多,这个可能和当时的时代背景有关。在我国古代,马是人们重要的交通工具之一,战场上也需要马,农民耕田也需要马,交通运输也需要马,所以唐三彩出土的马比较多;其次就是骆驼也比较多,这可能和当时中外贸易有关,骆驼是长途跋涉的交通工具之一,那么人们经商可能就是从东往西,从西往丝绸之路,沿途需要骆驼作为交通工具。所以说,匠人们把它反映在工艺品上。人物一般以宫廷侍女比较多,这个可能就是与当时的宫廷生活有关。

马的造型比较肥硕,关于马的品种,据说是从当时西域那边进贡过来的,所以和我们现在看到的马的形状有点不大相同,马的臀部比较肥,颈部比较宽。唐马的造型特点,是以静为主,但是静中带动,我们看到这是一匹静立的马,但是通过马的眼部刻画——马的眼部刻成三角形,眼睛是圆睁的,然后马的耳朵是贴着的,它好像在静听或者听到有什么动静一样,通过这样的细部刻画来显示出唐马的内在精神和内在韵律。

唐三彩的另外一个特点就是釉色。作为一件器物上同时使用红、绿、白三种釉色,这在唐代本来就是首创,但是匠人们又巧妙地运用施釉的方法,让红、绿、白三色交错、间错地使用,然后在高温下经过烧制,釉色又浇融流溜形成独特的流窜工艺,出窑以后,三彩就变成了很多的色彩,它有原色、有复色、有兼色,人们所能看到的就是斑驳淋漓的多种彩色,这就是唐三彩釉色的特点。

唐三彩是唐代陶器中的精华,在初唐、盛唐时达到高峰。安史之乱以后,随着唐王朝的逐步衰弱,并由于瓷器的迅速发展,三彩器制作逐步衰退。

随着社会的进步,复制和仿制工艺的不断提高,唐三彩的品种也越来越多。洛阳人在传统唐三彩造型的基础上开发出了平面唐三彩,他们还在此基础上开发出更多更好的唐三彩作品。

唐三彩作为传统的文化产品和工艺美术品，不仅在中国的陶瓷史上和美术史上有一定的地位，而且它在中外的文化交流上也起到了相当重要的作用。

唐三彩早在初唐就输出国外,深受异国人民的喜爱。这种多色釉的陶器以它斑斓的釉彩、鲜丽明亮的光泽、优美精湛的造型著称于世,唐三彩是中国古代陶器中一颗璀璨的明珠。

据考古界的挖掘,在丝绸之路、地中海沿岸和西亚的一些国家都曾经挖掘出土过唐代三彩的器物碎片，所以这种文化流传到国外也对他们的陶瓷业带来了一定的影响,如日本和朝鲜。日本奈良时期曾经仿制中国的三彩制作过三彩器物,当时被称为奈良三彩;鲜的新罗时期也仿造中国的三彩制作过三彩器物,叫新罗三彩。

正因为唐三彩有如此的魅力,特别是近年来,随着旅游业的进一步发展,国际、国内市场的开放,喜爱和收藏唐三彩的人越来越多。

唐三彩的复制和仿制工艺在洛阳已有上百年的历史了，经过历代艺人们的研制,洛阳唐三彩的工艺技巧和艺术水平达到了一定的高度,唐三彩的制作工艺也得以继承和发展。

唐代石雕刘萨诃瑞像初步研究

文　静[①]　魏文斌[②]

刘萨诃瑞像又称凉州瑞像、番禾圣容像或御山圣容像，皆因出现于凉州番禾郡（今甘肃永昌县）御山（今永昌县北海子乡金川西村西3千米），之后北周名寺曰瑞像寺（隋改为感通寺，唐名圣容寺，沿用至今）。目前发现的刘萨诃瑞像图主要集中在唐至五代、宋时期的敦煌石窟中（莫高窟和榆林窟。其中榆林窟有两处，一处壁画，一处塑像），其表现形式有：

1. 大型经变画：第72窟，五代[③]；第61窟，五代[④]；第98窟，五代。

2. 单体瑞像画：第231窟西壁佛龛顶，中唐；第237窟西壁龛顶东披正中，中唐[⑤]；第76窟甬道顶，宋；榆林窟第33窟南壁西侧佛教圣迹画中上方中心位置[⑥]。

3. 刺绣画：藏经洞出土，唐[⑦]。

4. 泥塑龛像：第203窟西龛，初唐；第300窟西龛，初唐[⑧]；榆林窟第

①甘肃省博物馆。
②麦积山石窟艺术研究所研究员。

③敦煌文物研究所编《敦煌莫高窟》（五）图版83、84，图版说明第221页，文物出版社、平凡社，1987年9月第1版。

④敦煌研究院、江苏美术出版社编《敦煌石窟艺术》之赵声良编著《莫高窟第六一窟》，江苏美术出版社，1995年10月，图版二六。

⑤敦煌文物研究所编《中国石窟·敦煌莫高窟》（四），文物出版社、平凡社，1987年3月，图版109。

⑥敦煌研究院编《中国石窟·安西榆林窟》图版75，“图版说明”第236页，文物出版社、平凡社，1997年5月。

⑦斯坦因《千佛图录》，伦敦伯纳德·考里奇股份有限公司1921年出版，牛津大学出版社印刷，第一三、三四图（*The Thousand Buddhas: Ancient Buddhist Paintings from the Cave-Temples of Tun-huang on the Western Frontier of China*, London, 1921.）；大英博物馆监修、日本讲谈社编《西域美术》第1卷《敦煌绘画》Ⅰ，昭和五十七年三月二十五日，图版二十二、六十二至六十七。关于斯坦因《千佛图录》图一三的研究，见孙修身《斯坦因〈千佛图录〉图版十三内容考释》，载于《西北史地》1984年第3期，第87~94页。

⑧敦煌研究院编《敦煌莫高窟内容总录》，文物出版社，1996年12月第一版，第123页。

28 窟中心柱北向面龛内①。

可以看出其图像在莫高窟、榆林窟唐至宋时期较为流行②。

石雕的刘萨诃瑞像现存不多见，笔者所见有甘肃省博物馆藏唐圣历元年(698 年)宝意造圣容像、山西省博物院藏开元二十五年(737 年)李元封等八人造圣容像、炳灵寺石窟晚唐第 13 龛造像,以及张掖马蹄寺石窟群千佛洞第 6 窟造像。这几例造像均未引起足够的重视和认识。下面对其做介绍并谈几点自己的认识。

一、甘肃省博物馆藏唐圣历元年(698 年)像

该像没有详细的报道，该像为松原三郎《中国佛教雕刻史论》图版编三《唐·五代·宋·福道教像》图版 631 收录,标为古浪县文化馆藏③。

图一 雕像正面

此像为背屏式造像,圆雕,青灰色砂岩质,质地较细腻。通高 92.5 厘米,下有方形高台座，座宽 37 厘米。台座上雕竖直、上下均宽的圆弧形顶背屏,作为佛像的通身背光，侧面看成弧形并向后仰。背屏中央高浮雕立佛,肉髻已残,磨光无发纹。面较圆饱满,眉弯曲,双眼下视,眼角上翘。鼻头略残,嘴略小,嘴唇饱满。双耳较大,垂至肩头。颈粗短,阴刻两道。头后浅刻圆形

①敦煌研究院编《中国石窟·安西榆林窟》图版 3,"图版说明"第 228 页,文物出版社、平凡社,1997 年 5 月;史苇湘《刘萨诃与敦煌莫高窟》,《文物》1983 年第 6 期。

②关于莫高窟刘萨诃瑞像的研究和介绍成果较多,如金维诺《敦煌壁画里的中国佛教故事》,《美术研究》1958 年第 1 期;史苇湘《刘萨诃与敦煌莫高窟》,《文物》1983 年第 6 期;孙修身《刘萨诃和尚事迹考》,敦煌研究院《1983 年全国敦煌学术讨论会文集》,甘肃人民出版社,1985 年;饶宗颐《刘萨诃事迹与瑞像图》,《敦煌研究》1988 年第 2 期;韦陀《瑞像图》,《敦煌研究》1988 年第 2 期;敦煌研究院编著《敦煌石窟全集 12》,孙修身主编《佛教东传故事画卷》,香港商务印书馆,1999 年 9 月;罗·怀德菲尔德(韦陀)《高僧刘萨诃与敦煌壁画》,《东方月刊》1987 年第 3 期;魏普贤《刘萨诃和莫高窟》,《法国学者敦煌学论文选萃》,中华书局,1993 年,等等,不一一列举。

③松原三郎《中国佛教雕刻史论》图版编三《唐·五代·宋·福道教像》图版 631,吉川弘文馆,1995 年。

头光,头光内残留有朱红色彩,原应施彩。肩宽而平,肩头溜圆。穿偏袒右臂袈裟,整个右臂及右胸袒露。右臂紧贴背屏下垂,右小臂残断。袈裟从左肩斜向右下方紧裹右腋。上身衣纹为阴刻平行线,呈阶梯状。左臂屈肘于胸上部,左手大拇指翘起,余四指紧握沿左臂垂下折叠的衣角。衣缘刻连续波浪状纹。左腿外侧垂下的衣边呈连续弧状。两腿直立,腿部及两腿间衣纹呈U字形。衣裙覆盖脚面,两侧为外侈。双脚并列,脚踩圆形仰莲。头光外侧与背屏边缘之间对称各雕一飞天,飞天高发髻,俯身下冲,一手叉腰,一手前伸举供物,飘带呈环状向上。飞天身体表面残存朱红色颜料。背屏边缘刻成起伏的山峦状,中部两侧各雕两个坐于龛内头戴禅帽禅修的禅僧,背屏上部正中雕一兽面(图一)。

台座正面两侧各雕一竖长方形浅龛,龛内各雕一跪坐的供养人,均面向中间。左侧龛内的男供养人头戴介帻,穿圆领窄袖紧身衣,双手端供物(香炉?)。右侧龛内的女供养人高髻,穿交领上衣,肩披披巾,双手于胸前举麈尾。两龛见阴刻铭文,共七行,行五字,下部因表面脱落,个别字残泐,铭文内容为(图二):

圣历元年□
戊戌弟子□
□(宝)意为七代
父母及法界
众生造圣容
□(像)□□功讫
□太□□□□。①

圣历元年即698年,唐武则天年号。这段铭文告诉我们造像功德主为宝意,很可能为一僧人。造像的目的是为七代父母及法界众生造像,所造像为"圣容像",即该立佛像为圣容像。铭文两侧的男女供养人是两侧其他供养人的代表和象征。

合座两侧面也刻有铭文。

左侧面共12行,因中部及下部岩石破损剥落,无法辨认:"□□过……/男□障……/……/……/……/□时诸……/菩提□……/诸众生……/

①松原三郎对台座正面铭文的录文未读出"宝""像"二字,笔者补。见松原三郎《中国佛教雕刻史论》本文编,吉川弘文馆,1995年,第325页。

图二　台座正面的供养人和铭文

乐园……/□□□妹二……/妹三娘……/五□”

右侧面因下部及左侧大部剥落不清：“□□□□……/□□□□……/返绛州龙门……/□□□□……/仏弟……/……”

右侧面的铭文中出现“绛州龙门”，绛州在今山西省新绛县。北魏太平真君七年(446 年)东雍州正平郡有龙门县。东魏孝静帝天平元年(534 年)为龙门郡治，北周武成二年(560 年) 改北魏东雍州置绛州，治所在玉壁(今稷山县西南二十里)。隋初移治正平县，即今新绛县，领正平（今新绛)、龙门、太平、曲沃、翼城、稷山、绛、垣曲等 8 县。大业三年(607 年)废，唐武德元年(618 年)置绛州总管府，天宝初改曰绛郡，乾元元年(758 年)复为绛州，宋称绛州绛郡，宋宣和二年(1120 年)龙门县改为河津县。元初复称绛州，明因之。清雍正二年(1724 年)升为直隶州，领垣曲县、闻喜县、绛县、稷山县，河津县。铭文“绛州龙门”意即绛州龙门郡(县)(今河津市)。

两侧面铭文内容依稀可知是造像者的其他供养人。

背屏侧面靠上部位也各雕一禅僧(图三、图四)。

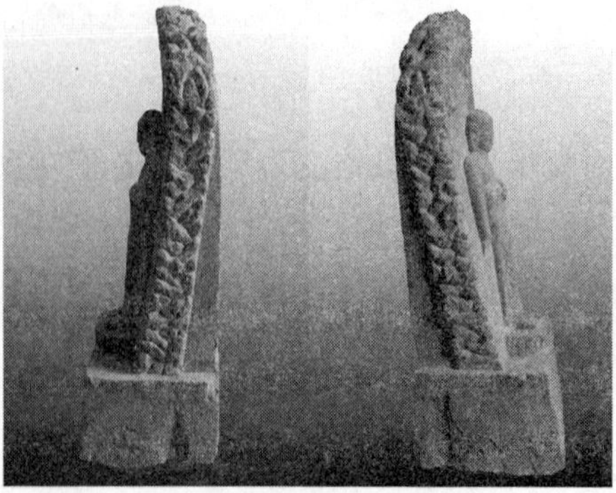

图三　雕像背屏侧面的禅僧

图四　雕像背面

背屏背面上部刻山峦,正中尖拱形龛内雕一禅僧,加上正面和两侧面山峦中的禅僧,该造像山峦中共有七身修行的禅僧。背面中下部磨光,刻《般若波罗蜜多心经》,下部磨泐不清。下面是经文与铭文对照(括号内为原经文字,黑体为依经文补):

1. 般若波罗蜜多心经

2. 观自在菩萨行深般若波罗蜜多时照见**五蕴皆空度一切苦**/

3. 厄舍利子色不异空空不异色色即是空**空即是色受想行识亦**/

4. 复如是舍利子是诸法空相不生不灭不垢**不净不增不减是故**/

5. 空中无色无受想行识无眼耳鼻舌身意无色声**香味触法无眼**/

6. 界乃至无意识界无无明亦无无明尽乃至无老死亦无老死尽/

7. 无苦集灭道无智亦无得以无所得故**菩提萨埵依般若波罗蜜**/

8. 多故心无罣(挂)碍无罣(挂)碍故无有恐怖远离**颠倒梦想究竟涅槃三**/

9. 世诸佛依般若波罗蜜多故得阿耨多罗三藐三**菩提故知般若**/

10. 波罗蜜多是大神咒是大明咒是无上咒**是无等等咒能除一切**/

11. 苦(厄)真实不虚故说般若波罗蜜多咒**即说咒曰揭谛(帝)揭谛(帝)**/

12. 波(般)罗揭谛(帝)波(般)罗僧谛(帝)菩提 莎婆诃(僧莎诃)…… /

13. 九十五种邪道若欲供养十方诸佛报十方诸佛……/

14. 萨般若百遍千遍灭罪不□(虚)昼夜……

铭文第12行后面部分残缺，与第13、14行相连，其内容为唐朝义净法师（695—713年）翻译的《佛说波罗蜜多心经》，就有一段描述持诵《心经》的功效。其内容为："诵此经破十恶、五逆、九十五种邪道。若欲供养十方诸佛、报十方诸佛恩，当诵观世音般若百遍、千遍无间，昼夜长诵此经，无愿不果。"据此可补铭文中残缺的部分。但铭文中"百遍千遍"后的"灭罪不"三字却与前述不同，也没有"昼夜长诵此经，无愿不果"之句，未知是刻铭者之改动还是出于别本，尚需进一步查证。有些学者认为义净版本可能是玄奘汉译本的误用，因此《大正藏》未收录，但日本存有此本的抄本。

关于该像的来源，松原三郎说出土于古浪县城内城隍庙废墟中①。但城隍庙不应该是该造像原供养之所，不知何时被存放于城隍庙中。古浪地处河西走廊的东端，距河西重镇凉州（今武威）仅数十千米。凉州为刘萨诃和尚行化著名之地，古浪当为其必经之地，唐代造此瑞像反映了其信仰亦流行该地。该像何时何因被甘肃省博物馆收藏，亦不知。

此像引人注意的还有三点需要说明。

一是该像背屏山峦中刻有七身禅修僧人。北方佛教重禅，十六国北朝尤为明显，凉州为禅法特盛之地。修禅重观像，观想佛之各种相好，并观想释迦牟尼、弥勒、无量寿佛等各种佛像。刘萨诃到番禾礼御山预言将有佛像出，本具有观想之意味。此像背屏山峦中雕刻的七身于山中禅修之僧人，一方面继承了凉州佛教自十六国以来重禅的传统，一方面又有表现这些禅僧修禅观想刘萨诃瑞像的意思。

二是背屏背面所刻的《心经》。心经是一本文字简要、内容丰富的佛教经书，也是理事圆融、知行合一、理论和实践性很强的妙文，历来注释很多。《心经》虽仅二百六十字，却是诸部般若的核心，是摄取六百卷大般若经的要义，文约义深，是成佛的指南，利生的法宝。《心经》为中国的观音信仰奠定了基础。中国僧人每天都要背诵心经，其影响深远。心经有数本：罗什所译《摩诃般若波罗蜜大明经》一卷，日本弘法之心经秘键，即此本之解释也，但其题号为《佛说摩诃般若波罗蜜多心经》；玄奘所译《般若波罗蜜多心经》一卷，华严之贤首释之，谓为心经略疏；慈恩又有《般若心经幽赞》一卷；唐利言译之《般若波罗蜜多心经》一卷；唐法月重译《普遍智藏般若波罗蜜多心经》一卷；唐义净译《佛说波罗蜜多心经》一卷；宋施护译《佛说

①松原三郎《中国佛教雕刻史论》本文编，吉川弘文馆，1995年，第325页。

圣佛母般若波罗蜜多经》一卷。该造像背面所刻即可能为义净译本。

禅僧与《心经》相结合,配合正面的刘萨诃瑞像(佛像),显示了成佛的道路,向人们指出了成佛的指南。因此,具有劝化众生成佛及明显的宣扬佛教的功能。

三是该像为初唐, 与莫高窟 D 类泥塑龛像即第 203 窟西龛和第 300 窟西龛像时代接近,都是在身后雕(塑)出象征御山的山峦,风格一致。这一特点一直持续到五代时期。

二、李元封等八人造刘萨诃瑞像

图五

该像现藏山西省博物院。石灰岩质,圆雕,全高 214 厘米。史岩主编《中国美术全集·雕塑编 4·隋唐雕塑》的图版说明介绍为山西省博物馆藏原存万荣县的开元二十五年(737 年)李元封等八人奉造的释迦立像[①]。又收入松原三郎《中国佛教雕刻史论》图版编三《唐·五代·宋·福道教像》[②]。造像为立像,高肉髻,螺发,面型方圆,额中有白毫相。颈刻三道。袒右胸右臂。袈裟从左肩斜向右紧裹于右腋下, 衣纹为稀疏的凸棱。左臂屈于腹部,左手四指下屈,与拇指间握折叠的衣角。右臂残断,但观其动势,应该是下垂的。双腿分开,双脚平行立于圆形仰覆莲台上,莲瓣饱满圆润(图五)。松原三郎的介绍中说该像背面有背光的凿眼,说明原附有背光。台座上刻有铭文,内容为“敬造玉石圣容像一区”“开元廿五年岁次丁丑五月甲戌朔十五日戊子建立”[③]。

从《中国美术全集》和《中国佛教雕刻史论》两处发表的断续资料可以知道,该像的功德主为李元封,很可能为唐王朝李氏宗室,像造于唐玄宗开元二十五年,正值盛唐之期。造像主尊为“圣容像”,参考莫高、榆林以及前面介绍的“圣历元年像”,该像为典型的刘萨诃瑞像无疑。

①中国美术全集编辑委员会编史岩主编《中国美术全集·雕塑编 4·隋唐雕塑》,人民美术出版社,1993 年 12 月第一版,图版四六。

②松原三郎《中国佛教雕刻史论》图版编三《唐·五代·宋·福道教像》图版 712,吉川弘文馆,1995 年。

③松原三郎《中国佛教雕刻史论》本文编,吉川弘文馆,1995 年,第 332 页。由于该像未见详细的资料发表,台座上的铭文全部内容亦未见全文发表。

该像原存山西省万荣县，则极可能出土于该地。万荣县位于晋西南运城市西北，新绛县(古代绛州)西南，河津市(古代龙门郡)东南，应属古代绛州龙门郡地。甘博圣历元年像中有绛州龙门，说明这两件造像间有某种密切的联系，其年代相差近39年，很可能表明刘萨诃和尚与该地的联系。

三、炳灵寺石窟第13龛刘萨诃瑞像

时代为中晚唐，当为吐蕃占领河州一带后所凿。为一尖拱形龛，龛高139厘米，宽74厘米，深22厘米。龛内雕一立佛像，高97厘米。佛馒头形磨光高肉髻，无发纹，肉髻与发髻之际有一凸出的大肉髻珠。弯眉，眉骨突起，眼睛细长上翘。鼻翼较宽，厚唇饱满。整个面容丰润，略显臃肿。颈刻三道凸起的纹。双耳垂肩。穿袒右胸及整个右臂的袈裟，袈裟从左肩斜向右紧掖入右腋下向后背绕过，胸部袈裟边缘刻三角形波折纹，左臂衣纹为双线阴刻。左臂曲于腹上部，手握衣角。右臂直垂，右手五指并拢，手心向外。双腿直立，双膝以阴刻弧线表示凸出的膝盖。袈裟下缘仅及膝盖以下，内裙衣裾垂至脚面，双脚平行站立于半圆形重瓣仰莲台上，莲台直径42厘米，高12厘米，莲瓣饱满(图六)。

图六

该龛像保存非常完整。关于该龛造像几乎没有引起任何特别的注意，更没有专门的研究，只作为一个普通的龛像有过记录[1]。董玉祥则认为该龛属于天宝十四年陇右陷落后的中晚唐时期[2]。杜斗城、王亨通主编的《炳灵寺石窟内容总录》也将其定为晚唐时期[3]。

该立佛的衣饰、姿势与莫高窟第231、300窟的刘萨诃瑞像一般无二。

①甘肃省文物工作队、甘肃省博物馆编《中国石窟·永靖炳灵寺》图版209，文物出版社、平凡社，1989年12月。“图版说明”第240页；杜斗城、王亨通主编《炳灵寺石窟内容总录》，兰州大学出版社，2006年7月，第32页。

②董玉祥《炳灵寺石窟的分期》，《中国考古学会第一次年会论文集》，文物出版社，1980年12月。

③杜斗城、王亨通主编《炳灵寺石窟内容总录》，兰州大学出版社，2006年7月，第32页。

虽然该龛没有铭文，也没有刻出像莫高窟第231、300窟和甘肃省博物馆藏圣历元年像那样的山峦，但该像的姿势在炳灵寺众多唐代造像中却是独一无二。这种姿势的立佛像在莫高窟也是多见于刘萨诃瑞像，因此，我们可以推测炳灵寺的这身造像肯定也是刘萨诃瑞像。

四、马蹄寺石窟群千佛洞第6窟造像

河西走廊张掖马蹄寺石窟群千佛洞的第6窟为一平顶长方形的大窟，窟高6米，宽5.50米，进深4.60米。窟内正壁高浮雕一立佛像，左右壁各雕一弟子像，为迦叶和阿难。主尊佛像高4米，水波纹高肉髻。沙武田先生在其《敦煌石窟的历史重构——敦煌吐蕃时期洞窟诸现象之省视》一文中，认为该窟主尊立佛(胁侍二弟子像)处山形中，当系凉州瑞像[①]。但考察该窟造像，主尊造像经过20世纪70年代的重修，其左臂虽屈于胸部，但左手上托一钵，而不是手握衣角，与已见的其他刘萨诃瑞像是有区别的。但《河西石窟》图版一四一中的该窟主尊像拍摄于1963年，是未经改动的原作，其左手屈于胸部，手握衣角，与前面介绍的数件刘萨诃瑞像一般无二(图七)[②]。未经修改的造像脖颈刻三道纹，双肩较平，袒右胸及右臂，右臂直垂，右手五指平伸，手心向外。袈裟极薄，从左肩向右下方斜裹。身后为浮雕的通身背光，背光下部刻山峦。这些特征都是刘萨诃瑞像的典型特征。因此，可以肯定该像属刘萨诃瑞像无疑，沙武田先生的判断是正确的。

图七

张掖为河西走廊重镇，马蹄寺石窟群为张掖境内重要的石窟开凿地，也是张掖境内石窟开凿最早以及佛教最为兴盛的地方。该石窟群唐代遗迹较少，千佛洞第6窟为现存最好的也是为数不多的唐代窟和造像。造像

①沙武田《敦煌石窟的历史重构——敦煌吐蕃时期洞窟诸现象之省视》，圆光佛学研究所《圆光佛学学报》第11期，2007年3月，第61~62页。

②甘肃省文物考古研究所编《河西石窟》，图版一四一，文物出版社，1987年10月。

主尊为刘萨诃瑞像,说明刘萨诃信仰在该地的重要。

另外需要提及的有一处需要商榷的刘萨诃瑞像。曾德仁《四川安岳石窟的年代与分期》一文中指出在安岳石窟中亦存有一尊盛唐时期的番禾瑞像的造像，这是首次在河西走廊和敦煌之外的地方发现的以番禾瑞像为题材的造像①。但笔者观察该造像右手是垂于体侧握衣角,右臂不是袒露而是衣袖遮住,故两手的姿势与我们目前所见的凉州瑞像不同,还不能认定为其就是凉州瑞像。

永昌圣容寺的凉州瑞像已被确定为刘萨诃行化此地预言将出现的瑞像,且经孙修身等先生的调查与研究②,此处不再做详细的说明。

五、两点认识

1. 刘萨诃瑞像(番禾瑞像)的流行

从诸多学者的研究和介绍中，我们知晓刘萨诃瑞像首先出现于甘肃永昌县的圣容寺(即刘萨诃预言瑞像出处,番禾瑞像的发源地),之后至唐、五代、宋才流行于敦煌莫高窟和榆林窟(分属沙州和瓜州)。从以上介绍的四件(处)初唐至晚唐时期的古浪县(隋唐为凉州昌松县)圣历元年像、山西省万荣县(唐万泉县、宝鼎县地,属绛州龙门郡)开元二十五年像、甘肃张掖马蹄寺石窟群千佛洞第 6 窟像 (马蹄寺所在地隋唐时属张掖郡)、炳灵寺石窟第 13 龛像(炳灵寺唐属河州),为我们提供了刘萨诃瑞像流行与传播的珍贵实物图像资料。其中开元二十五年像应该出土于晋西南的万荣县,是刘萨诃早年活动的主要区域,造像铭文中有明确的“圣容像”,且与已经确认的甘肃河西地区石窟中的刘萨诃瑞像基本一致,过去曾有人认为刘萨诃瑞像没有出现在稽胡聚居地③,现在看来并非如此。说明刘萨诃瑞像在刘萨诃出生和最初活动地的山西黄河东岸地区出现是合乎情理的，也是必然的，这填补了刘萨诃故乡没有发现刘萨诃瑞像的空白。前面所介绍的另外三件(处)即炳灵寺、永昌、张掖马蹄寺,都是丝绸之

①曾德仁《四川安岳石窟的年代与分期》,《四川文物》,2001 年第 2 期,第 54 页。

②孙修身《古凉州番禾县调查记》,《西北民族文丛》1983 年第 3 期,第 147~154 页;张宝玺《圣容寺与“凉州山开瑞像现”》,《甘肃日报》1984 年 10 月 7 日;杜斗城《刘萨诃与凉州番禾望御山“瑞像”》,《段文杰敦煌研究五十年纪念文集》,世界图书出版公司北京公司,1996 年,第 162~166 页。

③尚丽新《刘萨诃信仰解读——关于中古民间佛教信仰的一点探索》,麦永雄主编《东方丛刊》2006 年第 3 辑,广西师范大学出版社,2006 年 8 月版。

路的冲要或佛教早已兴盛的区域，炳灵寺自十六国西秦创始以来，一直是丝绸之路陇右段往河西段、唐蕃古道十分著名的交通要道和佛教石窟开凿中心之一，唐代是其开凿的盛期。古浪县为越乌鞘岭进入河西走廊的重要一站，距离古凉州（武威）很近，凉州又是刘萨诃信仰和行化的中心地带之一。张掖为河西走廊及丝绸之路重镇，隋炀帝巡视河西，大会西域诸国于此地，张掖马蹄寺石窟群为十六国北凉始创的著名石窟寺。以上这些地方出现刘萨诃瑞像，除与其处于丝绸之路重要交通线有关外，很可能与刘萨诃行化路线有关。

刘萨诃瑞像又称刘师佛，唐道宣的著作多次提到该像在黄河左右的石、隰、慈、岚、延、丹、绥、银等八州之地非常被尊崇信仰而流行。如《释迦方志》卷下曰："自石、隰、慈、岚、延、丹、绥、银等州，并图形崇养，号为刘师佛焉。"①

依道宣所述，刘师佛即刘萨诃瑞像在黄河左右的石、隰、慈、岚、延、丹、绥、银等八州之地非常流行，这八州之地位于黄河两岸的今陕西、山西以及河北西部的一部分，包括刘萨诃的出生地以及其最初活动的地域。又据道宣撰《集神州三宝感通录》卷中记："大业五年（609 年）炀帝西征。躬往礼觐。改为感通道场。今仍存焉。依图拟者非一。"②道世撰《法苑珠林》卷一三《感应缘》亦云："开皇通法依前置寺。大业五年炀帝西征躬往礼觐。改为感通道场。今仍存焉。依图拟者非一。及成长短终不得定云。"③至隋炀帝西巡，亲自礼拜番禾郡之刘萨诃瑞像，并改其所在为感通寺，依照其像模拟造像者众多，刘萨诃瑞像于是得以广为流传和摹写。莫高窟第 72 窟的刘萨诃变中就有摹写刘萨诃瑞像的情节④，就是这一记载的极好见证。但我们今天所见刘萨诃瑞像皆为唐代及其以后五代、宋时期，未见隋代所造的刘萨诃瑞像，相信今后一定会有所发现。

2. 刘萨诃行化及信仰流行

刘萨诃造像的出现是刘萨诃信仰形成的一个标志。关于刘萨诃的故事见于以下文献：《高僧传》、《续高僧传》、《梁书》、《广弘明集》、《集神州三

①《大正藏》第 51 册，第 0972a 页。又见道宣撰《集神州三宝感通录》卷下《神僧感通录》（《大正藏》第 52 册，第 0434c 页）、道宣撰《续高僧传》卷二五《感通》上（《大正藏》第 50 册，第 0644c 页）。

②《大正藏》第 52 册，第 0417c 页。

③《大正藏》第 53 册，0387a 页。

④敦煌文物研究所编《中国石窟·敦煌莫高窟》（五），文物出版社、平凡社，1987 年 9 月，图版 84。

宝感通录》、《道宣律师感通录》(《律相感通传》)、《法苑珠林》、《太平寰宇记》等。如此多的文献记载或转载刘萨诃的故事,说明其流行及信仰非常普及。综合这些文献的记载,刘萨诃出生于今山西省离石县,早年活动于稽胡聚居地(大致在今天晋陕交界处的黄河两岸,北起陕西榆林,南至山西吉县)①。前述的圣历元年像及开元二十五年像都与绛州龙门(即今山西省河津市)有关,当属刘萨诃行化活动和信仰的中心地域。之后,刘萨诃南下洛阳,至齐地(今山东省境内)、丹阳及吴越之地(江浙一带)礼拜阿育王塔,最后又西行,沿着丝绸之路,进入甘肃河西走廊,留下了众多的行化事迹。吴越之地和河西走廊也成为刘萨诃信仰的中心。甘肃丝绸之路段的永靖炳灵寺、古浪、永昌、张掖马蹄寺、瓜州榆林窟、沙州莫高窟等处皆出现刘萨诃瑞像俱为实证。

(本文原载:《华夏考古》2011 年第 2 期)

①参林幹《稽胡(山胡)略考》,《社会科学战线》1984 年第 1 期,第 148~149 页。

浅谈古代墓葬中的镇墓兽

——以甘肃省博物馆馆藏为例

韩爱丽[1]

众所周知,我国的厚葬之风由来已久。由于厚葬,产生了盗墓现象。为了防止墓葬被盗,古人想了很多种办法,如:在墓中放置镇墓兽、墓道中设立机关、墓上设置石兽、派专人看守等。古代墓中置天王、镇墓兽有两层意义,一是防止魍魉鬼怪对墓主的侵害,另一作用则是吓唬盗墓者勿盗此墓。镇墓兽就是在这样的背景中产生的。据历朝历代的丧葬习俗看,亡灵入葬后或是升仙,或是其他,但其灵魂不宜受鬼怪侵扰。此种器物多数外形抽象,构思诡异奇特,形象恐怖怪诞,具有强烈的神秘意味和浓烈的巫术神话色彩。

据有关专家介绍,此类器物的出现与人类早期的图腾崇拜不无联系。早在原始社会时期,图腾已成为人们心目中最高的崇拜和不可战胜的神物,把其放置墓中,祈求安宁,这其实就是镇墓兽的前身。

镇墓兽始见于战国楚墓,流行于魏晋隋唐,五代以后逐渐消失。镇墓兽的制作,早期为木质和骨质,之后主要为陶质和唐三彩,金属和石制品极少见。古代的镇墓兽、镇墓俑经历漫长的历史演变,造型变化甚大。大体可以分为三大类型,即意象的兽型、人兽合体型和四肢俱全的武士俑。《周礼》记载,有一种怪物叫魍象,好吃死人肝脑;又有一种神兽叫方相氏,有着驱逐魍象的本领,所以家人让方相氏立于墓侧,以防怪物滋扰亡灵。还说这种方相氏有金黄色的四只眼,蒙着熊皮,穿红衣黑裤,乘马扬戈,到墓圹内以戈击四角,驱怪物。

甘肃省博物馆藏镇墓兽、镇墓俑虽说数量不多,但从质地、形制而言,也有几件经典的藏品,在此做简单介绍。

早在旧石器时代末期的北京周口店山顶洞穴中埋葬的三具尸体旁,就发现随葬有骨针和装饰品,随着国家的出现及阶级产生,特别是封建社

①甘肃省博物馆。

会形成之后，等级制度更加森严。在贵族墓葬中，随葬着十分丰富和贵重的器物，墓葬规格和随葬品的多寡，已成为死者权力和地位的标志与象征，从而形成了“事死如事生”的习俗，厚葬之风伴随着历史的发展潮流愈演愈烈，镇墓兽就是在这种社会风气下出现的。

巫风盛行的楚地人们信鬼好祀，故墓葬中多见造型奇特木雕髹漆的镇墓兽，其造型多是龙凤虎的意念结合，这无不是楚人希望亡人灵魂升天的思想。这是楚墓中常见的随葬品，早在30年代湖南长沙一带的楚墓中就有所发现。新中国成立以后，随着考古发掘工作的广泛展开，在湖南、湖北、河南等省的楚墓中都出土了一定数量的镇墓兽，特别以湖北江陵地区出土镇墓兽的数量为多。此时期的镇墓兽多为兽形木雕，其特征是方形座、兽头、鹿角。春秋中晚期到战国早期多为单头单身，战国中期的样式和数量最多，有单头单身和双头双身两大类。

两汉时期的镇墓兽的造型种类日趋繁多。人形长舌镇墓兽、人首兽身镇墓兽、独角镇墓兽等。值得一提的是东汉时期北方地区流行的独角镇墓兽。形似牛，顶生长独角，呈抵首角触状。独角兽又叫獬豸，汉杨孚《异物志》：“北荒之中有兽，名獬豸，一角，性别曲直，见人斗，触不直者。”这是古代神话传说中的神兽，被奉为司法公正的象征。汉魏之时也常被安置在墓门左边，充作镇墓兽。

甘肃省博物馆藏镇墓兽一件。汉彩绘木独角兽，1972年武威磨嘴子54号墓发掘，纵93.7厘米，1973年3月入藏甘肃省博物馆。分体制作身、角、尾、足再黏合而成，通体施白粉，再用红黑彩绘出兽毛。四足用力撑地，独角前伸，作抵刺状。另一件铜独角兽属东汉丧葬用品，铜质，全长70.2厘米，1956年酒泉下河清农场发掘，同年入馆。头向前顶，角前触，扁尾上翘，四足跨张作角斗状，全身铸有兽毛的纹饰，角和尾可拆卸。抵首弓颈含胸，张口吐舌。耳似削竹，独角如剑，并出歧角，奋力前抵，扁尾上翘，通体铸有鳞片纹及云气纹。以上两件藏品都以其生动的形象而取胜，列为馆藏一级品。

三国至魏晋时期，湖北、湖南、安徽等地墓内常见一种称为鳞鲤的神兽，即俗称穿山甲。以动物习性考虑，它喜食蚁，将其置于墓中，可使棺椁避蝼蚁之害。自西晋以后，北方中原地区墓道口出现身着铠甲的武士俑。他们多数头戴兜鍪，有双护耳，双目圆瞪，身着东汉以来的“筒袖铠”。左手向外作持盾状,右手高举。此类武士俑一直沿袭到后代。

此外,北朝时期,由于受狮子在佛教中护法神地位的影响,狮形镇墓兽常常作为陵墓前和石窟造像中驱魔辟邪的神兽出现,且常为一对。

隋唐以来的镇墓兽承袭了前代的形制。盛唐时期有一类镇墓兽,头生角,肩背加饰火焰状鬃毛。三彩镇墓兽,1965年秦安县叶家堡发掘。陶质施釉,兽面兽足,两足前伸,利爪抓地,身躯后蹲,臀部踞坐于束腰形墩座上,怒目圆睁,昂首挺胸,羽翼张开,面部无釉,兽做愤怒咆哮状。颌下及两鬓乱须卷曲,头竖长角,顶插火焰,颈后鬃毛呈放射状竖起。通体施绿、褐、红、黄等色彩釉,面部及双翼、火焰涂以红黄各彩,翼周涂金。纵41厘米,横57厘米,高132厘米,重55.8千克。

唐代镇墓兽无复战国楚墓镇墓兽的狰狞,或许这是因为材质改变的缘故,即由木质漆器变为绚丽的唐三彩,或许是因为整体造型的巨大变化。相比于楚国镇墓兽的单一造型及令人生怖的神情和长舌,唐代镇墓兽的造型变化略多。这一时期,除了有前代的武士俑以外,还出现了一种天王俑。它是由武士俑演变而来的。考古学中,通常把脚踩兽或小鬼的武士俑称为天王俑。天王俑,源于佛教中统领一方的护法神。佛教自汉代传入中国后,逐步汉化。佛法护卫神逐渐失去原来的姿容和身份,成为经过艺术夸张的中国武士形象,其象征意义已经超越佛教领域,成为凡人世界正义、威猛的象征。隋末农民起义,推翻了隋王朝,建立了强盛的唐王朝。在这一时期,一些屡立战功的将领和开国元勋,受到人民的爱戴,从而被神化。另一方面,入唐以后随着生产力和经济的空前发展,社会呈现蓬勃向上的气势,各阶层人民生活安定,物质生活水平不断提高,这就带来了文化艺术的发展与繁荣,从而出现了大量具有新的时代风貌的开创性的作品。这一时期,佛教艺术达到了高峰,作为佛教护法神的天王也被世俗化。墓葬中的天王俑实际上就是被神化了的武士和被世俗化的佛教护法神二者相结合的产物。它有着一个逐渐发展演变的过程。最初,天王形象一般出现在佛教的寺庙和石窟中。唐高宗时期开始,墓葬之中开始出现天王俑。其身份也超越了佛教的护法神,成为墓主的守护者,为墓主降魔伏妖,驱鬼辟邪,保卫墓主的安宁。天王俑曾一度被唐人奉为死后的保护神,所以在此时期的许多墓葬中,特别是中原地区的达官贵人墓葬中都有所发现。

初唐时期的天王俑头戴盔，盔檐外卷，怒目张嘴，身穿甲胄，长至膝部，腰束带，双手握拳弯举胸前，两腿分开直立，足下踩一蹲坐的牛或羊，底带托板。此期的天王俑形体各部分比例还有失协调，给人以僵硬之感。

盛唐时期的天王俑装饰更加华丽，在保留原有风格的基础上，头戴兜鍪顶竖长缨，有的加饰展翅朱雀或火焰。一手叉腰，一手握拳平举。造型威武凶猛，趋于神化。这个时期天王俑分两种：一种头戴耸顶盔，右手叉腰，左腿弯曲，足下踩一爬伏小鬼；另一种戴风顶盔，盔檐外卷，脸型丰满，足下踩一蹲坐小鬼，座稍高。彩绘陶天王俑，1990 年 4 月 5 日由天水市公安局移交。头戴兜鍪顿项，护耳上卷，顶竖叶形缨。颈围项护，肩敷披膊，身着青绿明光甲，束甲带，着战裙，蹬战靴。右手叉腰，左手平举，脚踏卧羊。羊屈肢跪卧，全身施彩绘，贴金，大部已剥落。三彩天王俑，一件两个，属唐代明器，于 1965 年秦安县叶家堡乡发掘出土。纵 41 厘米，横 60 厘米，高 1528.2 厘米，1972 年 4 月 29 日入藏甘肃省博物馆。天王头戴鹖冠，鹖口含珠，展翅翘尾。尾涂红彩，鹖翅彩绘贴金。有护耳，颈护，护臂，龙头吞袖，身穿铠甲，颈护以下纵束甲带，到胸前至背后，胸甲中分为左右两部分。上面各有一圆护，腹部有一兽头圆护，腰间两侧各一形系。腰带下垂膝裙。左手握紧平举，右手叉腰，怒目圆睁。着战裙，腿缚彩绘护腿，蹬战靴。双足踏一鬼怪，鬼怪伏坐在台座上，长发上竖，鼓目咧嘴，做挣扎欲起状。通体施黄、绿、褐色釉，头部施彩绘。可见这一时期的天王俑制作精美，造型既夸张又真实自然，给人一种和谐饱满的印象。

到了晚唐时期，丧葬习俗发生了重大变化。用于守护亡灵，震慑盗墓者的镇墓兽和天王俑被铁牛和铁猪所取代。这是因为安史之乱后，藩镇割据，战乱频仍，社会动荡不安，人们处于惶惶不可终日的环境之中，精神寄托自然由祈求死后的安宁转为希望现实生活的安定和幸福。这一时期，堪舆之术流行，葬式、随葬明器、墓地的选择等，大都是根据当时的堪舆家所规定的制度来安排的，并与死者子孙后代的吉凶祸福乃至生死兴衰联系在一起。原来的丧葬习俗已不受重视，此时的天王俑帽檐外卷，衣饰简化，制作草率，并逐渐在墓葬中消失。

镇墓兽、镇墓俑作为从战国楚墓至唐代这一特定历史时期存在的事物，反映了这一段历史时期的精神风貌和社会习俗，同时也体现了雕塑艺术水平和陶瓷制作工艺,对于研究当时的社会风尚、文化艺术具有重要的价值,也为历代墓葬的分期提供了参考资料。

(本文原载:《丝绸之路》2011 年第 6 期)

丝绸之路上的西夏瓷

——甘肃省博物馆藏西夏瓷器探究

徐　睿[①]

西夏是由党项族首领元昊在 11 世纪(1038—1227 年)建立的地方割据政权,国号大夏,历时近 190 年。建都在今宁夏银川市。因其地域在今日宁夏及内蒙古、甘肃、青海等省部分地区,于北宋之西,故北宋时称之西夏。西夏是中国历史上一个重要的少数民族政权,由于蒙古大军的毁灭,西夏文化遗迹、遗物、艺术等留存甚微,给这个古老的王朝留下了诸多谜团。西夏瓷器即指在其辖区内生产烧造的瓷器。关于西夏瓷器,古文献中不见记载,有铭文纪年的瓷器更为罕见,使人们对西夏瓷器的了解也相对较少,以至于 1980 年前后编写的《中国陶瓷史》未能将西夏瓷写入其中。近四十年来考古工作者在宁夏、甘肃等地进行古瓷窑址普查,发现西夏窑址五处。并于 1976 年、1986 至 1987 年对宁夏银川西郊缸瓷井窑及灵武县瓷窑堡窑和回民巷窑进行正式考古发掘,发现窑炉和作坊遗址多处,出土西夏至元代的可复原瓷器数千件。大量的瓷器标本使我们对西夏瓷器有了进一步的了解和认识。甘肃省考古所于 1992 年下半年至 1993 年上半年在甘肃省武威市古城乡塔儿湾杂木河东岸的山坡及二级台地上发现的塔儿湾遗址,这里主要为西夏至元代遗址。当时出土数量较多的是一批西夏时期烧制的各种瓷器和大量瓷片,有白釉高足盘、碗,黑釉扁壶、瓶、灯、罐等一批文物,另外还在此地陆续发现了许多窑具和窑址留下的灰色堆积物。这些遗址的发现和西夏瓷器的出土,更能说明西夏瓷器在庞大的中国陶瓷大家族中占有一席之地,需要认真细致地去了解探讨。

甘肃馆藏西夏瓷器,数量多,器型齐全,釉色、纹饰多样优美,是西夏瓷器的重要组成部分,也是西夏研究的实物资料,充分体现了李继迁占领灵州后,在一定程度上打开了河西走廊的大门,开辟了丝绸之路北方的道路[②]。随着西夏铁骑的一路西征,高歌猛进,一路西迁的瓷器工匠们把西夏

①甘肃省博物馆。

②王天顺主编《西夏地理研究》,甘肃文化出版社,2002 年。

瓷器的烧制方法带到了兰州乃至河西地区。从灵武窑遗址、回民巷遗址到武威塔儿湾遗址的发掘来看,这是很清晰的。甘肃省博物馆藏西夏瓷器较少,但器形、纹饰、釉色均可体现出西夏瓷器的基本特征,现将这几件器物分别介绍如下,有待和各位专家读者一起探讨。

1. 褐瓷豆(褐釉高足瓷盏)(图一)

高 6 厘米,口径 10.6 厘米,底径 5.1 厘米。侈口,沿内卷,弧壁浅腹,高圈足。器内外饰褐釉,器外饰釉不到底,着釉部分无花纹。胎壁厚重,露胎处呈暗褐色,胎质较粗。高圈足上部有一圈突起,下部不再施釉,有小部分挂釉在突起部分。圈足外撇,呈喇叭口状,圈足下部有明显的刮削痕迹。甘肃省白银市靖远县东昇公社保安大队移交,同时移交的还有一件白釉高足瓷盏,其足略有不同,呈喇叭状。甘肃境内馆藏的西夏瓷碟、瓷盏数量较多,尤以武威塔尔湾遗址出土最多。但高足瓷盏并不多见,不像元代以后的高足杯、高足碗屡见不鲜。参照其他西夏瓷器的器形、用途来看,应该是其实用性不强而没有大量制造的缘故。

图一

2. 黑釉剔划牡丹纹罐(图二)

高 26.5 厘米,口径 20.5 厘米,底径 15.4 厘米。广口内敛,鼓腹,下腹内收,宽圈足,粗缸胎。内施黑釉,外上腹施黑釉,剔划缠枝牡丹纹一周,圈足露胎,足部有磕缺。1995 年甘肃省兰州市征集。罐口内一圈未施釉,口外部施黑釉浓重,阶梯状为两道粗弦纹,腹部剔刻缠枝牡丹为西夏瓷多见图案,因牡丹被人们视为富贵的象征。宋周敦颐《爱莲说》云:“牡丹,花之富贵者也。”所以,牡丹花又称富贵花。牡丹枝叶相互缠绕,花叶纷披,俯仰有致。枝头缀以怒放的花朵,以大花叶衬托其繁茂之意。剔花露胎处为黄褐色,胎釉反差不十分鲜明。下腹自内收处施釉较薄,呈褐色,有划痕,圈足为直圈足,未施釉,制作痕迹明显,有磕缺。

图二

3. 黑釉剔划牡丹纹六系罐(图三)

残高58.5厘米,残口径14.5厘米,底径16.6厘米。口残,颈部饰波浪形的花边,圆溜肩,长筒形,圆鼓腹,下腹内收,宽内圈足。肩部残缺两系,一系在烧制前已残,用黑釉涂于茬口,现仅存三系。甘肃省兰州市征集。下腹部有一小圆孔。肩部饰六个梯形开光,腹部饰三个菱花形开光,开光内皆剔划牡丹纹图案。器口残缺部分,对比其他西夏瓷器多系罐口部,个人认为应是小口圆唇微外侈,束颈斜肩。通体施釉,唯有肩部一圈露胎。六系中仅存三系,而其中残缺一系却是在烧制前已缺失,为遮掩其茬口用黑釉涂抹上去,可见当时制作如此体积的一个六系罐实属不易,即便有此瑕疵也坚持烧造。器身多处开光剔划的牡丹刻画手法精湛,较其他器物更为细腻。开光外划满水波纹及花叶,以突出开光内花纹有浅浮雕之感。

图三

4. 黑釉瓶形执壶(图四)

高13.8厘米,口径7.9厘米,足径7.2厘米。喇叭口,细颈,长腹,圈足,颈肩部一执柄,短管状流。施黑色半釉,白胎。壶口内外施黑釉,流有残缺,可见到流口内也施黑釉至肩内部,流根部与壶肩部有明显对接痕迹。短流与执柄均未超过器口,形制古朴。从目前发现的西夏瓷器来看,此类执壶发现较少。露胎部分胎质细密,胎色浅白微泛红色,器壁略薄。圈足上圈有一条凹弦纹作为装饰。

图四

5. 白釉剔刻花牡丹纹橄榄形瓷罐(图五)

高40.9厘米,口径14.4厘米,足径13.3厘米。瓷罐呈橄榄形,圆口外折,口下有一凸圈,下腹内收,内圈足,外施化妆土,肩部刻画云草纹,腹部剔刻牡丹花纹,罩透明釉,器身有酱色釉点。罐口内外施褐釉一圈,罐身其他部分均挂好白色化妆土,再剔划出花纹,后剔刻掉花纹以外的化妆土,施透明釉,烧成后深色的地上呈现白色花纹,朴素美丽。此法受北方民间窑

图五

场磁州窑影响较强烈,白釉剔花即在挂好白色化妆土的胎上刻画出花纹,剔掉花纹以外的地,露出胎之本色,再施透明釉烧成。白釉剔花利用胎与釉的反差装饰瓷器,因此反差不是很大,效果柔和。

甘肃省博物馆的这五件藏品,基本可以反映出西夏瓷器的特点所在。褐瓷豆(高足碗)、执壶为较具特色的器形,牡丹花纹是西夏瓷器中最常见的纹饰,也在介绍器物中着重体现。开光装饰瓷器是西夏瓷器最突出的特征,更为难得的是这件黑釉剔划牡丹纹六系罐中一系早在烧制前已经损坏,但仍然继续烧造出来,除此瑕疵外,其余部分刻画细腻,做工精美,器形周正,说明西夏瓷器中大型器物的成型实属不易。白釉剔刻花牡丹纹橄榄形瓷罐的年代问题有待商榷,笔者认为要晚于西夏,应属元代的器形和纹饰,故抛砖引玉,接受批评指正。笔者有幸在2010年参加了吉林大学召开的“辽金元瓷器研讨会”,并将我馆藏的西夏瓷器介绍给当时与会的各位专家,得到了非常有收获的指导。并在通过学习时任深圳市博物馆副馆长郭学雷先生的讲座上发现我省,包括宁夏地区的西夏瓷器受山西造瓷艺术的影响非常之大①(另文详谈)。这也充分说明了宋、金、元时期丝绸之路北段的文化和经济往来是非常密切的。西夏瓷虽在造瓷艺术上,如器形花纹、装饰手法、装烧方法与山西各窑址、河北磁州窑的风格接近,但同时也有自己专有的一些制瓷工艺,并结合本民族的文化习俗创建发展出粗犷质朴和极具党项民族特色的西夏瓷器,这一点是难能可贵的。

①郭学雷《山西黑釉剔花等瓷器的产地、年代及其特点》,2010年。

元代玻璃莲花托盏鉴赏

杨凤明

3700多年以前,一群穿着红色衣服的水手正在地中海沿岸的贝鲁斯河上费力地划着一艘满载货物的商船,船上装载着他们称为“天然苏打”的晶体矿石。也许是货物太重,正值海水退潮,商船竟搁浅了。无奈之下,水手们只能下船休息,准备埋锅做饭。可是河边满是细沙,竟找不到像样的大石块,有个水手提议用船上的矿石,于是,几块“天然苏打”被搬来了。锅架起来了,熊熊的火光中,飘出了饭菜的香味。第二天,当水手们撤锅准备重新出发时,发现锅底下竟是银光闪闪的一片。这后来被人们称为“玻璃”,它们在不经意中被发现了。于是,这个发现就有如发自源头的河水,由小溪渐渐地汇合成大川,奔腾着流向东方。

这块玻璃的诞生地,地中海沿岸的广袤土地,在历史上注定是个动荡不安的地方:从最早的腓尼基,到埃及,到迦太基,再到古罗马帝国,到蒙古帝国,每个占领这块土地的统治者都觊觎着这里的财富,同时,利用手中的资源换回自己的需要。他们的眼睛看中了东方,看中了丝绸,经过了漫长的沟通与交流,东西方的商业往来迅速增长,而古代玻璃技术也可能成为了这种交流最早的见证。

古代丝绸之路的开通,也促进了中国古代玻璃技术的传播和发展。在公元前10 世纪左右,中外交流已形成丝绸之路的雏形,即北方欧亚内陆草原,游牧民族进行了来往,中国古代玻璃已参与了这种交往和交流,如玻璃制造技术和钠钙硅酸盐玻璃传至中国新疆地区,但规模和数量很小。西方古代玻璃制造技术在罗马帝国有了新的飞跃, 主要是吹制技术得到流行,同时又发展了雕花玻璃、套色玻璃、绞丝玻璃等技术,罗马玻璃技术闻名于世,技术传至波斯帝国,特别在萨珊王朝发展了切割技术和磨花技术,形成了有波斯文化特色的萨珊玻璃,新型的玻璃制造技术通过中亚和南亚向东方传播。

中国自己的玻璃发展已有2000多年的历史,战国和两汉时期玻璃器皿从西亚等地传入中国，而且持续的时间很长，不同时期的历史文献对它有不同的称谓。“璆琳”出现在战国时代的《尚书·禹贡》中，本意为美玉，古人借其称呼似玉的玻璃。“琉璃”最早出现在西汉桓宽的《盐铁论》中，“……而璧玉、珊瑚、琉璃成为国之宝”，这一名称一直沿用到明代。有些地区现在还在使用。而今“琉璃”一词多用作建筑琉璃瓦及瓦顶琉璃饰件。“药玉”出现于《穆天子传》中，晋代郭璞的注释为：“今外国人所铸器者亦皆石类也。按此所言，殆今药玉、药琉璃之类。”“药玉”，顾名思义，就像熬药般烧炼出来的像玉一样的玻璃。“瓘玉”，根据《元史·百官志》记载，元代设瓘玉局，为宫廷监制玻璃器的机构，故而瓘玉局制造的玻璃称为瓘玉。“罐子玉”，根据明曹昭《格古要论》记载：“罐子玉，雪白罐子玉，系北方用药于罐子内烧成者。若无气眼者与真玉相似。”可见是将玻璃称为“罐子玉”。“料”，明清时期北京流行的称谓，大概因为北京不产玻璃，需从外地购买玻璃料，之后再加工成器，因此将玻璃称为“料”，相沿成习，直到今天仍有这种称呼。

中国元代出土的玻璃器皿比较少，关于这个时期的情况，上文所说的文献记载中，元代设立的“瓘玉局”是官办玻璃作坊，但是产量很少。甘肃省博物馆保存了一件漳县徐家坪汪氏家族墓出土的元代玻璃莲花托盏，它精美的外形和艳丽的色彩非常吸引走进博物馆参观的人们的眼球，也备受文博界专家们的关注，是一件具有极高艺术品位和研究价值的文物。

这件玻璃莲花托盏(图一)为玻璃莲花盏、托各一件，以模铸法成型，高 4.8 厘米，托高 1 厘米，口径 12.5 厘米。其中盏由普蓝色玻璃制成半透明，口、腹部为七瓣莲花式，底为假圜足，底心微内凹，以尖锐的莲瓣组成口，整个器型仿佛一朵正在盛开的莲花。托的内圈为八边形，斜内凹，口沿稍扬起作八瓣莲花状，瓣尖亦尖锐，平底，颜色比盏略浅，尖锐的

图一

瓣尖成为其造型上区别于后代的一大特点。其器型较大,制作精巧,完整成套,造型华美,色彩艳丽,颜色高贵,是中国古代玻璃制品的瑰宝,极为珍贵,为元代玻璃器皿中的稀世珍品。

从更宽泛的意义上来说,玻璃器皿是玉润晶莹的一种象征,所以在中国古代是一种珍贵的物品,是财富和地位的象征,它们最终流入高级寺院和贵族手中。这件玻璃莲花托盏可能具有佛教文化特征,在佛教问世后,佛教徒采取了以莲花为佛教的主要象征, 据说后来成为佛祖的悉达多太子出世后,立刻下地走了七步,步步生莲,所以莲就成了他诞生的象征。莲花在中国也有深邃的文化渊源。唐代将佛教立为国教后,莲花备受人们的敬爱。佛祖释迦牟尼的家乡盛产荷花,因此佛教常以莲花自喻,如《本草纲目》载:"释氏用为引譬,妙理俱存。"佛国也指莲花所居之处,也称"莲界"。佛经称"莲经",佛座称"莲座"或"莲台",佛寺称"莲宇",僧舍称"莲房",袈裟称"莲衣",等等。莲花图案也成为佛教的标志,佛教的建筑、装修、器物也都有莲花图案。

玻璃莲花托盏的造型也具有中国文化的特征。中国是茶的故乡,茶文化是中华五千年历史的瑰宝,故讨论中国古代茶具,就可以看到茶文化的历史背景。唐朝时中国的茶文化已形成相当的规模,这与当时的政治、经济、文化发展有关,唐朝疆域广阔,注重对外交往,首都长安是当时的政治、文化中心,茶文化正是在这种大气候下形成的。茶文化的形成还与当时佛教的发展、科学制度、诗风大盛、贡茶的兴起、禁酒等有关。茶道也是最早起源于唐代,唐以后茶道兴起和佛教有关,正所谓茶禅一味。古人有过午不食的习惯,茶是引发思维以助清醒的手段。在佛家看来,茶是禅定入静的必备之物,一般寺院专设有茶堂,法堂西北角设有"茶鼓",茶鼓一敲先敬佛,僧人再开始喝茶。这样,茶的文化、社会功用已超出了它的自然使用功能,它也被文人视为一种陶冶心性、体悟人生、抒发情感的风雅之事。而且,茶具又是茶文化中不可分割的重要组成部分,所以中国人对品茶的茶具是颇有讲究的。中国的古典茶具主要以陶瓷为主,唐代饮茶之风盛行,茶具制作工艺有了很大的发展,茶具的质量也远远超过了前代。唐代瓷质茶具已相当精致,不仅胎质细薄,色泽柔和,而且造型优美,很有观赏性。延至明、清,虽然陶制茶具在社会生活中也占一定比重,贵族阶层还不乏使用银质茶具者,但总的来说,瓷质茶具一直是主流,玻璃茶具就极为罕见。

玻璃器皿传入中国的时间虽然可以追溯到春秋战国时期，但是一直以来中国的瓷器制造都很发达，玻璃器制造始终没有得到充分的发展，直到清初玻璃器也非常少见。随着考古工作的展开，古代墓葬和寺院塔基出土了大量古代玻璃实物，佛教壁画及绢画则提供了许多图像资料。国内外学者对中国古代玻璃器的年代、国产或外来的判定、产地的推断等方面做了大量的基础性工作，也有许多个案研究。从其外形特征及艳丽的颜色来判断，玻璃莲花托盏可能是从西亚等地传入中国的。元代玻璃器最重要的产地是山东益都颜神镇。在此地曾发现过元末明初的玻璃炉址与残品，经检验表明，其钾钙含量较高，含铅量很低，属钾钙玻璃，与唐宋高铅玻璃已显著不同。漳县徐家坪元代汪氏家族墓里出土的这一套浅蓝玻璃莲花盏托，以范浇铸而成，因未见化验资料，不能确知其化学成分。江苏苏州元末张士诚母曹氏墓出土了大量玻璃珠和一件玻璃圭。玻璃圭色涅白，长42.5厘米，是迄今所知元代最大的一块玻璃。玻璃珠经化验表明，属钾铅玻璃，可能是苏州本地所产。《元史》载“将作院诸路金玉人匠总管府”辖玉局，当是制造“罐子玉”的官办作坊，可能设于大都或颜神镇。新疆地区出土的玻璃瓶，以管吹制，浅绿透明，型制不规，可能是当地工匠吹制，这说明甘肃及新疆等地的玻璃器有浓郁的地方色彩，与当时内地玻璃配方和成型均有不同。元初，统治者出于巩固政权的需要，采取了一系列有利恢复生产、发展经济的措施，遂使传统的工艺美术也得以复兴和发展。元朝尊西藏佛教为国教，梵像的传入及对其他民族文化的吸收，均给元代工艺美术带来殊变。统治者们为了满足自己的奢侈生活和精神享乐的需要，将战争中掳掠来的欧洲、阿拉伯地区及西夏、金、南宋的各行工匠组织起庞大的为皇家服务的官办手工业。匠籍可世代相传，子承父业，便于积累工艺经验，提高技艺，使官办手工业人才荟萃，技艺精湛，生产出了大量高级手工艺品和消费品。这套玻璃莲花托盏从它精美的外性、秀丽的色泽来看，就充分反映了元代工艺美术的发达。无论就它的历史价值还是艺术价值而言，被定为国宝级文物，都是当之无愧的。

（本文原载：《丝绸之路》2011年第24期）

武威西夏文献的版本特点及价值

梁继红[①]　米玉梅[②]

地处河西走廊东端的甘肃武威，是西夏时期重要的军事、政治和文化中心，著名的夏汉合璧西夏碑中有这样的记载："大夏开基，凉为辅郡"，这句话概括地反映了武威在西夏历史上的重要地位。武威西夏遗存非常丰富，50年代以来，仅仅西夏文献一项，在武威较大规模的出土和发现，就有四次：1952年天梯山石窟发现西夏文和藏文文献35件，现存甘肃省博物馆；1972年张义乡修行洞发现西夏文和汉文文献77件，现存甘肃省博物馆；1987年新华乡亥母洞共发现西夏文文献36件，其中35件存武威市博物馆，1件存武威市文物考古研究所；1986年景泰县共发现西夏文文献2件，现分别保存在景泰县博物馆和景泰县档案馆。这些文献，大部分已经在《中国藏西夏文献》第16卷中公布了图版，文献叙录以及个别文献的研究成果业已发表。本文拟在现有研究成果的基础上，对武威西夏文献的版本和特点进行探讨。

一、版本现状

武威发现的西夏文献内容丰富，有佛经、世俗书籍、社会文书等。文献的版本形式更是多种多样，有木刻本经折装、泥活字本经折装、刻本蝴蝶装、写本卷轴装、写本缝缋装，以及大量单页社会文书等。最为难得的是，有些文献中泥、木活字共用，有些文献中配有花卉甚至人物插图，有些写本文献，书法遒劲俊秀，具有典型的时代和民族特征。

（一）印刷或书写形式

1. 雕印佛经

雕版印本是现存西夏佛经最常见的印刷形式。考古发现证明，早在五代、宋初，西部地区的敦煌已经有了发达的刻印事业。西夏建立国家政权后，采取佛儒并重的治国方针，一方面崇尚儒学，兴办学校，推行科举；一

①武威市博物馆。
②甘肃省博物馆。

方面又大力弘扬佛教，除了向中原求取佛经外，还投入大量财力，刻印本民族文字的佛经，又广做法会散施佛经。这些措施和行动，无疑扩大了社会对于书籍的需求，加快了西夏出版印刷事业的发展。河西走廊是西夏政权赖以生存和稳固的重要基地，也是具有深厚佛教基础的地区。西夏据有河西走廊之后，承袭了当地原有的刻印出版技术，加上与之相邻且有高超刻印技术水平的宋、辽、金的影响，西夏的出版印刷事业得到了突飞猛进的发展。武威地处河西走廊东端，历史上就是中原王朝与西域各国之间商旅往来的咽喉要道和科技文化交流的驿站，佛教文化尤为兴盛。西夏时期，武威地位显要，立国之初就被提升为西凉府，地位仅次于首都兴庆府。城内的护国寺也因为历史悠久、影响深远而成为西夏的皇家寺院，备受重视。

武威发现的西夏文佛经，大多数为雕版印本，数量很多，内容有汉传佛经、藏传佛经、施经发愿文，还有本土创作的佛教文献。武威西夏文佛经，基本上是《大正藏》中经部的内容，其中有宝积部的《佛说决定毗尼经》，般若部的《佛说圣佛母般若波罗蜜多经》《金刚经》《圣胜慧到彼岸功德宝集偈》，法华部的《妙法莲华经》，华严部的《大方广佛华严经》《大方广佛华严经普贤菩萨行愿品》，经集部的《金光明最胜王经》《现在贤劫千佛名经》《维摩诘所说经》《佛说观弥勒菩萨上升兜率天经》。藏传佛教经典有密教部的《佛说大白伞盖陀罗尼经》《佛母大孔雀明王经》《〈呼金刚八王智变化八天母为生顺〉等多种经集》《佛说圣耀母陀罗尼经》《圣观自在大悲心总持功德依经录》等。

2. 雕印世俗书籍

武威发现的雕版印本世俗书籍数量较少，且多为残页，但是内容却是西夏时期政府和民间编纂的语言文字类的书籍，非常重要，它们是西夏统治者强调发展民族文化以及推行民族文字的产物。其中有官方编印的西夏文韵书《同音》残页，残页上保留的56组同音字，属于喉音八品的内容。从残页所具备的版本特征也可以看出，其为刻本蝴蝶装。此外，武威还发现了西夏时期民间编印的识字课本《三才杂字》残页2面，也为蝴蝶装，上面的内容是以四言形式叙述了人的一生——婚姻嫁娶、养儿育女、生长教育、长大成人的过程以及求师学艺、学成升官后娱乐歌舞、迎来送往的情景。还有流行于民间的《劝世诗》残页，内容是告诫世人，富贵荣华、青春美貌如过眼烟云,不要贪恋。

3. 活字印本佛经

西夏的活字印刷，早在中原宋朝毕昇发明活字印刷技术不久就开始使用。随着社会上对印刷品需求量的不断增大,西夏政府很快就认识到雕版印刷的不足,在发展雕版印刷的同时,借鉴和引进了中原宋朝毕昇发明不久的活字印刷技术,并且灵活多变地进行了改良,使活字印刷有了创新和发展。武威发现西夏时期的泥活字印本佛经《维摩诘所说经》下卷,共保存54面。该经经名之后的题款,是西夏仁宗尊号“奉天显道耀武宣文神谋睿智制义去邪惇睦懿恭”,这是仁宗大庆二年(1141年)始定的尊号,因此确定此经最早当为西夏中期的印本。较为特殊的是,此题款位于活字印本的经名和正文之间,系雕版一次印刷而成。这种特殊现象唯西夏时期文献上所独有,当是西夏人在印刷技术中的创新。

4. 写本西夏文文献

尽管已经有了发达的书籍出版事业,但是很多的西夏书籍,特别是重要的社会文书,仍然以写本的形式出现和流传。

西夏文写本佛经,是用于学习和诵读之用的,不少虔诚的佛教徒,亲自抄写佛经,或者发愿请人抄写佛经,作为修习功德的一种方式。武威发现的写本西夏文佛经,如楷书写成的佛经,书法方整劲拔、俊秀飘逸,行书写成的佛经则自然流畅,如《佛说圣耀母陀罗尼经》和《妙法莲华经》等。写本中较为完整的佛经,有《〈呼金刚八王智变化八天母为生顺〉等多种经集》《妙法莲华经心》,另外还有大量佛经残页等。西夏文《五更转》和《志公大师十二时歌注解》,是西夏本土创作和注释的佛教作品,其中的用词和语言风格,以及所蕴含的哲理,都富有西夏民族的特色。

武威写本西夏文献,以社会文书居多。社会文书是西夏时期各阶层之间政治经济往来的信函,它们是传世稀少的西夏孤本文献,弥足珍贵。武威西夏文社会文书多用草书或行草写成,其中保存较为完整的有《乾定戌年卖驴契》《乾定酉年卖牛契》《乾定申年典糜契》《天庆寅年会款单》《乾定酉年移合讹慧宝告牒文书》,另外还有部分告牒文书和公文残页,以及欠款条、请假条、历书、医方、占卜辞等世俗文献。

(二)装帧

1. 刻本经折装

经折装又叫折子装,是西夏印本佛经最常见的装帧形式,将图书长卷按统一版面宽度左右反复折叠成册, 加上书衣, 成为可以随时展读的册子。武威刻本西夏文佛经的装帧形式大多数是经折装。保存较为完整的泥活字印本《维摩诘所说经》和木刻本《观弥勒菩萨上升兜率天经》《金刚经》等就是典型的经折装,另外还有大量刻本佛经残页,都是经折装形式。

2. 刻本蝴蝶装

蝴蝶装是宋朝才开始的一种新的装订方式,是册页装订的最早形式。将书页在版心处对折,有字的一面向里,再将若干折好的书页中缝背面对齐,用胶粘连成册,再用厚纸包裹做成书面。这种形式装订好的书,表面看与现在的平装书相似,展开阅读时,书页犹如蝴蝶两翼飞舞,故称为蝴蝶装,它比卷轴装翻阅方便,流行于宋元时期,到西夏后期被普遍使用。武威发现的蝴蝶装书籍,仅保存有《三才杂字》和《同音》两书的残页,虽然是残页,但其蝴蝶装帧的特点却很明显。

3. 写本经折装

用楷书写成的《佛说圣耀母陀罗尼经》和《妙法莲华经》,书法优美,当为西夏书法作品中的上乘,其装帧为经折装。

4. 写本卷轴装

写本卷轴装,也叫卷子装,将纸张粘连成长幅,用木棒做轴,旋转卷起,类似装裱好的书画。这是唐、宋时期流行的书籍装帧形式,敦煌石室中发现的大批唐五代写本图书,都采用这一方式,西夏也很盛行。武威发现的属于卷轴装形式的西夏文献,最典型的是写本佛教文献《志公大师十二时歌注解》,该经是由三张高 17 厘米的纸粘接而成的长卷,现残存 120 厘米,虽然不设卷轴,但其余特征完全与卷装无异,当是简化了的卷轴装。

5. 写本缝缋装

缝缋装的装帧形式,是先把单页纸左右或上下对折,将若干折叠好的单页在中缝线订成叠,然后再根据需要将数叠缝缀成册。装订成册后再书写,而且只能单面书写,相邻两页无字面合背并在书口处粘连。此种装帧形式的特点是,书籍在拆散后,页面前后内容多不衔接,且只有写本没有印本。武威发现的《〈呼金刚八王智变化八天母为生顺〉等多种经集》和《妙法莲华经心》,都属于写本缝缋装,保存完整。

6. 写本单页

武威西夏文献写本单页中,有佛经,也有社会文书,且以文书居多。单页的社会文书较为完整的如《卖牛契约》《典糜契约》《会款单》等,其行文格式与内蒙古黑水城遗址中出土的大量西夏契约文书相同,应当是西夏时期民间流行的借贷和买卖契约的标准格式。佛教文献《五更转》是单页写本佛教文献中最完整的一件作品,其形式和内容借鉴了敦煌《五更转》,但在语言和结构上又具有西夏的民族和时代特点。

(三)版面

版面是指书籍页面的尺寸。武威西夏书籍的版面大小不一,无论刻本还是写本,有不同的装帧方式就有多种不同的版面尺寸。

1. 刻本版面

武威西夏刻本经折装书籍的版面,数量最多,尺寸样式也最多。单是《金刚经》,就有高和宽分别为19×8.2(厘米,以下尺寸的单位都为厘米)、19×8.5、20×9、19.8×8.6、19.5×9、17.8×9、19.5×8.5、28×12、13.1×7.2等多种尺寸样式,《圣胜慧到彼岸功德宝集偈》也有17.8×8.4、18.4×9.2、15.7×8、17.5×9、16.8×8.7等多种尺寸,《大白伞盖陀罗尼经》的尺寸有15.5×8.8、18.3×7、18.5×9等几种,《佛说百寿怨结解陀罗尼经》尺寸有20×8.5、20×8.3几种,泥活字印本《维摩诘所说经》尺寸为28.5×11.6,《星宿母陀罗尼经》尺寸为18.5×8.5,《佛说决定毗尼经》尺寸为19×8,《毗卢遮那法身顶相印轮文众生三灾怖畏令物取作恶业救拔经》尺寸为18.5×9,《金光明最胜王经》尺寸为31×11.8,《净国求生礼佛盛赞颂》尺寸为21×9,《佛母大孔雀明王经》为残页,栏高21.5厘米,《观自在大悲心总持功能依经录》尺寸为13.3×8.2、22.5×11.5、17×12.8,《大方广佛华严经》尺寸为28.5×11.7、15.2×8.3,《观弥勒菩萨上升兜率天经》尺寸为22×10.7,《现在贤劫千佛名经》尺寸为20.4×10,《佛说圣佛母般若波罗蜜多经》尺寸为18×10,《妙法莲花经》尺寸为17×8.4,《音同》尺寸为28.5×12,《三才杂字》尺寸为19.7×15.2,《劝世诗》尺寸为17.7×10.2。

2. 写本版面

《佛说圣耀母陀罗尼经》尺寸为14.7×8,《志公大师十二时歌注解》尺寸为17×120,《〈呼金刚八王智变化八天母为生顺〉等多种经集》尺寸为

14×11,《妙法莲华经》尺寸为11.5×9.5,《卖驴契约》尺寸为17×55,《买牛契约》尺寸为30×44,《典糜契约》尺寸为18×27,《乾定酉年文书》尺寸为17.5×13,《五更转》尺寸为18×32,《会款单》尺寸为21.2×13.5,医方尺寸为19.5×11.8,光定午年告牒尺寸为18.1×29,另外还有许多残页社会文书和佛经。

(四)行款、边栏、版心和插图

行款,又称行格,版面之内,用直线分成若干行,每行有若干字。武威西夏文献因为版面尺寸不同,行款也各不相同。刻本书籍的行款较为固定,一般为六行或七行,也有八行的。写本书籍或单页社会文书则没有一定之规,随着内容的多少和版面的大小而增减。

武威西夏文书籍的边栏有四面双栏、四面单栏、上下双栏、上下单栏四种。较为特殊的是,写本《妙法莲花经》除了四面单栏外,还在每行字之间绘制了界栏。

版心,又叫书口,是指每页版面正中的位置。武威西夏文献多为残页,因此书口特征不明显。保存较为完整的书籍,如《观弥勒菩萨上升兜率天经》,个别书页的书口,上部有"上升"字样,当是该经经名简称,下部分别有"五、六、七、八"等字样,当是该经的卷次。《大方广佛华严经》的一面残页书口处,有"三十五、十二"的字样,当是该经的卷次和页码。《圣胜慧到彼岸功德宝集偈》的残页中,有"中、十三"或"下、七"等字样,也有的佛经残页书口,只有数字"十二"。

页面插图是古籍中的一种装饰,在印本书籍中,空白处添加插图还起着固定纸张防止印刷时一边起翘的作用。武威西夏文献中的版面插图非常丰富,而且多出现在印本书籍中。《现在贤劫千佛名经》,在版面的上部和中部各刻印一行跏趺坐佛像,佛像下方刻印各佛名称。《佛说决定毗尼经》则是在版面上部刻印一行佛像,因为刻印精细,佛像各不相同的手势和表情清晰可见,佛像下面刻印佛名。其他装饰性插图多添印在文字空白处,有菱形梅花、佛印符号、宝幢图案、圆点、菱形五角、行走的小沙弥、心形梅花、五瓣梅花、四瓣梅花等图案,最特别的是残存的两页佛经插图上,分别刻印菩萨和弟子像,刻印精致,人物形态生动,衣纹等装饰物刻画细致入微,虽然仅剩残片,但也不失为西夏绘画艺术的精品之作。

二、版本特点

1. 装帧形式多种多样，基本囊括了宋代流行的各种装帧样式

我国的雕版印刷始于唐代中叶，宋代日益成熟和普及。两宋时期政府重视发展刻书事业，官刻书籍由国子监、崇文院、秘书监及各地府州郡学等部门专门主持管理。这一时期民间的私家刻书和坊肆刻书也十分兴盛，且不同地区的刻本，各具特色。由于印刷术的普及，宋代图书的装帧方式也发生了很大变化，改变了以往单一的卷轴装形式，先后出现了经折装、蝴蝶装、包背装、缝缋装等形式。和宋代比邻的西夏，立国期间大力发展本民族文化，广泛吸纳相邻诸国，特别是中原宋朝先进的科学技术和文化，不但接受并熟练运用中原先进而多样的汉文书籍出版技术，而且创造性地将这种技术运用到西夏文字书籍的出版中。毕昇发明活字印刷术之后，又很快借鉴、发展并运用到书籍出版中。多种多样的书籍印刷形式，形成了西夏书籍版本的多样化。

武威发现的西夏文献，尽管多数是残页，但其版本和装帧样式多种多样，几乎与宋代无异。这说明西夏时期，文化特别是佛教文化普及广泛而深远，而地处西夏西部的武威，经济和文化的发展水平也不亚于西夏首府。

2. 活字印本特别是泥活字印本的发现，补充了国内现存文献版本中的不足

北宋布衣毕昇发明的活字印刷术，在西夏时期得到了使用和推广。西夏时期的活字印刷技术，还属于我国活字印刷技术的初始阶段，能够保存至今的活字印本是早期活字印本实物，数量很少。武威出土泥活字印本佛经《维摩诘所说经下集》是目前国内保存最早的，也是唯一较为完整的泥活字印本。发现之初，人们对其是否为活字或泥活字还心存疑虑。值得欣慰的是，近些年来，随着各地收藏西夏文献的陆续公布，专家学者经过多方努力，对现存泥、木等多种活字印本进行考证、比较，已经寻找出了活字印本的特点及其与雕版印本之间的区别，肯定了西夏使用泥活字和木活字的事实。而武威泥活字印本则成为目前国内保存古代文献中最早的、唯一完整的泥活字版本的一例孤证。

三、版本价值

1. 武威西夏文献继承并保存了中原汉族先进的印刷技术，为研究我国印刷技术的发展历程提供了实物

宋元以前的印本和写本书籍，早就被列入我国古代善本之列。由于存世数量稀少，少有人能见到宋版书籍的真实面貌。西夏文化深受唐宋文化影响，其印刷技术借鉴和继承了宋代，而书籍的装帧形式也基本保持了唐宋书籍的原貌。活字印刷是宋代的发明，但是迄今为止，还未发现宋代活字印刷实物，但是在存世的西夏文献中，活字印本实物却较为丰富，而且泥活字、木活字实物都有。宋代才出现的一种新的书籍装帧形式蝴蝶装，它为线装书籍的形成打下了基础。而与宋同时期的西夏，很快就将这种装帧形式运用到西夏文字书籍的出版中，无论是佛经，还是世俗书籍，都采用蝴蝶装形式，例如武威西夏文献中的世俗书籍《三才杂字》和《音同》，宁夏西夏文献中的佛经《吉祥遍至口和本续》。缝缋装是一种传统的书籍装帧形式，但是现存古籍中，这种装帧形式只能在敦煌遗书中得见其貌。但在武威西夏文献中，此种装帧的书籍便发现了三件，而且都相对完整。诸如此类，在很难一见宋版书籍真容的情况下，存世的西夏书籍再现了宋版书的面貌，对我们研究古代书籍的演变与发展，具有十分重要的价值。

2. 武威西夏文献在继承中原先进的印刷技术的同时又进行了创新

西夏人借鉴中原汉族的印刷技术后，不但印制汉文书籍，还利用这一技术来印刷西夏文书籍，这是西夏对于中原印刷术的创新之一。武威泥活字印本佛经《维摩诘所说经》，经文内容使用泥活字印成，但经名与经文之间的仁宗尊号题款，系排列紧密的一行小字，字体小于经文，书写刻印风格与经文迥异，具有木雕版的特点，显然是同一人一次写刻在一块长条形木板上，在需要的时候，排放在适当的位置进行印刷。这显然是以词组为单位，用木雕版的形式写刻，然后作为一组活字备用，这表明西夏的活字印刷不拘一格，善于灵活运用。这种把活字和雕版结合起来使用的印刷方式，是西夏人的独创，也是西夏活字印刷的特色，是其对中原活字印刷的创新之二。

3. 武威西夏文献对研究西夏学、佛学、文献学、印刷史、版本学等诸多学科,具有重要学术价值

武威西夏文献的内容十分丰富，大部分内容是佛教文献，有汉传佛经、藏传佛经、佛经发愿文,还有西夏本土撰著的佛教文献。此外还有大量社会文书,有官方的告牒文书、请假条,还有民间的各种买卖和借贷文书、会款单、欠款条、历书、占卜辞、医方等。世俗书籍虽然保存不多,但是内容却十分重要,有官方印行的西夏文韵书《音同》,还有民间流行的西夏文识字读本《三才杂字》和劝导人们向善的《劝世诗》。武威西夏文献,大部分是西夏文文献,也有少量汉文和藏文文献,其内容涉及西夏社会生活的方方面面,对研究西夏学、佛学、文献学具有重要的学术价值。

武威西夏文献版本类型丰富,特别是泥活字印本佛经,还是目前国内仅存最早的泥活字印本实物,中原汉族发明了活字,但目前为止还没有发现宋元时期的汉文活字本实物,武威西夏文泥活字印本的发现,不但证实了北宋毕昇发明活字印刷的历史事实,丰富了版本学的内容,也为我们研究古代活字印刷技术提供了重要的实物资料。

藏传佛教的寓意延伸

——《鎏金铜大威德金刚像》赏析

时兰兰

图一　鎏金铜大威德金刚像

清中期(18 世纪)

金刚乃护法神,护世间一切正法。大威德金刚,梵名 Yamāntaka,译音为"阎魔德迦",又释作大威德明王、怖畏金刚,俗称牛头明王。在藏密中被视为文殊菩萨的愤怒化身像。有调服怨敌的功德,本尊九面,表大乘九部契经,正中为水牛面,火焰式竖发,面相威猛,三十四臂,最高一头文殊本像代表慈善与和平,而象征阎王的水牛头则突显威猛无敌之力。主臂二手拥抱佛母,左手捧头颅碗,十六足分踏八兽、八飞禽、八天王、八女明王(图一)。

佛教的守护者大威德金刚是格鲁派密宗所修本尊之一,因其能降服恶魔,故称大威,又有护善之功,故又称大德。梵名"阎魔德迦",藏语为"多吉久谢",意为"怖畏金刚",汉译大威德明王,也叫阎魔德迦、怖畏金刚、牛头明王。曾降伏死神阎魔天,因此其名字的含义就是"死亡的征服者"。藏密认为此尊是文殊菩萨的愤怒相,所以各派均修其法,格鲁巴和萨迦巴尤为重视。怖畏九头,代表九种镇压阎王的契经。三睛,意为千里眼,无所不见。居中头是黑色,表压阎王,长两水牛角,表示两真二谛;右三头,中青、右红、左黄,象征的着愤怒、权势、安静三德能;左三头,中白、右灰、左黑灰(死色),表示清净、死亡、愤怒;居中再上为红头,象征的是吃人夜叉,名"参怖";最高一头为黄色,呈现文殊本像,象征着慈善和平。除最上的菩萨面头戴华丽珠宝冠(菩萨装)外,其余八面都戴五骷髅冠(护法装)。水牛脸和两个牛角,代表幻身与明光的教法,这是密续教法的精髓。

九面代表佛陀的九类教法。发上指,向佛地之意。三十四臂,再加身、语、意、表菩萨佛的三十七道品,即为八正道、四念柱、四神足、四正断、五根、五少威和七觉支等。三十四手均都有持物,右手由上而下分别持高扬、月刀、白筒、杵、勾刀、标枪、月斧、剑、箭、勾刀、棒、人骨杖、法轮、金刚杵、椎、匕首、手鼓;左手自上而下分别持象皮、人骨碗、天王头、藤牌、鲜左腿、长绳、弓、人肠、铃、鲜左臂、丧布、三尖矛、炉、颅器、人左臂、军旗、黑布。

拥抱着明妃"罗浪杂娃"(汉译为死尸复起)。十六条腿,压阎王十六面铁城,亦象征十六空相。右腿收屈,左腿伸张,能调伏男女八天、男女阎罗和病魔等。右八腿屈,压八天王,象征物为男人、水牛、黄牛、鹿、蛇、狗、绵羊及狐,表示八成就;左八腿伸,压八女明王,象征物为鹫、枭、鸦、鹦鹉、鹰、鸭、公鸡及雁,表示八自在清净。莲座下保存有完好的封藏。

护法神阎罗王八男八女:黑阎摩、白亚瓦底、宗密征、褐蹄、九股青发、黑白斧、青牛头、褐火翟;信使女、獠牙女、杖棍女、时相女、时罥女、环套女、倒落女、铁钩女。

大威德金刚是对深奥抽象的佛教教义所表现的具体形象化:明王代表慈悲,明妃代表智慧,他们的结合代表"悲智合一",同时这也表示了"调伏"的概念。这是双身法的密宗。这表明了真大彻悟的人怀中抱女,"味同嚼蜡"。密宗为印证修行者是否达到大彻悟的境界,会让其和女子裸体相抱。如果真的心无所动、味同嚼蜡的话就说明大彻悟了,也就不被色相迷惑了。汉地极少见,也不推荐此法。这个像是为了说明佛陀如此不动、坐怀不乱的境界,并不是因为贪爱女色而去抱一个女人。

该尊身相寓意总义为精通三十七道品,彻悟十六性空,障魔消尽,成就殊胜,得道大涅槃。格鲁派(黄教)之主要的本尊。东方称其为大威德明王,是西方莲华部无量寿佛的愤怒身,为了解一切众生的烦恼繁缚的明王。由于本尊威德极大,能制伏毒龙、断除诸障,对治阎罗死魔等,因此亦称降阎魔尊。

大威德金刚形象,根据不同的调伏对象又应机化现数十万等个身形,各个獠牙爆齿、头发蓬乱、眼露威光,大嘴仿佛能吞食三界;喘气粗急,犹如毒蛇;双眉之间发怒时的皱纹和圆睁的双目,犹如金刚能怖动火燃烧,使人惧不可睹;牙齿如同雪山;足腿伸张收屈时,世界就会震动,脚踵一动,甚至一指头就能镇压梵天;以双手期尅印恐吓诸佛、菩萨、空行者、护法神等出世间一切,能迅速赐予修行者以成就,成就果位,事业宏伟。

而在"奶格五金法"中的大威德金刚装饰为寒林八饰,即人骨头饰、人头项链、十恶之人、全皮围裙、人血胭脂、人血涂眉、虎皮围裙、骨灰涂身,呈粉绿色;还有象皮上装,左脚伸右腿弓屈于莲台日轮上,踏压水牛。当然,其装饰同样有其象征意义。有人说,现在是末法时期,众生福薄智小,多懈怠,少精进,不护誓句,不守戒律,不敬上师,不友道伴,我慢炽盛,沉醉五欲,易招邪魔,若能以大威德金刚为本尊,易于相应,就能除违缘、增福慧。

大威德金刚的形象有很多种,常见有 2 臂、4 臂、18 臂、34 臂等。有单体的,也有双身的。

最能代表其修法的就是 34 臂双身形象,这也是其最复杂、最恐怖的一种形象。其特征是:身体呈青色,有 9 个头,分三层排列:最下层 7 个头,居中蓝色,有一对水牛角,象征阎王;左右各 3 头,颜色各异。第二层 1 头,为吃人夜叉,名参怖。顶层 1 头,为文殊本像。每头皆戴骷髅冠,各有 3 目。有 34 臂,左右各 17 臂。中二手抱明妃,明妃叫"罗浪杂娃",一面二臂。其余手臂伸向两侧,手中拿铃、杵、刀、剑、箭、弓、瓶、索子、钩、戟、伞等器物,表意各不相同,但总体是表现本尊的勇猛、顽强、威力无比的功德。有 16 条腿,左右各 8 腿,足下踩人、兽、禽共 16 种众生。主尊和明妃都是裸体。主尊的脖子上挂 50 人骨大念珠,足下有莲花座,莲花上有太阳,背后有火焰。大威德金刚的样子看起来非常凶猛,其怀中拥抱的明妃金刚露漩(也叫罗浪杂娃)也是一脸恶相,全没有通常所见佛像的慈悲、温柔,他们的性合给予人紧张的气氛,这正揭示了藏传佛教双身修法的奥义。

面对本尊,让修行者通过辨证思想,念念默察,总期望"佛即我,我即佛",进入"佛我同一"的境界。此尊充分显示了巨大无比的神力,主要强调暴烈、野蛮、激愤、狰狞、怪诞和恐怖。所以藏传佛教的佛像看起来都有一些恐怖。

大威德金刚 34 臂双身形象其特征是具有深邃而丰富的佛教含意:9 头表示大乘佛教的 9 部经典;2 牛角表示佛教真俗两种谛理;34 个手加上身、口、意三业,表示佛教修行的三十七道品(八正道、四智、四精进、四禅定、五根、五力、七菩提分);16 足表示十六空,能调伏男女八天、阎罗和病魔等,左足踩人兽 8 物表示 8 种成就,右足踩 8 禽表示 8 种自在;裸体表示脱离尘垢;座下莲花表示脱离轮回;莲花上红日表示心如太阳当空,遍知一切。所以这些艺术化的佛教内涵共同组成了一部完整的藏秘修法——大威德金刚法。

大威德金刚法,具体修法简介如下:仍然先从文殊菩萨观想修起,空中一切皆无,只有种字现显空中,变成一尊文殊菩萨,黄红色,头戴五佛观,发髻高束,一头二臂,现童子相,右手持一宝剑,左手结印,身坐一头青狮。文殊菩萨周身佩备璎珞,十分庄严。观想文殊菩萨从顶门放出一道黑光,在黑光中出现一尊大威德金刚,其最上仍是文殊菩萨,再下是鬼王。大威德金刚四面八臂,上身为黄色,下身黑色,全身佩备骷髅,穿虎皮衣裙,正面是牛头愤怒相,牙外露,舌如闪电,有两大牛角,三牛眼。十八只手,右边第一手执利剑,第二手执金刚杆,第三手执箭;左边第一手执索和印,第二手执《般若经》,第三手执弓。二大足踏住二兽。行者观想时结大威德金刚根本印,即两手内相及作拳式,二中指竖立向空相靠,也就是两手先握成拳,再伸出两中指立着两靠。观想成像后,要观想大威德金刚之法身开始旋转,成为一般大法力的紫色光明,而后从顶门入行者身中,即观想自己成为大威德金刚无二无别。随着静坐入三摩地。出定后再念大威德金刚根本心咒 108 遍:唵,瑟致哩,迦啰鲁跛吽,欠婆娑贺。依之修行,便可达到即身成佛。

大威德本尊法于 11 世在西藏传播,各派均修其法。

大威德金刚属清代藏传佛教时期的产物。藏传佛教认为清朝皇帝为文殊的化身。密教认为其是文殊菩萨的愤怒相,属教令轮身,是事业的根本。于无上瑜伽部,在格鲁派(黄教)中,与胜乐金刚、密集金刚同为主要的本尊。

密教,就是代表西藏传统称呼的金刚乘。8 世纪,西藏便有"金刚乘"或"果金刚乘"的名称,作为密教的别名。由于密教的盛行,大乘佛教附属于密教。密教则把大乘佛教看作初级阶段,被称为"经言乘"或"波罗蜜多乘",密教自身则是高级阶段,名为"真言乘"或"金刚乘"。

按藏传佛教的传承,密教可分为四部:事部、行部、瑜伽部、无上瑜伽部。

宗喀巴大师说:“密法是成佛的最捷之捷径。密教是以真言咒语为开端。其特点归结为三点:一是通达生死烦恼的一切道理后,贪变成无量光,是诵咒的意坛城;二是方便和智慧生为本尊的语坛城;三是生殖作为修行所依的身坛城。身、语、意三种坛城是入修密法的三条门径。”

随着密教从最初的咒语符号,到逐渐发展,最后形成了一个具有组织系统、教理系统和信仰系统的佛教宗派,所以密教具有十分严格的规则仪式和密法仪轨。凡修炼密法者,一应该脱离凡俗,恪守戒律,接受灌顶,具有慈悲之心的基础。二要择熟谙密法仪轨,掌握经续内容,德行高尚的人作为轨范师。三为最后依教修行。

瑜伽,含义就是依于调息等的观行法,观梵我一如之理,以合于梵而与梵相结合。在佛教中,采用此法,依于“止”及“观”之观行,与正理合一相应的情态,便称为瑜伽。密教中的瑜伽法,则受了瑜伽外道影响,以为瑜伽即可达成出世间的一切目的。通过瑜伽法的内证经验,即可达到佛的境界而称即身成佛。密教对瑜伽赋予很高的特性。

无上瑜伽部,是以内心修习为主的瑜伽,即为瑜伽部。着重讲述方便和智慧一体的修持方法。无上瑜伽部所依之经,划分为方便父续、智慧母续及无二续三大类。按格鲁派的说法:方便者,即俱生大乐智(乐);胜慧者,即悟法无自性智(空)。无上续中,无不显示空乐双运之道。因此,父续就是方便续,母续即胜慧续。方便胜慧不能分离,因此也说无二之分。

由于无上瑜伽部特殊的修持方法和所追求的境界,在密教中占据着十分重要的地位,所以被西藏佛教视为密教中的最高法门。“谓专显内瑜伽最胜三摩地之修法,除此更无过者,故称无上瑜伽。”

大威德金刚并不属于藏传佛教的护法神级别,但却是最高级别的五大金刚体系中最重要的本尊之一。

佛教的诸大护法金刚,密宗佛教书《甘珠尔》是这样说,有密集金刚、秽迹金刚、大威德金刚、时轮金刚、胜乐金刚、喜金刚、语金刚、执金刚、金刚萨埵、青除灾金刚、辟毒金刚、黄随求金刚、白净水金刚、赤声火金刚、定持灾金刚、紫贤金刚、大神金刚,还有泼法金刚、胜至金刚、大力金刚、永住金刚、具善单坚誓、一髻佛母、狮面佛母、罗睺罗、密迹金刚、普巴金刚(橛金刚)、饮血金刚、大黑天、大鹏金翅鸟。

藏传佛教的护法神是关于密宗护法的问题,按传承共分为共同护法与不共护法，按级别分为世间护法与出世间护法。

首先要有传承的区别。每一传承都有其不共的护法神，而共同的护法神有时也有地域的区别限制。其中，玛哈噶拉、格萨尔王、吉祥天母、大梵天、白哈尔、紫玛、一髻母、金刚善、热呼啦、刘琪老爷、不共财神、长寿五姐妹、金刚玉卓女、黄财神、红财神、绿财神、黑财神、白财神、财宝天王、大鹏金翅鸟、马头明王、伽蓝尊者等，都是共同护法神。

这些护法神中有的可以作为本尊修行，有的仅可供奉以保护法脉，而在不同传承中，这些护法神的形势和仪轨也有较大差别，如玛哈噶拉就有二臂、四臂、六臂的不同区别，供白哈尔就不能供奉格萨尔王等等。总之很多护法神特别是世间护法神灵，他们的愿力虽然强大，但性格也是极为严厉的。供奉的方法若不如法，很容易会被惩罚。每个护法神都有自己的故事，也有誓忠佛陀的誓言。

藏传佛教，或称藏语系佛教，俗称“喇嘛”教。喇嘛，藏语意为“上师”。藏语系佛教始于7世纪中叶，当时的藏王松赞干布迎娶尼泊尔尺尊公主和唐朝文成公主时，两位公主都带去了佛像、佛经。松赞干布在两位公主影响下皈依佛教，建大昭寺和小昭寺。到8世纪中叶，佛教又直接从印度传入西藏地区。10世纪后半期藏传佛教正式形成。到13世纪中开始流传于蒙古地区。此后的300多年间，形成了各具特色的教派，普遍信奉佛法中的密宗。随着佛教在西藏的发展，上层喇嘛就此逐步掌握了地方政权。

藏传佛教与清朝皇帝都在为自己的利益广传藏传佛教。乾隆皇帝著《喇嘛说》，“兴黄教以安定蒙古，建一座庙，胜养十万兵”的理论足以证实。清朝的皇帝其实都很信佛。从顺治皇帝的出家传说，到雍正更是对佛教到了痴迷的程度，乾隆皇帝也是很醉心于佛教。

藏传佛教从一开始就带有浓厚的密宗特点，即以高度组织化的咒语、仪规和俗信为特点。因此，在清朝，藏传佛教是享有很高的地位的。当时的清朝和西藏的佛教交流是非常频繁的。佛造像的艺术交流也甚为密切，造像则多采取写实手法，力求真实再现他们生前的形象，等等。足以证明，鎏金铜大威德金刚像是清代藏传佛教时期的产物，也是代表性作品，是藏传铜造像中最复杂的一尊。

佛教的守护者大威德金刚属格鲁派的密宗之一。

格鲁派又称黄教。格鲁派的创始人乃宗喀巴。宗喀巴（1357—1419

年)，青海湟中人，本名叫罗桑扎巴，藏语称湟中为“宗喀”，“巴”是藏语的词尾，“宗喀巴”意思就是宗喀一带的圣人，是他成为名僧后人们对他的尊称。宗喀巴三岁时受戒，七岁时成为沙弥，十六岁踏上了去西藏求学的旅程。在西藏，他遍访名师，刻苦攻读，精通了各派教义，并进行了宗教改革，在噶当派基础上创新藏传佛教中最大的教派——格鲁派，宗喀巴的影响不断扩大，很快就成为西藏名僧，收到教徒的尊崇，被誉为“雪域佛陀”。由于格鲁派头戴尖顶黄帽，又称黄教。宗喀巴大师一生著作共有19函，174种，经论字数相当于19部《菩提道次广论》。

宗喀巴于黄教早期时的造像，尊高93厘米，头戴桃形尖顶黄帽(丹霞帽)，身披藏式袈裟，袒右臂，双手牵莲花蔓作说法印，双莲上原饰有宝剑和经荚，表明他是文殊的化身。结跏趺坐于仰覆莲座上。大师双目微闭，目光下视，面容慈祥，富有个性，这是典型的藏式造像风格，现藏甘肃省博物馆。

菩萨，是指达到自觉和觉他两个境界，尚未达到觉行圆满，需到未来成就佛果的修行者。寺院中常供奉的有文殊菩萨、普贤菩萨、观世音菩萨、地藏王菩萨、大势至菩萨。

菩萨有两种形象：一是慈悲相，二是愤怒相。这两种相，都是菩萨为了度化众生。

文殊菩萨，文殊师利菩萨(梵名 Manjusri)，梵名音译为文殊尸利、曼殊室利，又名文殊师利法王子(梵名 Manjusrikumarahuta)，或文殊师利童真、孺童文殊菩萨。佛教四大菩萨之一，释迦牟尼佛的左胁侍菩萨，代表聪明智慧，因德才超群，居菩萨之首。在密教当中则有般若金刚、吉祥金刚、大慧金刚、辩法金刚等密号。是除观世音菩萨外最受尊崇的大菩萨。文殊菩萨在道教中称文殊广法天尊。在《大乘本生心地观经》中则称为“三世觉母妙吉祥”。与普贤菩萨同为释迦牟尼佛之左右胁侍，世称“华严三圣”。

鎏金，古代金属工艺装饰技法之一，近代称“火镀金”。这种技术在春秋战国时已经出现。汉代称“金涂”或“黄涂”。鎏金是将金和水银合成金汞齐，涂在铜器表面，然后加热使水银蒸发，金就附着在器面上不脱。关于金汞齐的记载，最初见于东汉炼丹家魏伯阳的《周易参同契》。而关于鎏金技术的记载，最早见于梁代。《本草纲目·水银条》引梁代陶弘景的话说：水银“能消化金银使成泥，人以镀物是也”。比鎏金器物的出现晚了约八个世纪。

鎏金铜大威德金刚像称之为中华文化的瑰宝,它以形象造型喻佛理,如以九头象征大乘九经,裸体象征破除二障佛性显露,生动具体。站在这尊令人畏惧的金刚面前,梵徒们的心灵能不战栗惊恐吗?!所以说它是宗教思想与哲学理论概为形象化、具体化的一个缩影,也是清代同类题材中的精品之作。鎏金铜三十四臂双身大威德金刚像现藏大英博物馆。

鎏金铜大威德金刚像乃惊世的梵宫佛影,整体造型完美、铸造精致、烈火熔金、妙相瑰丽、品相绝佳。虽经百年仍光亮如初、纹饰精美、光艳夺目,是藏传佛教传承文化中的传世奇葩,属藏传佛教的珍贵文物,几千年来一直深受人们的关注和喜爱。

(本文原载:《陇右文博》2012 年 2 期)

甘肃武威出土西夏木板画研究述评①

于光建② 张 东③

自20世纪70年代以来,甘肃省武威市在城市建设施工过程中,在城区西郊公园及其附近先后多次发现西夏时期的小型砖室墓葬,出土了一批重要的西夏文物。其中出土的一批木板画,尤为独特,是西夏绘画艺术的珍品,在西夏考古发现中实属罕见。随着考古发掘报告的相继公布,武威出土的这批西夏木板画引起了考古学和西夏学等诸领域学者关注,许多学者纷纷撰文从葬俗、宗教信仰、绘画艺术、服饰习俗等多个方面探究西夏社会历史。武威西夏木板画的发现为揭开西夏王国神秘的面纱增添了重要的资料。

一、出土概况

目前为止,武威境内共发现7座西夏墓葬,基本都在城区西郊公园附近,在这7座西夏墓葬中,有6座是小型砖室墓葬,1座为土坑墓。5座墓中出土了木板画,且都是砖室墓,出土木板画数量总计35幅。现将木板画出土情况予以简单介绍。

1977年武威城区原西郊林场(今西郊公园)发现3座西夏时期刘氏家族墓,出土了木缘塔、木桌、木椅、木壶、木板画以及瓷器等西夏珍贵文物,其中出土的木板画共31块。其中在葬于西夏天庆七年(1200年)西路经略司都案刘德仁的2号墓出土29块,3号墓出土2块。木板画用当地所产的杨木制作,小而精致。最大的长28厘米,宽10.5厘米;最小的长9.5厘米,宽4.5厘米,厚仅1~2厘米。这些木板画除少数剥蚀难以判断其内容以外,其余的内容分别为:老者一幅、随侍四幅、武士六幅、童子二幅、

①本文系国家社科基金特别委托项目《西夏文献与文物研究》子课题《武威地区西夏遗址调查研究》阶段性成果,项目批准号(11@ZH001)。

②于光建(1981—)男,汉族,甘肃武威人,宁夏大学西夏学研究院2011级博士研究生,武威市博物馆文博馆员,主要从事西夏历史与文物文献研究。

③张东(1980—)男,汉族,甘肃酒泉人,历史学硕士,甘肃省博物馆文博馆员,主要从事西北史研究。

五男侍一幅、五女侍一幅、老仆一幅、老婢一幅、驭马人一幅、屈腰人一幅、太阳一幅、龙一幅、金鸡一幅、狗一幅、猪一幅、天上星星一幅等。有八幅画的背面或侧面有题记，它们分别是“蒿里老人”“大六”“童子”“二童子”“南陌人呼北陌人”“天关”“太阳”“金鸡”等。3号墓出土的两幅都是单个深目高鼻、络腮胡须的男侍彩绘木板画。

1981年4月，武威地区体育学校学生在校园植树时，发现了一座砖砌西夏墓，出土木板画1块，长59厘米，宽24厘米，厚2厘米。朽蚀严重，已裂为两半，原位置不详。板画内容为站立男女像两尊，男像基本完好，唯女像头面色彩脱落，男像紧束腰带，双手拱于胸前。女像头向右侧，双手亦作拱手状。均着斜襟长袍。绘画技术娴熟，线条流畅，形态生动，色泽鲜明。

1989年6月，武威市西郊十字路口发现一座双人合葬墓，出土两具木棺，其中一具木棺左帮正面墨绘男侍五人，内侧刻画西夏文六字，前两字不清楚，后四字翻译为“九年四月”。右帮画女侍五人，仅残存二人。

1997年3月，武威西关在修建武警支队家属院时发现一座出自西夏乾祐十六年(1185年)的砖室墓。出土木板画一块，长54厘米，宽22.8厘米，厚1.6厘米。表面涂一层淡白色，然后用淡彩墨绘四男一女，排列次序从左为三男在前，次为女，最后为男。四男均为双手合抱于胸前，一女双手合抱置腹前，头戴白花。

目前为止，自1977年以来，武威城区西郊附近先后发现7座西夏墓葬，其中在5座墓葬中发现有木板画，总计35块。1977年西郊林场2号、3号墓出土的木板画为陪葬的明器，而1989年西郊十字西夏墓出土的木板画则是绘制于木质棺具的左右帮面上。既有彩色绘制的木板画，也有墨绘线描的木板画。

二、专　著

武威西郊林场西夏墓发现以来，首次对2号墓29幅彩绘木板画系统解读研究的是已故著名西夏学家陈炳应先生。陈炳应在《西夏文物研究》(宁夏人民出版社，1985年)第四章《西夏的墓葬、窑址》中专门介绍了武威西郊林场2号墓出土的29幅彩绘木板画，并就这些木板画原来的摆放位置予以复原，探讨了“蒿里老人”“天关”“大六”“南陌人呼北陌人”几幅墨书文字木板画的含义,分析了这批木板画的艺术价值和风格,认为这些木版画都是写实风格的木板画,内容完全是墓主人生前生活的反映。陈先生的研究是西郊2号墓发掘公布以来对29幅木板画着墨最多、功力最勤、研究最为系统而详备的考证,其成果被学术界数次引用,成为以后相关研究的重要参考。之后,陈先生在《西夏探古》(甘肃文化出版社,2002年)等其他著作中多次对武威西郊林场出土之木板画进行了研究。史金波、白滨、吴峰云先生的《西夏文物》(文物出版社,1988年)一书中收录有"蒿里老人""五男侍""五女侍""二童子"等10幅2号墓出土木板画。史金波先生在《西夏社会》(上海人民出版社,2007年)等多部著作中研究西夏服饰和葬俗时以武威出土的西夏木板画为重要实物资料进行了论证。韩小忙、孙昌盛、陈悦新等著《西夏美术史》(文物出版社,2001年)以及陈育宁、杨晓芳《西夏艺术史》(上海三联书店出版,2010年)著作中在研究西夏绘画艺术中,也对武威西郊林场29幅西夏木板画中"蒿里老人""金鸡"等几幅木板画予以了介绍和研究。因木板画出土之墓葬,是目前发现唯一有木板画作为随葬明器的西夏墓葬,因此也就成为研究西夏葬俗的重要而特殊的资料。牛达生《西夏遗迹》(文物出版社,2007年)之《西夏陵墓》就"武威西夏木板画墓"专列一节予以介绍。黎大祥《武威文物精粹》(甘肃文化出版社,2002年)论文集中也专门论述了武威出土的这批珍贵西夏文物。

三、论　文

张宝玺、陈炳应《武威西夏木板画》(《陇右文博》,2000年第1期,)在介绍西郊林场2号西夏墓出土的木板画基础之上,着重分析了制作技法和艺术风格,并探讨了西夏的服饰及葬俗等问题。"蒿里老人"彩绘木板画是西郊林场2号墓出土木板画中体积最大、画面较为清晰、保存最为完整的一幅木板画。由于其着装为宋代中原汉族服饰,头戴黑漆高冠,穿交领右衽宽袖灰色长袍,束黑腰带,手持一细长竹杖,绘画线条流畅,人物形象逼真,具有较强的写实风格,学术界多公认为是墓主人的肖像画。陈于柱《武威西夏2号墓彩绘木板画——蒿里老人考论》(《西夏学》第5辑,上海古籍出版社,2010年)一文,在前人研究的基础上,结合我国古代墓葬中的镇墓文、买地券以及祭神文等墓葬文献提出,"蒿里老人"并非前贤认为的墓主人肖像画,而是中国古代冥界的神祇之一,属于以世间政治体系为模型建立的地府官僚，蒿里老人信仰是我国传统基层乡老系统作用与影响在古人死后世界中的一种精神延续的体现，也有关乎古人疾病健康的医史背景。其另一篇文章《武威西夏二号墓彩绘木板画中“金鸡”“玉犬”新考——兼论敦煌写本〈葬书〉》(《敦煌学辑刊》,2011 年第 3 期)依据我国传统墓葬地理著作和敦煌莫高窟藏经洞出土的葬书，认为武威西郊林场 2 号西夏墓出土的彩绘“金鸡”和“狗”的木板画实际上是我国古代墓葬明器中的 “金鸡”“玉犬”。 武威出土的这批木板画是西夏绘画艺术的珍贵实物遗存的另一种形式，对于研究西夏绘画艺术特征和技法具有重要的价值。陈丽伶、余隋怀《武威西夏木板画的遗存及其特征》(《西北工业大学学报》(社会科学版,2008 年第 1 期) 在分析木板画内容和绘画技法的基础上,与西夏其他艺术形式和中原艺术进行了比对,认为在墓葬文化背景特征下,武威出土的西夏木板画承袭了中原写实的画风,其中也包含有中亚回鹘的文化因素。武威出土的西夏木板画是国内所藏西夏文物中较为独特的珍品，文物的价值不仅在于其高超精湛的艺术技法和独特的艺术风格，还在于我们通过对文物的研究来进一步揭示其所在时代的社会历史。徐玉萍《武威出土西夏木板画的重要价值——以五男侍、五女侍木版画为例》(《陇右文博》,2011 年第 2 期) 一文通过对 2 号墓出土的五男侍和五女侍彩绘木板画的解读,从服饰、发公布以及民族关系等方面探讨了西夏时期武威地区的社会风貌。此外文博界也就此专门撰文介绍较为特殊的几幅木板画，如刘茂德专门介绍了西郊林场 2 号墓出土的双龙首蛇身彩绘木板画和牵马“大六”彩绘木板画(《西夏双龙蛇体彩绘木板画》,《丝绸之路》,2001 年第 8 期,《西夏彩绘木板画牵马 “大六”》,《甘肃日报》,2002 年 9 月 6 日)。

四、文物图录

武威出土的这批木板画可以说是国内西夏文物艺中的艺术珍品,也是迄今为止西夏墓葬中的特殊随葬品，它们的发现对研究神秘的西夏历史和社会提供了极为珍贵的实物资料。但由于这批文物收藏在武威博物馆,鉴于馆藏文物安全的特殊性,使得许多研究者难以目睹这批珍贵的实物。为了便于学术界研究西夏历史文化,许多学者和文博单位先后出版了一批文物图录资料,选择性地收录了画面较为清晰、保存较为完整的部分木板画照片,如史金波等《西夏文物》,张宝玺《武威西夏木板画》(甘肃人民美术出版社,2001年),杨福《甘肃武威西夏二号墓木板画》(重庆出版社,2000年)、汤晓芳主编《西夏艺术》(宁夏人民出版社,2003年),上海艺术研究所、宁夏民族艺术研究所编《西夏艺术研究》(上海古籍出版社,2009年)。图录的出版为学术界研究西夏社会历史提供了便利。但遗憾的是由于出版时间较早或其他因素的制约,目前出版的图录都是部分公布了文物照片,最多者出版了2号墓出土的15幅木板画,其余也仅公布三五张照片而已,目前还没有一部全部收录武威西夏木板画的文物图录。

五、发掘报告

由于武威西夏木板画都是出土于墓葬中,所以考古发掘报告也就成为有关武威西夏木板画的最早的文章,参加清理发掘的文博单位和考古专家发表的考古发掘报告成为外界了解木板画出土情况的第一手资料。武威出土的35幅西夏木板画分别出自4次考古发掘的5个西夏墓葬,分别是1977年武威城区西郊林场2号、3号墓;1981年4月武威地区体育学校西夏墓;1989年6月武威市西郊十字路口西夏墓;1997年3月武威西关在修建武警支队家属院西夏墓。有关考古清理发掘报告有宁笃学、钟长发《甘肃武威西郊林场西夏墓清理简报》(《考古与文物》,1980年第3期),宁笃学《武威西郊发现西夏墓》(《考古与文物》,1984年第4期),孙寿龄《西夏的葬俗》(《陇右文博》,1996年第1期),武威地区博物馆《甘肃武威清理发掘西夏墓葬出土彩绘木板画等一批珍贵文物》(《中国文物报》,1997年6月29日),朱安、钟雅萍《武威西关西夏墓清理简报》(《陇右文博》,2001年第2期)。尽管上述考古发掘报告较之于研究性论述,缺乏透过出土文物结合历史文献深入地探究其所反映的西夏社会历史的方方面面,但却是学术界研究西夏文化最为科学的资料,成为后来学术研究进一步展开的重要渠道。

通过以上对学术界关于武威出土西夏木板画相关论著的回顾,鉴于这批文物的特殊性和重要性,许多学者或介绍,或考证,分别从文物价值、艺术价值、绘画特征以及历史价值等不同方面对此进行了研讨,阐述了不同见解,为揭示西夏绘画艺术、服饰特征、丧葬习俗、宗教信仰,以及民族关系等社会历史面貌功不可没。但是,目前的研究成果有些是部分木板画的研究,有些是单个木板画的考证,有些是在探究西夏服饰、绘画时参考引用个别木版画,且大部分的研究视角都集中在西郊林场2号墓出土的彩绘木板画,而对于其他4座墓出土的6块木板画除了最初的考古清理发掘报告介绍外,其他论著几乎就没有涉及。其次,有些学者对武威出土西夏木板画的认识还存在一些误区,认为35幅木板画都是如同西郊林场2号墓一样,是专门的绘画随葬品。而实际上,在1981年4月武威地区体育学校西夏墓、1989年6月武威市西郊十字路口西夏墓、1997年3月武威西关在修建武警支队家属院西夏墓出土的墨绘五男侍、五女侍木板画则是绘制于木质小棺材上。由于墓葬是在施工过程中发现,文博单位清理发掘时已经遭到了破坏,再加上埋藏地下年代久远,木棺糟朽严重,导致开裂而散落,部分研究者误认为这几幅木板画是单独放置的随葬品。再次,学术界之所以没有系统而完整地论述武威西夏木板画,其中一个重要因素就是没有一部完整收录所有武威西夏木板画的文物图录,使得研究者无法了解其全貌。所以在今后要进一步深入、系统、全面地解读和研究武威西夏木板画,还有待于收藏木板画的武威市博物馆能够尽快出版一部武威西夏木板画的专门而全面的文物图录,同时结合相关发掘报告能够介绍清楚每个木板画的详细而科学的出土信息。

综上所述,武威出土的西夏木板画题材丰富、绘画技艺独特,为国内西夏文物中仅见。它不同于黑水城出土的唐卡、绢画、木板画、佛经雕刻版画以及莫高窟、榆林窟等石窟艺术中的壁画——基本都是以宗教题材为主,而是反映西夏绘画艺术写实风格的另一种艺术作品。它是研究复原神秘西夏社会生活、风俗习惯最为重要的资料。武威西夏木板画艺术代表了党项民族鲜明的民族特点与地域特性,不仅是西夏独特艺术的重要组成部分,而且也是中华文明园囿中的一朵艳丽奇葩。

(本文原载:《中国美术研究》第6辑,东南大学出版社,2013年6月)

甘肃省博物馆藏《报父母恩重经变》图轴内容再探

黎　李

一、图轴基本情况

敦煌绢画《报父母恩重经变》图轴(图一)出自敦煌莫高窟藏经洞,所出同类绢画两件:一件被盗往国外,现存于大英博物馆;另一件现藏于甘肃省博物馆。甘肃省博物馆藏《报父母恩重经变》图轴,制作于北宋淳化二

图一

年(991年),画面呈长方形,高182厘米,宽127厘米,绢地设色,绘佛、菩萨、僧俗人众等110多人,人物形象生动自然。

全画面自上而下可分为三个部分,上部绘"七佛""七宝"及仙山楼阁等。"七佛",皆着半披肩大衣,结跏趺坐。七佛形象在中国早期石窟中比较常见,如麦积山石窟开凿于北周的七佛阁七个禅定坐佛等。北朝以后,这种具有小乘佛教色彩的造像题材就很少见了。在"七佛"之下又绘"七宝"。此"七宝"为"藏宝、珠宝、兵宝、马宝、玉女宝、象宝、轮宝"。

中部绘佛说法图。一佛二菩萨坐莲花座上,皆有火焰纹项光和三角纹圆形背光,佛着半披肩红大衣,高肉髻,结跏趺坐,右手施说法印。佛两侧的菩萨,头戴金色宝冠,颈饰璎珞,胸裸,臂戴钏,帔帛飘拂。两旁和前面绘十弟子,十二菩萨,复衬以仙山灵岩,殿阁亭台。图下正中书经变文和发愿文,经变文12行,题曰《佛说报父母恩重经变》,系节录《佛说父母恩重经》的经文,此图轴所依据的《佛说父母恩重经》,并不是从印度传来的梵文佛经翻译过来的,而是中国唐代高僧撰写的。据《开元释教录》卷一八载:"父母恩重经三纸,经引丁兰、董黯、郭巨等,故知人造", 由此可知,《父母恩重经》最早的写本中有中国古代传说的三个孝子的故事, 以后的写本删去。该经是唐代佛教徒为了更加适应当时社会的需要,吸收儒家父母恩重的孝道观念而编撰的佛典,所以问世后广为流传,并演绎出了各种通俗文学和绘画作品,不过,中国历代印刷的各种版本的《大藏经》(即《一切经》)未收录它。图轴上的文字为原经的五分之一。发愿文题为《绘佛邈真纪》,文曰:"若夫妙觉常身,等虚空而谌寂。凡肤幻质,□起灭以轮回。未归解脱之源,皆有荣枯之理。故我释迦大圣示灭于双树之林;鲁国仲尼凶掩于两楹之梦,岂况浮躯,遏能免斯者焉。即□法律戒,行迁世矣。□灵童年舍俗,龀岁求真。白业慕于伽蓝,青绿坠于佛地。七□严净,八敬精金。戒律谨〔而〕〔无〕〔亏〕,□论明〔而〕□晓。思示天〔堂〕,□于地里。□□□□□□□,百疗治于莫愈。呜呼永别而难逢!哽噎何时而再睹!遂命良工巧匠,彩画装金。上图佛会而千融,下邈真仪而一样。承斯福利,逐佛逍遥。随喜见闻,咸登觉道。如来常躯,尚灭双林。凡肤幻质,生死古今。上图佛会,下写真心。建斯福分,不坠深沉。于时淳化二年岁次辛卯五月廿二日纪。"

十弟子、十二菩萨分列两侧供养,经变故事以连环画形式分列在说法图两侧,一个情节一幅图,从左下方起自下而上,呈逆时针方向排列,共

15幅,它们各自独立,每幅画的右侧或左侧都有墨书榜题,说明所画内容。图轴中经变故事15幅,各以山石隔开,都有榜题:

第1幅图表现经文「父母之恩,昊天罔极」。绘父母并坐,男戴幞头,身着红袍,女簪花,紫衣蓝裙。

第2幅图表现经文「人生在世,父母为亲。非父不生,非母不养」的意思。

第3幅图表现经文「十月将满,产后母子俱显,洗浴时」的意思。图中,室内夫妻并坐,乃是表现十月怀胎;室外一妇女用陶盆洗儿,是为产后洗浴,一女童侍立。

第4幅图表现经文「母为其子开怀出乳,以乳乳之时」。图中,母席地而坐,开怀乳儿,旁立一女童。

第5图表现经文「或在栏车,摇头弄脑时」。

第6图表现经文「父母将子随行加胫(颈)时」。

第7图表现经文「父母养育,儿在栏车时」。

第8图表现经文「或复曳腹随行,呜呼向母时」。

第9图表现经文「父母怀抱,含笑未语和弄声时」。

第10图表现经文「或得果饼,以与其子,一遇不得,娇啼伴哭」。

第11图表现经文「孝子不娇,必有慈顺」。

第12图表现经文「娇子不孝,必有五〔谪〕」。

第13图表现经文「父母年老,气力衰微时」。

第14图表现经文「得他子女,私房室内,共相欢乐」。

第15图表现经文「子亦长大,求索妻时」。

这幅图轴形象生动,是寺院中俗讲大师讲经说法使用的挂图。第1、2图是楔子;第3至10图表现父母养育茹苦含辛,是全图的重心;第11至15图为结语,褒扬孝子,鞭打娇生惯养的不孝子。

图轴下部正中墨书题榜,两侧分绘戴帽地藏王菩萨和引路菩萨。此画形象生动,段落分明,叙述了父母养育之恩,整幅画的布局合理,画法娴熟,绘画技法上兼得宋代工笔、水墨画的神韵,人物多用线描加晕染,画山水用小斧劈皴法,使用颜料有石青、石绿、朱砂、赭石、白粉和金粉等,虽历经千年仍色泽鲜艳,堪称宋代佛画的佳作。

二、关于图轴中间的三件器物

《报父母恩重经变》以中部说法图为主题，绘“西方三圣”为主尊：正中阿弥陀佛半结跏坐于莲花上，两旁的观世音菩萨和大势至菩萨各交脚坐于莲台。佛座身后均竖二层伞幢，前方设供桌一张，桌上置供器三件(图二)。全图绢质，以蓝色和绿色为衬底，施以石青、石绿、朱砂、赭石、白粉等颜料。尤其在佛说法部分中，将阿弥陀佛施以金色肉身，两位胁侍菩萨佩以金色宝冠、璎珞和玉钏，前方供桌上置有金色供器三件，突出了该部的主体地位。

图二

甘肃省博物馆郭晓瑛老师曾在《甘博藏敦煌绢画〈报父母恩重经变〉内容新探》中，对供桌上的三件金器做有如下描述：“……其中佛坐前方的四位弟子前方供桌上，中是置金色香炉一座，两边各置金灯一盏。”

此观点认为，图轴中部供桌上的三件供器应是香炉一座、金灯二盏，缘由可能在于：香炉在大多数的宗教和各种祭祀活动中都是必不可少的供品与用品。香炉，佛教中称它为宝鼎，圆形的香炉，都有三足，一足在前，两足在后，是如法的放置，常以之譬喻佛教中的三宝，缺一不可。灯具有灯火之明之意，燃灯供于佛塔、佛像及经卷之前皆有大功德。香炉与灯盏均为供养佛菩萨的法器之一，因此，香炉与灯盏搭配，一齐供养于佛前，此种观点于情理之中。

在经过仔细的对比和考辨之后，笔者与上述观点略有出入，对三件供器做出新的假设：三件供器应是香炉一座、净瓶二只，与前郭晓瑛老师论述不同的是金灯应为净瓶。

三、对图轴中净瓶的考辨

《报父母恩重经变》是根据《佛说父母恩重经》绘制的。《佛说父母恩重经》是中国僧徒根据当时政治的需要，吸收中国固有传统孝道思想编造出来的一部伪经。该经至少有三四种版本，删本在敦煌出现的年代大约在唐后期，至五代、宋流行了一百多年，与归义军统治相始终。根据上述对图轴的介绍可以看出，此甘肃省博物馆藏的《报父母恩重经变》图轴内容中并没有全本经文所述孝子事迹的画面和别本所述地狱的画面，由此可知，这件《报父母恩重经变》图轴是依据删本经文绘制的，加之此图轴又有“北宋淳化二年”题记，因此是敦煌艺术作品中唯一有明确纪年的佛说父母恩重经变相。

由于此图轴的明确纪年是北宋时期，笔者将此图轴中部的三件法器推断为香炉一座、净瓶二只有以下三个原因：

1. 从法器的用途看，净瓶的出现合供养情理

法器又称为佛器、佛具、法具或道具。举凡佛坛，用于祈祷、修法、供养、法会等各类佛事，乃至行者所携行之念珠、锡杖等修道之资具，统称为法器。如果以法器的用途来分类，一般约略可分为庄严道场的佛具、供养佛菩萨的法器、梵呗法器、置物用的法器等四种。前面提到的佛座后的二层伞幢，即为用来庄严佛堂道场的庄严道场佛具，而香炉、灯或是净瓶可作为日常勤行的供养法器。

法器的种类非常繁多，其用途、大小、形状等各自不同。即使是同一名称的法器，也会因为制作材料、手法或宗派、时代的差异，而在形式上完全不同。

庄严道场的佛具，如幡、天盖、伞盖、宝幢等；供养佛菩萨的法器，例如香花、香炉、灯笼、净瓶、衣(裓)等，可用作日常勤行供养之器具；梵呗赞诵的法器，例如钟、鼓、磬、木鱼、云版等，可供寺院日常行事或临时集会之敲鸣用，或于唱诵、法会、仪式中领众之用；置物用的法具，如舍利容器、经箱、经箧、戒体箱等，可收藏或装置有关习道之器具者。古代比丘生活器具，指古代大乘比丘生活中必需之物，如钵、锡杖、如意、尘尾、拂子、念珠等日常随身所持之物；密教的法器，包括了修法、灌顶及护摩时所用之法器，例如羯磨杵、金刚杵、金刚铃、金刚盘、六器(火舍、阏伽器、涂香器、华鬘器、灯明器、饭食器)，及结界所用之金刚橛。

我国现有的诸多净瓶大多不是普通僧人所用的日常生活用品，而多是佛事法器。从图轴上的器物来看，左右的两个瓶应该是属于供养佛菩萨的法器,香炉和净瓶都可用作日常勤行供养之器具。

2. 从净瓶的来源看,净瓶的出现合时间情理

净瓶是十八物之一,即净水瓶,源于古印度,是佛教用于贮水净手之用具,后随佛教传入中国,唐宋时期较为流行。净瓶原来是比丘游方随携的生活用具,在家礼佛,出家后受过具足戒的男性僧侣叫比丘,比丘游历四方,研习佛法,靠乞食为生。所以在佛经《法华义疏》中又称:“比丘名为乞士,上从如来乞法以练神,下就俗人乞食以资身。”按照佛家的戒经规定,大乘比丘在乞食游方之时,必须要随身携带十八种用具,这就是人们通常所说的“比丘十八物”,净瓶就是其中的一种生活必需用具。

净瓶又分为净水瓶和浊水瓶两种。用瓦瓷做的净水瓶盛净水,是备非常之时来饮用的;用金属做的净水瓶盛浊水,是便于洗濯时使用的。由于净水瓶必须洗净后才能拿用,因此必须存放于干净的地方;而浊水瓶则是随手可拿的,因此可以任意放在一个地方,便于取用即可。在佛教诸尊中,持净瓶的本尊是菩萨,因此,人们通常见到的持有净瓶的佛教塑像多是菩萨像,如观音菩萨、弥勒菩萨等。菩萨在佛教中,被视为某种教理的化身。他们精通佛法,能了解众生的愿望,满足众生的诉求,使众生发心成佛。所以,在佛教信众的信仰中,净瓶有着一种普度众生的功能,是大慈大悲、救苦救难、护佑众生、平烦息灾、神通无限的象征。

唐宋时期,是中国佛教发展的鼎盛时期,朝廷对佛教采取保护政策,中国和印度的僧人间传法交往络绎不绝,佛教仍保持一定盛况。此时濯瓶盛行的重要原因之一就是适应宗教发达的东南亚国家对净瓶的大量需求,尤其是当地一些人信奉伊斯兰教后,对于净瓶的要求尤多,除日常洗濯之用, 也常用于朝觐搭船时配给淡水之用, 并在归时装满麦加阿必(Abbae)的泉水,赠与亲友或以备家用。因教徒认为此井水为圣水,有驱邪治病的功能,所以许多人常随身携带数个净瓶以备不时之需。从目前出土的大量佛教文物当中,我们见到的净瓶也以唐宋时期比较多,尤以定窑白瓷中比较多见的瓶形为主,北宋早期最为盛行,由此可断定,在北宋时期净瓶曾一度盛行,加之图轴中有“北宋淳化二年”的题记,因此,图轴中净瓶的出现,作为法器从时间段上来推断也是合情合理的。

3. 从净瓶的款式看,净瓶的出现合造型情理

净瓶多以瓦瓷或金属制成, 形状底高颈长, 周身镂刻精美的花纹图案，是用以容水的器具，多供盛水饮用或洗濯，又称水瓶或澡瓶。在《释氏要览》中曰："净瓶，梵语军迟，此云瓶。常贮水，随身用以净手。"它既是信徒用来洗手之物，亦是佛教法器之一。

关于净瓶的原始造型，6世纪巡游印度的中国僧人义净在其所著《南海寄归内法传》中有过详细记载，他这样写道："顶出尖台可高两指。上通小穴粗如铜箸。饮水可在此中。旁边则别开圆孔。拥口令上竖高两指。孔如钱许。添水宜于此处。可受二三升。小成无用。斯之二穴恐虫尘入。或可着盖。或以竹木。或将布叶而裹塞之。"从中可知与形似的瓶类相比，净瓶的特殊之处在于：长颈，颈中突有一轮状突起，肩腹之间有流，腹部浑圆善纳，无柄。虽然如此，我国净瓶的造型却是变化多端的，笔者通过对比分析，认为可将其造型的典型特点与功用结合起来确定某器是否净瓶，其中最重要的不外乎无柄，长颈有宽棱，与佛家有关等。净瓶造型上最大的特点是：器形为管状细长颈，颈中部凸出像圆盘，长圆腹，圈足。通过观察现有出土的净瓶，可以发现其款式多样，但不外乎喇叭口/盘口、束颈、溜肩/鼓肩/折肩、鼓腹/弧腹，有的肩上一侧有上翘短流，圈足或高圈足，有的注口加盖。

从此《报父母恩重经变》图轴中金色瓶的款式看，符合口部微侈、束颈、鼓肩、高圈足、注口加盖的净瓶基本造型，推测其为净瓶可以成立。

四、结　语

综上所述，对于此件图轴中的两件金色瓶，从器形上看符合净瓶的基本造型；从用途上看，符合日常勤行的供养法器之用；从净瓶的流行时间上看，符合绢画所作的北宋时代之说，因此断定此图轴中的三件金器为香炉一座、净瓶二只。

甘肃省博物馆藏《报父母恩重经变》图轴作为国内现存的幅面较大且有纪年的一帧绢本佛教故事画，内容丰富，运笔流畅，色彩绚丽，是一帧不可多得的古代美术珍品，被认定为国宝级文物，此图轴对于研究北宋时期的佛教艺术、衣冠服饰、风俗习惯以及佛教教义与中国传统文化伦理道德等具有重要意义，其价值和意义不可比拟。

战国漆器赏识

杜静薇[①]

漆器是把漆涂在各种器物的表面上所制成的日常器具及工艺制品等。中国是世界上最早使用漆器的国家，制漆工艺历史悠久，源远流长，各个时代特点明显，不同地区生产的漆器具有鲜明的地方特色。据史书《韩非子·十过篇》记载，虞舜做食器"斩山木而财之，削锯修之迹，流漆墨其上……禹作为祭器，墨漆其外，而朱画其内。"据考古发掘，浙江余姚距今7000年前的新石器时代河姆渡遗址中出土有一件内外髹朱漆的木碗，由此可见，中国的祖先至少在新石器时代就已经能够制造漆器。

中国古代漆器在经历了夏、商、西周、春秋这一漫长的历史发展岁月之后，在战国时期达到相当发达的水平。战国时代是我国漆器工艺发展史上第一个繁盛时期，其产量之多，工艺之精湛，品种之繁多，样式之新颖，装饰之绚丽前所未有。战国时期漆器之所以获得如此迅猛的发展，与当时的社会大变革有着密不可分的关联。农业的迅速发展促进了社会分工和手工业技术水平的提高。至迟到战国中期，漆器制造业已经完全脱离了木器业，成为一个独立运作的手工业部门。商品经济的发展，使大量漆器产品以商品的形式进入了市场。随着封建礼制的土崩瓦解，使得许多传统礼器向着生活日用器方面转化。而作为日用品，漆器有着诸多的优势：轻便、坚固、耐酸、抗热、防腐，外形可根据用途灵活多变，装饰可依审美要求花样翻新。漆器所具有的这些优良性质，越来越被当时的人们所接受。于是，漆器在生活领域中逐渐取代了青铜器。

战国漆器出土的地点包括当时的楚、秦、齐、燕、三晋、宗周、中山、鲁、曾、蔡等国故地，分布地域和出土数量都远远超过前代。其中以湖北江陵、随县、枣阳、云梦以及湖南长沙楚墓和四川青川战国晚期秦墓中出土的成批漆器最为著名，是研究战国漆器工艺的珍贵资料。

1. 种类

战国漆器种类繁多，应用范围涉及日常生活的各个方面，几乎无所不

①甘肃省博物馆。

包,多数为实用器,少数为明器,其中不少器形完全仿制青铜礼器,大致可分为日常生活用具、文化娱乐用具、丧葬用具等方面。属日常生活用具的有耳杯、碗、豆、盘、匜、鼎、敦、簋、尊、簠、盒、壶、钫、樽、缶、鉴勺、箱、手杖、虎子、奁、梳、笄、匣、床、几、案、俎、笥、座屏等等。

目前为止,日常生活用具中漆耳杯发现最多。耳杯又称羽觞,最早少量出现于春秋晚期墓葬中,及至战国中期,耳杯则大量出现。耳杯口一般均呈椭圆形,弧壁,平底,少数有假圈足,器内一般髹红漆,外髹黑漆。根据耳部形状的不同,又可分为方耳杯、圆耳杯、高座耳杯三种类型。方耳杯的特征有两种形式,一式耳外侧平直,中部凹陷深浅不同,两端呈波浪形。从早期到晚期胎质由厚变薄,腹由浅变深,耳面由低于口沿或与口沿平齐渐变为耳面上翘,高于口沿,花纹由菱形纹变为云鸟纹;二式口椭圆,方耳外侈,耳平面,内窄外宽,小平底,器内髹红漆,外髹黑漆,耳面及口沿内侧用红漆绘勾连云纹和"∽"云纹。这种方耳杯时代较早,春秋时期已经出现,到战国时期数量很多,至汉代绝迹。圆耳杯的耳一般为新月形,从早期到晚期的变化规律大致是:由变形圆耳渐变为新月耳。耳面与口沿有的相平,有的上翘高于口沿,双耳弧长约占其口的三分之二。从耳的形状看,大致可分为三式:一式耳作变形的新月形,一端宽,一端窄,与口沿平齐,器内髹红漆,外髹黑漆,耳面和口沿外侧绘变形鸟纹;二式耳作新月形,耳面上翘高于口沿,器内髹红漆,外髹黑漆,大部分器物的底部中心有一椭圆形小凹;三式耳面高于口沿,口长径增大,宽径缩短,胎薄,双耳窄长。高座耳杯有两种:一种是方耳杯、把柄和座三部分由一榫卯套扣而成。杯内髹红漆,外髹黑漆,把柄绘红色垂线,座为实心,喇叭状,外髹黑漆,施红色纹饰。一种是筒杯,为一整木雕成,圆杯形,两侧立耳,高柄内实,上粗下细,外髹黑漆地,通体施红色勾连云纹(图一、图二)。

图一 漆木方耳杯

图二 漆双耳筒杯

漆豆发现的数量也较多。漆豆在西周墓中已有出土，到战国时期，漆豆的造型变化多样，其数量也大增。战国楚墓中出土的漆豆在数量上仅次于漆耳杯。豆的基本形制是由豆盘、粗柄和喇叭形底座三部分衔接而成，也有整木雕成。柄多上粗下细，有带盖和不带盖两种。盘、盖多为圆形，有个别为方形、椭圆形，但数量较少，无盖者居多，还有仿生的鸳鸯形。根据豆盘、柄、座的变化，可分为以下几种类型：一种是浅盘，分有盖和无盖两种。有盖者，盖上双耳外侈，柄细长，矮座，底座内实。通体多为黑漆地红漆绘卷云纹；另一种浅盘，也分无盖和有盖两种。无盖者，浅盘，高柄，无耳，假圈足；有盖者，盖两边有耳，柄较粗，座较高，座底内实(图三、图四、图五)。

图三　漆木豆

图四　漆木盖豆

图五　彩漆木雕龙凤纹盖豆

漆盒是战国时期日用漆器的一个重要品种，迄今出土的数量仅次于耳杯和漆豆，有圆盒、方盒、长方盒、漆奁盒、罐形盒、带足盒、曲尺形盒、双耳椭圆形长盒、鱼形盒、鸳鸯形盒等形制。战国时代圆盒多呈扁圆形，盖顶略凸，盖与器作子母口套合，口大于器高，有平底和圈足两种。如湖北枣阳九连墩楚墓出土的漆圆盒，盖与身子母口扣合，盖较矮，顶微弧，矮圈足。漆奁盒种类较多，多以扁圆体为主，与扁圆盒几乎相同，多平底无足。湖北九连墩楚墓出土一件长方形食盒，子口承盖，全器内外髹黑漆。器表用红漆描绘，盖顶正中绘变形蟠虺纹，周边绘勾连卷云纹。鸳鸯形盒以随县曾侯乙墓出土的为代表，整体似鸳鸯，身部雕空，背上有一长方形孔，安置一长方盖，盖上浮雕龙纹，尾平伸，翅微翘，足作蜷卧状。全身施黑漆为地，朱绘鳞纹、锯齿状带纹、绳纹、菱格纹，并以黄色点相间，腹的两侧分别绘《击鼓图》和《撞钟图》。九连墩楚墓出土的漆奁盒，由两块木板雕凿铰接而成。器表一面以篾青、篾黄镶嵌，篾青镶成外框，篾黄嵌为几何纹图案，器内相应部位挖孔以置放铜镜、木梳、刮刀、脂盒，中下部上下各装一可伸缩的支撑，以便使用时承镜。其构思巧妙，做工精致，堪称一绝(图六、图七、图八、图九)。

图六　漆木圆盒

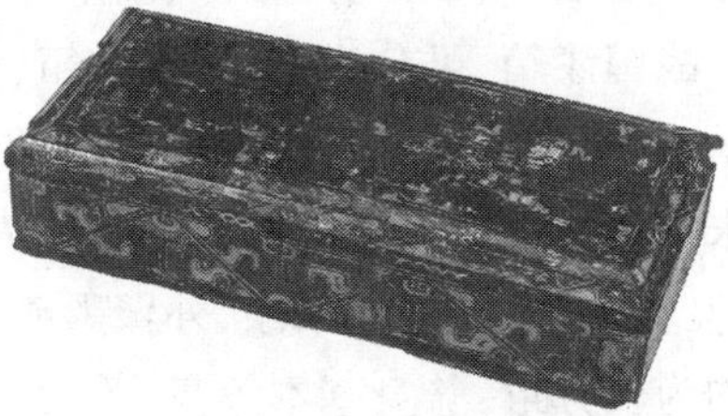

图七　漆木长方盒

图八　战国彩漆木雕乐舞图鸳鸯形漆盒

图九　漆木梳妆盒

战国漆壶种类也较多，主要有圆壶、方壶、扁壶等。器形为仿青铜酒器，圆壶、方壶均有盖，长颈，鼓腹，圈足。方壶仿青铜器钫，子母扣方盖，盖上有纽，方口短颈，弧腹折边，方形圈足，腹两侧铺首衔环，黑漆绘朱彩。还有一种高颈四棱垂腹式方壶，自盖至颈及圈足皆为正方形，并有棱脊，长

图十　漆木方壶

图十一　高颈四棱垂腹式方壶

图十二　漆木扁壶

颈,颈两侧为回顾龙执耳,鼓腹,方圈足下为四兽负器,黑漆绘彩。扁壶有圆口、蒜头口两种,圆口有盖,蒜头口无盖,短颈,溜肩,扁腹,长方形圈足,通体黑漆绘彩(图十、图十一、图十二)。

战国漆箱,可分为衣箱、酒具箱、食具箱三种。衣箱呈长方形,上作子口承盖。盖隆起呈拱形,器身与盖的四角均伸出把手,器表均黑漆为地,绘以朱漆花纹,纹样各不相同。酒具箱为长方形,平底,上作子口,承盖,盖微隆起,内分格,器内髹朱漆,外髹黑漆。内置成套的酒壶、酒杯和食盘。食具箱均为长方形,盖身基本等高,等大,侧板外部均各装有两个弯铜扣(图十三、图十四)。

图十三 “后羿弋射图”彩漆衣箱

图十四 漆木酒具箱

属文化娱乐用具的有乐器笙、箫、笛、篪、琴、瑟、鼓、博具等。漆瑟在战国墓中习见,长方形,两端有弦孔和栓弦柱。一般在瑟面或瑟面首尾髹漆,有的通体髹漆。有的绘精美的车马出行和狩猎、宴享、花纹等图案,是绘画艺术在漆器上的具体体现。漆琴由琴身与活动底板组成,琴身中空为音箱,两端有弦孔和栓弦柱。其他乐器有漆笙、漆排萧、漆篪等,均髹漆,有的施彩绘花纹。笙为葫芦形,腹部有上下两排笙孔,笙管插入其中,通体髹黑漆,红、黄漆彩绘三角纹、云纹等。排箫均由十三根长短参差的竹制箫管经三个竹夹缠缚而成。篪由竹管制成,两端封闭,管身的吹孔、出音孔与五个指孔呈90度。战国墓中出土的漆鼓有多种形式,常见的有虎座凤鸟悬鼓、鹿架鼓、楹鼓、圆鼓、带柄小鼓等。彩绘木鼓,一般用整木雕成圆形,周边呈菱状,上用朱漆彩绘卷云纹及几何形图案。彩绘漆木虎座鸟架悬鼓在湖北九连墩楚墓中多有发现,形制大体相同,由双虎、双凤鸟、一鼓组成。虎背上各立一凤鸟,与虎相向,昂首、长颈、翘尾。鼓悬于双凤鸟冠上。虎、凤鸟通体髹黑漆,用红、黄、金三色绘虎斑纹和鸟羽文。悬鼓边有三个等距离的铜质铺首衔环,周边用红、黄、金三色绘菱形纹。这种鼓是战国时楚国特有的典型乐器，此后不复存在。彩绘鹿架鼓身作伏卧状，头插真鹿角，于卧鹿身后腿上部錾一长方榫眼，安装小鼓，鹿鼓髹黑漆，红、黄漆彩绘点状圆圈及卷涡纹，颜色鲜艳，形象逼真。楹鼓又称建鼓，交龙底座，背上插一柱贯穿鼓身，通体髹黑漆，红、黄漆彩绘。湖北九连墩楚墓出土的彩绘漆木虎座鸟架鼓，两只鹤鸟足踩两只卧虎，尾尾相对，两鹤背上各一立虎，前足托举圆形鼓圈，通体髹黑漆，黄漆彩绘鹤喙、颈足及虎尾，红漆彩绘点状圆圈及卷涡纹，颜色鲜艳，通高 139.9 厘米，宽 134 厘米，造型十分优美独特。乐器附属物的有鼓架、鼓槌、磬架、钟架、钟杖等(图十五、图十六、图十七、图十八、图十九、图二十、图二十一、图二十二)。

图十五　彩漆瑟

图十六　素漆十弦琴

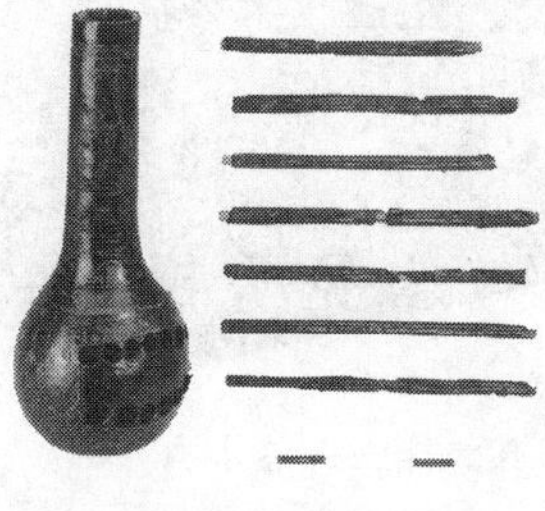

图十七　彩绘笙笙斗

图十八　彩绘排箫

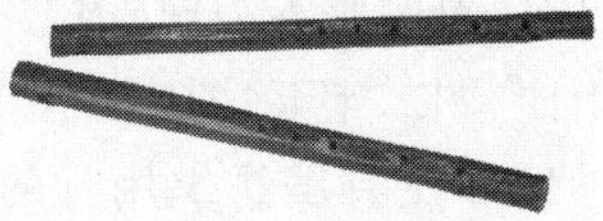

图十九　彩漆竹篪

图二十　彩漆木雕梅花鹿架鼓

图二十一　漆木楹鼓

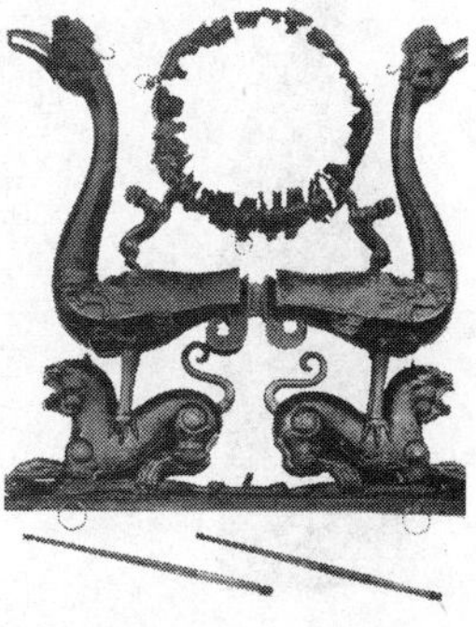

图二十二　彩绘漆木虎座鸟架鼓

属丧葬用具类的有棺、笭床以及专用于随葬的圆雕木俑、镇墓兽、辟邪等。战国墓中出土的髹漆丧葬用具较多,这些丧葬用器均有神秘意味和浓厚的巫术神话色彩。曾侯乙墓出土的内棺,用巨板榫接而成,周身髹漆并饰以龙蛇纹735条,各种动物142只,神人神兽武士纹20个。髹漆的彩绘木俑,主要出自一些贵族墓,这些木俑多是贵族家的奴婢、臣属的替身。战国至汉代的统治者墓中,常见有乐俑、舞俑、侍俑、炊事俑及武士俑的出土,木俑均以黑色绘眉目,再在木头上雕出服饰轮廓,然后用红黑等色漆绘出纹饰。镇墓兽是战国楚墓中最有特色的随葬品之一,战国早期就有,但数量很少,中期最多,晚期发现很少。其形制有单头、双头、变形龙面式、变形人面式等。基本形态均由真鹿角、兽形首、方形底座三部分拼合而成,鹿角插在兽首顶部孔内,兽身插在底座方孔内,多作长颈、鼓眼、口吐长舌状。漆木辟邪是战国墓中见到的丧葬具,形象神秘古怪。关于辟邪的形状,说法不一,多认为它是一种形象似狮,有独角或双角,身有翅的兽。漆饰木辟邪,由树根圆雕而成,兽头,龙身,四足。通身髹暗红漆,朱红彩绘。漆木虎座飞鸟由虎、鸟、鹿角三部分构成。虎昂首踞伏于座,背立一仰首展翅的飞鸟,鸟背上插双鹿角,虎和鸟身上均彩绘虎斑纹和鸟羽纹,此外还有鹿座立鸟等,形制基本相同(图二十三、图二十四、图二十五、图二十六)。

图二十三 漆木内棺

另外还有属纺织用具的绕线棒

图二十四 漆木俑

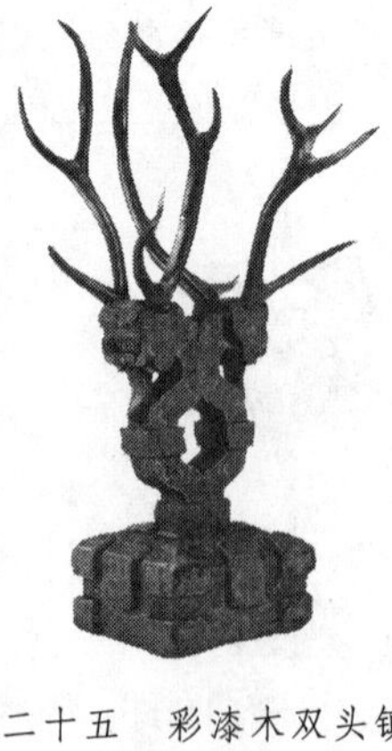

图二十五 彩漆木双头镇墓兽

图二十六 漆木虎座飞鸟

等，属兵器的如弓、弩、箭杆、剑鞘、矢箙、柲、甲、盾等(图二十七、图二十八、图二十九)。

图二十七　漆木绕线棒

图二十八　漆木弩

图二十九　彩漆龙凤纹盾

2. 纹饰

漆器大多有鲜艳的彩绘，题材广泛，绘画技艺精湛。战国时期漆器纹饰的基本特征是传统与创新并存，大体上分为几何纹、动物纹、植物纹、叙事画纹样等。几何形纹有云雷、三角、菱形、折线纹等，这类纹样具有较高的抽象性和较纯的装饰性。以直线和折线表现的有方块纹、三角形纹和菱形纹等，以曲线表现的有云纹、雷纹、圆涡纹、窃曲纹、S形纹等，以点画表现的有目纹、点纹等。云纹是常见的主题纹饰，形态变化繁多，至少可以分为三种：一是比较规整的卷云纹，两端呈涡卷状；二是几何化了的云纹，如交叉结构、菱格结构等，比较常见；三是自由流畅的流云纹，具有翻转自如、随形就势、奔放畅达的特征。

动物纹有龙凤、飞禽走兽等，龙纹和凤纹在战国漆器中发现得最多，是当时普遍流行的纹饰。大致可分为两种：一种是写实的，一种是变形的。写实的少，变形的多。变形的龙纹，取龙的主要形态特征，由流云纹、卷云纹或S形纹构成。漆器上的凤纹比龙纹更显凸出，凤的造型多为颈身一体的修长形，尾部较大，向两边翻卷，体态优美，具有云一般的流动感，表现出手绘所特有的流畅与轻松。写实的动物纹在战国漆器上主要发现有虎、鹿、马、牛、羊、犬等纹。这些动物形象采用完全写实的手法，构图生动逼真，形神兼备。

植物纹有树木、花草等。

战国漆器中还有不少以新兴的写实手法描绘现实生活场景与人物活

动的叙事画纹样，题材多取于现实生活中的宴饮、歌舞、攻战、出行、狩猎等活动场面，成为这一时期最常见的题材。这类装饰图画如湖北荆门包山大冢漆奁上的《车马人物行迎图》、信阳长台关楚墓彩绘锦瑟上的《狩猎图》等，成为这一时期具有趣味性的新主题，是战国时期贵族生活的生动再现。此外，漆器的纹饰还有神话、鬼怪、巫术之类的题材和天象纹样的图案装饰。

装饰手法可分为彩绘、针刻、雕镂、金银彩绘、金银铜扣、镶嵌诸种。绘画的技法是单线勾勒加平涂。颜色有黑、红、褐、黄、绿、蓝、白、金、银等十多种。着彩所用涂料，深色用漆，称为“漆绘”，浅色用油，称为“油彩”。油料的成分，有人认为是桐油，有人认为可能是荏油。

3. 制胎

自河姆渡文化中发现有漆器以来，漆器的胎体一直以木质为主，直到战国时代的绝大部分漆器仍然是木胎。然而经过长期的发展与改进，木胎制作已有了多种手法。战国中期以前多厚木胎，木质胎骨比较厚重，器物不够轻巧。至战国中、晚期，漆器胎骨减薄，薄木胎器明显增多。木胎的制作方法有斫削、镟凿、卷接、雕刻等。依器形不同，施用不同的加工方法。斫木成型是最古老的木胎制作工艺，即在整木上通过斫削成形的方法。几、案、耳杯等多用斫制法斫削出器形。鼎、盒、壶、盂、樽等圆鼓腹器物多用镟凿法。奁、卮类直筒形器物则多用薄木片卷成筒状器身，下接平板为底。雕刻是战国漆器中最富特色的一种工艺，在雕刻方法上主要有透雕、浮雕和圆雕，或者兼而有之，如辟邪、镇墓兽、木俑等，鸳鸯形豆的胎体则是采用这几种方法加工而成的。

另外，还发展出了以其他材料为漆器胎骨的新工艺，诸如夹纻、竹、革、藤之类。最值得注意的是夹纻胎，因为这种制胎技术的发明，不仅为漆器的成型带来了方便，而且比木胎更轻巧、更耐温。夹纻胎漆器胎薄体轻，光洁美观，不易变形和开裂，并能制作比较复杂的器形。从现有材料看，战国中期已使用“脱胎法”制作夹纻胎漆器。夹纻胎是先用木头或泥土制成器形，作为内模，然后用多层麻布或缯帛附于内模上，逐层涂漆，干实以后，去掉内模，便剩下麻布或缯帛的夹纻胎，这就是所谓的“脱胎法”。夹纻胎轻巧、牢固，漆液渗透性好，黏附力强，其发明和应用标志着战国髹漆工艺的巨大进步。所谓竹(篾)胎漆器，是指在竹器或篾编器物上髹漆的制品，如漆竹卮、漆竹笥、篾编漆盒等。漆甲、漆盾等是髹漆的皮革制品。

4. 髹饰工艺

战国漆器的髹饰工艺也有多种，主要的有彩绘、描金、针刻与填漆等几种。

彩绘漆器是战国漆器最为流行的装饰手法，就是在完成的漆器表面用色漆描绘花纹的做法。红、黑二色是战国漆器的基本色调，此外发现的还有黄、蓝、绿、白、褐、金、银等色，常见的是在黑漆地上描绘朱漆花纹，或间以其他色彩。描金是指在漆器上用金色描绘纹样，金光灿灿，华贵富丽，这也是战国漆器中运用较多的一种修饰手法。此外，还发现在陶器、铜器、舟车、建筑构件以及个别石器上髹漆或用彩漆描绘纹饰的做法。

5. 镶嵌工艺

漆器的镶嵌技术在春秋战国时期得到很大发展。镶嵌材料除传统的蚌片外，多使用金、银或铜一类金属嵌件，如山东沂水春秋墓中曾出土一件镶嵌金贝和压花金箔的漆勺。战国漆器上贴附金箔的实例已屡有发现，金箔被剪成各种图案，有的采用针刺花纹，实开金银平脱漆器之滥觞。漆器镶嵌技术的另一重要发展便是在薄板卷木胎或夹纻胎器物上镶加银、铜扣箍。用金属镶包器口沿的工艺制成的器物称为“扣器”，加扣的漆器，始见于战国中晚期，有的铜扣上还有错金银花纹。金属扣的作用除了加固外，还把漆器装饰得更加富丽堂皇。精美的扣器集中代表了战国时期漆器镶嵌和金银钿工的高度成就。此外，春秋以后的漆器上逐渐增加了铜铺首、合页、盖纽、鋬、足等多种金属附件，也起着加固和装饰的作用。

6. 文字和款识特征

战国漆器的款识有针划、刀刻漆书和烙印文字等几种，针刻工艺主要是在已髹好的漆器表面用针或其他尖细锐利的工具刻画出细纹，然后填以色漆，这种手法主要用于文字和符号刻画，款文及符号为隶书，也有带金文风格的字体。文字大体有两方面内容：一是注明漆器制地的标志，如四川青川荥经曾家沟战国早期墓出土的圆奁，盖上刻“戚”字，盖内刻“成草” 二字；二是记载工匠的姓名，如战国晚期墓出土的漆盒盖内有阴刻的“王二”字迹。此外在出土的一些漆盒的底部和盖的内侧，阴刻有相同的符号，刻痕很深。如“工”形符号、“三” 形符号、“米”形符号、“山”形符号、“乙”形符号等，这些符号像是工匠在生产成套产品时所用的记号。

中国制漆工艺绵延数千年,尤其是战国时期,留下了无数神奇瑰丽、珍贵无比的漆器精品，这些漆器艺术品成为华夏文化宝库中的一颗璀璨的明珠,不仅是我们中华民族的骄傲,而且在世界物质文明史上也占有重要的地位。

汉代对丝绸之路"河西"地区的开发和经营

俄　军

1877年,德国地理学家李希霍芬(F.von Richthofen)所著的《中国》一书中,首次把汉代中国和中亚南部、西部以及印度之间以丝绸贸易为主的交通路线,称作"丝绸之路"。1910年,德国历史学家赫尔曼(A.Herrmann)在出版的《中国和叙利亚之间的古代丝绸之路》一书中,根据新发现的文物考古资料,进一步把丝绸之路延伸到地中海西岸和小亚细亚,确定了丝绸之路的基本内涵,即它是古代中国经由中亚通往南亚、西亚以及欧洲、北非的陆上贸易交往的通道,因为大量的中国丝和丝织品经由此路西传,故此称作"丝绸之路"。但在当今文化学界,"丝绸之路"的内涵已经超越了交通道路和商业贸易的局限,涵盖了古今人类社会的经济、政治、文化、艺术、宗教信仰等各个方面,成为东西文化乃至世界文明沟通和交流的象征。

"河西"是一个历史地理概念,因位于黄河以西而得名。河西地区东接中原,西连西域,北达大漠(内蒙古高原),南通高原(青藏高原),自古为中西交通的重要孔道,又称"河西走廊"。古今"河西"的地理概念有所不同,汉武帝开发河西以后,其地域范围主要指金城郡(其辖境大致包括今甘肃省兰州市、临夏回族自治州和青海省东部地区)所属之黄河以西、西域三陇沙(今新疆维吾尔自治区东部之库木塔格沙漠东北突出部)以东、北山山地以南、祁连山地以北的地区,地形狭长,呈东南—西北走向,这与现今以乌鞘岭以西为"河西"的地理概念稍有不同。如今河西地区其地域范围包括:汉代金城郡属的枝阳县、允街县、令居县(以上今属兰州市西固区、永登县和武威地区的天祝藏族自治县)、武威郡(今属武威地区和白银市的景泰县)、张掖郡(今属金昌市、张掖地区和内蒙古自治区的额济纳旗)、酒泉郡(今属张掖地区的高台县、肃南裕固族自治县的部分地区、嘉峪关市和酒泉地区的酒泉市、玉门市、金塔县)、敦煌郡(今属酒泉地区的安西县、敦煌市)。

在汉代开发河西之前，河西为一片游牧之地。根据近年的考古调查与发掘，在酒泉以东，分布着属于新石器时代晚期的马家窑文化马厂类型的遗址，距今约3000多年；考古工作者曾在今金昌市河西堡，发掘了鸳鸯池遗址，属新石器时代半山类型和马厂类型。在焉支山以西直至敦煌地区，分布有处于青铜时代的四坝文化，其时代相当于中原地区的夏商时期，在今玉门市清泉和花海比家滩、酒泉市清水乡甘谷崖、山丹县四坝滩一带，亦发现大片同属四坝文化时期的遗址。在河西北部的巴丹吉林沙漠与腾格里沙漠之间的古休屠泽一带，分布有属于铁器时代的沙井文化，其时代相当于中原地区的战国至西汉初。

汉代初年，由于多年的楚汉战争，生产遭到破坏，民生凋敝，流民遍野，府库空虚，面对匈奴的侵扰无力对抗，朝廷被迫采取和亲政策。岁赠巨额絮缯、酒食，约为兄弟。然匈奴对汉王朝领地依然掳掠不息。据史籍记载，汉文帝前元四年（前176年），匈奴右贤王西击月氏，“尽斩杀降下定之。楼兰、乌孙、呼揭及其旁二十六国皆已为匈奴”，从此河西为匈奴所控制。匈奴休屠王驻牧于今武威及其以北的休屠泽一带，筑休屠城于今武威市以北的四坝乡三岔村附近。匈奴浑邪王驻牧于今张掖市弱水两岸。文帝十四年（前166年），“匈奴单于十四万骑入朝那萧关”，“使骑兵入烧回中宫，候骑至雍甘泉”。汉王朝虽将匈奴骑兵逐出塞外，但“不能有所杀”。“匈奴日已骄，岁入边，杀略人民甚众，云中、辽东最甚，郡万余人。”匈奴的严重威胁，成为汉王朝统治的心腹大患。

至汉武帝即位时，经过高祖至文、景帝六十余年的休养生息，农业生产逐渐得到恢复，社会经济出现繁荣富庶的景象。“非遇水旱，则民人给家足，都鄙廪庾尽满。而府库余财。京师之钱累百巨万，贯朽而不可校。太仓之粟陈陈相因。充溢露积于外，腐败不可食。众庶街巷有马，阡陌之间成群。”在此基础上，武帝开始积极谋划，以图彻底解除匈奴之患。为此，筹划结联西域，断匈奴右臂。于是建元三年（前138年），遣张骞通使大月氏，又于元光二年（前133年），开始对匈奴用兵。元朔二年（前127年），遣卫青出云中，北抵高阙，迂回至陇西，收复河套一带，置朔方郡（郡治今内蒙古自治区杭锦旗北），筑朔方城，修缮秦蒙恬于阴山所筑塞防，并利用黄河以南的秦昭王古长城，以加强边防。同时，沿用文帝时晁错的“徙民实边”之议，募民十万口徙于朔方。元狩二年（前121年）春，遣骠骑将军霍去病出陇西,进击河西,过焉支山千余里。同年夏,又出北地,进击河西,渡居延海,攻祁连山,使匈奴右部受到沉重打击。同年秋,驻牧河西之匈奴浑邪王杀休屠王,率四万余众降汉,汉以其众分徙河南五郡故塞外。于是“陇西、北地、河西益少胡寇”,“金城、河西西并南山至盐泽,空无匈奴。匈奴时有候者到,而希矣。”从此,汉王朝基本解除了来自北方和西方的直接威胁,武帝因此而下令减北地郡以西戍卒的一半,同时徙关东贫民于河套以南的新秦中。元狩三年(前120年),再减陇西、北地、上郡戍卒的一半,并陆续徙关东贫民七十二万五千口于陇西、北地、西河、上郡等地,垦田殖谷,寓兵于农,以巩固边防。元狩四年(前119年),遣大将军卫青、骠骑将军霍去病率骑十万,“私负从马凡十四万匹”,分两路穷追匈奴。西路卫青军出定襄,在漠北大败单于,北追至阗颜山赵信城(大约在今蒙古人民共和国杭爱山以南)而归。东路霍去病军出代郡两千余里,与匈奴左贤王激战,大获全胜。祭天于狼居胥山(今蒙古人民共和国乌兰巴托以东),刻石记功于姑衍,临瀚海(今贝加尔湖)而还。从此,匈奴主力远徙西北,漠南不再有单于王庭。汉王朝占领了朔方至河西的大片土地,并在黄河以北,自朔方西至令居(今甘肃永登县),置田官,遣吏卒五六万人,修渠种粮,实行军屯,以巩固胜利,加强边防,同时不断蚕食匈奴领地。

元狩四年(前119年),汉兵将匈奴逐出河西。但最初之时,汉武帝并非计划开发河西,河西的经营是一个逐步发展的过程。当时,汉、匈经过多年激烈的战争,双方的力量均遭到削弱。匈奴虽远徙西北,已无力南下对汉室发动大规模侵扰,但汉王朝亦难以集结更强大的兵力深入漠北追袭匈奴,汉、匈双方处于势均力敌的相持态势。因此,汉武帝于此时再遣张骞出使乌孙,欲邀乌孙重返河西故地,以结盟共击匈奴。但“乌孙远汉,未知其大小,又近匈奴,服属日久,其大臣皆不欲徙。昆莫年老国分,不能专制,乃发使送骞,因献马数十匹报谢”。元鼎二年(前115年),张骞返回长安,为“断匈奴右臂”,维护与西域的交通,“隔绝羌胡,使南北不得交关”,武帝决心开发河西。元鼎四年(前113年),驻兵屯田于河西,随后逐步建置郡县,徙民殖谷。同时,分段修筑障塞,精明烽火,畅通驿道。再经昭、宣两代的经营,达到汉代经营河西的鼎盛时期,为后世两千余年的经营奠定了坚实的基础。西汉政府对河西地区的经营首先是修筑汉塞,河西汉塞的兴筑是随着武帝对河西的开发和河西四郡的建置分段进行的。因此,弄清河西四郡的建置年代,是探索河西汉塞建置时间的必要前提。但是,关于河西四郡的建置年代,司马迁作为当世史官,其《史记》中对河西四郡建于何时缺少明确记载,《史记》刑余之书,未能尽善,尤其是武帝朝之事,不可责难。其后的班固欲为订补缺失,然而时过百余年,疏误难免。由于《汉书·武帝纪》与《汉书·地理志》相互抵牾,后世学者重作探讨时,各据资料和分析理解不同,于是歧义纷乱,疑窦丛生。

为明晰这一问题,我们先对历代史籍记载和已有研究成果加以梳理。关于河西四郡的建置年代问题,早在《史记》已有涉及。《大宛列传》记:自博望侯张骞死后"……而汉始筑令居以西,初置酒泉郡以通西北国。"《平准书》记:"数万人发三河以西骑击西羌,又数万人渡河筑令居。初置张掖、酒泉郡。"《匈奴列传》记:"是时,汉东拔秽貉、朝鲜以为郡,而西置酒泉郡,以隔绝胡与羌通之路。""是岁,元封六年也。自此之后,单于益西北,左方兵直云中,右方兵直酒泉、敦煌郡。"这四条记载中使用"初置""西置""自此之后"等词句,缺少明确的时间记载。《汉书·武帝纪》:"元狩二年(前121年)匈奴浑邪王杀休屠王来降,遂以其置酒泉郡,元鼎六年(前111年)乃分置张掖、敦煌两郡。"汉书·地理志》却载:"太初元年(前104年)开酒泉、张掖,四年开武威,后元元年(前88年)乃分酒泉置敦煌。"这样《史记》、《汉书》中关于河西四郡建置年代的记述存在着先天不足。司马光在编撰《资治通鉴》时也曾提出这个问题,可是他并没有解决这个矛盾,只是取《武帝纪》的记载,作局部修正,"以酒泉郡置于元鼎二年,武威稍后"了事。从此,后世对河西置郡年代,大都以《武帝纪》为正,以《地理志》为误,数百年来,问题实际上并没有解决。

清代以来专论和兼论这个问题的人不少。劳幹先生利用20世纪30年代所获居延汉简,参考其他文献,从另一个方面寻求四郡设置年代的正确答案。根据汉简的有关记载,劳幹先生的推断是:"武威建郡当在元凤三年(前78年)十月之后;地节三年(前67年)五月张敞视事山阳郡之前,至于酒泉、敦煌、张掖,主张仍从《武帝纪》。"到20世纪40年代,张维华先生在《河西四郡建置年代考疑》一文中,从《武帝纪》《地理志》以外的《史记》《汉书》中有关记载出发,综合考察河西置郡的经过。他断言:"《汉书》武纪、地志的说法都存在问题",认为"四郡之中酒泉最先置,武威最后,张掖、敦煌武纪可从"。这一卓识打破了河西四郡建置年代囿于《武帝纪》的僵局，虽然在设郡的具体时间上有待进一步研究，但在设郡的顺序上，已大大超越了前人的认识。

20 世纪 60 年代初，陈梦家先生更进一步将汉史文献资料和汉简所载有关史料进行全面的排比分析，认为：“《史记》的记载有其一致性。四郡建置主要应以《史记》为据。不能受《汉书·武帝纪》的支配。”他的结论是酒泉、张掖应同置于元鼎六年(前 111 年)，敦煌置郡当于元封四至五年间(前 107—前 106 年)，武威则应置于宣帝初，其建郡上下限应缩短为地节三年(前 67 年)至元康五年(前 61 年)之间。

1986 年王宗维教授在《汉代河西四郡始设年代问题》一文中，通过对《史记·骠骑列传》和《汉书·霍去病传》详尽对照分析，得出了汉王朝在元狩二年(前 121 年)，骠骑将军霍去病打败匈奴于河西时，未曾在河西设立酒泉郡的结论。

1987 年，周振鹤先生在《西汉政区地理》一书的《河西四郡沿革》一节中，提出了关于河西四郡设置年代的结论：“目前暂以元狩二年 (前 121 年)置为是，以待将来进一步订正。”张掖由酒泉郡复分而置，时当为元鼎六年(前 111 年)，“各家殆无异议”；敦煌亦析酒泉置于元鼎六年(前 111 年)，“并无充分证据否定”；武威最后置，时在地节二至三年间，最迟不过地节三年(前 67 年)。

1989 年，刘光华教授在《秦汉西北史地丛稿》一书中的《汉武帝对河西的开发及其意义》一文中，发表了和周振鹤先生基本一致的结论。

2001 年，王宗维先生在《汉代丝绸之路的咽喉——河西路》第八节的《河西四郡及属国》中对河西四郡的设立进行了论述，肯定了河西四郡中酒泉郡为首置，设置于元封四年(前 107 年)，张掖郡设置于太初三年(前 102 年)末和太初四年(前 101 年)初，敦煌郡的设置在太初四年(前 101 年)初至天汉元年到二年(前 100~前 99 年)间，武威郡的设置在最后，在汉宣帝地节元年(前 69 年)或二年(前 68 年)。

通过研究和分析先贤学者的研究成果，首先可以肯定河西四郡的建置顺序：最初设置酒泉郡，其后为张掖郡、敦煌郡，最后设置的是武威郡。四郡的建置年代，酒泉郡以元狩二年(前 121 年)置为是；张掖由酒泉郡复分而置，时当为元鼎六年(前 111 年)；敦煌亦析酒泉置于元鼎六年(前 111 年)；武威郡设置的时间在地节二至三年间(前 68~前 67 年)，最迟不过地节三年(前 67 年)。

西汉时期在河西四郡建置的同时,为维护中原至西域交通的畅通,保障河西军屯和郡县移民垦殖的安全,以及确保河西成为经营西域的前进和后援基地,先后分五次逐段兴筑了河西地区障塞烽燧。

第一次,武帝元鼎六年(前 111 年),由令居筑塞至酒泉。前已述及,《史记·大宛列传》载,"而汉始筑令居以西,初置酒泉郡以通西北国"。所谓"始筑令居以西",据《汉书·张骞传》臣瓒注:"筑寨西至酒泉也"。元鼎六年(111 年),在建置酒泉郡之后,兴筑了令居至酒泉的障塞烽燧。

第二次,武帝元封四年(前 107 年),由酒泉筑塞至玉门关。前已述及,《汉书·张骞传》载,元封四年(前 107 年),王恢封浩侯。同年,"酒泉列亭障至玉门矣"。根据汉简和田野调查资料,文献中的"玉门",乃"玉门关",而非指玉门县。汉代玉门县位于今玉门市宽滩山以南的亦金绿洲,而汉代障塞位于宽滩山以北,汉代干齐县所属之花海绿洲以北。

第三次,武帝太初三年(前 102 年),由张掖筑塞至居延泽,并由休屠城筑塞休屠泽。据《史记·匈奴列传》载,在汉兵的多次打击下,自元封六年(前 105 年)以后,匈奴"单于益西北,左方兵直云中,右方直酒泉、敦煌郡,对河西的安全形成巨大威胁"。太初三年(前 102 年)秋,匈奴"右置入酒泉、张掖,略数千人。会任文击救,尽复失其所得而去。"为防御匈奴趁汉远征大宛之机,南下河西威胁汉兵在西域的军事行动,太初三年(前 102 年),"益发戍甲卒十八万,酒泉、张掖北,置居延、休屠以卫酒泉","使强弩都尉路博德筑居延泽上",亦即于居延泽、休屠泽南,兴筑障塞亭燧,屯田驻守。

第四次,天汉初(前 100—前 99 年),由敦煌西筑亭燧至盐泽。据《史记·大宛列传》载,太初四年(前 101 年),贰师将军李广利伐大宛后,"西至盐水,往往有亭,而仑头有田卒数百人,因置使者护田积粟,以给使外国者"。从此,汉通西域之道路,得以畅通。

第五次,宣帝地节三年(前 67 年),由媪围筑塞至揟次。在建置武威郡时,曾于北驿道沿线,新置媪围、扑两县。在此同时,于两县北境,又新筑一道塞防,以维护北驿道的安全。

此外,在南山(今祁连山)北坡,为防备羌人,兴筑各段北塞的同时,亦筑有障塞烽燧。

汉王朝对河西地区的经营还包括由政府主导向河西地区进行移民。

从元狩四年(前 119 年)汉王朝在漠北击退匈奴单于后,即开始向西北边疆地区移民。河西地区的移民实边政策,从朔方以西至令居开始。《史记·匈奴列传》记:"是后,匈奴远遁,而幕(漠)南无王庭。汉渡河自朔方以西至令居往往通渠,置田官,吏卒五六万人。"汉王朝移民建设令居,较大规模的行动在元鼎六年(前 111 年)。《史记·平准书》记:"数万人发三河以西骑,击西羌,又数万人渡河筑令居",从此令居人口猛增。其后汉王朝在河西地区设置开田官,还陆续于元封四年(前 107 年),迁徙大量人口至酒泉、敦煌。从元狩末年到汉武帝死去,汉王朝多次向河西地区迁移居民,总人数达数十万,河西地广人稀的状况得到彻底改变。汉武帝其后的昭帝、宣帝等,继续采取加强屯田力量、流放罪人、自由迁徙等政策,使河西的常住人口有增无减,保证了河西地区的稳定。

汉武帝对河西地区的开发,在中国历史上有重要的意义。它不仅把河西地区纳入了西汉王朝的版图,而且在军事上也有着极其重要的意义。开发河西,为打通西域提供了重要的人力、物力保证。西域和汉王朝通使之后,河西地区开始成为中西交通最重要的要道。通过这条道路,中国的各类特产,特别是丝织品源源不断地运往了中亚、欧洲各地。从此中西方以这条"丝绸之路"为纽带,促进了双方在政治、经济、文化、科技等各个方面的全面发展。

(本文原载:《丝绸之路——大西北遗珍》,文物出版社,2010年)

从西方传入的文物看古代丝绸之路传播

——以甘肃省博物馆藏西式神人纹鎏金银盘为例

俄　军

甘肃省博物馆收藏的西式神人纹鎏金银盘(图一),是反映古代丝绸之路的一件十分重要的文物,长期以来受到研究丝绸之路学者的高度关注。在探讨其本身的图案内容和传入中国的背景的同时,对研究经丝绸之路从西方传入的文物是十分有意义的。

图一

这件稀世珍宝于1988年在甘肃省靖远县北滩乡一个农舍的房基下发现。其高44厘米,直径31厘米,重3180克。盘中的图案可以分为三层:最外面的一层是相互勾连的葡萄卷草纹,每颗葡萄中心都有一个小凹点,葡萄的花下叶底还若隐若现地刻画着29个姿态各异的昆虫飞鸟,如鹦鹉、蚱蜢、蜥蜴、蜗牛、蜜蜂等;第二层被分成了12个单元,在每个单元中,左侧为一个动物,右侧为一个神头像;最里面的一层直径为9.5厘米,上体为一个青年男神,头发卷曲,上身裸露,肩扛“权杖”,倚坐在一头威武的动物上。

靖远县北滩乡所处位置在黄河以东约40千米处,北距汉代以来到唐宋时期丝绸之路上著名的高平(北朝以来称原州,今宁夏固原)直线距离约60千米。这件藏品是我们研究和探讨古代丝绸之路的一件无可替代的珍贵宝物。

一、对银盘研究的几种观点

关于这件银盘,有多位学者进行过研究。

1. 初世宾的研究

初世宾是银盘的最初研究者。他指出:银盘第二层的12个神像应是古希腊神话中的“奥林匹斯山十二神”:太阳神阿波罗、月神阿耳忒弥斯、天帝宙斯、处女神雅典娜、海神波塞冬、天后赫拉、火神赫淮斯托斯、谷神得墨忒耳、战神阿瑞斯、美神阿佛洛狄忒、使者神赫尔墨斯、春神帕尔赛芙涅。初世宾的这个考证,已为其他学者所接受。对于盘子正中的那个男神,初世宾认为此神“可能是阿波罗,也可能是酒神巴卡斯或希腊神话中别的人物”。初世宾还推测,此盘的时代约在“4~5世纪,最晚时代约不过6世纪前半期;其产地大约不会超出意大利、希腊和土耳其”。[①]

2. 林梅村的研究

1997年,北京大学学者林梅村释读出银盘上的一行大夏文铭文,其意为“价值490斯塔特”或“价值490金币”。这样,林梅村认为这个银盘应当是大夏银器。他写道:甘肃靖远发现的这个充满希腊罗马艺术风格的银器表明“5世纪末至6世纪初希腊文化仍为大夏文化主体”[②]。

3. 石渡美江的研究

关于日本学者石渡美江的研究,甘肃省博物馆的刘志华先生有翻译文章[③]。其观点如下:(1)银盘的外圈部分、内圈部分与中心部分的狄俄尼索斯酒神像是有关的。(2)“若从图像判断地域,在葡萄藤草叶纹间配置小动物的图像,多见于从希腊地中海沿岸的亚洲和北非的一部分。内侧部分的鸟和人物的组合图像,存在于从小亚细亚到北非,中心部分的酒神狄俄尼索斯坐在动物腰背部的凯旋图,与其说是在罗马,不如说更多见于周边的阿提卡石棺和西亚、北非的马赛克镶嵌画中。可见,外圈部分、内圈部分及中心部分图像的分布地域一致。或许城市无法确定,但可以考虑认为是在地中海东岸的亚洲地区或是北非的城市作坊制作的。”(3)这个银盘是2~3世纪左右在地中海沿岸的亚洲或北非地区制作,3~4世纪传入巴克特里

①初世宾《甘肃靖远新出东罗马鎏金银盘略考》,《文物》1990年第5期。

②林梅村《中国境内出土带铭文的波斯和中亚银器》,《汉唐西域与中国文明》1998年,第157~177页。

③石渡美江(著),刘志华(译)《甘肃省靖远出土鎏金银盘的图像和时代》,《丝绸之路文论》2003年下半年版,总第8期。

亚并刻上所藏者的名字,在4~5世纪左右从巴克特里亚越过帕米尔高原,又经天山南路传入中国。

4. 马尔沙克的研究

俄罗斯中亚史专家马尔沙克先生曾亲临甘肃省博物馆仔细观察该盘。他认为:银盘的生产时代在1~2世纪,甚至更早。盘底圈足内有一行虚点錾刻的铭文。目前,学界对其语系、族属、内容尚有争议。另有刻画的粟特文铭文,马尔沙克先生释读为SYK,他推测为器物拥有者的名字缩写。

通过对以上四种观点的介绍,基本可以确定:银盘制造地为罗马帝国或者拜占庭帝国统治时期的地中海周围,时代在1~3世纪,3~4世纪传入巴克特里亚,或者在5~6世纪传入大夏。

二、结合其他西方传入的文物分析银盘的传播途径及时代

银盘传入中国的具体途径和时间实际上是关联在一起的问题。根据林梅村的研究,银盘在传入中国之前在大夏曾留存过一个时期。石渡美江研究,银盘在传入中国之前在巴克特里亚曾留存过一个时期。因此,分析大夏和巴克特里亚与中国之间交流的关系,可以对银盘传入中国的途径和时间进行推测。

大夏和巴克特里亚的关系是非常复杂的,在相当长的时期内,国内史学研究者并没有明确将这二者区分。这一问题近年有学者指出应该区别开来。他们认为:"由于史籍中大夏与吐火罗从未同时期存在过,而吐火罗与大月氏则有同时出现的情况,所以将吐火罗对应于大月氏,将大夏对应于巴克特里亚的说法显得过于粗糙。通过语言历史学的研究分析,用现代吴语(即中古北音)读'大夏',其音与用北方方言(普通活)读'睹货逻(吐火罗)'之音相同。"因此,可以证实,大夏即吐火罗。从地域角度看,无论是巴克特里亚、大夏,还是吐火罗、大月氏,它们都曾经被用作今阿富汗北部阿姆河流域的地名。但作为国家或民族,巴克特里亚、吐火罗、大月氏则具有完全不同的概念,它们是完全不同的国家或民族。而中国史籍所记载的西域大夏国,应当是后期史籍中记载的吐火罗,也是西方史料中的吐火罗,而绝不是巴克特里亚王国。显然,林梅村文中的大夏,指的是大夏国。

石渡美江文中的巴克特里亚指的也是希腊—巴克特里亚国家在公元前141年前后被北方游牧民族灭亡后新建立的“大夏国”,主体民族先后是吐火罗人和大月氏人。到237年萨珊统治了这一地区,其总督由萨珊王任命,又被称为“贵霜王”。一直到437年厌哒人进入阿姆河流域。6世纪中期,突厥统治了这一地区。银盘在大夏—巴克特里亚地区出现的深层次的文化原因,日本学者田边胜美教授有研究和解释,他指出:“酒神狄奥尼索斯所暗示的与情欲有关的形象,在佛教造像已经普遍流行的贵霜时期依然继续存在。这是因为这些希腊神话可以赋予佛教的彼岸或涅槃更明确而具体的形象,无法单独借由佛陀或者菩萨造像来体现。不过在这个阶段,虽然希腊神话中的海怪与诸神仍然具有引导死者灵魂的作用,但其重要性降低,仅扮演伴随佛陀与菩萨渡海的次要角色。”①

1. 银盘是经过大夏—巴克特里亚地区直接传入中国的

这与石渡美江先生的观点是吻合的。在这一时期(2—6世纪),中国发现的从大夏—巴克特里亚地区传入或者在其影响下产生的西式图案纺织物及刻錾西方字母的器物,主要集中在两个区域。

一个区域是关中及其相邻地区出土的西文字母铅饼。1965年,西安西北汉代长安城遗址内出土了一只陶罐,内有带铭文的铅饼共13枚。1973年,陕西省扶风县姜塬又出土了2枚这样的铅饼。1976年,甘肃省灵台县发现了274枚同类铅饼,总重量达31806克。有学者认为:这些铜饼和铅饼上的铭文应当是用草体希腊文拼写的中古伊朗语。1世纪前期,贵霜王朝建立,2世纪中叶以后,贵霜内乱不已,境内的大月氏人大量地流亡东方,进入东汉避难。这些铭刻有草体希腊文的铜饼与铅饼,很可能就是流寓到中国的贵霜大月氏人在三辅(以西安为中心的陕西中部地区)及其西邻地区频繁活动留下的遗物。

另一个区域是塔里木盆地,主要出土有西式图案纺织品。斯坦因在新疆楼兰发现的一块彩色缂毛残片,时代为东汉晚期。在这块羊毛织成的纺织品上,残存着“十足希腊罗马式图案的赫尔墨斯头部”。赫尔墨斯是古希腊神话中一个多才多艺的神,他掌管贸易、旅行、竞技等。赫尔墨斯还是众神的信使,为神祇传递信息,他的标志是手持双蛇杖。在有些国家中,这种双蛇杖是医生或医学的象征。在斯坦因所发现的这块羊毛织品残片上,可以看到比较完整的双蛇杖图案。这块彩色缂毛织物,应当是从地中海地区

①林圣智《中亚、西亚艺术与东西方文化交流——记田边胜美教授讲座》,《故宫文物月刊》(台北)第23卷第2期,第83页。

输入的。研究表明,新疆出土的外来毛织品并非来自一个产地,而是产自中亚、西亚以及地中海周围的不同地区。例如,从这些毛织品的题材及风格上来看,有的是两河流域风格的狮形图案,有的则是希腊风格的马人图案。1984年,新疆洛浦县山普拉墓地1号墓中,出土的一件彩色毛织壁挂,时代为1~2世纪(相当于东汉时期)。这件壁挂出土时已被剪成四块,缝制成一条裤子。左裤腿上是一个倒置了的武士像,右裤腿上有人首马身图案。复原后应为一块大型壁挂,右裤腿原是壁挂的上部分,左裤腿则为下部分。壁挂上部分的人首马身图案,实际上是希腊罗马神话中的马人。整幅图案洋溢着希腊艺术的风格,高耸的鼻梁几乎与额头垂直,飘动在肩头的兽(狮?)皮隐喻着勇敢,手中的号角象征着对自己荣誉的宣扬。马的四蹄也与中国传统摆法不同,马人四周的菱格图案,也带着西域韵味。壁挂下部的武士右手握矛,立体感很强。虽然目前还不能确定这个武士像所包含的意义,但它显然具有希腊文化的特征,特别是与前面提到的斯坦因从楼兰所获彩色缂毛残片上的赫尔墨斯头像相似。山普拉古墓出土的这块彩色壁挂,由20多种颜色的细毛线织成,是一块采用局部挖织法织成的缀织物。1995年,新疆尉犁县营盘遗址清理发掘了一个汉晋时代的大型墓地,获得文物约400件。营盘遗址在汉代属于墨山国(又称"山罔"或"山王国"),位于古丝绸之路的交通要道上。这里出土的文物,有的产于中亚、西亚的装饰品,有的甚至来自地中海地区。在营盘墓地中,最引人注目的是15号墓,时代为东汉中晚期。此墓的木棺外盖着一条长方形彩色狮纹栽绒毛毯,残长312厘米,宽178厘米。毛毯的主体是一头伏卧的雄狮,狮头侧视,神态和善,富于动感,整个毛毯充满西方艺术风格。棺内是一个身材高大的男性,脸上覆盖着麻质人面形面具。死者身上穿着一件红地对人兽树纹罽袍。这件罽袍基本完好,色泽鲜丽,图案精美,堪称稀世珍品。罽面上每一区由六组图案构成,每组图案之间则是长满果实的石榴树。第一、二、四、五组为人物,都是裸体的男子,高鼻大眼,头发卷曲,是典型的欧罗巴人。他们两人一对,或持盾挥矛(剑),或单手刺击,栩栩如生。特别是他们的肌肉被夸张地隆起,更使画面充满力量与生气。第三组是牛,第六组为羊。这两组动物造型生动,姿态活泼。整个图案把希腊艺术与中亚、西亚艺术有机地融合在一起,令人叹为观止。这件罽袍应当是西方所产的。墓地的发掘者认为:"M15不见墓地流行的木器、羊骨等为组合形式的随葬品。死者面罩面具、随葬冥衣、四肢缠帛等习俗也是独一无二的。墓主人服饰华丽,其外袍纹样带有浓厚的希腊化艺术风格。棺外覆盖具有异域特色的狮纹毯。15号墓十分独特的资料,显示出墓主人生前特殊的身份。联系银盘在丝绸之路上的位置以及汉晋时期丝路沿线文化交流、贸易往来的历史背景,推测墓主人可能是一位来自西方从事贸易的富商。”1959年,新疆考古工作者在新疆民丰县古尼雅遗址中发现了一座东汉晚期(2世纪)的墓葬,墓中出土了两块蓝白印花棉布的残片,这是我国目前所知的最早的棉布。其中有一块棉布中心部分已经缺失,只能见到半只赤裸的脚、一段狮尾。所幸的是,在它的左下角有一个大约32厘米见方的方框,框内画有一个半身女神像。女神胸怀袒露,侧身斜视,神情安详恬静,身后有圆形光环。她的颈上及臂上都有装饰品,手中持有一个角状长筒容器,容器内盛满果实。这个女神最初曾被当作佛教中的菩萨像,这块棉布也曾被看成是从印度输入的。但随着研究的深入,学者们提出了许多不同的解释。有的认为此图系希腊风格,图中的角状容器并非佛教的法器,而是希腊神话中的丰饶之角;图中的女神不是佛教中的菩萨,而是希腊神话中的丰收女神堤喀,也有的认为她是希腊神话中的大地女神该亚与谷物女神得墨忒耳的混合体。另有学者提出:这幅图案的主题本应是中亚与西亚风格的狮子,只是已经残缺了;图中的女神应是波斯女神。最近有学者通过与贵霜王朝金币上的图案进行对比,认为棉布上的女神应是中亚的丰收女神阿尔多克洒。

2. 从西方传入的古代丝绸之路文物看丝绸之路的传播

拜占庭制造—巴克特里亚地区—突厥(或者萨珊)地区—东传中国,这是西方传入的古代丝绸之路文物的大脉络。具有明显罗马—拜占庭风格的东罗马金币等金银器传入中国,基本上是在北魏到唐初期。代表性器物有:

(1)鎏金银壶。北周李贤墓出土。此壶高37厘米,是一件由鸭嘴形的流、细长的颈、上立胡人之弧形的把、玉壶春瓶似的腹和喇叭形的座结合而成的稳健、奇特的艺术品。在腹部有三组人物图案,叙述的是一个古希腊的神话故事:三位女神赫拉、雅典娜、阿佛洛狄忒为“谁是最美丽的女神”争论不休,众神之王宙斯命令由帕里斯判定。帕里斯是特洛伊国王的儿子,他以英勇无畏而闻名。这是一个选美的难题,帕里斯王子斟酌再三仍无法定夺，三位女神都是美丽无比。阿佛洛狄忒向帕里斯许诺，如果自己被选中，将把天下最艳丽的女人海伦送给他。最后，帕里斯将刻有“献给最美丽的女神”的金苹果献给了阿佛洛狄忒，第一组图案表现的就是这个内容。帕里斯在阿佛洛狄忒帮助下，越海前往希腊寻找海伦。海伦是斯巴达国王墨涅拉俄斯的王后，一见到远道而来的帕里斯顿生爱慕之情，趁丈夫离开王宫之际，带上珠宝首饰与帕里斯私奔到了特洛伊城。第二组表现的就是海伦手拿珠宝首饰盒与帕里斯相约私奔的内容。得知此事的墨涅拉俄斯怒火中烧，于是长达十年的特洛伊战争拉开了序幕。十年的征战与抵抗使双方难分胜负。最后，希腊军队巧妙实施了著名的“木马计”，才彻底击败了特洛伊守军。墨涅拉俄斯夺回了心爱的王后海伦，这场争夺美人的战争最终尘埃落定。第三组图案表现的就是头戴盔帽的墨涅拉俄斯迎回海伦的内容。林英先生认为，铸造此壶的工匠对画面所表现的希腊神话题材不理解，如帕里斯两手中各持一果状物，且上面刻画竖纹，显然他不知道这是苹果，而且苹果应该只有一个。在希腊艺术中，海伦的脚下刻画着船头的图案，而胡瓶图案上，海伦脚下是一片空白。这说明瓶子的产地在萨珊帝国以东地区，而并非罗马。①

(2)金戒指。1983 年，固原县南郊乡深沟村李贤夫妇墓葬出土一环状金戒指，直径 2~4 厘米，指环正中的圆形部分镶圆形青金石一块，石面上雕一裸形人物，右腿前迈，呈行进状，双手举一弧形柁环，两端各垂一囊状物。青金石直径 0.8 厘米。相似风格戒指在隋李静训墓、北齐李希宗墓、北齐徐显秀墓、北周史君墓均有出土。唐代戒指，黄正建先生有研究②，河南偃师市杏园村唐墓出土有金戒指一件，“环体厚重，上嵌椭圆形紫色水晶。水晶上浅刻两字，文字为中古时期的巴列维语。”墓的年代推测为盛唐墓。辽宁朝阳市双塔区 1 号唐墓出土铜戒指五件，3 号墓出土金戒指一枚，同墓还出土有东罗马帝国金币一枚，墓的年代推测在唐中期以前。江苏徐州市花马庄唐墓出土金戒指一件，墓的年代推测为唐前期。出土的铜戒指，发掘报告说就是戴在墓主人手指的。墓主人或是少数民族或受外来文化影响甚大；其中偃师市杏园村唐墓出土金戒指上刻有中古波斯语，无疑也是西方传入的外域工艺品。

(3)金项链。隋大业四年(608 年)李静训墓，出土金项链。链长 43 厘米，由 28 个金质球形链珠组成，每个球形链珠均由 12 个小金环焊接而

①林英《唐代拂菻丛说》，中华书局，2006 年 11 月版，第 156 页。
②黄正建《唐代的戒指》，国学网——中国经济史论坛——汉唐通论。

成,每个小环外又有小焊珠一圈和大焊珠5颗,其上再各嵌珍珠10颗,珠分别嵌有鲜红玛瑙、宝蓝青金石、洁白珍珠。项链的下端,居中为一个大圆金饰,上面镶嵌一块晶莹的鸡血石,在鸡血石四周嵌有24颗珍珠。这块鸡血石纯净晶莹,虽在地下埋了千余年仍然鲜艳如新,光洁明亮。最下挂一心形金饰,上面镶嵌一块长31厘米的青金石,极为罕见。鲜红的鸡血石、宝蓝的青金石、洁白的珍珠,在纯金的烘托下,交相辉映,更显整条项链璀璨夺目,精美至极。同时,也向我们展示了古时皇族生活的奢华和手工艺术品技艺的精湛。李静训家世显赫,曾祖父李贤是北月骠骑大将军,祖父李崇为一代名将,父亲李敏官至光禄大夫。她自幼深受外祖母北周皇太后溺爱,一直在宫中抚养。死于隋大业四年,时年九岁,其随葬品多精美奢华。有学者考证:这件项链与乌克兰Goldosy城附近一处墓葬出土的胸坠十分相似,可能是拜占庭宫廷赏赐给黑海沿岸的保加尔人的。他们在7世纪60年代同拜占庭关系密切。①

(4)东罗马金币。中国境内发现的拜占庭金币,最早的铸于君士坦丁二世(337—340年)和君士坦斯二世(337—350年)时代,即4世纪上半叶,最晚的铸造于君士坦丁五世(741—775年)时期,即8世纪中叶。从可辨认出的金币看,4世纪中叶至7世纪中叶铸造的钱币表现出很大的连续性,即君士坦丁二世(337—340年)1枚、君士坦斯(337—350年)1枚、狄奥多西二世(408—450年)1枚、列奥一世(457—474年)3枚、阿那斯塔修斯一世(491—518年)5枚、查士丁一世(518—527年)5枚、查士丁尼(527—565年)4枚(其中仿制品3枚)、查士丁二世(565—578年)2枚、毛利斯(582—602年)1枚(仿制品)、福卡斯(602—610年)2枚、希拉克略一世(610—641年)2枚(其中仿制品1枚)。7世纪中叶以后的金币只有君士坦丁五世(741—775年)时期所铸1枚,与其他金币在时间上没有连续性。这种情况说明,随着7世纪中叶伊斯兰阿拉伯势力的兴起,对拜占庭帝国地中海东岸和北非领土的占领,及其对波斯萨珊朝的征服,使得拜占庭帝国通过中亚和西亚与中国保持的经济联系被切断了。②

(5)镶嵌红玛瑙的虎柄金杯。新疆昭苏县波马74团场发现。罐上镶嵌有30多颗宝石,通高14厘米,腹径123厘米,重489克,器盖圆形,模压7朵花。金罐颈肩部焊接着30颗红宝石,器物造型精美,装饰典雅。另有镶

①Attila Kiss(著)、林英(译)《公元6世纪至7世纪中国所见拜占庭珍宝》;林英《唐代拂菻丛说》,中华书局,2006年11月版,第170页。

②张绪山《我国境内发现的拜占庭金币及相关问题》,“欧亚学研究”网站。

嵌红玛瑙虎柄金杯一只,高 16 厘米,重达 726 克,如此器形和规格的金器,在新疆境内十分罕见。专家们认为此金杯的艺术特点含有安息(今伊朗)、拜占庭(今东南欧、土耳其)的元素。林英收集了欧美各博物馆收藏的安息、萨珊风格中与该罐造型和图案有关的器物,在对镶嵌红玛瑙的虎柄金杯的研究中,涉及了和银盘中心图案酒神有关的问题并进行了分析。

(6)3 世纪初的安息银盘。大英博物馆的藏品。描绘了酒神坐在车上,由女祭司们引领着胜利出征的场景,整个画面的布局都同罗马艺术中的酒神场景极为接近。值得注意的是,这件银盘的底部描绘了一只正在饮酒的虎或豹。酒神题材在萨珊时代的伊朗继续受到欢迎,尽管它可能已经演变成了纯粹的艺术图案,不一定同酒神崇拜相关。

(7)萨珊银瓶。华盛顿弗雷尔艺术馆藏,反映了典型的萨珊式酒神图像。在这两幅连续的图像中,描绘了两只虎或豹,一只被酒神牵着缰绳,侧身趴在棕榈树的树干上;另一只由女祭司引领,也是侧身趴在酒瓶上。它们的大小和造型相似,同安息时代的图像相比,呈现一种程式化的倾向。同样,萨珊时代的虎柄造型也出现了这种倾向,从一件由罗马私人收藏品的萨珊酒具中可以看出,虎或豹的身体造型趋向细长,同安息时期的虎豹形象相比,变得抽象了许多。笔者看来,安息时代的这类虎或豹较为写实,而神人纹鎏金银盘中心的狮子(也有学者认为是豹)也是写实风格,它们之间有没有关系呢?

(8)带有铭文的银盘。1990 年,苏斯比拍卖行公布了一批被称为塞索宝藏的(共 14 件)罗马银器,它的主人名为塞索,极可能是住在潘诺尼亚省的凯尔特族的罗马将军,银盘的制作时间大约是 5 世纪初。在塞索宝藏中,有一件大型银罐,通体捶揲希腊罗马神话题材的浮雕,带有两个豹形手柄。豹子的头侧转,前爪趴在罐沿之上,后爪立于罐的肩部,其中一只的颈部还带有银链,连接着罐口上的塞子。两只豹形手柄的造型和匠意同特普雷恩和胡瑟的虎豹手柄一致。有趣的是,它们都同银罐脱离。根据牛津大学的罗马银器专家 M·曼戈和曾担任大英博物馆希腊罗马文物部主管的潘特的研究,与塞索银罐相仿的罗马银器至少有两件。一件出自罗马尼亚的康塞斯提,现存俄国国立艾米塔什博物馆。银罐的形制同塞索银罐完全一致,两只手柄也已经同银罐分离,只是手柄不是虎豹造型,而是希腊神话中的马人雕像。另一件是银罐的残片,来自罗马尼亚。残片上的浮雕表明银罐的形制很可能属同一类型。总之,这种类型的银罐出自地中海东部,特别是拜占庭首都君士坦丁堡的工厂中。银盘上的铭文表明,潘诺尼亚曾是它们旅程中的一站。潘诺尼亚是罗马在多瑙河中下游设置的行省,5世纪中叶,这一地区先被阿提拉的匈奴帝国控制(434—453年),然后成为东哥特王国的一部分。带有豹形把手的银罐有没有可能从潘诺尼亚流向东方的匈奴人和东哥特人手中呢?至于出自罗马尼亚的两件银罐,它们的主人最有可能是5世纪活跃于多瑙河中下游的匈奴人或阿兰人。拜占庭派往阿提拉的匈奴帝国使节帕尼提斯提到,帝国送给匈奴人许多男用和女用的礼物,其中就包括银罐。带有虎豹手柄的银器很可能受到来自东方的游牧民族的喜爱,而罗马人喜爱将手柄单独收藏的习惯也很可能随之东传,向游牧民族展示了一种新的意向。一件同样来自罗马尼亚的金饰物(1797年出土于Simleu Silvanici窖藏)为我们提供了比较有力的证据。这件金饰物是用金环串联成的长链条,上面缀满各式小饰物,与内蒙古达茂旗出土的西晋五兵佩有异曲同工之处。金链中间的坠饰是一颗大宝珠,由两个交叉成十字形的金环托着,同金链连在一起。金环上两只豹形雕像侧身对立,前爪趴在金环同金链连接处的扣结之上。这两只豹形雕像的大小虽然无法同前述金银器上的虎豹手柄相比,但是造型和匠意却极为一致。Simleu Silvanici窖藏中出土了十多件拜占庭风格的圆雕饰,由此可以确定它的埋藏时间为5世纪。窖藏的主人是从多瑙河流域迁来同匈奴人有关的蛮族部落的首领,他们作为拜占庭帝国的军事附庸统治着当地的达西亚人(Dacian)。这两件对称的豹形小雕像很可能是本地工匠受拜占庭的虎豹雕像启发制成的。

匈奴人拥有喜爱虎豹这类猛兽的传统。在中国北方出土的匈奴族金银饰物中,虎的形象备受重视。如新疆阿拉沟的八块圆形金饰和四条金饰带都以虎纹为主题,虎的凶猛得到突出的体现。关于突厥族,《北史·突厥传》开篇就写道:“突厥者,其先居西海之右,独为部落,盖匈奴之别种也。”而在鄂尔浑河畔发现的突厥阙特勤碑(732年竖立)中,提到一个名叫bars bāg的部落首领,阙特勤授予他可汗称号,并将妹妹嫁给他。Bars的原意是豹,是很早时期来自伊兰语的一个借词,在突厥语中它的词义扩大,也用来指称虎等大型的猫科动物。突厥贵族以虎豹为名,说明重视虎豹的传统继续在突厥民族中流传,很可能是在这种文化背景下,来自拜占庭的虎豹雕像被突厥贵族接受，并进而应用到本民族的器物之中。

从文献记载来看，突厥社会中有专门的金银器制造业。吐鲁番阿斯塔纳307号墓中，出土了高昌国接待外国客使的“供食文书”，提到突厥贪汗可汗的“金师”莫畔陀曾出使高昌。高昌供食文书中将外来客使分成待遇不同的上、中、下三等。“金师”莫畔陀的供食等级为上等。可见，他在突厥社会中的社会地位较高，这也表明金银器制造业在突厥社会中的重要性。圣历元年(698年)，默啜指责武后给他的“金银器皆行滥，非真物”，反映出突厥贵族对金银器有较高的鉴赏力。这进一步说明，突厥工匠很可能有能力仿制拜占庭银器的部件。

林英的结论是：波马金杯上的虎柄很可能是仿照拜占庭银器上的虎豹手柄制作的。同时，当酒神崇拜在基督教帝国的拜占庭湮没之时，我们却看到虎豹手柄在一个新的文化环境中又同酒器联系起来。丹尼斯·塞诺曾经这样评价突厥帝国在世界历史上的地位：“突厥帝国将拜占庭、伊朗、印度和中国这四大文明联系起来，这个民族不单单是东西方物质和精神文明交流的载体，而且将不同文明的因素融汇，再染上突厥文化的色彩。这种影响也许不是那么持久，不过，正是通过突厥人，外来文明更深入地渗透到了欧亚内陆。”波马的虎柄金杯再一次向我们揭示了突厥民族在东西方文化交流中的独特成就。[①]

三、罗马—拜占庭风格的金银器传入中国的历史背景

北魏到唐前期，东罗马金币和被认为具有明显罗马—拜占庭风格的金银器传入中国的历史背景是十分复杂的，但不外乎以下四个线索：

1. 中原地区与突厥的直接交往所得

由于出土东罗马金币和被认为具有明显罗马—拜占庭风格的金银器均出自北朝大族，且为朝廷在北部边塞立下大功，所以林英指出：“或许，正是因为这些墓主都曾为朝廷在漠北立下汗马功劳，皇室才将来自可汗的‘金钱’赐予他们，以资纪念。此外，这个推论自然将我们引向这样一个问题：北朝晚期至唐初的统治集团是否了解这些‘金钱’的真正出处呢？换句话说，突厥可汗在送出这些外交礼物时是否有意透露它们来自拜占庭帝国，从而显示汗国在东西方的霸主地位呢？对于这个问题，目前我们还

①林英《唐代拂箖丛说》，中华书局，2006年11月版，第157~165页。

没有找到可资证明的直接证据。但是,如前所述,当时的外交礼物的选择和赠予从来都不是一个简单的过程,它是统治集团对于国际关系看法的微妙表达。”①

2. 粟特人传入

北周史君墓为粟特人墓葬,固原史氏家族墓地也为粟特家族墓地,徐显秀墓的葬俗受到祆教习俗的明显影响。近年来,荣新江等学者对北朝萨保及出土围屏石塌进行了研究。荣新江认为:“作为丝绸之路上的商业民族,粟特人把东西方物质文化中的精粹,转运到相互需要的一方,中古中国许多舶来品,大到皇家狩猎队伍中的猎豹、长安当炉的胡姬,小到宫廷贵妇人玩耍的波斯犬、绘制壁画使用的胡粉香料,其实都是粟特人从西方各国转运而来的。薛爱华(E.Sachafer)教授用‘撒马尔干来的金桃’来涵盖唐朝所有的外来物品,是极有见地的看法。而粟特人用他们擅长的语言能力,在丝绸之路沿线传播着各种精神文化,这包括他们的民族信仰祆教和后来皈依的佛教,安伽、史君、虞弘墓的祆教祭司形象和敦煌出土的一批粟特文佛典,是最好的证明。而且,还有一些粟特人成为从波斯向中国传播摩尼教、景教的传教士,吐鲁番发现的粟特文摩尼教和景教文献,应当出自他们之手。此外,能歌善舞的粟特人以及他们翻领窄袖的衣着,也深深影响着唐朝的社会,引导着时代的风尚,成为繁荣昌盛的大唐文化的一个形象标志。”②

3. 通过萨珊波斯传入

萨珊波斯(226—651 年)是伊朗古代历史上的一个政权,它很早就与中国内地的政权建立了联系。北魏太武帝太平真君六年(445 年)左右,北魏遣使者韩羊皮出使波斯,波斯王遣使献驯象及珍物。文成帝太安元年(455 年),波斯国又与疏勒等国遣使朝贡。此后,与西魏、北周、隋往来不绝。萨珊波斯深受拜占庭文化影响,与当时东西方的两个大国——中国和拜占庭都有密切的关系和交往。

4. 直接从拜占庭帝国传入

由于中亚地区与地中海沿岸交流的频繁和直接性,银盘从大夏—巴克特里亚地区又重新返回了拜占庭。6~7 世纪是拜占庭帝国的强盛时期,帝国内部存在着对丝绸的强烈需求。为了获取丝织业所必需的中国生丝,

①林英《唐代拂菻丛说》,中华书局,2006 年 11 月版,第 72~75 页。

②荣新江《从撒马尔干到长安——中古时期粟特人的迁徙与人居》,同学网——中国经济史论坛——汉唐通论。

打破波斯在生丝供应上的垄断，拜占庭帝国在传统丝绸之路、南海之路和欧亚大陆南俄草原之路上进行了积极的探索。拜占庭商人的商贸活动促进了中国丝绸的西传，也使大量拜占庭金币流入中国境内。①

四、西方金银器文物对古代中国的影响

西方神话人物在新疆、青海、甘肃、宁夏的出土文物中都出现了，但西方文化对古代中国的影响，学者研究的却不多。邢义田先生在《希腊大力士赫拉克利斯流浪到中国》一文中认为，“变身变形”进入中国的赫拉克利斯，有几个有趣的变化。

首先，他们变成唐墓中象征性的守卫俑。从出土位置较清楚的几件可以推知，这些俑多被放置在墓道或墓门的两侧，以威武之姿手持武器，保卫着墓的入口。他们的角色颇类似佛窟壁画或塑像中担任护法的执金刚神或暗达婆。由此可见，赫拉克利斯在进入中国以前虽然早已改头换面，但他原本的勇士和保护者的形象，却仍然被保留下来。

其次，角色相似，地位却在希腊、罗马和中亚下降。赫拉克利斯和统治者——不论是亚历山大、罗马皇帝或安息和贵霜帝国的形象，总是结合在一起，有着无比尊崇的地位。在佛教艺术的脉络里，他变形成为佛主释迦的众多护法金刚、神王、力士之一或天龙八部的暗达婆，不但失去了唯我独尊的地位，更从上位降为陪侍。他那支神圣和尤坚不摧的棍棒，在变形为护法金刚或力士后，或仍保持，或由金刚杵所取代。在兑孜尔石窟壁画里，棍棒曾沦落成为身份低贱牧牛人的手中之物。只有赫拉克利斯的狮皮头盔始终受到珍惜，继续披在勇士的身上。

根据前述日本学者田边胜美教授的研究，希腊—罗马神话在贵霜的传播也是宗教的因素，由于塔里木盆地与古代贵霜之间密切的关系，我们认为，很可能塔里木盆地出土的希腊神话人物与佛教的传播是有关的。

（本文原载：郑炳林、俄军主编《2009丝绸之路国际学术研讨会论文集》，三秦出版社，2010年）

①张绪山《6~7世纪拜占庭帝国对中国的丝绸贸易活动及其历史见证》，“欧亚学研究”网站。

博物馆在中国与阿拉伯世界交流中的作用

俄　军

一、古代中国与阿拉伯世界的交流史略

(一)交流简史

阿拉伯和中国的交往历史悠久,源远流长。汉代时把阿拉伯称作“条枝”。《史记·大宛传》:“条枝在安息西数千里,临西海。”安息指波斯(现伊朗),西海即波斯湾。自7世纪中叶起,随着阿拉伯伊斯兰国家的建立和对外联络的开展,中阿关系日益密切。唐高宗永徽二年(651年),阿拉伯第三任正统哈里发奥斯曼(644—656年)正式遣使到长安。此后,阿拉伯使节陆续来到中国,到中国经商的阿拉伯商人更是络绎不绝。

古代中国和阿拉伯的交通路线主要是“丝绸之路”,有陆上和海上之分。海上“丝绸之路”又称“香料之路”。陆上“丝绸之路”由长安出发,经河西走廊至敦煌,出玉门关,西越葱岭,穿过中亚木鹿等地,取道波斯,到达伊拉克、叙利亚。大量的中国蚕丝、丝织品和其他货物,通过这条陆路,运往阿拉伯各地,以及更远的西方;阿拉伯的骆驼商队络绎不绝,大量西方货物运抵中国。海上“丝绸之路”从广州、泉州、明州、扬州等地南航,穿过马六甲海峡,经锡兰和印度半岛南端,至波斯湾或红海。大批的陶瓷、丝、绢、绫、绵等货物,通过这条海路,运往阿拉伯各地及其他地方。阿拉伯商船也从此海路扬帆东行,抵达中国海港。

至16世纪初,在葡萄牙人占领红海入口和波斯湾入口处的要地,截断阿拉伯与中国贸易的海上“丝绸之路”以前,自唐至明朝中期,这两条“丝绸之路”上商队来往频繁,贸易繁荣,带动了两地经济文化的交流与进步,为中阿两地均做出了不朽的贡献。

(二)交流途径

古代中国与阿拉伯间的文化交流有直接和间接两类。在阿拉伯帝国

建立,遣使长安以前,两地以间接的文化交流为主。7 世纪以后,两地通过"丝绸之路"开始了直接接触。

古代中国和阿拉伯之间的经济文化交流以贸易为主要途径。自唐代始,越来越多的阿拉伯商人来到中国经商,多聚居在长安,扬州、广州和泉州等港口城市也住有不少阿拉伯商人。宋代时,来中国的阿拉伯商人多数居住在广州和泉州。元代时,大都、泉州、广州、杭州、温州等许多城市均住有阿拉伯商人。交流途径除贸易外,还有政府间的外交往来和战争行动。

(三)交流成果

经济文化千余年间的交流,在中阿两地产生了丰富的交流成果。中国的陶瓷、丝绸、茶叶、麝香等商品传入阿拉伯,其中瓷器和丝绸最受喜爱。瓷器制造技术、炼丹术、指南针、雕版印刷术、火药等相继传入阿拉伯,对阿拉伯的生活与社会产生了广泛而深刻的影响。

阿拉伯文化传入中国后,对中国的社会和文化产生了多方面的影响。随着来华的阿拉伯人的增多,伊斯兰教在中国广泛传播。一批批来华的阿拉伯人与当地人通婚,在中国逐渐形成一些信仰伊斯兰教的民族,如回族、维吾尔族、保安族、东乡族等。阿拉伯商人运到中国的各类货物中,包括没药、葫芦巴、龙脑等药材,丰富了中国的医药学宝库。阿拉伯人在聚居的长安、广州、泉州、扬州、杭州等地修建清真寺,使阿拉伯建筑学对中国传统建筑产生了积极的影响。阿拉伯数学、天文学的传入促进了中国数学、天文事业的发展。另外,阿拉伯语言、文学在中国也产生了一定的影响。

(四)甘肃的阿拉伯文化传播与融合

甘肃与阿拉伯文化交流的第一个高峰在蒙元时期。有元一代,由于在甘肃所驻的蒙古军很多,往来使者、商人、贡使络绎于道,又有宗教机构,于是就形成了回族人活动的主要地方。

蒙古军先后进行的三次大规模西征,把大量信仰伊斯兰教的人带入到中国,并把其中的大部分组成军队,主要在西北地区驻防,河西则是甘肃回族屯田的一个重要区域。随着全国社会秩序的逐步稳定,至元十年(1273 年),忽必烈下令"探马赤军随处入社,与编民等"(《元史·食货志·农桑》卷九三),在甘肃的大批回族军士由侨居变为永住居民。

甘肃的河西走廊是中西经济文化交流的重要通道,在这里经商旅居的回族人很多,如肃州东关内“自东至西大街一条,长一里半;自南至北横街一条,长一里。其余小市僻巷不一,肆中贩粥,不拘时辰,朝市暮散,富庶与城内埒,惟番回居大半。”(《肃州府志》卷三),可见河西走廊已是甘肃穆斯林的主要聚居区。

明代,伊斯兰教在甘肃得到了进一步发展,主要表现在穆斯林人数增多、穆斯林有了较为固定的聚居区并建立了较多的清真寺、在甘肃的穆斯林形成了两个民族——回族和东乡族。约在明中叶前后,在甘肃的大部分穆斯林成了回族。居住在甘肃洮河以西、黄河东南、大夏河以东、广通河以北的东乡地区的部分穆斯林,形成了东乡族。

清代因西北地区的回民起义失败,清政府将河西走廊的回族强行迁离,甘肃中东部的临夏、张家川、平凉等地成为其聚居区。这种分布一直延续至今。

大量穆斯林的定居,使伊斯兰教在甘肃迅速发展,许多清真寺纷纷建立。天水北关清真寺创自元至正年间,是甘肃省现存最古老的清真寺之一。穆斯林在甘肃世代居住,吸收了中国文化,形成了独特的民族、民俗风格,为甘肃的开发和前进做出了杰出的贡献。

二、博物馆在中国与阿拉伯世界交流中的作用

(一)博物馆的文化传播功能

博物馆是文物和标本的主要收藏机构、宣传教育机构和科学研究机构,通过征集收藏文物、标本进行科学研究,举办陈列展览,传播历史和科学文化知识。传播是博物馆的最主要功能之一。

博物馆的每件藏品都承载着一种文化,透露着独特的信息。藏品通过陈列展览给观众展示这些内容,传播其所代表的文化内涵。正因如此,博物馆是一个地区、一个城市文化的缩影,博物馆传播的文化最能代表本地区的历史文化。世界文化丰富多彩,基于反映世界文化的各地博物馆同样具有多样性。

文化的传播主要表现为“传承”和“扩布”,即一方面表现为文化信息在时间上的传承和延展,另一方面表现为在空间上的扩布和流行。博物馆文化是整个社会文化的有机组成部分,具有社会文化传播的共同特点。博

物馆以藏品为基础,往往通过观众实现自身文化的传播。

(二)博物馆是中国与阿拉伯世界历史文化的缩影

博物馆依据藏品各类,可划分为历史类、艺术类、科学类和综合类四种类型。

历史类博物馆以历史的观点来展示藏品，展现历史中这一地区的状况。如中国历史博物馆、中国革命博物馆、西安半坡遗址博物馆、秦始皇兵马俑博物馆、泉州海外交通史博物馆、景德镇陶瓷历史博物馆、北京鲁迅博物馆、韶山毛泽东同志纪念馆、中国共产党第一次全国代表大会会址纪念馆等。

艺术类博物馆主要展示藏品的艺术和美学价值,如故宫博物院、南阳汉画馆、广东民间工艺馆、北京大钟寺古钟博物馆、徐悲鸿纪念馆、天津戏剧博物馆等。

科学类博物馆以分类、发展或生态的方法展示自然界,以立体的方法从宏观或微观方面展示科学成果,如中国地质博物馆、北京自然博物馆、自贡恐龙博物馆、台湾昆虫科学博物馆、中国科学技术馆、柳州白莲洞洞穴科学博物馆等。

综合类博物馆综合展示地方自然、历史、革命史、艺术等方面的藏品,如南通博物苑、山东省博物馆、湖南省博物馆、内蒙古自治区博物院、黑龙江省博物馆、甘肃省博物馆等。

我国数量众多的博物馆,在地域上覆盖了国内各级行政区划,在内容上丰富全面,是我国文化的翔实体现。

阿拉伯世界博物馆与世界各地博物馆一样，承载着本地区的历史文化,为观众传播着其文化的方方面面。

(三)博物馆展示中国与阿拉伯世界的交流成果

阿拉伯世界与中国自古就有交流往来,且成果硕丰。我国西北、华北、华中、中南、西南等地的博物馆留存了许多来自阿拉伯世界的藏品及与穆斯林相关的文物。

1. 器物类

我国馆藏穆斯林器物形制多为汉式,雕嵌和绘写内容为伊斯兰题材,代表藏品有:中国历史博物馆藏“阿拉伯文带座铜炉”。通高 22.3 厘米、口径24.1 厘米,铸造于明正德年间(1506—1521 年)。炉腹部饰阿拉伯文两组;炉底有楷书“大明正德年制”款识。据考这是明政府赠予清真寺的用品。甘肃省博物馆藏“嵌赤铜阿拉伯文铜香炉”,高 13 厘米,腹部前鼓处长 16 厘米。以铜炉身和浮雕抽象纹理的紫檀木盖组成,炉腹两面嵌赤铜阿拉伯文,一面意为“使者说”,另一面意为“最完美地祈祷真主”;炉底刻两方铭款,一方为“大明正德五年钦赐回回掌教”,另一方为“臣马大臣”。香炉色泽明润,阿文精细流畅,显示出高超的工艺水平。甘肃张家川回族自治县博物馆藏“罐式阿拉伯文香炉”。敛口,鼓腹,无耳,形似彩陶罐。腹部刻四大圆圈,内刻流畅飘逸的阿拉伯韵文,意译为:“阿丹是真主的廉仆;易卜拉欣是真主的密友;尤素夫是真主的朋友;尔萨是真主的精神;穆萨是真主的对话者;穆罕默德是真主的使者。”台北故宫博物院的阿拉伯文瓷器“明正德青花阿拉伯文番莲七空花插”,高 19.6 厘米,径 16.8 厘米,器呈圆球形,中空,顶有 7 个圆空,下连镂空座。球体前后两面作圆圈,内画斜方格,其内书阿拉伯文,通体装饰图案,通体装饰花卉。“大明正德年制”抹红波斯文款文盘,侈口窄辱,浅壁,矮圈足。盘心为“始终吉凶”四字,四周分列上、下、左、右也为“始终吉凶”四字,外壁书五言诗一首:“满腹皆文章,玑珠宝库藏,敌人不用问,朋友来沾光”。另外,该院还藏有“明正德青花波斯文梅花图罐”,高 11.3 厘米,口径 16.8 厘米,敛口,短颈,硕腹,矮圈足。器面四开光,各书波斯文,加饰如意云,隙间画折枝梅花,底有“大明正德年制”楷书款。天津艺术博物馆藏明永乐青花无挡尊,体身用阿拉伯文书“感谢安拉赐福”。

2. 经书类

从目前发现的手写体伊斯兰经书看,书写年代主要集中在明末及清代,书写内容包括《古兰经》《滩不随勒》《亥停》《圣训》等,手写体经书的共同特点是装帧皆为牛皮包面,首章“法体海”惯用五彩描金,书法严谨而流畅,文中有许多阿拉伯文、波斯文互释注文。甘肃省博物馆、临夏州博物馆藏有描金《古兰经》。西北民族大学博物馆藏一本《滩不随勒》。

印刷体经书分别有木刻、石印、铅印等版本。

3. 绘画作品

绘画作品主要分伊斯兰题材和中国传统绘画两种。

如伊斯兰圣地工笔中堂、对联,以中国传统的中堂、对联形式来反映伊斯兰圣地景点,中堂为麦加圣地,对联五言处以五个圈形工笔画面表现。这种中阿合璧的绘画作品现在西北民族大学博物馆和甘肃临夏回族自治州博物馆各有收藏。

中国传统绘画有甘肃省张家川县博物馆藏中堂《仕女图》、故宫博物院藏清代西北、西南回民起义战图粉本等。

4. 杂项类

甘肃省博物馆藏阿拉伯文绣袍、绣帽一套，袍长114厘米，袍面为绿色锦缎制作，衬布为蓝色，袍前各有一圆形黄底缎，上绣阿拉伯文，为传教者的道号“穆赫买迪·色汗沙黑”，前襟有一圆形玉石扣。绣帽高30厘米，呈圆锥形，上半锥体部分由五瓣黑色缎子制成，每瓣上各绣一组阿拉伯文，字为白色丝线绣成，为《卯路提》中的五段韵文，下半部帽体用白布制作。西北民族大学博物馆藏阿拉伯文银制印章一枚，纯银制作，印面直径4厘米，印面雕刻阿文，意为“穆罕默德·尔萨·穆罕默德法官”，并有刻制于回历352年的纪年。据考此印应为阿巴斯王朝时期遗物，流传至中国内地。西北民族大学博物馆藏《清振威将军马公神道碑铭》，民国三年石印版，长23厘米，宽34厘米。为原甘肃省副省长马鸿宾为其父马福禄(1854—1900年)刻印，碑铭内容追叙了马福禄生平及随董福祥入京，统领简练军卫戍京畿，抗击八国联军，殉身正阳门的过程。

我国这些阿拉伯世界的藏品及与穆斯林相关的文物，为中国与阿拉伯世界的交流提供了实物证据，并且展现了阿拉伯文化传入中国后的传播与流变历程。不仅体现了中国与阿拉伯世界过去的交流，也为当今两地间交流与合作的进一步深化给出了启示。

三、博物馆在进一步深化中国与阿拉伯世界交流与合作中的展望

为进一步加强、深化中国与阿拉伯世界交流与合作的水平，博物馆要从提升文化传播水平做起。具体有以下几项措施：

(一) 提升我国博物馆在阿拉伯领域的专业研究水平

我国博物馆要做好阿拉伯文化与中国文化的传播工作，首先要对相关藏品熟悉、掌握，这是将来一切工作的前提。未来的工作中，工作人员不但要充分了解相关藏品的基本特性，对其所包含的历史文化信息有所认识和关注，对其当前研究状况做到心中有数，还要不断深化研究层次，扩

展研究领域,全面提升工作人员对这类藏品的研究水平。这将使具有阿拉伯文化的藏品的文物价值在不断地研究过程中取得新的突破。

(二)增加有关阿拉伯文化展览的举办数量

我国博物馆藏有丰富的阿拉伯历史文化藏品。博物馆应当充分利用资源,有计划、有阶段地有序举办相关展览,在过去的基础上增加展览次数,使这些历史文物能够充分地展现给观众,增加文物与观众见面的机会,从而达到进一步传播中国文化与阿拉伯文化的目的。

针对我国馆藏阿拉伯文化藏品较为分散、各馆藏品数量相对较少的局面,可多馆联合举办以阿拉伯文化为主题的展览,尽量展示给观众文物数量多、反映内容全面的优质展览。

(三)广泛利用科技手段提升展览质量

随着人们生活质量的提高、文化消费品位的上升,公众参观博物馆的需求日益增长,对博物馆的陈列内容、服务水平的要求也越来越高。当代博物馆多数采用展柜陈列辅以标牌文字说明、展板文字说明等传统陈列方式。如有些博物馆陈列的历史事件只有图片、文字说明,部分实物,让参观者觉得简单、死板、沉闷、枯燥乏味,没什么可看的,很难揭示其深刻的历史和文化内涵,更难以调动观众多种感觉器官参与互动的积极性。

因此,博物馆应创新展示手段、改进陈列方式,把沉寂的历史陈列变为声色并茂的历史画卷。随着现代科学技术的进步,博物馆应把新技术不断引进到陈列之中,使更多新型的陈列出现。将现代化的声、光、电子技术以及音像系统运用到陈列中。如制作一些二维、三维造型艺术,开创全自动语音导览器、视频等,把古代中国与阿拉伯世界的交流制作成动漫作品,把无形的文化资源用现代科技手段展示出来。

(四)加强两地博物馆界的交流与合作

博物馆间的交流与合作分为人的交流合作和藏品的展示交流。在人的交流合作方面,可增加中国和阿拉伯世界博物馆的工作人员工作交流、学术研讨、共办展览等机会,为两地博物馆人尽可能多地提供交流与合作的契机,使两地工作人员的专业技术水平在交流中进步。

在藏品交流方面,不仅在国内要打破馆与馆之间的界限,联合举办展览,更要在中国和阿拉伯世界之间联合举办展览。一方面使两地博物馆的办展经验得到提升;另一方面使展览内涵更加丰富,从而更好地达到文化传播的作用。同时两地多次举办联合展览,可使两地博物馆更有活力,可进一步推动世界博物馆事业的发展。

四、小　结

中国和阿拉伯世界的交流历史悠久，古代中国与阿拉伯世界在长期交往中双方均获得了丰硕的成果。博物馆作为两地历史文化的缩影,纵向地、历时性地承载了两地历史文化的精华,同时体现着两地自古交流的实物证据,在当今两地交流中起着不可替代的作用。

进入 21 世纪,中国同阿拉伯世界政治、经济合作迅猛发展,文化领域内的交流也日益频繁,一系列双方文化合作计划的执行、双边文化高层的不断互访,为两地官方的文化交流起到了推动作用。

在这期间,博物馆为两地搭建了文化交流的平台,有力地促进了两地的文化交流。博物馆自身具有的文化传播职能更是发挥了重要作用,用藏品阐释了两地文化的内涵和交流的历史。但是随着时代的进步,博物馆还要从多方面继续提升自身水平，以期在将来的文化传播中达到更高的目标,进一步推进中国和阿拉伯世界的文化交流与合作。

全球化语境中的博物馆

——博物馆创新运营管理模式探讨

俄　军①

“全球化”是目前出现频率最高的一个概念,经济、文化的全球化把世界上所有的国家和民族都卷入了现代化的进程中,博物馆作为保护、研究和展示历史文化遗产和人类环境物证的教育机构与为社会和社会发展服务、向公众开放的永久性机构,其运营管理必然受到时代的影响。博物馆作为历史文化沉淀的集散地、当代先进文化的闪光地、民族文化趋向的折射地的作用没有改变,然而现代博物馆如何激活历史,在历史与当代、本土文化与外来文化之间建立起沟通的桥梁;如何发掘博物馆的潜力、寻求生机与活力,是新形势下每一个博物馆工作者都必须思考的问题。

一、全球化背景下国内博物馆事业发展现状

按照国际博物馆协会的定义,博物馆是非盈利机构,从事社会遗产的收藏保护、研究展示,为民众提供教育休闲服务。其使用的是社会公共资源,利用国家和社会募集的资金。目前,国内博物馆从体制上看大都由政府投资,是为社会提供收藏、展示和教育服务的公益性文化事业单位。2008年1月23日,中宣部、财政部、文化部、国家文物局联合下发《关于全国博物馆纪念馆免费开放的通知》,通知要求全国文化文物系统的博物馆,除遗址类博物馆外,省级博物馆必须在2008年免费开放,其他级别博物馆2009年全部免费开放。

据统计,截至2012年末,全国博物馆总数已达3589家,在文物部门登记注册的民办博物馆达到535个,占全国博物馆总数的14.9%。2012年全国免费开放博物馆纪念馆总数达到1900余个。博物馆施行免费开放后,绝大多数博物馆一改过去的“门庭冷落”,2012年,免费开放的博物

①甘肃省博物馆。

馆参观人数达4.42亿人次,仅甘肃省博物馆观众参观量就从免费开放前的年均2万人次迅速增加,5年来参观人数达400多万人次。免费开放后,在参观人数倍增的同时,观众结构也发生了明显的变化:从观众职业和群体构成看,原来以机关、部队、学校、旅游团队为主,现在以社区居民、散客为主,其中低收入群体、老人、外来务工人员和残疾人等观众群体明显增加;从地域构成看,多数博物馆的本地观众比例大幅增长;从年龄构成看,正在逐渐向高龄和低龄两个方向延伸。

博物馆免费开放扩大了观众覆盖面,让更广泛的公众以观赏、体验博物馆特有的教育方式认知祖国历史,直观感受中华民族的悠久文化,使博物馆在构建社会主义核心价值体系中能够发挥更为广泛的作用, 同时也为博物馆运营管理带来了全新的变化。

二、全球化背景下博物馆需要引入全新的运营管理理念

1. 品牌管理

品牌是借以辨认某个销售者或某群销售者的产品或劳务, 并使之与同行的产品和劳务区别开来, 使消费者乐意并持续使用你的产品和享受你的服务。博物馆要以知识管理和信息化管理为手段,以“文化”为内涵,以“知识体验与文化休闲”为途径,全力打造博物馆品牌。第一,博物馆的品牌形象应该以传统文化为基石, 不同的行业博物馆可以选择相应的文化体系。一方面中国几千年的文化底蕴和积淀能够为博物馆的品牌形象提供有效的支撑;另一方面,传统文化的彰显能够为博物馆的文化提供很好的补充和平衡,使博物馆的文化形象更加丰满和完整。第二,要依据博物馆的功能进行品牌定位。每一个博物馆功能都大同小异,具有收藏、展示、研究、教育四大核心功能,但如何利用博物馆的产品,根据本身的主题、地理、建筑等特点来开展多形式的博物馆活动,是值得思考的课题。第三,博物馆的品牌形象应该由具体的硬件设施来提供物质保证,包括博物馆外部的整体感观和内部的精心装饰。第四,对博物馆进行品牌形象视觉设计。进行视觉设计,要树立“战略性”的设计思想,坚持“强烈的视觉冲击,精确的信息表达,独特的识别记忆”的设计原则。对博物馆的服务、设施等名称和标徽、标志、标识等系统内容,以“图片、口号、标题”等形式,有

效提升品牌形象。第五,博物馆品牌的传播推广。博物馆品牌的物质基础建立后,首先要让员工理解品牌的真正内涵,管理层至一般员工都要对自己品牌文化的深厚内涵进行理解,形成认同感和归属感。其次,多形式的宣传推广活动也是品牌增值的有效途径。

2. 服务管理

新形势下公共博物馆需要以观众满意为目标，完善自身的社会服务体系。为此,博物馆首先应通过形象管理,展示员工的形象美与心灵美,缩短与观众间的距离,沟通与观众间的情感;其次通过素质教育完善员工的业务素质和敬业精神,通过多种形式的教育和业务锻炼,激发员工的创新精神;再次,强化资源保障,尽可能地满足观众、用户的馆内外信息资源的获取要求,让观众在博物馆得到一切可能得到的文物服务。通过一系列优质服务环境的营造,逐步强化观众对博物馆的认知度、信任度和满意度。

3. 知识管理

博物馆的知识管理是以人为中心，以信息资源为基础，以技术为手段,以创新为目的,最大限度地发挥其传播文明、教育后代的作用,同时让自身的管理体系在实践中不断完善。第一,博物馆需要积极收集整理相关领域的文物和遗产，并通过构建强大的知识管理体系，树立博物馆作为21世纪知识经济时代新型现代博物馆的新形象。第二,设立相关领域的研究部门(研究中心),以科研为平台,不断强化对所属领域文化的研究力量,不断推出在国内外有影响的研究成果,打造国际一流的学术形象。第三,加强知识创新和传播,通过各种形式,如展示展现、研讨会、论坛等把博大精深的中国文化推广到世界的每个角落。第四,构建内部知识交流平台,包括自办刊物、学术研讨会、交流会等等,目的是构建一个知识和信息可以共享的平台,为观众提供更好的展览服务。

4. 信息系统管理

根据存储数字化、传递网络化、资源共享化和管理计算机化这些特点,我国博物馆信息化应包括以下四个方面的内容:建筑智能化、文物信息化、管理科学化和人员现代化。第一,数据库和通用网络平台建设。首先,建立文物藏品数据库,对藏品档案的内容及检索进行信息化、规范化管理。其次,在博物馆信息化建设工作中,通用网络平台建设是一项基础性的工作。数据库建设、网站建设及其他各项信息化建设项目,都需要有一个稳定、安全的网络平台。第二，博物馆建筑智能化。在建馆之初就对如何建设一座现代化、数字化、集成应用的博物馆进行全面规划，建立包括以文物保护为核心并兼顾环境舒适度、设备节能等要求的楼宇自控系统；以多媒体导览服务，计算机检索，各种信息的收集、存储、传递、查阅等为内容的办公自动化及通信网络系统；安全防范系统；火警自动报警及联动控制系统；等等。第三，数字化博物馆。在博物馆中建立网上传播体系，以网站为基础，以数字博物馆为内容，增进不同地区、不同文化背景的人们之间的相互了解，更好地推动博物馆向社会公众传播知识，并为公众自助、探索性地寻求知识提供了更大的可能。第四，博物馆信息化系统工程。展品信息化、建筑智能化、传播网络化是博物馆信息化的三大部分，但是将其综合起来，轻松自如地管理则又是一个难题，所以有必要打造一个涵盖了数字化信息的生成、维护与存储和应用的完整流程，将文化遗产信息、博物馆信息工作的各环节、各组成部分，集成到一个完整的平台体系之中。为博物馆的展览收藏、学术研究、行政管理、观众服务提供一个完整、高效的服务平台、服务工具。

5. 客户关系管理

客户关系管理在博物馆业中还是鲜为尝试的新领域，因为国内博物馆大多为国有性质，主要由政府投资和管理，市场参与程度少，客户意识淡薄。然而，现代博物馆要吸引参观者的注意力，在全球化经济时代中占有一席之地，必然要注重客户关系的管理。博物馆的客户就是到博物馆参观、学习、活动、研究的组织或个人，所涉及的客户关系主要包括与政府、学校、旅游公司、研究机构、新闻媒体和参观者的关系管理等。首先需要将客户关系的概念深入到管理和工作人员的思想中，在与关键客户建立长期合作关系的基础上，重视建立更高层次的客户关系处理模式，建立有效的客户反馈机制，倾听他们的想法，尊重他们的意见，引导他们共同参与管理；在博物馆的建设和发展中融汇他们的意愿，给予他们主人翁般的消费感受，真正做到贴合客户需求，关注客户体验，有效地提高客户的满意度，以期维系持久良性互动的和谐关系。

6. 财务管理

博物馆虽然是非盈利组织，但在市场化的环境中，要维持博物馆的正常运作，并且保证博物馆具有足够的发展潜力，必然对现代博物馆的财务管理提出更高的要求。第一，严格秉承公共事业单位的财务管理原则。作为博物馆的财务部门，应在实际工作中坚决贯彻“统一领导、分级管理”，责、权、利有效结合，事权、财权区别对待等原则，执行国家有关法律、法规和规章制度，正确处理国家、单位、个人三者之间的利益关系，坚持将社会效益与经济效益相结合，以社会效益为先；量入为出、勤俭节约、依法理财，不断创新公共事业单位的财务管理措施。第二，做好财会基础工作。基础工作是财务管理的基本环节。只有抓好基础工作，才能规范财会工作秩序，提高财务管理水平。第三，强化预算资金管理。博物馆的预算资金是进行各项财务活动的前提和依据，也是向社会提供服务的物质保证，因此要统筹安排，以保持支出结构的合理性；同时严格执行国家相关规定，以促进事业的发展。第四，引入财务分析。财务分析可以正确评价组织过去的经营情况，全面反映组织目前的财务状况，为博物馆工作的开展提供财务依据。第五，严格管理和使用非税收入资金。免费开放后，博物馆可能会因提供有关服务或进行文化产业开发而有一些非税收入。这些收入理应纳入财政预算进行统一管理，以保证政府资金收支的完整性。博物馆财务部门针对新的情况，应遵循坚持性、完整性、效率性、公开性相结合的基本原则，严格落实有关法规，实行“统一核算，统一管理”，加强对这一部分资金的管理，保证收入的合法性和合理性；同时也应充分利用各种现有资源，努力通过多种途径提高博物馆的经费自给率，挖掘自我发展的潜力。

7. 人力资源管理

人们一般把博物馆的管理归纳为人、财、物、制。四者之中，人是诸管理要素中最为关键的因素。博物馆的人力资源管理和其他人力资源管理有共性的地方，也有自己的特点。其特点有：第一，要做到人力资源配置科学化。首先，加强计划性，使劳动人事工作的各个方面在一个经过精心设计的系统中，得到合理、妥善的安排，每个人适得其所、各司其职；其次，管理过程要系统化、规范化，要具有全局性、超前性；再次，管理手段要现代化，如运用计算机来储存和处理人力资源管理信息等。第二，要做到人力资源管理体制科学化。首先，实行竞争上岗、双向选择、优化组合的人事改革制度，用好人。其次，改革用人制度，选好人。要坚持因事择人、适才适所、德才兼备、扬长避短的原则，引进高素质人才，改善人才队伍的知识结构，提高人才队伍的整体水平，建立内部人员流动机制。再次，加强制度建设，管好人。从制度建设入手，规范博物馆干部职工的行为，从博物馆干部职工的招聘、录用到培训、考核、晋升、奖惩、报酬、福利等各个环节都应实现制度化、规范化，做到有章可循、有据可依。第三，要做到人员激励机制科学化。首先，要了解影响干部职工积极性的因素；其次，要改革奖励制度和分配制度；其三，积极改善物质和生活条件，为博物馆人才创业提供各种进修深造的机会，稳定业务骨干队伍；其四，将博物馆发展战略与人才的个人发展目标一并考虑，使人才感到可以充分地展示自我并有提高其才能的机遇和条件；第五，建立系统的“留才”体系，关键是建立有效的绩效管理体系和薪酬体系，在薪酬管理上实施“按劳分配、优工优酬、兼顾公平、效益优先”的分配办法。

此外，人力资源管理还要致力于建设学习型的博物馆。通过邀请国内一流的专家、学者到博物馆讲学，不断选送有培养潜力的专业技术人员根据实际需要接受培训，或到各高等院校在职攻读硕士、博士学位，以开阔视野，提高理论与实践水平。

三、结　语

博物馆不仅是旧遗产的投影机，还应成为新文化的发生器。经济、文化全球化的脚步已不可阻挡，博物馆就必然要密切关注这种大环境的变化并且积极参与。新形势下的博物馆不能仅仅停留在向参观者提供简单的教育性展览服务层面，应尽快与时代相适应，更好地发挥其社会价值；把博物馆的教育功能引向多元化的社会需要，使博物馆成为大众乐于参与、终身学习的场所，使作为“人类理解世界的钥匙”的博物馆真正成为民众生活的一部分，成为大多数人一生中最重要的文化体验。

博物馆建筑与陈列的实践与思考

俄 军

博物馆是人类文化遗产与自然遗产的宝库,是展示人类文明的橱窗,也是对公众进行文化普及的机构。博物馆的职能,赋予它崇高的使命,也使它具有深刻的文化内涵。因此,博物馆建设肩负着传承文化和教育大众的重任,其最基本的特征便是文化性和开放性。随着时代的发展,我国博物馆建设发生了前所未有的变化。因此,如何建设好现代博物馆,成为仁者见仁、智者见智的热门话题。

众所周知,建筑是凝固的历史,建筑代表了人类社会的生产力,人类认识自然、改造自然的能力,表现了人类的意志力,这便是根本上建筑的美学。历史文化就如同时间轴,由远到近无限延伸,直指前方;美学则具有深刻性,直到人内心深处;建筑不仅有物理空间上的融合,也有如同化学反应般的文化上的融合。当三者结合时,将使建筑焕发出新的光彩。当代博物馆是提供大量文化、情感资讯的公共场所,为人们提供学习、休闲、交流、区域形象等功能,这里成为科技水平、社会生活、文化观点的最佳体现者。与其他类型的建筑相比,博物馆设计具有特殊性、实验性和个异性,注重人文精神和体验空间的营造。一个好的博物馆建筑是具有吸引力的主体,而其中优秀的展览展示则让观众进入一个容易接纳展品文化信息的情境。

一、关于博物馆的建设

在博物馆界,总体设计通常是指陈列布展工作的一个环节,即根据本馆的性质与任务藏品和展出条件,研究决定陈列展览全局性的重大问题,包括陈列展览的选题、基本陈列的内容、陈列展览的整体布局和艺术风格等等。陈列布展是博物馆职能的、内在精华的集中体现。但是,留给人们一个博物馆的印象,则是它们的建筑。事实上,在博物馆的建筑设计方案阶段,博物馆陈列展览的总体设计人员就应该和建筑设计师一起工作了。博物馆总体设计人员的设计理念,以及建筑设计的指导思想,首先应明确统一到一点,就是博物馆的陈列是为公众提供一个与历史对话、与艺术对话的平等交流的场所。因此,在建筑上,作为本地区具有唯一性的公用建筑,其建筑造型应有独创性。尤其是建筑的功能是从艺术的角度来展示文物,建筑造型应更多地从历史文化中汲取营养。建筑设计师在博物馆艺术设计人员的帮助下,恰到好处地引用文物中的典型造型和纹饰作为立面装饰,真正做到让人在远处看到这栋建筑时,就已开始感受到历史文化的雄浑与大气了。

在建筑平面布置上,建筑设计师就更是要按照博物馆陈列展示工艺技术资料的要求进行设计,如果在这一阶段没有博物馆总体设计人员的参与,而是在建筑物营造好后再来设计,则不论多么高明的内容与艺术设计师也无法实现这些展示方法与效果了。博物馆陈列内容设计与艺术设计之间的关系历来是一个敏感的话题,谁服从谁的争论已持续了几十年。博物馆的新陈列内容设计和艺术设计的关系则因为总体设计人员的协调而和谐。首先是内容与艺术设计的同步进行,使双方从一开始就形成了充分对话的氛围。就陈列艺术设计而言,总体设计则是指陈列艺术的总体构思和全面规划,即以陈列内容和展品为对象,以建筑场地为出发点,对陈列的平面布局、立面和空间构成形式进行的艺术设计,其目的是如何将特定的陈列内容和展品布置在特定的场地空间,构成一个完整有序的陈列,从整体艺术效果上,正确表达陈列内容。在所有的博物馆建设过程中,无一例外的筹建方对"总体设计"这一原则给予了应有的重视,并得到参建各方的认同,因而将之扩大到了建筑设计阶段,并贯穿于整个工程建设和陈列布展的全过程。

有论者指出,在博物馆的整体关系中,不仅艺术品是展品,观众、建筑也是展示。建筑物即可引入展示的主题,令人容易接受展示的信息。一个好的博物馆就是要让展示、观众及建筑物有良性的互动,让人在远处见到这个馆时,就已经开始感受到它要传送的意象了。如此说来,对于新建博物馆或扩建主馆的博物馆来说,陈列展示的总体设计从建筑方案设计阶段就应开始了。

毫无疑问,博物馆建筑在实现其表象的审美价值的同时,同样具有实用价值,其实用功能为创造陈列艺术的审美空间提供了基础。它不仅使陈列艺术创造成为可能,而且直接影响着陈列艺术创造的空间表象。建筑的空间价值要受照明和阴影位置的影响:光源吸引着眼睛,并引起它自身独立的暗示运动。它要受色彩的影响:地面暗而屋顶亮引起的空间感,与屋顶暗而地面亮所造成的空间感完全不同。它要受我们自己的期望的影响:受我们刚刚离开的空间的影响。它要受占优势的线条性质的影响:强调垂直线会造成高度增加的错觉;水平线则会引起宽度延伸的错觉。所有这些,都是博物馆建筑设计中不可忽视的因素。

对于已建好馆舍的博物馆,陈列的总体设计当然应以建筑场地为出发点;但对于新建博物馆或扩建陈列场馆的博物馆来说,总体设计这个环节应该前移到建设项目的初始阶段。即从一开始,这个博物馆将展出什么,怎样展出,就应从总体上进行设计,而设计的基本依据,就是本馆的类型与功能。

二、关于陈列展览的认识

(一)对展示方法的认识

当我们对陈列艺术进行考察时,我们看到以往的展示方法主要有两种:一种是以文物为主题,开辟不同内容的专题展览,以上海博物馆、英国大英博物馆为代表;另一种是以通史陈列的形式,利用丰富的文物展品和历史资料,介绍博物馆所在地区的历史沿革、地域特色,这一形式尤为各省级博物馆所采用。

博物馆借助本身的藏品即“物”这一感性的媒介表达某种观念的时候,同样需要向人们提供具体可感的陈列样式。这种陈列样式是按科学性、思想性、艺术性原则,使人们从中能够获得理性的判断和情感的体验。这种对象化的过程,不是对博物馆所收藏的“物”的自然状态的展示,而是借助一定的“体物赋形”的物化手段,通过对“物”的有效组织并采用其他门类的艺术手法为人们进行理性判断和情感体验创造一种形象。这种形象不仅仅是一种样式,而且是一种审美的空间表象。它不但揭示了“物”的关联性及其包含的意蕴,而且为人们提供了一个完全自由的符合人们审美情趣的观赏空间。

给第三者展示这个行为意味着在与观赏东西的人之间采用某种手段或形态,施加以某种距离与装饰、加工,强制性地把展示者这边的信息让参观者理解。如何通过历史文物资料,展示一个地区的人文历史、自然景观中反映出来的蕴含浓厚文化意义的带有个性色彩的特质,对当地人文精神集中反映,是当地民风民俗的浓缩物,是当地物质文化和精神文化的高度概括,它是一个地区区别于另一地区的显著标志。本人认为,不应该仅仅采取“过去时”的方式来展现一个由文物所构成的世界,而更应该考虑这些历史资料,当地民俗和现在的地域史、地方史的有机联系。也就是说,必须赋予这些历史文物以现在的意义与价值,把与特定的土地相关联的人民形象投射在历史文化这个屏幕上。

(二)对空间展示结构的认识

21 世纪以来,博物馆的建设按照展示空间及展示理念划分,主要有以下四类倾向:1.“古典朴实”的博物馆——传统方式塑造的或传统建筑改建的博物馆;2.“透明开放”的博物馆——强调博物馆的社会利用以及对外开放;3.“新理念”博物馆——博物馆建筑本身体现其立意和内容;4.新象征主义的博物馆——强调特定体验方式和观看方式的博物馆空间。

在博物馆建筑蓬勃发展的今天,也出现了一些体重巨大、形状怪异的作品,它们足够夺目而成为所谓的地标,却失却博物馆的本质精神和意义。当大型综合体式博物馆似乎已成为不可或缺的都市公共建筑,如何控制建筑体重增大后的空间尺度感要求,是设计中需要考虑的问题。

1. 建筑外部与内部联系的割裂问题

以材料构造为基础的外部尺度与以人体使用为基础的内部尺度之间存在矛盾。内外分离提供了一种设计上新的可能性;尺度的增大是技术上的一种必然趋势。但是过分强调外部超人的尺度感,会造成对现有城市,特别是历史文化性城市环境的压迫。如何适当地把握住尺度增加的度就显得尤为重要,“大”应该是建筑内部关系及其功能发展的合理的结果,不应该仅仅是形式上的视觉浮夸。

2. 建筑内部空间的细化问题

大型空间能同时容纳多种功能,整合不同活动,创造更灵活的使用方式。这样也相对减少了各部分功能的独立性,为避免干扰并有一定的技术设备支持要求,对原空间做进一步分隔是有必要的。此外高大展示空间虽然内部环境宏伟大气，却已经远远超出人体的基本尺度范围之外，易于导致参观者的疏离和不适应，造成空间浪费。原本为塑造公共空间，却由于过度追求视觉冲击而导致尺度失衡的现象，在我国当代博物馆建设中比比皆是。

3. “长与方”的关系

陈列展览在设计中，除了内容上的衔接外，还要按照建筑特色布置展线、区域，关注展线的长短。我们在有限的“长与方”空间里，采取“能绕着走就尽量绕”的原则，拉长了观众的走线，在内容展示上也显得更加丰富多彩，还能留住更多观众，使展示空间更加流畅。

(三)对展示设备及相关材料的认识

在博物馆中，陈列设备(展柜、台座、支架、道具、灯光、背衬)是展示“物”的必不可少的物质条件，也是创造陈列艺术空间表象的手段。特别是灯光的运用，对烘托陈列的整体气氛有着不可忽视的作用。特殊的光线可以产生新的形式和特定的氛围。“一盏放在地板上的灯可以使建筑产生一种幽灵般的气氛，一束照出石头的纹理、天花板和墙壁质地的顶光，把屋舍渲染得富于神奇和肃穆。”因此，对光线的不同运用而创造的陈列空间表象的意蕴也有着本质的区别。

传统展示设备一般为静态的支持性设施，如展台、展架、展柜、展板等。展架和展板主要用于展示空间的垂直分割，也可用来隔断顶棚或做复杂的立体造型；展柜有桌式柜、坡面柜、墙面柜、柱式柜等不同形式。展示设备既是展品陈列的承载物，也是分割和创造展示空间的展示实体。当代展示设备技术含量增高，一方面对静态设备进行技术改造(如自动控温控湿、可调灯光、旋转展台等)；一方面多媒体展示设备进行动态呈现，主要包括信息设备(计算机、显示器等)、光学类设备(摄录像、放映装置等)、音响类设备(播放器等)和机械活动装置类设备。而这中间往往被我们忽略的是展柜结构、材料(如玻璃等)，以及展示设备之间的渐变安全性问题。博物馆设计中的建筑结构、所用的建筑材料、内外装修材料以及设备设施的安全，对于博物馆的安全有着不可小视的决定作用，需要我们在今后的工作中多方位研究解决，从根本上避免因建筑、装饰材料及展示设备自身局限所带来的安全隐患问题。

(四)对展示空间氛围营造的认识

1. 合理的动线

在陈列设计上应注重参观人流动线的研究,规避单调固定的模式,在平面走向和垂直空间上体现生动多变的空间特征。以建筑空间元素与展品语言进行有效的互动和延续,使参观者不仅与展品交流,也与博物馆本身的空间艺术进行交流。

2. 内涵

在展厅里设计使用带有地域特色的符号,让观众参观时始终沉浸在特有的氛围里。通过氛围的营造使环境、展品相得益彰,突出展览主题。

(五)对文物重置过程的认识

博物馆建筑有其非常特殊的要求,如文物库房,要求建筑坚固、防震、防潮、防火、防盗,易于搬运文物,易于日常工作,要满足以上条件,在博物馆建设初期就应详加考量。文物从户外如何进入库房区?货运电梯的吨位及入库房通道设计是否一体化?库房文物与技术保护修复中心、拍摄工作室、展览厅之间的搬运通道设计是否合理?整套体系的设计直接影响博物馆日后工作的每一个基础环节。如美国大都会艺术博物馆的文物总账登记区,设计师把它完全设计成一个整体,从文物进入博物馆的通道就想到了工作流程的每一个环节,大型的集装箱式汽车可以直接开进这个区域,并在此进行文物箱体的装卸和文物点交登记工作。同时,这个区域与各大部门的库房区可以通过电梯直接送达文物,前往文物保护中心和拍摄工作区的通道十分便捷,工作人员无须上下台阶搬运任何文物,文物始终处于安全运送的状态中。各部门的库房与展区有直接的电梯可以安全运送展品,并方便运送辅助展品和各类布展工具。这套体系也已经被世界各地许多博物馆建筑师所采纳。

展览作为博物馆的重要职能,成为藏品保管和使用过程中永远的矛盾。解决这个问题唯一的办法就是以文物为中心,一切展览活动只有文物安全、符合条件才有可能执行。首先,在文物布撤展过程中,展柜、展具、灯光、辅助展品的安装等等,必须考虑到文物安全。包括现场工人的人身安全也需要特别考虑,如果人员出现操作失误,文物必然随之受到损坏。其次还要避免展览施工与布展的交叉进行。合理安排展览档期,给展览施工制作留出足够的时间,等场干地净后文物再进场,是保证展览安全应该遵守的一条纪律。同时,引进类展览应尽可能让文物直接进入临时展厅,避免文物进入库房后再进展厅的两次搬运,降低风险。

三、对博物馆的建筑、陈列内容、展览形式的整体认识

我国建设新博物馆热潮的兴起, 对我国文博事业的建设和发展是一个非常好的契机。但同时存在的问题也值得我们去认真思考: 兴建的规模、馆藏文物的数量、地方历史文化的特点、博物馆的专业管理水平、地方政府的财政能力、兴建完工后在实际的维护和所发挥的作用等各个方面均存在许多的实际问题。

我们在甘肃省博物馆建筑设计、陈列展示艺术的创作实践中,特别从博物馆的建筑空间结构、陈列内容策划、陈列艺术设计三者的关系,博物馆陈列展示艺术的个性与共性,设计语言和艺术手段的合理应用,博物馆陈列空间的处理等诸多因素做了有益的探索与尝试。甘肃省博物馆的陈列展示艺术生动地说明了陈列展示艺术是文化的艺术,亦是大众的艺术,也是与时俱进的艺术,它必然与历史产生沟通,与文明产生共鸣,与社会发展产生共振,与时代的科学技术与经济水平同步,与先进的文化理念和艺术思想相交融,同时从媒介和空间两大利器中找到自身发展的依托,来建造展示人类文化精神和文明的平台。

美国博物馆学家古德曾说:“一个博物馆不在于它拥有什么, 而在于它以其有用的资源做了什么。”

体会之一:博物馆在陈列面积和建筑规模的规划上,必须根据本身藏品的实际情况和经济实力规划合理的建设规模。

我们要避免一味地追求大而造成了陈列空洞、观众稀少、维持费用巨大等一系列问题;博物馆的建设规模应与其社会效益成正比,这是我们目前在兴起博物馆建设的热潮中应该强调的一个问题。

我们不要只看到简单的“宽敞明快”或“厚重压抑”等直观的空间感受,更应深入到每个不同的建筑空间的文化背景层面进行一些探索。这样就会发现,空间较之实体,负载有更多的文化内涵,因而也更具有深入研究探索的意义。像博物馆这样以其思想文化为主体面向公众开放的建筑,其品位层次的高低,对空间的理解和处理起着至关重要的作用。在这里,

内容主题是策划与建筑设计、陈列艺术设计等紧密相融的,整体构筑是每个成功博物馆建筑设计的首要问题。

体会之二:凸现艺术个性,强调形式与内容的真正统一。

在陈列艺术设计中凸现个性,达到形式与内容的统一,作为陈列展示艺术设计人员首先要对“设计”与“装饰”(或美化)这其中的内涵有准确而深刻的理解。“设计”一词是由英文翻译过来的,它包含了艺术创造、科学技术、文化背景、资源材料、个人性格等诸多因素为一体的综合行为过程。也就是说一个优秀陈列展示艺术设计的作品是主动参与内容设计, 甚至建筑设计的全过程。全面、综合考虑各种因素,准确表现赋予深刻内涵的形式美,所谓“有意味的形式美”之说就是美学中的较高概念。我们主要认识和注意到以下几个方面:

1. 认真研究当地的历史文化特征。广泛收集和研究具有与此相符的典型符号,特别是深入探讨与其美学精神相吻合的抽象意念,以求达到我们的艺术设计既与表现内容相统一,又非硬抄照搬的形象符号。

2. 深入研究各个不同陈列展示的本质内涵和艺术特征,充分区别每个陈列展区之间的陈列展示艺术风格, 使每个陈列展区在艺术形式上均有完全不同的艺术表现手法和新颖的视觉效果。

3. 要保证博物馆全馆的每个陈列展示空间之间的整体节奏变化,让每个不同内容的陈列展示空间均具有不同艺术风格和感染力的视觉享受。在陈列包含的文物数量、品种、型制、文化艺术的内涵等各个方面均努力营造统一文化内涵的、典型的艺术风格。

4. 在空间处理上强调拙朴、厚重、简洁。在具体的主体造型、展柜、展墙、展台等各个局部的处理上均富有其特定历史文化意味的结构造型、颜色、材质、肌理特征等,使陈列在造型艺术语言上具有鲜明的艺术个性并与陈列内容紧密结合的艺术魅力。

5. 认真探讨研究现代艺术设计观念,并尽可能地将中国传统文化的精神内涵与前卫的现代艺术设计语言和谐地统一在一起。

我们深感在博物馆的历史与艺术陈列中,对人类久远的历史形态,设计师们很难以某种单一的形式语言来复述。因而,我们在运用历史艺术的设计语言时, 不应回避时代发展。工业文明和当代科技对现代人的认知观、审美观以及价值标准的深刻影响,准确地反映时空的差距,强调空间表现中的时间性，留给观众更多的思考余地和感知空间，这是陈列展示艺术设计的发展趋势中应该深入研究的一个重要课题。

甘肃省博物馆的《甘肃丝绸之路文明》《甘肃彩陶》《甘肃古生物化石》《庄严妙相——甘肃佛教艺术》《红色甘肃——走向1949》等不同内容的陈列展示空间的设计中，运用空间变化、表面肌理、材质对比、色彩、光线的处理等较为抽象的艺术语言，来表现上述五个完全不同形式的艺术空间，从中追求与其内涵相符的视觉形象和艺术感染力。通过在设计上的努力和施工中的精心制作，基本达到了分别营造出古拙凝重、神秘浪漫、淡雅明快、视觉冲击力强、空间明快而具有较强的现代构成手法。在这些特征化的设计语言上，基本上没有直接搬用具体的文物器型纹饰，主要是强调设计意念与需表现对象的文化内涵相吻合。

体会之三：把握整体设计中的节奏变化，重视空间处理。

在博物馆以往的陈列展览中，设计师的主要精力和注意力大都放在陈列展览的立面处理和平铺直述等传统手法上，这也是过去许多博物馆的陈列缺乏吸引力的主要原因之一。

从20世纪90年代以来，世界发达国家和地区许多优秀博物馆的陈列普遍重视陈列的整体空间设计处理，从建筑设计开始较为注意博物馆的空间节奏变化，打破传统的陈列展示艺术设计以立面处理为主的观念。使观众一进入博物馆的空间范围之内，就能感悟文化的内涵、历史的精神和纯美的艺术空间，感悟到设计师独具匠心的艺术创造，重视历史与空间的对话与交融。

对博物馆的建筑和陈列这一特有的文化空间，我们主要从这样四个方面来认识和研究，即展壁、展墙、各类隔断组成的“白色空间”；主体造型、展品、展柜及各种场景与辅助展品等组成的“实体空间”；剩余建筑空间形成的“虚体空间”；由现代科技手段表现的多媒体、三维动画等给观众的想象所形成的心理空间。

当我们浏览了世界和国内的博物馆的陈列展览，就可以理解：

第一，“白色空间”的作用主要是分割空间，以形成我们所需要的空间结构和整体的空间节奏，它实际上是陈列形式的基本骨架。这个空间既可丰富展览层次，也可以成为观众参观的对象。给观众的感觉除了其功能性外，也是一种抽象的心里感觉。

第二,“实体空间”可称之为陈列展览的“灵魂”部分,是呈现给观众观赏、研究的对象。对这一部分空间的每个细节我们均需仔细斟酌,认真对待。

第三,“虚体空间”指除上述两部分空间之外的留给观众参观、活动、休闲的空间,这部分空间的处理,也将直接体现一个博物馆与陈列展览的档次和品位, 对这一空间的设计处理也是当今世界上各优秀博物馆的设计中非常注重和讲究的。

第四, 对“心理空间”的研究,尚属现代陈列艺术设计中的一个新的范畴和新的课题。“心理空间”主要是指人对事物的思维认识和感受。人本主义,以人为本是当今世界的主要潮流。在陈列艺术中如何将“人为的”空间变成“为人的”空间,首先就应深入研究和探讨上述三种感知空间是如何影响和作用于人的心理空间的。只有把握住人(观众)对空间的感受、需求以及观赏过程中的思维再创造,才有可能让“人为的”变成“为人的”。

第五,现代博物馆的收藏、陈列、研究三大职能赋予陈列艺术设计师们的另一个不可回避的重要任务,即如何处理好陈列中的文物安全和保护等一系列技术问题。在博物馆的陈列中,我们必须从灯光照明、温湿度控制,柜体结构及文物陈列方式等几个方面进行探索处理。如照明这一长期存在于各类陈列展览中的问题,就是我们不断探索和改善的问题。完全杜绝光源中的紫外线,有效控制色温,并保证达到艺术设计时所构想的艺术效果是我们在这方面的目标。

四、结　语

艺术效果和技术要求这一对存在于博物馆陈列展示艺术中的矛盾体,是设计师们无法回避且必须解决的问题。也只有在这二者真正达到了完美统一的情况下, 我们所创作的陈列艺术空间才真正称得上纯美的艺术空间。

应该说,所有的博物馆陈列展示艺术的实践虽然已成为了过去,但实践留下的痕迹化成了我们对历史、空间和媒介新的理解和领悟。如果说历史给了我们广垠浩瀚的素材, 那么有限的物理空间就给了我们无穷的创造空间,媒介则成了我们手中的武器,实践博物馆的陈列展示艺术只是我们对现代陈列展示的一次练兵,是长路上的一个新起点,我们唯有梳理过往艺术设计实验的思路,汲取其中的种种教训和经验,迎接更新、更高、更严峻的挑战。

先人早就告诉我们,没有任何一种模式可模仿和照搬,创新永远是艺术的生命。多年的陈列展示艺术实践也告诉我们,无论什么样的陈列展览要吸引观众,除须遵循常规的陈列原则外,更重要的是其本身的艺术个性。对旧有的陈列展示手法进行大胆的突破和创新是我们的唯一出路,唯此,博物馆的陈列艺术才会有永恒的生命活力。

我自己在博物馆工作的经历告诉我,做好本职工作的唯一经验,只有学习,再学习!

甘肃省博物馆嘉峪关新城魏晋壁画墓保存现状研究

俄　军[①]　吴依茜[②]

一、概　述

保存于甘肃省博物馆的魏晋壁画5号墓，是于1973年由嘉峪关市东北20千米处的新城乡戈壁滩上搬迁至甘肃省博物馆展览大楼西侧进行半地下复原陈列的。5号墓是一座二室墓，总长7米左右。墓室内的画像砖均为一砖一画，上下分层排列，内容丰富，也有半砖一画的，有的则为了表现一个完整的故事情节以连环画的形式展现，用数块画砖组合[③]。墓门外有一条斜坡式墓道，上铺花纹方砖，砖上雕刻有云纹或水火图。墓门高1米左右，用砖拱券而成。墓门上方有高大的门楼，门楼上部镶嵌有雕砖门阙、斗拱、彩画砖或图案画，砖画像和砖雕塑，内容有人身鸡头、人身羊头、青龙、白虎等[④]。进入墓门通道则为墓室。前室顶部为盝顶，后室顶部为拱券顶。顶以条砖纵叠起券。墓壁用干砖相叠，不用黏合剂。棺置于后室[⑤]。

嘉峪关魏晋5号壁画墓的“半地穴式”墓葬壁画搬迁和保存方法，经过二十多年来的考验，墓室内温湿度变化基本保持稳定，墓内壁画保存状况良好，画面层没有明显变化，为全国墓葬壁画搬迁的成功范例。但由于近十年来博物馆基建项目繁多，展览大楼的重建及其配套工程的兴建，使壁画墓周边环境发生了很大变化。墓室周围地势低凹、离壁画墓不到5米的水冲式厕所、近年兰州降雨量增多等诸多原因，导致壁画出现地砖隆起、碎裂、颜料层起甲、脱落、酥碱、霉菌污染等病害(图一至图六)，严重影响了壁画的长期保存。

①②甘肃省博物馆。

③肖亢达《嘉峪关壁画墓发掘报告》，文物出版社，1985年。

④黄晓宏《浅析嘉峪关魏晋五号墓壁画》，《丝绸之路》2011年第8期。

⑤张朋川《酒泉丁家闸古墓壁画艺术》，《文物》1979年第6期。

图一　颜料层起甲、酥碱

图二　地砖隆起

图三　颜料层脱落

图四　霉菌污染

图五　地砖碎裂图

图六　保存完好的壁画

二、影响壁画保存的因素

1. 温度

壁画保存的温度因素主要指的是保存壁画的库房、展厅内的空气温度或室外壁画周围环境的空气温度。对于壁画墓,其墓室内温度的高低,很大程度上取决于室外温度,室外温度主要受太阳辐射、墓室内外空气对流和墓室周围结构热传导等因素影响①。由于壁画墓内无温度调节设备,

①郭宏《文物保存环境概论》,科学出版社,2001 年。

墓室内温度变化规律与室外变化规律基本相同，按照一定规律呈周期性变化。由于墓室处于半地下保存，受到周围结构的影响，墓室内部温度变化幅度略小于室外，峰值也没有室外高。

温度作为一个单一因素对壁画材料性能的影响并不很明显，因为外界环境温度一般不太高，最高也仅有 40℃左右，但是由于环境中还存在着光、水汽、空气等因素，当壁画受到这些因素联合作用时会发生一定的化学反应，温度在化学反应中会起到加速作用。按一般化学反应规律，在一定的温度范围内，温度每升高 10℃，反应速度增加到原来的 1~3 倍。壁画、砖画一般都是由建筑支持物、地仗层和绘画颜料层组成，由于这几种物质材料的热膨胀系数不同，温度的剧烈变化会直接对画面产生破坏作用。同时，由于温度变化引起的相对湿度的改变对画面层产生间接破坏作用。因此，温度的剧烈变化引起的壁画损坏不容忽视。

2. 湿度

湿度一般是指相对湿度，在绝对含水量不变时，它与温度的变化有直接关系，温度对文物的影响经常是以改变相对湿度而间接进行的。实验证明，湿度因素可以引发多种壁画病变，其中最突出的就是壁画酥碱病变、壁画颜料变色、壁画胶结材料老化等。对于魏晋壁画墓这样半地下保存的墓室壁画，由于在地下有一定深度，相对湿度较高，适当的温度下微生物很容易大量生长，破坏壁画表面，对壁画造成很大的危害。

3. 光照

光辐射与保存环境温湿度一样，是文物保存中最常见、最基本的外界环境因素。其来源首先来自太阳光辐射，其次是人工光源。两者对于人类的生存和生活是必不可少的，但对于文物的保存都是有害的。光线能够损坏它能达到的任何物体的表面，光的热效应能使有关化学反应加快速度，从而破坏文物材料。长期暴露在室外的壁画，经过长时间的光照，壁画中的胶结材料老化，会造成壁画粉化脱落，有机颜料褪色，无机颜料变色[①]。

4. 空气污染

壁画所处的环境中的空气组成也很重要，空气主要是由氮、氧和几种惰性气体组成的混合物，它们在自然界的主要组成是大体不变的，但随着人类工业活动和交通运输业的扩大，每年向大气中排放大量污染物，如二氧化碳、二氧化硫、硫化氢、二氧化氮等会形成酸雨直接破坏壁画，它们与

①马涛、马宏林《陕西遗址、陵墓博物馆文物保存环境研究》，《陕西环境》2003 年第 10 期。

颜料发生氧化还原作用,或与固相反应发生沉淀转化而破坏壁画颜料层,导致颜料变色。

三、魏晋壁画墓保存环境状况

1. 温度、相对湿度监测

兰州地处甘肃内陆,受地理、地形和大气环境影响,为温带干旱、半干旱气候,大陆性季风气候明显,特点是降雨少,日照多,蒸发量大。根据兰州地区气象统计数据:市区温度最高值为39.8℃,最低值为-22℃,年平均温度为10.3℃;空气相对湿度最大值为100%,最小值为6%,年平均相对湿度为50%。

我们在魏晋壁画墓内放置了温湿度记录仪,连续记录了2010年6月至2011年5月间的温湿度变化情况,每60分钟记录一次。监测结果见图七。

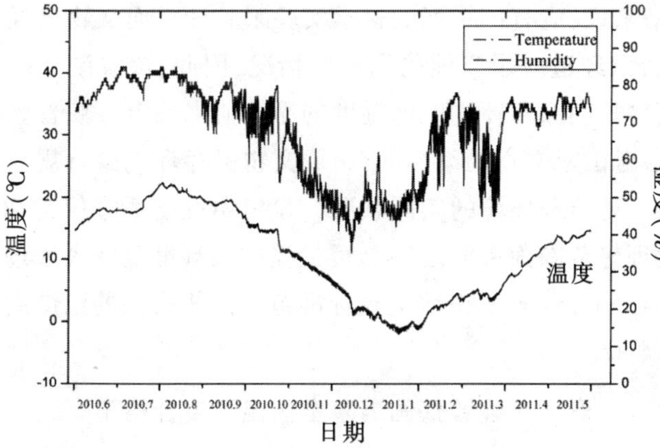

图七　魏晋壁画墓温度、湿度年变化

从监测数据来看,壁画墓内一年气温最高值出现在8月,气温为22.3℃;最低值出现在1月,为-2℃,二者之值相差24.3℃。从图七看出,壁画墓内平均气温变化很有规律,具有明显的季节性。平均气温最高的是8月,为21.0℃,其次是7月为18.83℃、9月为18.8℃、6月为17.0℃、10月为14.2℃、5月为13.4℃,气温最低的是1月,平均值为0.51℃。由监测结果看,壁画墓内温度变化范围较大。墓室内相对湿度最高值出现在7月和

8月,达到了85%。墓室内相对湿度平均值最高的是7月,达到83%,其次是8月为81%、6月为78%、9月为76%,最小的是12月,平均值47%。

以上大量的监测数据以简单的平均值和最大值、最小值来进行评估[①],虽然这也能说明很多问题,但平均掩盖了各个检测值间的差异,温湿度分开评价,人为割裂了温湿度间的耦合性。为此本文使用“温湿度合格率”和“温湿度分布图”来进行评价[②]。“温湿度合格率(P)”即同时满足温湿度“适宜”指标范围的监测值个数占所有监测值个数的比例。

温湿度合格率P=(同时满足温湿度指标的检测值个数/所有监测值个数)×100%

温湿度的“适宜”性指标是对温湿度的一种静态评估。某一时刻的温湿度是一个定值,为了评价这个指标是否“适宜”,可以将所测数据与相应的标准值或人为确定的温湿度边界范围进行比较,看是否达到“适宜”的指标。首先,确定温湿度的适宜值(即标准值)。标准值要根据不同的地域环境、不同质地的文物分别确定,每个文物对环境温湿度的“适宜”指标是不同的,严格来说,应有一系列的科学实验来验证。而文物已经保存了上百年的历史,已经适应了当地的温湿度情况,因此,该温湿度的“适宜”指标可根据文物长期保存环境中温湿度的平均值来确定。魏晋壁画墓内主要为砖画,参考国家文物局编制的《馆藏文物保存环境试行规范》,并结合魏晋壁画墓所处地理环境的实际状况,设定温湿度适宜值为20℃,40%。设定温湿度理想范围为±2℃,±5%。可接受的温湿度范围大于理想温湿度范围,设定为±5℃,±10%。按照上述标准范围计算得到的温湿度合格率见表一。

表一　魏晋壁画墓墓室内温湿度合格率

	温湿度合格率
理想范围(18℃~22℃,35%~45%)	0
可接受范围(15℃~25℃,30%~50%)	0

由表一可知魏晋壁画墓温湿度监测结果相当不理想。在理想范围内和可接受范围内的温湿度数据都为零。这说明墓室内壁画的温湿度远远

①徐方圆、解玉林、吴来明《文物保存环境中温湿度研究》,《文物保护与考古科学》2009年第21期(增刊)。

②徐方圆、吴来明、解玉林、白宁《文物保存环境中温湿度评估方法研究》,《文物保护与考古科学》2012年第24期(增刊)。

没有达到理想效果，离可接受范围相差也甚远，因此，由温湿度因素直接产生的壁画破坏作用不容忽视。为了进一步分析温湿度分布，以可接受范围为标准做温湿度分布图(图八)，图中以可接受范围为标准，将温湿度平面分成9个区域，可以看出该监测点温度全部在25℃以下，超过半数的温度低于15℃，全年大部分时间低于可接受温度范围；湿度大于60%的数据超过50%，墓室内大部分时间湿度过大。由图可以看出，当温度在可接受范围内时，相对湿度集中分布在70%~90%，湿度过大；当湿度在可接受范围内时，温度集中分布在0℃~10℃之间，远低于温度可接受范围。

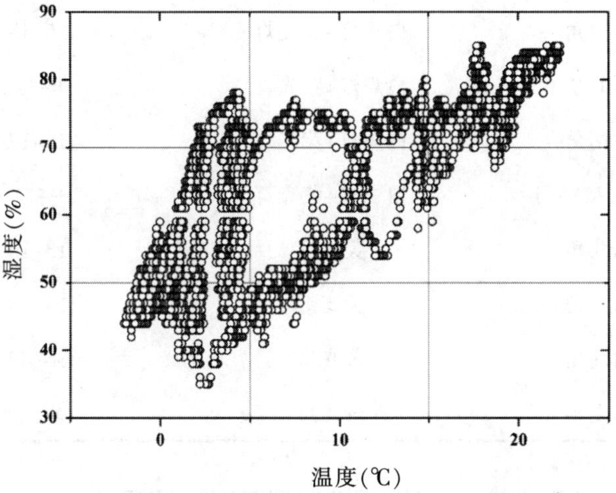

图八　魏晋壁画墓温湿度分布图

2. 魏晋壁画墓光照水平检测

使用数位式便携照度计对甘肃省博物馆魏晋壁画墓墓道、前室和后室光照水平分别进行检测。检测结果如表二。

魏晋壁画墓使用日光和人工光源结合的采光方式，墓道两侧开有窗户，日光可通过窗户透进墓道，同时墓道顶装有白炽灯；墓前室、后室都是半地下保存，均无日光照明，前室同时使用白炽灯和荧光灯进行照明，后室使用荧光灯进行照明。

国家文物局发布的《博物馆照明设计规范》中规定，对光特别敏感的展品：织绣品、绘画、纸质物品、彩绘陶(石)器、染色皮革、动植物标本等照度不大于50lux，年曝光量要低于50000lux·h/年；魏晋壁画墓中的展品彩

表二 魏晋壁画墓光照度分布

测试地点	光源种类	壁/砖画表面照度(lux)
墓道门口	天然采光+白炽灯	23–24
墓道楼梯	天然采光+白炽灯	23–27
墓道与前室拱门	天然采光+白炽灯	19–21
前室中央地面	白炽灯+荧光灯	28–33
前室东北角	白炽灯+荧光灯	39–42
前室东南角	白炽灯+荧光灯	15–19
前室西北角	白炽灯+荧光灯	9–15
前室西南角	白炽灯+荧光灯	15–17
前、后室交接拱门	白炽灯+荧光灯	9–12
后室东北角	荧光灯	13–16
后室东南角	荧光灯	14–28
后室西北角	荧光灯	35–42
后室西南角	荧光灯	8–12

绘砖属于对光特别敏感的文物，因此其照度不应该超过50lux，由表二可以看到魏晋壁画墓内照明每个测量地点的照度都在50lux以下，符合国家文物局发布的《博物馆照明设计规范》规定。由于魏晋壁画墓不对游客开放，墓室内的人工光源照明，除了工作人员定期检查外极少使用，光照时间很短，除短暂的照明发热对墓室温度稍有影响外，光照对壁画的保存影响极小。

3. 污染气体检测

使用便携式甲醛测定仪、二氧化硫测定仪、二氧化氮测定仪，分别对魏晋壁画墓墓道、前室和后室污染气体含量进行检测。检测结果见表三。

我国室内空气质量标准（GB/T18883–2002），要求甲醛浓度应低于0.10mg/m^3，二氧化硫一次测定值浓度应低于0.15mg/m^3，二氧化氮任何一次测定值浓度应低于0.10mg/m^3。对比表三检测结果，魏晋壁画墓从墓道、

表三　魏晋壁画墓污染气体浓度测量结果

测量地点	甲醛含量		二氧化硫含量		二氧化氮含量	
	(ppm)	(mg/m^3)	(ppm)	(mg/m^3)	(ppm)	(mg/m^3)
魏晋壁画墓墓道	0.002	0.0027	0.007	0.02	0.012	0.0246
魏晋壁画墓前室	0.001	0.0013	0.006	0.017	0.01	0.0205
魏晋壁画墓后室	0.001	0.0013	0.006	0.017	0.006	0.0123

前室到后室的甲醛、二氧化硫、二氧化氮测量值均符合室内空气质量标准。这可能是由于魏晋壁画墓常年不对外展览，除了工作人员定期检查墓室内部环境外，墓门不常打开，避免了游客带来的二氧化碳等酸性气体，而且墓室保存在地表以下，与外界的空气对流少。

四、结　论

甘肃省博物馆馆藏魏晋壁画墓处于半地下保存，墓室内无温湿度调节设备，室内温度跟随外界环境波动较大，全年最高温度 22.3℃，最低温度为-2℃，四季温度变化范围大。根据"温湿度合格率"和"温湿度分布图"对全年温湿度进行评价，无达到"理想范围"和"可接受范围"的温湿度数据，说明墓室内温湿度远远达不到标准。对墓室内光照度和污染空气浓度的检测，收集的数据基本都符合国家规定的壁画保存条件。因此，目前墓室内壁画出现的颜料层起甲、脱落、酥碱等病害基本是由温湿度失调引起的，对此提出以下建议：改造或加固墓室地上雨水引流渠和管道，防止雨水蓄积、渗透造成墓室内部湿度上升；在湿度较大的季节，墓室内地面增加干燥剂除湿，并进行定期更换，降低墓室内湿度；墓室内使用 24 小时连续运行的恒温恒湿设备，将温湿度调控在壁画保存的适宜范围内，避免温度、相对湿度受到外界环境的影响，使壁画在相对稳定的温湿度环境下得到妥善的保存。

(本文原提交《曲江壁画论坛》)

敦煌两关丝路杂谈

——以阳关博物馆成立五周年暨《敦煌诗选》出版座谈会发言为中心

初世宾①

两关之义，阴阳并列。阳关在南属阳，后世谓道路宽畅平安而称引曰阳关大道。史家明言其在玉门之南，故名，但未云玉门何义？其实可反向推论，玉门在其北属阴，以玉喻阴，因称玉门，与输入玉石无关。

一

秦汉尤崇尚阴阳五行，地名上颇遗其痕迹。秦五原郡、北河有阴山、阳山；汉初桂阳郡置阴山、阳山县。汉武帝一生笃信神仙阴阳，其西北开疆拓土，列郡建关通西北国，探昆仑，求天马，直至晚年，迷信不减。西域开通，诸国广大，中外使客频繁。汉于敦煌西北、西南建两关，犹若国门都阙，颇有布置安排。依五行八风（四仲四维说），玉门当中央土的戊位，卦象乾，为天门；阳关则当中央土的己位，卦象坤，为人门。此与宣、元时都护总领南、北道，戊己校尉"位居中央，镇抚四方"的构思正相吻合②。对西域而言，敦煌也处于五行中央土的戊己位，故敦煌太守可操控两关，还可代朝廷节制西域都护、戊己校尉事。东汉末应劭说"敦煌"是盛大之意，并非无稽之谈。

玉门输玉说，始于英国斯坦因和日本桑原骘藏③，但玉门之最初命名

①甘肃省博物馆。

②五行方位，东方为木，南方为火，西方为金，北方为水，中央为土。《汉书·百官公卿表》戊己校尉条颜师古注："甲乙、丙丁、庚辛、壬癸皆有正位（按：即东西南北四方），唯戊己寄治耳……一说戊己居中，镇覆四方。"徐松《汉书西域传补注》："汉官仪厌胜之说为近。盖屯田校尉所以攘匈奴而安西域，西域在西为金，匈奴在北为水，戊己生金而制水耳。"黄文弼《罗布淖尔汉简考释》："汉官仪称戊己中央之意颇为相近，盖戊己校尉直属中央之官。"

③本文关于《穆天子传》西征路线、地点的陈述，主要采纳顾实《穆天子传西征讲疏》、岑仲勉《穆天子传西征地理概测》的观点，予以综合取舍。此外也有作者的分析推测。

因玉石输入是很值得怀疑的。至少阳关也是玉的输入途径,昆仑、和阗之玉由阳关进入亦更便捷,为何不称玉门?可见其说缺乏理由与证据。

二

说到玉的输入,须提及先秦典籍《穆天子传》所述周穆王西狩会晤西王母的路线。据近现代古地理研究的权威注释①,穆王由洛阳或关中赴内蒙古、河套,复西南入青海,经乐都、积石山等地西去,约由塔里木盆地南侧,缘昆仑山系西至"群玉之山"(今和田、叶城),"攻其玉石,取玉版三乘(车),玉器服物,载五万只"。然后北征"剞闾"(伊犁),会西王母于"玄池"(伊塞克湖或斋桑泊)。

这是前丝绸之路时期有记载的最早一次中西交通大事,时当公元前1000年。此奇特路线所以吸引人们关注,是基于以下几点:

第一,穆王统率大队车马扈从西进,其路线忽北忽南、迂回曲折,有多段道路与后世丝路的某些路段颇为吻合。例如中原去漠北之路;蒙古草原南侧贯通东西之路;由阴山、河套南下——北方民族进入中原通途之一;又由此道继续沿黄河、湟水西南贯通今青海省之古"羌中道",再入新疆"西域南道",并从其西段北上"西域中道",复逾天山而抵伊犁河流域。这一路线甚不通畅,像是一次"探险之旅",边行边探寻路径,带有早期交通的特征。有些路段有意回避,似不能或不便通行。众所周知,西周的北方、西北有强敌犬戎(又称鬼方、鬼戎、昆夷、猃狁),穆王此行之前曾与犬戎翟王激烈战争。关于西王母这一西方神秘女性,中国古史神话传说中,有华山骊戎、青海须抵池王母石室、酒泉南山西王母宫、新疆天池、于阗昆仑县圃诸说,但以此传最为可靠。它应当是哈萨克斯坦东南部草原古塞种人著名的母系氏族女权部落②。

第二,穆王西巡是一次大规模的和平友好外交活动。这种和善友邦之举,在以后历代处理国际关系、民族问题时,一直见到它的影子,被奉为准

①本文关于《穆天子传》西征路线、地点的陈述,主要采纳顾实《穆天子传西征讲疏》、岑仲勉《穆天子传西征地理概测》的观点,予以综合取舍。此外也有作者的分析推测。

②中国古文献所载西方女首领部落即西王母,大多属于神话传说。比较可靠的是《汉书·张骞传》云骞出使大月氏,"大月氏王已为胡所杀,立其夫人为王,既臣大夏而君之",是月氏又实行女王制,但此事过晚,地点在中亚南部。希罗多德《历史》记述中亚北部的斯基泰(塞族)马萨该塔伊人氏族部落,盛行女酋长女王制。波斯皇帝居鲁士与马萨该塔伊人作战时,被其女王杀死。

则和传统。穆王西去携带的是金银珠贝、药材器皿、车辆舞乐等,带回贵重的玉石琅玕、毛皮牲畜。这是一份典型的草原骑马民族与中原农商地区之间互赠礼品的奉仪。

第三,这次旅行的往返均经过敦煌地区,过去的研究对此有所忽略。《穆天子传》记载去程的“乐都”“积石”到“昆仑丘”“群玉之山”间,过一地名“居虑”,“居虑献酒百□于天子”。岑仲勉认为即“居庐訾”,在罗布泊的东北岸,地当两关赴楼兰道中的要害。悬泉汉简有宣帝时破羌将军辛武贤出军敦煌,欲通渠居庐訾仓、进击乌孙的记载。黄文弼于1929年发掘该地,出土汉简有“居庐訾仓”,隶属于车师戊部校尉,知其地与西域都护、戊己校尉、伊循校尉的密切联系。敦煌至罗布泊是中国西部的交通枢纽、十字路口。自青海羌中西去西域南道,必从今阿克塞哈萨克族自治县一带逾阿尔金山的当金山口,北上敦煌,再出两关赴南、北、中诸道,汉、晋、隋、唐莫不如此。穆王回程同样。《穆天子传》曰:离开玄池东行三个半月,抵达“重䗺氏”领地“黑水”,又过“长沙之山”“文山”“西膜”和“巨蒐氏”地。顾实、岑仲勉一致认为“长沙之山”乃焉耆南之库鲁克塔格沙山,“文山”在哈密西。顾氏又说“西膜”为哈密;吕思勉以为即“塞”;而岑氏说“巨蒐”为“渠搜”,在酒泉、若羌之间。诸家于“重䗺”皆无解。按,后一字为古文,从邕当读如邕,即唐宋时期之“种榅”“仲云”“众”,为小月氏种,分布于敦煌以南、阳关外和若羌一带,见载五代高居诲《使于阗记》、宋王延德《西州使程记》及《宋会要辑稿》蕃夷拂菻条等。亦即《汉书·西域传》《赵充国传》之“婼羌”“狼何羌”诸种,乃大月氏西迁所遗避入南山依附羌人的小月氏。《穆天子传》又云:“重䗺氏之先,三苗氏之□”;“重䗺之民,铸以成器于黑水之上”,说其人先祖源于三苗,善冶铸。《汉书·西域传》曰婼羌“山有铁,自作兵,兵有弓矛服刀剑甲”,与重䗺十分吻合;也与古说窜三苗于三危,允姓之戎居瓜州,黑水入敦煌三危南,以及乌孙、月氏居敦煌、祁连间等,均可相互印证。黑水应指东起敦煌、西抵若羌以南,特别是南流的水系。可见穆王东返再次经过敦煌、罗布泊地区,并与重䗺(仲云)诸族密切接触交好。

敦煌之信史往往从汉武拓疆建郡开始,今从《穆天子传》又知其先秦时地理、人文、交通的一些重要信息。公元前1000年,敦煌一带即是中原通西域的要道,并连接漠北草原道与祁连山南麓的羌中道。后来,张骞探险至大夏,逾葱岭,缘昆仑山诸羌氐小国向东,欲从羌中返长安,在罗布泊一带再次被匈奴捉获,所循还是这条古老而复杂的民族走廊。敦煌特殊的地理、人文条件早已决定它后来在丝绸之路中的地位。朝廷对它的开发、经营又大大提升了这种价值。《后汉书·郡国志》说“华戎所交一都会”,指的是建郡以后。而早期敦煌应是西部少数民族的聚居地、交汇中心和迁徙通道。因此,应强化大敦煌地域的原始、青铜时代考古与民族学研究。这一阶段历史几乎等于空白,显得尤为重要和迫切。应当凭借如悬泉置那样的新发现,重现早期敦煌历史的辉煌。《穆天子传》是西晋武帝时河南汲县魏安釐王(前276—252年)墓中出土的一部竹简文书,距今已2200多年,足可相信。当然,历史记载有时也不免失实,需要具体分析,不可一概臧否。正如前述,包括《穆天子传》在内的早期敦煌的历史、艺术、考古课题和疑问还不少。如三苗、允戎、重䍐氏、居虑和黑水、长沙、三危各属何族、何地?乌孙、月氏的族属,是敦煌原住民,还是后迁入的,与西域古乌孙、月氏文化有何异同?自河西到新疆普遍发现的“伏羲、女娲”和“东王公、西王母”信仰与穆天子西游和丝路文化传播有无关系?如此等等。在积极研究敦煌汉唐盛世的两关长城丝路文化和简牍学、敦煌学的同时,还应把关注兴趣扩大到前敦煌时期,改变目前这一时期研究的冷清局面①。

三

敦煌一称,不见于《穆天子传》,也不见于所有先秦典籍与所知文物。即使《穆天子传》为伪托之作,时代也不会迟至战国中晚,去秦末汉初月氏据敦煌时未远,为何只有“重䍐”而无“敦煌”之名?所以说“敦煌”为当地“土名”②;或曰是“月氏”胡音(吐火罗 Tokhri)的汉写③,理由皆嫌单薄。后者拿5、6世纪甚至更晚的中亚语言,比对公元前2世纪的汉语音,更为严谨学者所诟病不取④。所谓月氏为吐火罗(睹货罗、兜佉罗)的主要依据,是鸠摩罗什译《大智度论》(405)注“兜佉罗”国曰“小月氏”。所指乃中国月氏

①认真探讨研究敦煌建郡以前的历史文化的论述为数不多,见褚良才《敦煌地理及历史沿革》,《敦煌学简明教材》,2001年。

②土名指地方原始的、旧有的、居民习用的地名。土名相对于后起的官定名称而言。

③岑仲勉《释桃花石》,《东方杂志》第33卷第21号,第68页。

④伯希和《吐火罗语与库车语》,《亚细亚报》1934年第1册,第23~106页,载《中国西部考古记吐火罗语考》,伯希和在讨论有关吐火罗、月氏、敦煌等中外名称的对音时,特别强调“必须注重年代”是否同时。

西迁大夏贵霜朝西北印度吐火罗地区后,5 世纪前半月氏王寄多罗再西迁,故地由其子统治,故史书吐火罗之月氏有大、小之分。大夏的月氏人、吐火罗人本是两码事。5 世纪吐火罗的小月氏与 600 年前中国敦煌祁连间的小月氏更是风马牛不相及。所以,根本不存在将“吐火罗”译写作“敦煌”的可能。此点,中外学者已多作论证①。其次,在月氏人曾活动过的地区,例如新疆的罗布泊、吐鲁番、焉耆、库车一带,也曾发现过所谓“吐火罗语”古文书(我国称焉耆、龟兹文,使用西北印度婆罗迷文的字母拼写),时代晚至 4~9 世纪。又可疑之处有二:一是这种文字的全部材料中,没有“吐火罗”(Tokhri)一词;二是吐火罗语属欧语系,是从西北印度吐火罗地区传播到新疆。而大月氏乃自东向西迁徙,语系当与之不同。很难证明在甘肃的月氏操吐火罗语。

又或寻找《史记》《汉书》中早于建郡即出现的“敦煌”,来反证它是原名和少数民族语言。此种间接推论法并不科学;又敦煌建郡时间迄今尚无定论,缺乏准确坐标,无所适从;再者史家追述而借用晚出地名是正常的。何况所列举者,无一例可确证在建郡前便已存在②。同理,“祁连”虽是胡语,但并不能证明与其并列之“敦煌”也是胡语。

敦、煌二字真义,史、汉注家皆无歧说,均以应劭注为是,曰:“敦,大也;煌,盛也;敦音屯。”唐人犹宗其说,李吉甫《元和志》曰:“敦,大也,以其开广西域,故以盛名。”又唐初司马贞《大宛列传》赞云:“旷哉绝域,往往亭鄣。”皆得应注真谛。又《水经注》卷二湟水条引《释氏西域记》称敦煌为“屯皇”。应注敦音屯,敦、屯皆指军事集聚屯守。秦汉律令有《敦表律》③,敦同墩,指烽火台;军队、边塞有敦长、屯长,相当于亭长、燧长。魏晋以降,敦煌作燉煌,燉同敦、墩,即烽台。

①荣新江《小月氏考》,《中亚学刊》1987 年第 3 期,第 52 页。

②论者主要论据,为《史记·大宛列传》:“始,月氏居敦煌、祁连间。”此为史迁追述笔法。《汉书·张骞传》抄录之,曰:“天子数问骞大夏之属,骞既失侯,因曰:‘臣居匈奴中,闻乌孙王号昆莫,昆莫父难兜靡本与大月氏俱在祁连、敦煌间。’”《史记》无“本与大月氏”以下云云,乃班氏据意添加,变成张骞答对武帝之语。如此,则元狩时敦煌尚未建郡而张骞已知其名。方诗铭据此推断敦煌名称在元鼎六年建郡前九年即出现(《玉门位置辨》,《西北通讯》,1947 年第 1 卷第 1 期),而不知所据纯属子虚乌有,类似者还有《史记·大宛列传》河西、西域的一些汉式专名,如金城、河西、南山、西海、盐泽、盐水、沩水、大夏等。它们出现的准确时间,是张骞探险时的发现发明,还是攻占河西后的新命名,确实难以分辨。

③《睡虎地秦墓竹简》,文物出版社,释文第 88 页。《张家山汉墓竹简》,文物出版社,2001 年。

日本藤田丰八最早主张"敦煌"是古希腊地理学家托勒梅《地理学指南》中的"睹货罗"(Thagura),责难应劭注乃中国好以字义解释一切地名之"癖习,不足采也"①。其论偏颇,不可不辨。按汉字必具形、声、义三要素,并可因形、声求义,正是其优越处。以字义解释语言词条包括地名,也是中国文明、文化的特点之一,并非"癖习"。应劭博学,谙习典章制度,又去西京未远,不会不知边疆地域有民族、外国语言译音问题。颜师古注汉书,颇多征引应说。应氏凡遇异族语言,一般皆直注其音,或明言系某国、某族云云。例如《汉书·地理志》应注:"犍为郡为故夜郎国;僰道为故僰侯国;越巂郡为故邛都国;牂牁郡故且兰为故且兰侯邑;漏卧为故漏卧侯国;同竝为故同竝侯邑;夜郎为故夜郎侯邑;句町为故句町国。"金城郡枹罕为故罕羌侯邑,枹音柎;安定郡朝那为史记故戎那邑;雁门郡楼烦为楼烦胡地;元菟郡为故真番、朝鲜胡国;高句骊为故句骊胡;乐浪郡为故朝鲜国,如此等等,汉、番族属与语言的区分十分严谨。其他注家亦如此。也有不知所以然或意见不一者,一仍其旧;或存疑,不作强解。藤田之说,以偏概全,不足论也。

应劭注边郡地名,异族领地以族称命名为一类;取典故、名胜命名如金城、酒泉为一类;再一类如安定、武威、张掖、敦煌,与西部的斥土拓疆和战争、边戍事关联。安定谓边郡靖绥,武威乃宣扬军威,张掖为张国掖臂,敦煌则指疆域盛大,其立意与其时其地其事相一致,令人一目了然,显非偶合。汉语言之地名,同汉式命名习惯,从古、从地、从姓氏、从人、从事、从物……据文解义是准确的。如敦煌郡的渊泉县因多泉水;冥安县因冥水、冥泽;广至县之地又可北出昆仑,南通羌中;效谷县因屯田致谷,皆汉式命名。唯龙勒县无解。武帝元狩四年,卫青、霍去病远征漠北匈奴单于庭,过龙勒水,当属匈奴、羌胡语。汉语史籍地名凡无法据文解义者,多数为异族语言,且其翻译颇为规范。《汉书·匈奴传》既然已明言匈奴语"天"为"撑犁",颜师古就不该再把"祁连"注作天山。同理,有学者说《水经注》卷二引《山海经》,云西域有"敦薨"之山、水、渚、浦、薮,最终流入盐泽,主张"敦薨"即敦煌,二者分别是战国、汉时对"吐火罗"的不同译写。前文已述月氏自东向西入大夏(巴克特里亚)统治吐火罗地,二者始发生混合。印欧语系的吐火罗语言文字,则是3世纪以后从西北印度传入西域中道。说吐火罗人和语言文字早在战国时期就生活在新疆和甘肃,至今殆无任何证据。又

①藤田丰八著、杨炼译《月氏故地与西移年代》,《西北古地研究》,商务印书馆,第91页。

“敦薨”之地即今天山中部东南开都河、博斯腾湖与孔雀河上游，亦即汉时焉耆、渠犁、尉犁、危须诸国地，为西域都护治区，但汉时文献绝无敦薨之说。郦道元注水经，敦煌、屯皇、敦薨三者分别清楚，如果敦薨即敦煌，何无一字言及？又其黄河源出印度、西域的部分，将《山海经》的神怪荒诞杂驳与新获佛教、印度史地知识等混糅一起，最为迷离失实。汉时学者已视为方术之书，不属信史。司马迁《史记·大宛列传》论曰：“九州山川，尚书近之矣。至禹本纪、山海经，所有怪物，余不敢言之也。”《汉书·张骞传》班氏赞亦斥之；如淳注：“放荡迂回，不可信也。”颜师古同意如淳的意见。而郦氏所引敦薨之地，比《山海经》更加夸张放大，是以不取。

西汉郡国一百零三，名称绝大多数为汉式。仅有犍为、元(玄)菟、乐浪三郡例外，似异语译音。犍为名曰建元六年置郡，实则并未控据其地，相当长时间内处于“自保”状态。元菟、乐浪地在辽东边徼之外，类似西域蕃属，故仍称原名。由知汉时不以异族语言名郡国。异族所居县道则不拘此格，一般仍保留其民族原名不改。敦煌自酒泉郡分出新建，不当再以民族语言命名，此视敦煌郡军政县乡亭里多汉式名称即明。当然，民族地域名还是有的，例如龙勒即是。

四

元狩二年(前121年)霍去病河西之战是中国古代最伟大的战略进攻的典范之一。此战奠立了我国现今国土的基本版图。战事倥偬，河西来归急促，一切草创，故四郡建置年代和最初的开发，未留下准确史料。司马迁作为当世史官，其《史记》亦无一语明确四郡各建于何年(武威郡除外)，需读者自行推算。《史记》为刑余之书，未能尽善，尤其是武帝朝之事，不可责难。后来的班固欲为订补缺失，然而时过百余年，疏误难免。《汉书·武帝纪》与《汉书·地理志》并存异说，自相矛盾，又不明依据，是存疑以待来者欤？总之，根源在《史记》《汉书》的先天不足。后世学者重作探讨，各有分析理解。于是歧义纷乱，疑窦丛生。据不完全统计，仅敦煌建郡年代即有九家之多，令人无所适从。

本节试就此再予审视评述。提倡正确读史，合并、减少分歧。先简述诸家有关敦煌建郡年代如下：

1. 元鼎六年说(前 111 年):张维华 1942(发表年限,下同)、向达 1944、夏鼐 1948。

2. 元封四、五年说(前 107—前 106 年):陈梦家 1965。

3. 元封五、六年说(前 106—前 105 年):吴礽骧、余尧 1982。

4. 太初元年(前 104 年):黄文弼。

5. 太初元、二年(前 104—前 103 年):刘进宝 1991。

6. 太初中(前 104—前 101 年)或稍后:劳干 1944。

7. 天汉三年左右 (太初后至太始三年前, 前 100—前 94 年): 张春树 1967。

8. 天汉二、三年至征和二年(前 99—前 91 年):方诗铭 1947。

9. 后元元年(前 88):施之勉 1950、刘光华、王宗维 1986。①

《汉书》中记载四郡设置,《武帝纪》曰元狩二年立武威、酒泉郡,元鼎六年再分置张掖、敦煌郡。《地理志》则云太初元年开张掖、酒泉,四年开武威,后元元年从酒泉分出敦煌。此二说虽甚抵牾,但与《史记》比较,先建酒泉或再建张掖,敦煌是从酒泉分出,武威晚出;这三点是共同的,可见《汉书》二说也有其合理性。

司马光《资治通鉴》载:元鼎二年建酒泉郡,是第一个敢于否定班固元狩说的,张春树称其“甚具卓识”,颇是。先业师张维华 1942 年也是梳理了《史记》、《汉书》中有关建郡的所有资料,用反证、互证和辨理的方法,力证酒泉建郡当在张骞出使乌孙归来,即元鼎二、三年间,张掖、敦煌元鼎六年建,可信。武威建郡仅见于《汉书》,据记载排比当在昭末宣初即元始六年至神爵元年间。劳干 1944 年继之提出酒泉、张掖同武纪,敦煌建于太初伐大宛时,而武威郡可用汉简排年的方法锁定在元凤三年到地节三年。此二家是研究河西建郡纪年的功臣,其方法常为治史者效仿,虽有小疵而无伤大雅。

其间,玉门关之设立、位置、隶属,直接关乎敦煌建郡。先是法国沙畹 1913 年据《史记·大宛列传》汉武帝“使使遮玉门”阻止贰师将军罢兵返回的一段文字,发明太初时玉门关在敦煌以东的新颖观点②。假如当时敦煌还在玉门以外(西),它是否建郡就值得怀疑了。故向达 1944 年、夏鼐1948 年相继著文反驳。二者皆主张敦煌建于元鼎六年,而玉门关或更早一些,

①本文敦煌建郡年代说九家,主要依据刘进宝《敦煌学述论》,甘肃教育出版社,1991 年版,第 9~10 页。因对诸家说未作具体讨论和引述,故其出处请看前书,此处不再赘引。

②[法]沙畹《斯坦因在东土耳其斯坦所获中国文书考释》,剑桥版,1913 年。

位于今小方盘城，关址从未迁移过。沙氏观点影响学术界半个世纪，为此向达不得不解释“遮玉门”是遮敦煌东之玉门县而非敦煌西之玉门关。劳干本主张元鼎六年说，但又惑于沙氏说，将敦煌建郡屈从于太初伐大宛稍后，说今玉门关是伐宛胜利后从赤金峡西迁过来的。这些当然都是错误的。

重温以上早期对敦煌建郡的研究，颇予人启思。随后的探索更为大胆、解放，形成一股新潮流。但今天重新审视元封、太初、天汉诸说，诸家似乎存在一个未能正确解读《史记》《汉书》文字与其所述史实的问题。《史记》章句笔法多边叙边议，一般是先早后晚、由远及近，但特例也不少。关于河西的战争、筑塞、移民和建郡等交织复杂的情节，《史记·大宛列传》按以下三次重大事件，即：元狩时击降河西，元鼎、元封之际通西域，太初伐大宛为中心，综合史实，横向铺陈，归纳议论。所以，其文字不能死板理解，行文次第不一定代表早晚，其间还有追溯、倒叙、插议、预测、综述等，须用心领会分析，不可拘泥于字句方寸之间。《汉书》唯《史记》是瞻，有关本题的绝大部分是照录《史记》，无阐述发明，个别的或有删减、改增、概括，可由其异同发现问题。

《大宛列传》叙三大事件自元狩二年至天汉初共3400余字，然而筑塞建郡事，分别在三大事件之末尾，仅列述如下：

1. 元狩击降河西一章结尾：“而汉始筑令居以西，初置酒泉郡，以通西北国。”

2. 元鼎、元封之际通西域一章结尾：“于是酒泉列亭障至玉门矣！”

3. 太初伐大宛一章结尾：“而敦煌置酒泉都尉，西至盐水，往往有亭；而仑头有田卒数百人，因置使者，护田积粟，以给使外国者。”

以上三语既是记述具体史实，也是每一事件之概括性结语。写在时间终了处，却并不表示发生于事件终了之时，至少史迁无此意，细心品味即知。原文“而”“于是”，没有“从此”“此后”等意。如释“同时”“这样”之类，倒较符合原文精神。诸家正是据此三语之上下文时间排比，得出元鼎六年筑令居、置酒泉郡，元封四、五年筑亭障至玉门，太初四年后筑亭至盐泽的结论，演绎出元封、太初、天汉说。其实不然，其中有对文字和史实的误解。为此特以《大宛列传》为中心，分段剖析于下：

（一）元狩击降河西，地空徙民屯田

《史记》大宛等各传，元狩二年骠骑三出河西，重创匈奴右方，降昆邪二王号称十万,全部迁移置五属国。四年又大出漠北击匈奴王庭,从此金城以西至盐泽空无匈奴。同年张骞出使乌孙,厚币赂招其东徙昆邪故地,与汉结昆弟共御匈奴,更可招来大夏等为外臣,惜无结果。此段文字和史实,以下几点需再论及。

1. 汉对河西方略的改变

元朔二年汉收复河南,曾立即筑城建朔方郡,而河西与之不同。一者,张骞建议清除匈奴,请来乌孙,以其为桥梁交好西域。此方略就军事、战略与历史经验而言都是败笔。其次,疑攻占河西时即有建郡计划。《汉书·武帝纪》纪言:"元狩建武威、酒泉。"《史记·平准书》云:"初置张掖、酒泉郡。"恐非空穴来风。计划或因张骞出使而延缓,直至外交努力失败时方再启动。劳干、向达以为汉书武纪之说不可轻易否定,有一定道理。

2. 元狩时向河西徙民、屯戍

过去或以为元狩时徙民实边无河西,非是。《史记·匈奴列传》载:"汉已得浑邪王,则陇西、北地、河西益少胡寇,徙关东贫民处所夺匈奴河南、新秦中以实之。"元狩四年"汉渡河自朔方以西至令居,往往通渠置田官,吏卒五六万人,稍蚕食地接匈奴以北"。又《平准书》云:徙之民"七十余万口,在食皆仰给县官"。集解裴骃引《汉书·食货志》称新秦中在朔方南。实则秦中指关陇,新秦中乃新夺匈奴地即北地、陇西近河之安定、金城、榆中、令居等,河南则指朔方、五原。《汉书·武帝纪》有载,元狩五年,"徙天下奸猾吏民于边"。以上足证元狩时河西已设军屯田官,以军卒、贫民、谪吏徒,来开渠、垦田、积谷供应军需。这是最初的汉人居住点。

3. 军事与民族建置

河西新开,虽无匈奴,但有守军驻扎;原住民如南山羌、小月氏等仍被保留。后者主要分布于祁连南山,代表是卢水胡,两汉时乃张掖属国的主力,后来扮演了很重要的历史角色。匈奴降众编为五属国是当务之急,接下来便应成立张掖属国安置小月氏,不过被《史记》《汉书》所遗漏。据兵法,凡行军作战、军队营阵、辎重粮秣、警讯斥候当同时并举。未建郡之前的军事布置今已不可知。可以想象,约同《赵充国传》"部曲相保,堑垒木樵,便兵弩,饬斗具,烽火幸通"的一番景象,张骞出使乌孙经过河西,当有驻军护卫迎送。

4. 霍去病元狩二年进击路线和河西民族分野

此问题为中国西部古史的重大课题之一，也与河西建郡甚至历代建置有密切关系。前后有六说：一是日本藤田丰八，路线是北地—富平（银川）—阿拉善—居延（额济纳南下）—祁连山—湟中①。二是岑仲勉攻天山说，他延长藤田氏路线，由居延西击祁连（天山），即攻入新疆东部②。三是王北辰的阴山高阙沙漠道说，北地—富平（银川）—朔方高阙—乌兰布和、巴丹吉林—居延（南下）—祁连山—觻得（张掖），近似藤田的路线③。上三家皆夏天进军路线。四为吴礽骧之青海羌中扁都口说，即陇西狄道（临洮）—黄河—湟水—浩亹水（大通河）—达坂山、扁都口—民乐、张掖④。此为春天路线。五为王宗维乌鞘岭道说，即由今兰州到武威的兰新铁路、312国道进入河西⑤。六即拙说，据居延、悬泉汉简驿置道里资料⑥，与史、汉武帝褒扬霍去病诸诏书，测定路线为春、秋自长安出陇西萧关，在汉媪围（景泰芦阳）渡河，经居延等地进入走廊，夏天由中宁渡河沿腾格里南缘西向民勤、武威。其中，古居延在武威以东而不在额济纳⑦。

以上诸说因篇幅关系无法展开，但可知其进入河西的途径、路线、目的地，以及所据史料、方法各异。

（二）元鼎、元封建郡通西北国

对这段河西建郡通路的重要时刻，《大宛列传》的记述比较紊乱，述议参半，时间概念或清晰或模糊，颇需考订推测。现按我们的认识、方法，依其次第给予概括、摘引、分析，表解如下：

1. 元鼎二年，张骞与乌孙使者、良马来归报谢，乌孙决定不东徙。拜骞为大行，掌蛮夷、外国事。

2. 三年，骞病故；四年骞使乌孙诸副使使大宛等八国及旁国，与其国人俱来，“于是西北国始通于汉”。（《汉书·张骞传》无此）

①岑仲勉《汉书西域传地里校释》，中华书局，1981年。

②岑仲勉《汉书西域传地里校释》，中华书局，1981年。

③王北辰《古代居延道路》，《历史研究》，1980年第3期。

④吴礽骧《河西汉代驿道与沿线古城小考》，载于中国社科院简帛研究中心《简帛研究（二〇〇一）》，广西师大出版社，2001年。

⑤王宗维《汉代祁连山路考述》，《西北师院学报》1983年第3期；《论霍去病在祁连山之战》，《西北大学学报》（社科版）1982年第3期。

⑥据破城子出土简EPT59:582（载于《居延汉简》，文物出版社，1990年）、敦煌悬泉简ⅡT0214①:130（载于《敦煌悬泉汉简释粹》，上海古籍出版社，2001年，第56页）。

⑦初世宾《汉简长安至河西的驿道》，载于中国社科院简帛研究中心《简帛研究（二〇〇五）》，广西师范大学，2008年。

3. 史迁论博望侯及其后继者颇有威信(所指事在元狩四年与元鼎四年之间)。

4. 元鼎三年乌孙惧匈奴击之,使汉献马求聘公主,朝廷公卿议决应聘。

5. 初,天子《易》占神马从西北来(约元狩末);得乌孙马名天马(约为元鼎二年);得大宛马再名天马(当在太初四年)。

6. “而汉始筑令居以西,初置酒泉郡,以通西北国”,益发使抵安息等五国。

7. 史迁概述使团规模、批次、往返时日。

8. 汉灭南越,通西南夷欲至大夏无望而止;通大夏者多由北道从酒泉(元鼎六年至元封二年)。

9. 史迁论“汉使”。

10. 楼兰、姑师当道攻劫汉使,匈奴奇兵时时遮袭汉使,汉使屡言楼兰、姑师易击。

11. 元鼎六年,赵破奴“将属国骑及郡兵数万巡击匈奴。元封元年,破奴、王恢虏楼兰王,击破姑师;元封三、四年,分别封侯”。

12. “于是,酒泉列亭障至玉门矣!”

以上将这段有关河西建郡最详尽的文字,细分为12小节,以便比对前后左右,理清年代。其中,3、7、9纯属议论,10与具体年代无关,所余只有6、12不确定且无从比对。实际上,史迁没有说清“筑令居”“置酒泉”究竟在何年。如果按诸家的方法,这一事件应发生在1、2、3、4、5、8何后何前?是一年还是数年间?实在无法遽断。同样,12的“列亭障至玉门”应与11中三个年代的衔接比对才为合理。可见诸家所谓元鼎六年初置酒泉郡,元封五、六年敦煌建郡的推论,不仅缺乏《史记》的依据支持,即就记载的排年分析而言,也不应得出如此结论,更何况其结论尤悖事理。

以下略谈我们的理解:

1. 元鼎二年筑令居以西

元狩时已向河西、令居徙民置田官,元鼎二年筑令居以西当无疑。陈梦家认为令居最初泛指武威东至黄河之地[①],说是。其实,令居得名于“依令徙居其地”,见《汉书·晁错传》上书言守边备塞:“募罪人及免徒复作,令居之。”即依法安置,享受优待。其地乃河西走廊东段[②],连阴山、河湟羌胡,

①陈梦家《汉武边塞考略》,《汉简缀述》,中华书局,1980年,第205页。

②河西走廊,今多从武威向西计算。实则武威以东,由古浪向东至景泰、靖远,南有祁连山脉冷龙岭、乌鞘岭、毛毛山等雪山延续,北为腾格里沙漠,中间夹绿洲连串,西接武威盆地,东抵黄河,与武威以西贯通一气,也是名副其实的“河西走廊”。

扼东西交通要冲，绿洲沃野，极具军事、交通、经济价值。故张骞归来重新启动建郡计划之同时，立即筑令居及以西，作为开发河西之桥头堡。

筑令居以西，是全面系统的建设开发，或可说是内郡形态的复制。包括军事防御的城郭烽塞和关隘长城，行政民事的郡县城邑、乡市田舍，水利交通的渠井河堤、道路驿亭等等。不少学者把这简单化地理解为元鼎六年筑塞、长城至酒泉①。陈梦家较谨慎，提出从元鼎二年筑至六年②。

《水经注》卷二湟水支流涧水条云令居县"汉武帝元鼎二年置"。上距元狩时徙民置田官已数年，建设和建置诸般工程、体系应有基础，完全可信。是元鼎二年河西东部已建县，建郡也当在计划之中。

又《汉书·霍去病传》元狩二年夏败昆邪、休屠王，大行李息即"将城河上"。其城当在后来安定、武威郡相交地黄河附近，早于令居，用作驻军或迎降匈奴，也是汉军在河西的最初据点之一。

2. 元鼎二年初置酒泉(及张掖郡、张掖属国)

首先，《资治通鉴》建酒泉郡系元鼎二年。张维华说张骞返回、乌孙不东徙已成定局，河西不宜闲置，时中西交通已频繁，河西是唯一通道，亟待建郡经营，证成司马光之说③，其论极是。此为汉河西经营方略从藩属制再向郡县制转折之标志。通西北国，保河西畅通，乃当时要务。汉武帝正准备以"远交近攻"对匈奴进行围剿打击。前引《大宛列传》1~10全部属外交和交通安全问题。将6定在元鼎二年是合理的。其前一节5，史迁叙得乌孙天马正是元鼎二年张骞归来时，这并非偶然，似切中史迁原意。如定为元鼎六年，首先与2、8、11诸节冲突，也不符合《史记》叙事体例。

其次，元鼎二年已立令居县，兼证河西及其东部已开始置郡。《汉书·昭帝纪》始元六年取天水、陇西、张掖三郡各二县置金城郡。金城郡之令居、枝阳当属张掖郡划入者。元鼎二年置令居县，或反证其时已设张掖郡。除此之外还另有三证：

(1)《史记·平准书》元鼎六年"击西羌。又数万人渡河筑令居，初置张掖、酒泉郡"。此与大宛列传颇异，亦是《史记》唯一一处记酒泉、张掖同时建郡。元狩时已渡河筑令居，已见前，何竟迟至元鼎六年？故此处年代不可信，乃将元狩时事误记为元鼎，但酒泉、张掖同时立郡，却不无可能。

(2)赵破奴元鼎六年率"属国骑及郡兵数万"，《匈奴列传》云出令居

①吴礽骧《河西汉塞调查与研究》，文物出版社，2005年，第17页。
②陈梦家《河西四郡的设置年代》，《汉简缀述》，中华书局，1980年，第187页。
③张维华《汉河西四郡建置年代考疑》，《中国文化研究丛刊》1942年第2卷。

2000里，至匈河水，事又见《汉书·武帝纪》。郡兵，当指酒泉、张掖当地兵；属国骑，非张掖属国胡骑（小月氏、羌等）莫属。此时河西已开发多年，赵破奴岂能率它处郡兵属国骑远征河西？因此，此条可证元鼎六年之前已有酒泉、张掖郡、属国之建置。张掖属国与郡约同时建立，不晚于元鼎二年。匈奴为月氏世仇，小月氏依附羌人，入南山乃避匈奴锋芒。元狩二年夏，霍去病攻败小月氏之当时或稍后，可能就地招降，建立张掖属国。赵破奴率之进攻匈奴、楼兰、姑师，乃是张掖属国见史载之最早者。此后，又屡见于《汉书·匈奴传》、居延汉简及《后汉书·窦融传》等，东汉安帝时犹存。《郡国志》仅言武帝置，而《史记》《汉书》失载。

(3)新出悬泉汉简及居延简的道路驿置资料，丝路北道（长安—固原—武威）、南道（长安—天水—兰州—武威）、河西道（武威—两关）三道交接处名曰“小张掖”，在今武威南谢河乡一带。两汉武威郡辖张掖县而治姑臧，张掖郡无张掖县而治觻得。此种奇怪的现象，表明张掖设郡在前，最初治所在小张掖。论位置、形势，小张掖确有“张大掖臂”之势。后张掖郡东部分置金城、武威二郡，郡治西迁觻得，而张掖县留存武威郡中。此点可旁证元鼎二年所建很可能是酒泉、张掖两个郡，一治禄福（酒泉），在西；一治小张掖，在东。

《汉书·武帝纪》元鼎四年，“秋，马生渥洼水中，作宝鼎、天马之歌”。注李斐曰武帝时谪罪人敦煌屯田于渥洼（即今南湖）发现神马献之。此证元鼎四年和以前，敦煌已有行政建置与屯戍组织。时酒泉已建郡，敦煌建置或隶属酒泉郡亦未可知。河西建郡之同时，河东诸郡亦呼应配合。《汉书·地理志》元鼎三年又置安定、天水郡。二郡主要由陇西郡分出。《史记·孝武纪》褚少孙补：元鼎五年上至陇西，登空桐。《汉书·武帝纪》作“逾陇登崆峒，西临祖厉河而返”。证高平、崆峒、萧关原属陇西。褚先生宣帝时人，说可信。由长安经固原西出河西必由萧关。由长安过汧、陇去金城、武威时，过天水而不经陇西郡。故知安定、天水郡之设与河西建郡相表里，为汉代丝路的首次全面建设。过去研究张骞使西域、骠骑击河西之“出陇西”，习惯作从狄道（陇西郡治，今临洮）出发，不知自秦皇汉武以来，出陇西皆指自陇山（六盘山、关山）西出萧关。前引元鼎五年武帝登崆峒，循始皇高平故道（固原）西巡祖厉黄河之滨，即今景泰、靖远间。《平准书》复补云，元鼎五年武帝勒兵数万，出萧关，巡北地，猎于新秦中。陇西准备不及，北地千里无亭徼,太守以下皆获罪死。此后又九次巡狩萧关、安定、北地。其时河西初建,又多战事,故武帝西狩抵黄河为最远,始终未渡河而亲临河西。

3. 元鼎六年敦煌建郡与玉门、阳关之设

前引《大宛列传》:“于是,酒泉列亭障至玉门矣!”是肯定性陈述句,不能解释为:此后从酒泉筑亭障到盐泽。元封征楼兰、姑师以敦煌为基地,筑亭障乃为出征与防御袭击,故酒泉至玉门的烽燧长城和玉门关,最晚在元鼎六年、元封元年当已就绪。其间敦煌建郡不晚于元鼎六年,与《汉书·武帝纪》、敦煌遗书《寿昌县地境》所记相合。

诸家又误在将修筑时间再推迟至赵破奴、王恢封侯(元封三四年)以后。不明史迁叙事常是“纪事本末”与“编年”交替运用,或将不同年代之事合并议论。此例,何年封侯与筑亭障毫无因果关系。《匈奴列传》:“是时汉东拔秽貉、朝鲜以为郡,而西置酒泉郡以隔绝胡与羌通之道。”朝鲜为乐浪郡在元封三年,酒泉郡早在此前。如此叙述,并不意味酒泉郡与乐浪同时或更晚。

劳干说玉门关在敦煌以东时尚无阳关。关隘为边徼疆界出入重地,建关徼、禁出入、备非常,历来如此。元鼎、元封时敦煌已经设建置、屯田、障塞、关隘。元封元年汉军以敦煌为基地西进至盐泽以西以北,控制楼兰、车师。而迟至元封五年障塞才从酒泉筑到“赤金峡的玉门关”,令人匪夷所思。如此赤金以西玉门、安西、敦煌皆属化外之地。因此,太初玉门关在敦煌以东说根本站不住脚。

(三)太初征大宛,打通西域道

两关以外盐泽、白龙堆和流沙戈壁的险阻,中道、北道匈奴势力的遮袭,皆因楼兰、车师战败而暂时缓解,从此又揭开了汉、匈争夺西域的序幕。西域诸国或与匈奴结盟,或犹豫于强势之间。故武帝用金马换天马的努力失败,遂于太初元年发动了大宛之战,企图用武力威慑推动其联通西域,孤立、围攻匈奴之策略。《大宛列传》对当时的描述是:安息、犁轩来献大鸟卵和眩人,汉于京师、海上大宴外国使客、耀富夸强,甚至访昆仑、探河源等壮举,汉在西域、西北国的声威可谓空前。然而始料未及,武帝低估了征大宛的难度,更遭到朝野反对,致有二次伐苑,变成了一场政治博弈。现重点讨论几个过去不大清楚的问题:

1. 征大宛的时间表和一些基本史实

太初元年(前 104 年)秋出发。“属国骑六千”,仍然是张掖属国胡骑,即赵破奴所率，击楼兰之后留驻张掖、敦煌、酒泉，贰师出征复率之。值得注意的是王恢做向导。元封元年，恢以故中郎将率军助赵破奴，四年封浩侯，仅一个月就“坐使酒泉（郡）矫制害当死，赎罪免”（见汉书武帝功臣表，史记大宛传集解作一年）。赵破奴元封三年封浞野侯，约继续驻军河西西部。太初元年不明。二年初贰师败归，夏天破奴率骑2万出朔方2000里击匈奴被围覆没。这次出击显然是为配合贰师西征的。

二年春，征大宛败，贰师返回敦煌后，上书：“愿且罢兵，益发而复往。天子闻之大怒，而使使遮玉门曰：军有敢入者辄斩之。贰师恐，因留敦煌。”沙畹的理解有死读书之嫌。原文明白显示：天子不是不准入关，而是不准东返长安“益发而复往”，即不准公开承认失败。贰师返敦煌即上书待命，使使遮玉门即遮敦煌。贰师本欲东返，因此才留敦煌。历史真实如此，史迁之含蓄亦如此，故读史不可“认真”过度，致导向歧误，更无从考稽。

二年春至三年夏，天下骚动，人马不断集结敦煌并陆续西出。三年秋，贰师率精锐后出，一路披靡。三年底，大宛降，四年春，军胜返回。《汉书·功臣表》李广利等太初四年四月封侯，战争结束当在二、三月。此战汉军以强击弱。出征时边骑、材官、恶少年、免徒和随从10余万，50余校尉，马牛驴驼10余万，天下七科谪徒转输粮糒。但孤军深入并无同盟。三年天子诏乌孙发兵合击，乌孙派出的2000骑始终未参战。又仑台、宛城、郁成遭遇拼死抵抗，伤亡惨重。“军还入玉门者万余人，马千余匹”，损失9/10以上。《史记》《汉书》特别指出贰师两次出征皆“后行”，即率精锐大军殿后。又其士卒因“将吏贪”而死亡特多。

2. 关于向盐泽西域修筑亭燧线

《大宛列传》叙太初四年四月奖赏伐宛将士，天汉元年宛贵人杀亲汉之王又立新王，“因使使赂赐以镇抚之”，复遣使十余批使大宛以西诸国、宣扬伐宛威德后，写道：“而燉煌置酒泉都尉，西至盐水，往往起亭。而仑头有田卒数百人，因置使者，护田积粟，以给使外国者。”

有研究者对此或作机械理解，主张天汉元年以后始由敦煌向盐泽起亭。实际上，亭燧作为道路标志、邮驿机构和烽火哨卡，早在元封元年出击楼兰、姑师前就应开始建设。敦煌至盐泽的亭燧线，不会晚于元封元年至太初元年。“而”是转折语，相当于“同时”。西至盐水，往往有亭，不是正在进行式，而是既成事实。陈梦家指出，“敦煌置酒泉都尉”应作“敦煌、酒泉置都尉",乃传抄刻印之讹。仑头有田卒云云,可定为太初三年秋贰师破仑台以东捷枝、渠犁、尉犁、危须、焉耆诸国,初设使者校尉、吏卒屯田事,亦即后来西域都护的雏形和前身,地当西域中道。赵破奴所破姑师,后分置为车师前、后国,当西域北道。斯坦因、黄文弼在罗布泊东北、罗布泊西北孔雀河沿岸,及再西北的库车、车师以北等地,均发现汉晋烽燧遗址,线路主要是连通敦煌和西域都护府的。其中罗布泊以西, 约属汉武帝以后修筑。

3. 征大宛的路线与玉门、阳关

《汉书·张骞李广利传》记述西域交通较《史记·大宛列传》稍详。大宛贵人闻汉军将来伐,“相与谋曰:汉去我远,而盐水中数有败,出其北有胡寇,出其南无水草,又且往往而绝邑”。这是关于出敦煌以西的中道(楼兰)、北道(车师)、南道(且末、于阗)的最早历史记述,是西域人的认识。

首次征宛出玉门行中道,学界又称楼兰道,过白龙堆、盐泽,经楼兰及以西尉犁诸小国,沿塔里木北缘西行至郁成(吉尔吉斯斯坦乌兹根)而罢兵。二次征宛,“起敦煌西,为人多,道上国不能食,分为数军,从南北道,校尉王申生、故鸿胪壶充国等千余人别至郁成城”,“贰师令搜粟都尉上官桀往攻破郁成……王亡走康居,桀追至康居”。大军至“轮台,轮台不下,攻数日屠之”。“自此以西,平行至宛城”。同上《西域传》渠犁条“李广利伐大宛,还过杅弥”和龟兹。由知军分数路,玉门、阳关和北道、南道并举,北道即本文所谓中道。而李广利从中道西进,直取大宛都城贵山(乌兹别克斯坦费尔干纳北,卡桑赛)。此前,曾分兵一路进攻郁成。后又分攻宛军一路往攻郁成并追击至康居(中亚锡尔河流域)。大宛降,汉军东返同西征时路线。杅弥在今新疆塔里木南之于田,龟兹在天山南麓库车,分属南道、中道。

以上中道、南道都是由汉武帝时开通并大规模实践的。北道最早,元封初征姑师、楼兰时开通。北道、中道出玉门。南道据征大宛史实也不晚于太初年间,所出当为阳关。中道、北道的路线有时变迁。如《大宛列传》载:“太初三年诏军正赵文出玉门从便道袭楼兰。”汉书《匈奴传》《西域传》载:天汉二年李广利从酒泉塞西北出击天山,开陵侯成娩率楼兰兵攻车师,征和四年莽通出酒泉过车师北击匈奴, 等等。南道阳关道的路线则相当稳定。总之,西域三十六国从此与汉建立了政治、民族的藩属关系。西域三道和敦煌两关成为中国通往世界的国道、国门。

五

研究西域、两关交通，又以下诸点异同为前贤所未道及，今姑妄言之，以抛砖引玉。

前述长安经高平道(北道)、关陇道(南道)连河西道的官驿大路，过敦煌而西的终点为龙勒、阳关而非玉门。这种情形或发生于汉武帝以后。据悬泉置出土的昭宣时期或更晚的驿置文书简，贯通敦煌郡境内的官驿大道置站，由东向西共有八站，即：渊泉—冥安—广至—鱼离置—悬泉置—遮要置—敦煌—龙勒、阳关。汉敦煌郡六县，有五县位于驿路大道，均设县置。但广至县至敦煌路途甚远，中间加设三置。效谷县有置，但不当大道，约位于遮要、悬泉置以北的驿路支线上。玉门关在敦煌西北，从敦煌经中部都尉塞防有道路可达，约也属支线，简牍中少有驿置交通往来的记载。敦煌市博物馆2000年在小方盘城(斯坦因T14)获木简有“玉门置”字样[①]。而经敦煌过龙勒、阳关出入西域的驿置交通，络绎不绝，盛况空前。阳关是官驿大道，玉门则为支线，二者在交通、地理上甚有区别。此为其一。

《汉书·西域传》叙西域诸国及道路关隘，首云“出阳关自近者始曰婼羌”，先从阳关、南道起，后述北道诸国(包括中道)。郑吉率军骑使护西域，先护鄯善以西南道诸国，后护北道车师等，始称“都护”。此为其二。

述西域各国位置、距离和交通道路，皆以长安、阳关、都护治所为方向、基准，而不言玉门。即是距玉门关很近的国家如尉犁、焉耆、危须和天山东的车师、蒲类等也不例外，如西域都护、婼羌、鄯善、乌秅、大夏五翎侯、康居五小王国等，至阳关皆标有具体道里，西域都护至阳关2738里，乃分段详测、累计计算的结果而非约数。其他无至阳关道里数者，可据其距长安、都护治所道里计算测得。由此可知，西域交通网络与干线中，诸国不论南北，均已建立以长安、阳关、都护治所为中心和枢纽的交通体系。在西域与汉的交通中，阳关道为主，玉门道次之。此其三。

悬泉简置驿记录所载交通实例，西域北道之国也进出阳关。例如简I.T0309③：20记，“乌孙，莎车王使者四人、贵人十七”，同批同簿出入。莎车国在南道，而乌孙居北道以西极远。又简II.T0114③：522记，甘露三年十月朝廷遣丞相史迎乌孙公主归汉，入阳关过龙勒县。又晋法显西行求

①承敦煌博物馆付立诚馆长告诉。

法,出阳关至鄯善,西北赴中道焉耆、尉犁,又南去于阗,由见阳关联系南、中道和部分北道国家的交通情形。此其四。

由所知历代过两关记载看,过玉门关者少,多为军旅战争,关址和路线多变;过阳关者,多政治、文化、商旅活动,一直延续至唐末、宋初,道路、关址稳定。魏晋以后玉门关与道路移至瓜州—伊吾。西汉悬泉简 I.T0309③:134 记,“于阗王以下千七十四人, 五月丙戌发禄福, 度用庚寅到渊泉”。足以令人想象阳关大道上“车如流水马如龙”的繁荣景象。玉门道东端近匈奴,又多战争,故玉门关之运营不如阳关兴盛。此其五。

汉时由两关通西域,并非玉门专管北道而阳关专管南道。《汉书·西域传》云:“自玉门、阳关出西域有两道,从鄯善傍南山,北波河西行至莎车为南道……自车师前王庭随北山、波河西行至疏勒为北道。”(按即中道)又乌弋山离条:“自玉门阳关出南道,历鄯善而南行至乌弋山离,南道极矣!”《后汉书·西域传》东汉安帝元初时,“北虏连与车师入道河西, 朝廷不能禁,议者因欲闭玉门、阳关以绝其患”。又“自敦煌西出玉门阳关,涉鄯善北通伊吾千余里……自鄯善逾葱岭出西诸国有两道”。“出玉门经鄯善、且末、精绝……至拘弥。”《三国志·魏志乌丸传》注引魏略西戎传:“从燉煌玉门关入西域,前有二道,今有三道。”下述三道皆自玉门出,西经若羌入大月氏为南道;西出都护井,居卢訾、楼兰、龟兹为中道;西北出车师戊己校尉高昌西接龟兹为北新道。《魏书·西域传》出西域四道,其中两道皆自玉门出,一至车师,一至鄯善。《隋书·裴矩传》自敦煌出西域凡三道,北道从伊吾,中道从高昌,南道从鄯善西行,诸国“各自有路”,“伊吾,高昌、鄯善并西域之门户也,总凑敦煌是其咽喉之地”,不复言出入两关,以总凑敦煌代替。总之,《汉书》、《后汉书》言出西域时,玉门、阳关总是并提,即由两关之中任一出发,皆可至鄯善南道或车师北道。后书明言鄯善(楼兰)可通伊吾、车师、龟兹、于阗。是两关以西,楼兰亦一枢纽之地。《三国志》合并两关而独称玉门,西域三道皆自玉门发,其玉门包含阳关,二者是一。北魏同之,言玉门等于说两关。由此可见,玉门、阳关虽分置二地,但其出西域之路,除各自的便捷路向,如玉门至伊吾,阳关至若羌以外,两关以西,应有一段道路是同一的,即楼兰道,既可向北,也可走南道。出两关的去向,可由之得到调整。其次,西域诸国之间互有交通联络,进入两关的路线比较灵活,不是一成不变。再次,因形势、地理不同,两关担当略有区别,即前述玉门多军用,阳关多各国交流。因此,两关与南、中、北道的关系不可机械理解。此为其六。

《汉书·西域传》婼羌去阳关1800里,去长安6300里;鄯善去阳关1600里,去长安6100里。此二例演算结果长安至阳关4500里。我曾据汉简提供的驿置道里数,计算长安经南道(天水、金城、武威)至阳关为4389里(汉里约为今415.8米)。由知西域传所有国家距长安里数中长安至阳关的一段,是依据关陇道(南道)路线的里程计算。岑仲勉断言西域传婼羌、鄯善去长安之6300里和6100里,皆误增1000里,应当作5300里和5100里。其误在以汉里比唐里而未换算,唐里大于汉里,而《汉书·西域传》全部里程皆汉里。又计得长安经北道(即固原、武威)至阳关为3997汉里,比南道近400汉里,不知为何不以北道里数计算西域各国至长安距离?此其七。

以上几点,是在研究两关时遇到的一些值得思索的问题,时限主要在武帝以后的昭宣时期直至西汉末。

(本文原载:《丝绸之路》2009年第8期)

大堡子山秦陵乐器坑所出铜虎性质刍议

祝中熹[①]

2006年,礼县大堡子山秦陵考古喜获一项重大成果,在秦公大墓M2西南约20多米处,发现了一座长8.8米、宽2.1米的乐器坑,以及分布在其附近的四座人祭坑。乐器坑内出土三件纹饰华美的繁纽编镈,三件铜虎,一套八枚甬式编钟,两套五枚一组的编磬。最大镈铣部铸有二十六字铭文,显示作器者为"秦子",故有学者称此为"秦子乐器坑"。据知情者透露,在M2上方另一座秦公大墓M3的西南侧,也有一座乐器坑,毁于20世纪90年代初礼县的盗墓黑潮中,流落到日本,收藏于MIHO博物馆的那批钟、镈,即出自该坑。那批钟、镈的规格、形制与这次秦陵出土的钟、镈基本一致;尤其是二者都存在以"秦子"为器主的铭文,且内容与文字风格非常接近。故可断定,两座乐器坑分属两座大墓,当为祭祀两位秦公而设。

乐器坑的时代,发掘报告定为春秋早期[②],学界无异议。赵化成、王辉、韦正诸学者通过对已知秦镈体高与铣间比、主体纹饰特征、铭文内容及字体风格等方面的分析,认为:"上海博物馆藏秦公镈最早,宝鸡太公庙出土的秦武公镈次之,最晚为北宋内府旧藏秦公镈。而'乐器坑'新出秦子镈正好介于上博秦公镈与太公庙秦武公镈之间,同属春秋早期。"并进而指出:"日本美秀博物馆所藏龙纹镈则与新出秦子镈最为相似,其年代也应相当,且可能与该馆所藏秦子钟同属一套乐器。"[③]所论甚是,笔者零星发表过的一些意见,与此完全相合。至于乐器坑的归属即"秦子"为何人的问题,学界分歧较大。笔者主张乐器坑乃秦文公之孙宪公即位后所作,镈名中的"秦子"即宪公在先公丧期内的自称[④]。

与编镈同出的三件铜虎,似为学者们所忽略。论述乐器坑即秦子问题的文章甚多,却鲜有涉及铜虎者。去年有幸拜读了梁云先生《甘肃礼县堡

①甘肃省博物馆。

②早期秦文化联合考古队《2 006年甘肃礼县大堡子山祭祀遗迹发掘简报》,《文物》2008年第11期。

③赵化成、王辉、韦正《礼县大堡子山秦子"乐器坑"相关问题探讨》,《文物》2008年第11期。

④祝中熹《秦西垂陵区出土青铜器铭中的"秦子"问题》,《丝绸之路》2009年第2期。

子山青铜乐器坑探讨》一文①，在其研究乐器性能的那部分内容中，有对铜虎功用的论述。梁先生的文章宏博有据，特别是关于秦国乐器组合及品位的析述，颇多精义，读后受益匪浅。只是在铜虎性质问题的判断上，笔者不敢轻从。冒昧撰写此文，在与梁先生商榷的同时，提出自己的一点陋见。

一

三件铜虎规格、形制大体相仿，其长分别为22.6厘米、22.4厘米、21.7厘米，宽分别为8厘米、11.1厘米、7.9厘米，高分别为11.1厘米、8厘米、11.3厘米。虎体中空，作伏踞状，巨首回顾，粗尾上卷，耸耳尖爪。腿躯交接处饰螺纹以象股肌，虎身饰三角对称式简化窃曲纹。出土时一虎(K5:2)位于镈(K5:3)旁，一虎(K5:4)位于镈(K5:5)的舞部，一虎(K5:2)位于两件甬钟(K5:6和K5:8)之间②。梁先生认为三只铜虎原与三件编镈相配，"应是埋葬过程中或坑坍塌后脱落滚动"造成了出土时的错位。铜虎的功用是"止乐"，即秦景公墓石磬铭文中的"段虎"，也即《吕氏春秋·仲夏纪》所言"柷敔"中的"敔"。

我国古代乐器组合系列中，确有"柷敔"存在，最早见于《尚书·皋陶谟》。经文载舜同臣僚们讨论政事，那个时代音乐歌舞与群体生活密不可分，所以，乐官夔畅谈论了一番乐器演奏场面及其社会效应，其中即有"合止柷敔"一语。《诗·周颂·有瞽》亦有句云："应田县鼓，鞉磬柷圉。"(圉即敔)《皋陶谟》为部落联盟时代最高领导层的议政纪要，《有瞽》乃周天子祭祖合乐于宗庙的颂诗，二者言乐器皆含柷敔。此外，《礼记·乐记》所称誉的六种"德音"也包括柷敔③。由此足见其在乐器领域的地位。

那么，柷敔是什么样的乐器呢？尽管汉唐以来学者们解说纷繁，而且相互间也不无抵牾之处，但基本轮廓还是十分清晰的，大致都以二郑的训释为框架。《周礼·春官·小师》谓："小师掌教鼓、柷、敔、埙、箫、管、弦、歌。"郑众注曰："柷如漆筩，中有椎；敔，木虎也。"《有瞽》孔疏引《皋陶谟》："合止柷敔。"郑玄注云："柷状如漆筩，中有椎。合之者，投椎于其中而撞之。敔状如伏虎，背有刻，以物栎之，所以鼓之以止乐。"梁先生文中所引《吕氏春

①梁云《甘肃礼县大堡子山青铜乐器坑探讨》，《中国历史文物》2008年第4期。以下言及梁先生见解皆出此文，不再一一注出。

②早期秦文化联合考古队《2006年甘肃礼县大堡子山祭祀遗迹发掘简报》，《文物》2008年第11期。

③经文曰："圣人作为鞉、鼓、椌、楬、埙、篪，此六者，德音之音也。"

秋·仲夏纪》高诱注文,与二郑说义同。《皋陶谟》孔疏概述诸家之说:“汉初以来,学者相传皆云柷如漆桶,中有椎柄,动而击其旁也。敔状如伏虎,背上有刻,戛之以为声也。乐之初,击柷以作之;乐之将末,戛敔以止之。”不过,对柷敔构造及操作方式解说最详明的要算郭璞,他在为《尔雅·释乐》“所以鼓柷谓之止,所以鼓敔谓之籈”作注时云:“柷如漆桶,方二尺四寸,深一尺八寸,中有椎柄连底,挏之令左右击,止者,其椎名。敔如伏虎,背上有二十七铁钮铻刻,以木长尺,栎之。籈者,其名。”郭说的意义还在于强调了“止”和“籈”是两种乐器部件的名称,“止”字此处不表“停止”义,否则《释乐》所言即与传统解说相反了。

以上训释告诉我们,柷、敔是两种乐器,柷呈桶状,以椎棒类物从中左右击打以发声,表示乐队演奏开始;敔为虎形,背部刻齿,以条棍状物划之以发声,表示乐队演奏结束。敔虽有伏虎的形状,但它和大堡子山乐器坑所出铜虎却没有必然联系。

首先,敔这种乐器本身是可以演奏、可以发声的,具体操作方式是用长1尺左右的木棒或木条,在虎背密列的刻齿(钮铻)上擦划即所谓“栎”或“戛”,类似当代曲艺快板演奏仍流行的齿板手法。而乐器坑所出铜虎,是绝不可能用这种方式演奏的。即以“止乐”的功能而言,文献记载中的敔也和梁先生所猜想的铜虎作用完全不同。敔和柷一样,其发声只是一种信号,是对全乐队的指挥:演奏随着柷的敲击而开始,随着敔的戛划而结束。而梁先生所设想的“止乐”却是只对镈的音响而言,即演奏者手持铜虎,让虎的四足触于正在发声的镈鼓部,以使镈音戛然而止。所以,即使铜虎的作用果真如梁先生所说,是用来为编镈止音的,那也只能说是新发现了一种编镈演奏技巧,而不应附会文献记载中的敔,因为二者实质上全然无涉。

事实上三只铜虎并不像梁先生所说的那么轻巧,是很不适宜于“单手持握”的,用它们来中止镈的发音未免过于笨拙。退一步说,作为止音器,一只虎也已足够,何必三只?三镈同悬一处,乐师只能是一个人,操作极其简便,绝对不需要为每件镈专配一个止音器。

其次,柷和敔都为木质器,这是由其特殊音色要求所决定的。因为如上文所述,其发声是在向全乐队传递信号,其声韵必须明显区别于其他乐器,所以,才有敲撞木桶和戛划木齿这类颇为奇特的发声设计。金属制品是难有这种音响效果的。古文籍的汉唐注家中不少人强调柷敔的“以木为之”,《礼记·乐记》所言柷、敔的别名“椌”“楬”,字皆从木。《白虎通义·礼乐》阐述“八音”曰:“土曰埙,竹曰管,皮曰鼓,匏曰笙,丝曰弦,石曰磬,金曰钟,木曰柷敔,此谓八音也。”定义尤为明切。就此而言,铜虎与敔也是不沾边的。梁先生说:“虎形的敔可以用木制,也可以用铜制。”如无确证,便只能是一种推测。

梁先生以乐器坑的铜虎比附秦景公大墓磬铭中的段虎,也缺乏说服力。因为即使段虎就是敔,同样难以和乐器坑铜虎联系起来。梁先生赞同王辉、孙常叙等学者的意见,但他们虽然认为段虎可能就是敔,却并未超出或改变文献关于敔的表述,而都承认其“杖栎”木虎背部刻齿的发声方式,未曾说直接以段虎接触钟镈来止音。

何况,据清代及当代许多学者的研究,击柷以作乐、栎敔以止乐的说法,实为汉唐诸儒的误解,并不可靠。柷敔的作用在于协调、控制演奏的韵律,增强乐曲的节奏感。江永《群经补义·尚书》即指出:“柷敔之用,所以节歌也。‘合止柷敔’,合者,协也,谓与歌相协而击柷以节之。止者,歌句之中有当暂一止,则栎敔以止之。此柷敔之用也。后则易之以拍板,柷敔之音粗厉,拍板之音清亮,大乐陈柷敔者,存古焉耳。后人不识柷敔之用,谓始作击柷,将终栎敔,惟首尾各一用,误矣。”于省吾先生在《双剑誃尚书新证》中,引用诸书及金文作了更深入的论证,认为《皋陶谟》“合止柷敔”之“止”,即“之”字。“‘合止柷敔’者,合之柷敔也。与下句‘笙镛以间’义同,特文法有变化耳。犹言‘合之以柷敔,间之以笙镛’也。”“盖乐有舒疾断续之音,柷敔皆所以止音节乐,而无关终始之义也。”[①]若果真如此,其功能是对演奏的舒疾断续起调节作用,相当于后世的木板击拍,那就更非铜虎所能承担的了。

总之,梁先生说乐器坑所出铜虎是敔,既无田野考古先例作比照,也与古文籍有关记载完全不符。铜虎并不是一种乐器。

二

既然铜虎与乐曲演奏无关,那么,便只能从宗教方面探寻它们存在的意义了。笔者认为,铜虎身上负载着某种精神意念,被赋予了某种神秘力

①关于这个问题的研究,顾颉刚、刘起釪《尚书校释译论·皋陶谟》言之甚详,可参阅该书第1册,第485~487页,中华书局,2005年。

量。它们出现在秦君祭祀先公的特定环境中绝非偶然,应当承担着丧葬文化领域的特定使命。如果再作一点大胆的推测,铜虎可能负责守护这批规模相当可观的乐器,是天神福佑的象征。

为什么铜虎会具有守护神的作用?这要从秦人宗教哲学及政治理念的演化说起。

嬴秦缘起于鸟图腾部族,其对鸟的崇拜在早期秦文化中极其鲜明,对此学界已有充分论析,无须赘述。但随着文明时代祖神观念的日益成熟、图腾意识的逐渐淡化以及贵族权威政治需要的不断加强,秦人在崇鸟的同时又开始崇虎,而且后者有逐渐超过前者的趋势,形成了非常浓烈的崇虎情结。

嬴秦部族属于五帝时期兴盛于海岱地区的东夷集团,其始祖少昊原本是东方之神。后来这支西迁陇右的嬴族获得了长足的发展,繁衍成一支左右关陇形势,乃至主导了西部历史进程的力量。基于族体昌盛自豪感的惯性延伸和方国生存的精神需要,始祖少昊也便由东方之神转变为西方之神了①。所以,处于东、西周之交的秦襄公,一旦升封为诸侯,第一项重大举措便是"作西畤,祠白帝"②,以国家最高祀典的规格,确立了始祖少昊西方天帝的地位。此举无疑源自商周以来一直主导着政治生活的天命观意识形态,目的是借祖神的威灵,凝聚族体意志,为政权罩上一轮神圣的光圈。

秦襄公的高明之处,在于他把只有周王才有资格奉祀的天帝分解开来,为本族的始祖争得了西方天帝的威望,实现了祖与天的庄严结合。由此,祖权、族权、神权、政权便完美地凝聚成一股至高无上的力量,构建起对秦公统治最强势的支撑。少昊为西方的天帝,与之对应的关陇嬴姓就是掌控西方的部族,而部族领袖秦公理所当然地成为西方的君主。依"五行"思想体系对宇宙结构的配置,五方配五色:青色代表东方,赤色代表南方,白色代表西方,黑色代表北方,黄色代表中央。秦襄公首次打出了西方天帝少昊称"白帝"的旗号,实开五色帝理论的先河。后来,随着嬴秦国势的继续扩张,文公时又作鄜畤,仍以白帝为祀主;宣公时作密畤,祀青帝;灵公时作上畤祀黄帝,作下畤祀炎帝(赤帝);献公时天"雨金",以为"得金瑞"而作畦畤,再祀白帝;至西汉初,刘邦直言天有五帝,"待我而具五",于是作北畤而祀黑帝,凑齐了五色帝的畤祭体系。值得注意的是,在秦人建

①祝中熹《早期秦史》,敦煌文艺出版社,2004年,第179~180页。
②丁山《古代神话与民族·后土后稷神农蓐收考》,商务印书馆,2005年,第296页。

立的六畤中,有三畤是祀白帝的,说明直到战国前期,白帝一直是秦人心目中的至高天神。

五方除了与五色相配外,还与“五行”的原质相配,即东方为木,南方为火,西方为金,北方为水,中央为土。少昊为西方天帝,故古文献中又称他为“金天氏”,上文言秦献公作畦畤祀少昊,也是因为他自以为得了“金瑞”。高诱注《淮南子·时则》“其位西方,其日庚辛,盛德在金”一节文字时,讲得更直接:“少昊之神治西方也。庚辛,金日也。盛德在金,金王西方也。”

由于社会生活实践中涉及最广泛的是东、南、西、北四方,故四方又分别与春、夏、秋、冬四季相配,同时也便与古代华夏族最崇拜的四种动物即所谓“四灵”相配:东方青龙,象木象春;南方朱雀,象火象夏;西方白虎,象金象秋;北方玄武,象水象冬。所以,秦人与虎结下了不解之缘,因为虎是西方的表征,是西方天神白帝金天氏少昊的灵性化物象。秦人的崇虎情结由此而起,秦国统治集团一贯张扬白帝的政治哲学与高度尊奉畤祭的宗教活动,又必然不断强化着群体的崇虎意识。

在此还有一点值得强调,与西方相配的虎,在“四灵”中似乎更加突出一些,它的文化蕴涵最深,民众对它的信念也最牢固。比如说,占据先秦社会生活重要地位的玉文化领域,核心玉礼器有所谓“六器”,即礼天的苍璧,礼地的黄琮,礼东方的青圭,礼南方的赤璋,礼西方的白琥,礼北方的玄璜。璧、琮、圭、璋、璜皆为几何形状,与动物无涉;唯有礼西方的琥,是动物虎的形象。这可能有人们审美心理上的原因,“四灵”中虎以外的三灵,某种程度上都是想象中的动物,或多或少包含着人为加工创作的成分;而虎则纯粹是自然界实存的动物,且体态雄猛,毛色鲜丽,吼声宏伟,洋溢着奔放的生命力,给人们以生动而深刻的印象。此外,可能也与秦人一直崇奉以虎为表征的白帝有关。由于秦国长期确立了西方霸主的地位,虎作为西方象征物的历史定格,也便被社会文化思潮所普遍接受了。

嬴秦始祖少昊与虎的关联,在关于蓐收的古代神话中保留了明确的信息。《左传》昭公二十九年:“少皞氏有四叔,曰重,曰该,曰脩,曰熙……该为蓐收。”此处之“叔”,实指少昊家族后起的代表性人物,故郑玄注《礼记·月令》说:“蓐收,少皞氏之子,曰该,为金官。”韦昭注《国语·晋语二》说:“少皞氏有子该,为蓐收。”《尚书大传》云:“西方之极,自流沙西至三危之野,帝少神蓐收司之。”《淮南子·时则》也有大意相同的记载。这个同少昊紧紧联结在一起的蓐收,是个什么人物呢?《国语·晋语二》有这样一段故事:“虢公梦在庙,有神人面、白毛、虎爪,执钺立于西阿。公惧而走,神曰:‘无走!帝命曰:使晋袭于尔门。’公拜稽首。觉,召史嚣占之,对曰:‘如君之言,则蓐收也,天之刑神也,天事官成。’”这个蓐收,“人面、白毛、虎爪”,分明就是白虎之神。他立于“西阿”,而且主掌刑杀,故韦昭注云:“蓐收,西方白虎,金正之官也。”蓐收之名,据丁山先生考证,缘起于农业收成,“农、蓐古本一字”,蓐收也可看作农神[①]。因此,对于四季而言,蓐收主秋,农事秋成。《吕氏春秋》表述秋季,恒言“其帝少皞,其神蓐收”。秋气萧杀,金声寒厉,故白虎之神又主兵刑。古文籍称白虎为西方七宿之总称,显示兵象。秦国军事上以虎符调遣军队,当亦溯源于此。

嬴秦的崇虎情结,在上层社会的丧葬文化中表现尤为实切。贵族墓葬的出土器物,常突显出各种虎的形象。流落到欧洲的大堡子山秦公大墓所出那批器物,即含一对造型奇特的金虎,这已被人们所熟知[②];传出大堡子山秦陵出土而被日本MIHO博物馆收藏的一对金虎和一对铜虎,信息也早已公布[③];礼县博物馆收藏的大堡子山秦陵所出一对马镳,一端饰凤首,另一端饰虎首,反映了崇鸟与崇虎并重的审美理念;至于圆顶山贵族墓群青铜器纹饰中的虎形象,不论数量和品位,都远非他国青铜器所能比拟[④]。大体与乐器坑同时发掘的大堡子山陵区IM25,是一座属春秋中晚期的中型贵族墓,出土物内也有一件小型铜虎,长6.5厘米,宽2.3厘米,呈蹲踞状,尾巴上卷,身饰窃曲纹,虎背有钮。此虎置于墓主首端,与多枚石圭及一柄短剑同处;该墓没有乐器陪葬,此虎显然和乐器无关。

三

综合上述情况不难做出判断,大堡子山乐器祭祀坑所出铜虎具有某种神秘的宗教意义,是秦人崇虎情结的产物。

秦人崇虎盛行于春秋时期,因为那时秦国尚处于逐渐崛起的过程,实力还难以同中原列国抗衡,只能先争取乃至巩固西方霸主的地位,故其政治、哲学及宗教文化尚赖始祖神即西方天帝观念来支撑。虎崇拜是这一观

①丁山《古代神话与民族·后土后稷神农蓐收考》,商务印书馆,2005年,第296页。
②韩伟《论甘肃礼县出土的秦金箔饰件》,《文物》1995年第6期。
③该馆2000年出版过包含这两对虎的周、秦器物图录《中国战国时代的灵兽》(有些器物属西周、春秋时代)。
④礼县博物馆《秦西垂陵区》,文物出版社,2004年。

念的世俗化结晶,虎形象特别是金虎(金属质地)形象则是崇虎精神的物化表现。进入战国时期,尤其是战国中期以后,嬴秦国势迅猛壮大,雄厚兵力与列强逐鹿中原,统治集团的战略眼光早已突破了西方霸主的理念,而越来越强烈地着眼于一统神州的伟业了。在这种背景下,西方之神白帝已不再适应新形势的需要,崇虎情结也必然随之淡化。

(本文原载:《丝绸之路》2010 年第 2 期)

从甘肃出土文物看东西方文化交流

贾建威①

甘肃地理位置特殊,处于丝绸之路重要路段,是陆路对外贸易的必经之路,这块历史悠久的土地在东西方交往过程中,遗留下大量重要的文化遗物,这些文物为我们研究东西交流和对外贸易提供了珍贵的实物资料。

中国陆上域外交通路线正式确立于汉武帝时张骞通西域以后。公元前2世纪,汉武帝派张骞两次出使西域,打通了东西方的道路。由于中国内地的丝绸多由此运销西方,故这条通道被称为“丝绸之路”。

这条东西方的交往之路,是长期以来古代东方和西方之间的民间交往不断扩大的结果。经过了长期多渠道、分阶段,由间接到直接,由小规模到大范围的交流,由民间往来到官方往来的漫长而复杂的发展过程。

在漫长的东西方交往过程中,甘肃一带的古文化遗留下许多珍贵的历史文物,许多文物是东西方文化交流的友谊之花。

甘肃处于东方、西方文化交会的敏感位置上,因此,关于甘肃古文化的起源问题,中外学者一直持有多种不同的意见。如瑞典学者安特生曾主张的中国文化西来说和我国学者夏鼐等人主张的中原文化放射说都是较有影响的。

1979年,在甘肃省秦安县大地湾发现了距今八千年左右的新石器时代早期遗址,出土的三足陶器(图一)具有鲜明的特色,其中还有绘着红色彩带和符号的彩陶。大地湾文化的彩陶不仅是中国目前发现的最早的彩陶,也是世界上最早出现彩陶的古文化之一。因此,甘肃的古文化既不是源自西方的西亚或中亚,也不是源自东面的中原地区,而是源自本土。

图一　三足陶器

甘肃的远古文化虽然自成体系,但并不意味着与周围的古文化相互隔

①甘肃省博物馆。

绝，尤其甘肃古文化与黄河中、下游的古文化进行着规模愈来愈大的交流。大地湾文化陶器中的三足钵、圈足碗和中原地区同时期的裴李岗文化、磁山文化的同类器物的造型基本相同。彩陶上的装饰纹样同样说明着这种交流的发展，甘肃的仰韶时期彩陶上的鱼纹，有着从早到晚的由具象演变为抽象的完整发展系列(图二)。

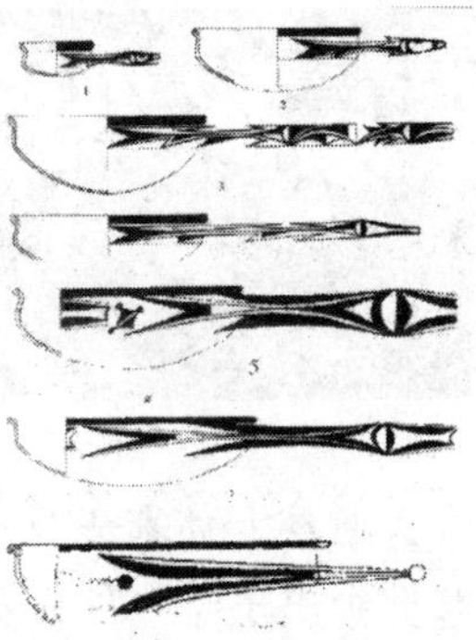

图二　彩陶上的鱼纹

经过研究还可看出鱼纹由渭水、泾水流域向东传播，在河南洛阳一带也出土了仰韶中期偏晚阶段的变体鱼纹彩陶盆。同时，以陕、晋、豫为中心的庙底沟类型彩陶上的典型的勾羽圆点纹和弧边三角纹像旋风似的扩散到几乎整个黄河流域及长江中、下游，最西传播到甘肃和青海的邻境地区。标志着整个黄河流域部族之间的交往已经沟通，黄河流域和长江流域部族人们的交往已经开始。

在距今六千年到五千年间，整个黄河流域的部族之间交流的品类和范围都明显地扩大了。在秦安县大地湾、王家阴洼和庄浪县徐家碾的仰韶早期的遗址中，出土了成串的短褶矛蚌，现今这种蚌只产于我国东部的江河下游地区。王家阴洼遗址出土的另一种壳厚而纹理粗疏的蚌壳，经初步鉴定为近江牡蛎，而这种蚌现今只分布在江河入海处。

距今五千年到四千年间的马家窑文化，交流的范围进一步扩大，装饰品的质料更多是由远方交换来的。绿松石这种罕见的玉石传入甘肃就是证明，早在秦安大地湾仰韶晚期遗址已出土了用绿松石制成的半圆形饰片，而在马家窑文化的墓葬和遗址中更普遍地发现了各种绿松石饰品。东乡林家的马家窑类型遗址和兰州的花寨子、景泰张家台等处的半山类型墓葬都出土了经松石制成的坠、珠和管。青海省乐都县柳湾马厂类型墓葬出土的绿松石装饰品的样式达十六种，共二百零四件。绿松石在甘肃一带不出产，主要出产于伊朗东部，我国的绿松石主要产于秦岭山脉以南，但质地较细，与甘肃、青海的原始文化遗址中发现的纹理较粗的绿松石不同。近年来在新疆也发现了绿松石的产地，甘肃的仰韶晚期和马家窑文化的绿松石的来源有可能来自西部。此外，青海乐都柳湾马厂墓地出土的玉石珠，也是由外地传入的。

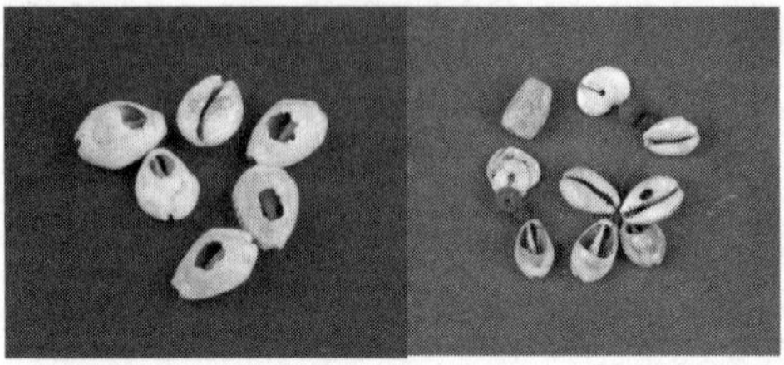

图三　贝壳

在甘肃和青海的马家窑和马厂类型墓葬中还发现了产自远方的贝壳(图三)。现今，甘肃、青海都不出产贝壳，只有遥远的海中或江河入海处才产这种贝壳。在青海大通县上孙家寨、马家窑类型墓葬中已习见海贝作随葬品。在柳湾马厂墓葬中出土了一件人头形器口彩陶壶,在颈部绘成用贝壳串成的项链。在甘肃出土的一些马家窑文化的彩陶上也绘有贝形纹饰(图四)。因此,甘青地区马家窑文化发现的海贝是当时这一地区的氏族所珍视的装饰品，并且他们还用其他材料来仿制海贝。贝是我国的原始货币，所以甘青地区马厂类型墓葬出现的贝壳装饰品可能已成为进行流通和交换的中介物。

图四　贝形纹饰

我们通过对海贝的出土情况进行了解后,可以推测出当时海贝的流传过程。到齐家文化时海贝的出土量更大,但发现海贝的齐家文化遗址也愈来愈往西移，在河西走廊的武威皇娘娘台齐家文化遗址也出土了海贝。在晚于马家窑文化的四坝文化玉门火烧沟墓葬中出土了上百枚海贝,有的墓葬中还出土了长串的海贝。这都表明了海贝、海蚌等珍贵的装饰品是由海滨传入甘肃并逐渐西传的。

甘肃是我国最早发现青铜器的地区之一。在距今五千年的东乡族自治县林家马家窑类型遗址,发现了一把保存完整的青铜刀。永登县连城蒋家坪马厂类型遗址也出土了一把青铜刀，到齐家文化和四坝文化时大量的出现铜器,这些铜器均为便于携带的小型器物,多小刀、锥、镯等(图五)。在民乐东灰山四坝文化遗址出土的铜器,绝大部分为砷青铜,齐家文化遗址出土的铜器也有许多砷青铜。砷青铜过去大多发现于西亚,且时代较早,距今约五千多年。国内其他地区还未发现砷青铜,说明甘肃出土的这些铜器应是由西亚交流而来,或说铸造技术是由西亚传入。

青铜时代初期的甘肃地区,东方、西方的文化交流已具有一定规模,这种交流是由于东方的农业文化向西延伸和西北方的游牧文化向东南发

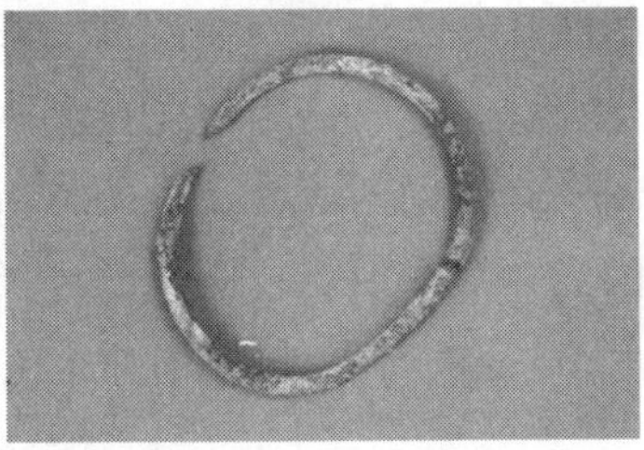
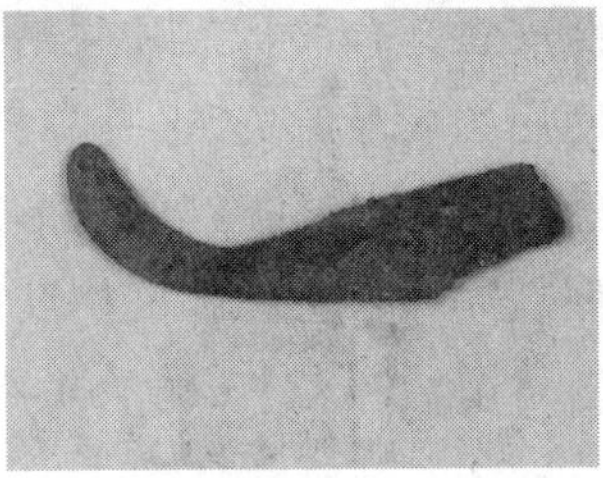

图五　铜镯、小刀

展而形成的。距今四千年左右的齐家文化的铜器已经普遍流行,除去红铜器外,青铜器的数量也不少。铜器的样式有刀、锥、镰、圆泡饰、镯、空首斧、镜、耳环和鼻环。因此,与中原地区的早期铜器不同,没有发现容器,更多地带有草原文化的特色。齐家文化的铜器中,以青铜镜具有特色。广河齐家坪出土的一面铜镜的镜背是素面的,而甘肃省临夏市和青海省贵南县尕马台出土的齐家文化铜镜的背面都饰着多角星纹。齐家文化的青铜镜是我国最早的铜镜,这与以后在中原地区才出现的铜镜有着渊源关系。积石山县新庄坪齐家文化遗址出土了一些铜制的环和手镯,其中有一端尖而一端平的耳环,还有两端皆扁平的鼻环,铜鼻环这种装饰品不见于我国东部的农业民族,而有浓郁的草原民族风采。而西亚土耳其一带和苏联南西伯利亚远在五千年前就已有了一端尖的铜或金制的耳环和手镯,这类金属装饰品可能是由中亚游牧民族传入甘肃。更重要的是,广河齐家坪遗址中出土了一件红铜空首斧,其形制与分布在苏联叶尼塞河中游的四千年前的奥库涅夫文化铸造的红铜空首斧相近似,并且要早于我国中原地区。从齐家文化铜器所反映的复杂的文化因素中,我们已经能够找到东方和西方远古文化交会融合的线索。

齐家文化陶器更明显地呈现着农业文化和草原文化相混合的面貌。齐家文化陶器中的盉是受到中原龙山文化影响的。具有特色的夹砂圆底彩陶罐,在流动的生活中是既当饮食器又当炊器的两用器物。甘肃是陶鬲发源的地区,早在马家窑文化马厂时期就出现了陶鬲(图六),齐家文化的陶鬲又进一步增多。早期陶鬲上能够

图六　陶鬲

看到仿照皮囊缝合的折痕和联结处的穿孔和线脚,因此,陶鬲的样式与游牧民族使用的皮囊有关,也是源自畜牧生活方式。齐家文化的一些红陶鸟形器尤引人注目，这类红陶鸟形器和同时期的西亚古文化的红陶鸟形器十分相似。而齐家文化的菱格纹彩陶大口罐和西亚古文化的同类彩陶罐也很相似。因此,齐家文化的陶器除去自身的特点外,既有来自东方也有来自西方的因素。

四坝文化含有十分复杂的因素。四坝文化器物中的青铜器的比例增大了，而且铜器的样式也增多了，空首斧是四坝文化铜器的主要样式之一。火烧沟四坝文化墓地出土的一些铜弯背小刀,有的还带着环首,这是北方草原文化具有特色的铜器。

特别需提及的是出自西和县的仰韶文化早期花叶纹彩陶权杖头（图七)和玉门火烧沟墓地出土地四坝文化四个羊首的铜杖头及石质杖头(图八),更能说明草原文化对甘肃地区的影响。埃及和西亚的首领掌用安着杖头的手杖的习俗早已有之,1988 年在日本奈良举办的丝绸之路大文明展上，展出了叙利亚出土的公元前 1775 年的短杖，杖头的形制和短杖木柄的长度都与年代相同的火烧沟墓地出土的短杖相同，可以说在公元前 4000 年至前 2000 年前，甘肃地区已和西亚地区有了文化交流。同时,河西地区与中原地区、东部海滨也有了相当规模的交流。在火烧沟墓地中的许多墓出土了用海贝串成的佩链,有的是用百余杖海贝串成的,而且四坝文化人们拥有海贝的数量已超过马厂类型的人们，表明来自东面的华夏文化的影响在距今四千

图七　花叶纹彩陶权杖头

图八　羊首铜杖头、石质杖头

年时,已经达到了河西走廊的西段,与北方游牧民族传递的西亚文化相会合。从四坝文化的内涵中,更鲜明地反映出东方和西方文化在这个地区交会所产生的影响。

甘肃这块历史悠久的土地,由于其特殊的地理位置,成为东西方文化的率先交汇处，从这些出土文物反映出，甘肃是中外文化交流的交通要道。在丝绸之路沿线还出土了波斯、古罗马货币,东罗马银盘,巴斯八文铜牌等重要文物,通过这条古道,古老的中国文化、印度文化、波斯文化、阿拉伯文化和古希腊、罗马文化连接了起来,这条古道还传播了三大宗教,促进了东西文明的交流。这些文物闪发出东西方文化最初接触的火花,是研究东西文化交流的重要依据，也是我国和西方经贸往来和文化交流的历史见证。

中古河西的生活写真

——新见河西走廊出土汉、晋、十六国木板绘画介绍

梁雄德[①]

20世纪八九十年代，河西酒泉以北及至额济纳旗(魏晋时期为张掖郡居延属国)一带，民间因为拆迁施工、造林植树、垦荒挖土等等基本建设，发现不少有图画的木板，老乡曾当柴火收集，用以取暖点火、煮饭烧水。老乡们不懂，也不知道这是哪个时代哪个年月的遗物，大都将其烧之。这样的东西时有发现，这样的事件时有发生，最终引起有心者的注意而受到重视，不断地收集保护，精心地品鉴收藏。幸与不幸，今天我们只是遗憾这些木板画的出土发现不是国家考古工作者的正规发掘，所以具体的出土地点已经很难知晓，也很难确定了。

汉晋十六国的木板绘画，代表了河西地区这个时期中国绘画艺术的真实风貌，与这个时代的墓室绘画一样，成为填补中国美术史空白的不朽画卷。作为民间秘藏的古代美术资料，具有很高的历史和艺术价值，已被兰州敦煌艺术研究院收藏，本文择其数图加以介绍，以为相关领域的专家学者从不同侧面研究考证，追根溯源，以图将研究不断地深入，不断地放大，渗透到中国人文历史的不同层面和多种纬度。

1. “宴乐图”“狩猎图”木板画

时代为东汉。“宴乐图”(图一)和“狩猎图”(图二)是一块木板画的正反两面。长66厘米，宽42.5厘米。

所反映的是东汉时期河西的世族豪绅在其坞堡庄园内的宴乐及其宴乐生活背后的“狩猎”情景。狩猎和宴乐是生活的两个侧面，也是两个层面。由木板正反两面所画的不同内容，展现出的墓主人生前的生活状态和

①甘肃省博物馆。

社会现实是值得注意的。木板画背面的“狩猎”显然是针对“宴乐”主人的劳作行为。

亭榭、树木、地毯和曲柄，是用粗犷的墨笔挥写构成。朱彩衣裙，石绿映衬，随类赋彩，勾勒点染是“宴乐图”主要的形式语言。画面中夫妇二人正襟跪坐，悠闲自得地观看伎乐舞蹈，神情专注，若有所思。画面中果树繁茂，枝叶披露。朱笔墙头隐约，石绿树叶点点，舞者呼应顾盼，拍鼓拨浪，翩翩“胡旋”。乐伎腰鼓、乐伎古琴、乐伎阮咸各司其职，使整个作品呈现朴拙之美，稚趣盎然。

背面的“狩猎图”显然是猎获成功后的一幕。一只被猎杀的鹿捆绑倒挂呈“墨色剪影”效果，人物侧身，构成朴拙。一虎中箭，呈吼叫挣扎状，夸张变形，拟人化的模样，憨态可掬。猎人手持弓弩剑戟紧随其后，张弓搭箭，欲有补射之状。此画在朴拙稚趣之外又多了几分厚重，给人以朴厚稚拙之美。其松林树干直接用朱墨没骨，力能扛鼎。老虎的夸张变形、猎物的影像效果尚存汉代画像石的装饰风味，转换成笔墨语言就产生了具有绘画意味的作品。

这幅木板画中留下了木板的拼接状态，留下了胶泥丝织物填补凹陷残缺的痕迹，留下了白垩涂底打磨的处理，从中可以窥探到早期木板绘画制作底子的奥秘。

图一 “宴乐图”木板画

图二 “狩猎图”木板画

2. “行旅图”木板画(图三)

时代为西晋。长 52 厘米，宽 20 厘米。

美女长发披肩，长裙曳地，身背水壶，飘然前行；突感身后马蹄嘶鸣，侧身回目，若有所思。转瞬间一男子策马扬鞭，与其擦肩而过。西晋男士，是士卒、是壮士、是差役、是将士，英俊潇洒，束发，着襦，脚入鞯袋，右手持缰，左手扬鞭，显然是跋山涉水长途旅行的状态。大路上小树旁，一男一女瞬间偶遇，擦肩而过，不能不说是人生旅途中的遗憾。这是西晋时期的木板佳构，此图与酒泉西沟晋墓绘画砖为同一题材，构图绘画大同小异，已被拟名为“惜别”。两画对照，观其神情意象，笔者以为拟名为“旅途”或“人在旅途擦肩而过”较为恰当。

图三　“行旅图”木板画

3. “惜别辞行”木板画(图四)

时代为十六国时期。构图与“行旅图”相近相似，状态、形貌、景物、陪衬却大相径庭。

图四　“惜别辞行”木板画

4. “母子嬉戏图”木板画(图五)

时代为西晋。长 54 厘米,宽 21 厘米。

“母子嬉戏”是一幅表现母子亲情的画面,敦煌佛爷庙湾西晋墓中有相同的题材。我们认为,此图从寓意和绘画所表达的游戏状态与“骑竹马”毫无关系,实际上是表现母子之间的血肉亲情。母子连心一线牵,画面通过孩童对母亲的依傍、母亲对孩童的呵护,使骨肉亲情通过所画游戏充分体现。此画关键在区分“竹竿”和“线”的表现手法,“竹竿”和“线”有明显的差异和不同。孩子手中所持的显然是一根木制的类似针或鱼钩一样的东西,如民间用来缝制麻袋的竹针粗线,线绳是软的,与坚劲挺拔的竹子是绝对不同的。《后汉书·郭伋传》:“始至行部,到西河美稷,有童儿数百,各骑竹马,道次迎拜。”显然“骑竹马”是孩子们的一个群体运动游戏,绝非“母子嬉戏”。

图五 “母子嬉戏图”木板画

5. “神猿献果图”木板画(图六)

时代为魏晋。长 39.6 厘米,宽 22.6 厘米。

裸女、神猿,中国的伊甸园里,从猿到人,人和猿,“神猿献果”似乎在描写另一版本的创世神话,他们摘下的是不是禁果?此画是不是中国最早的裸体艺术?学者们当进一步考证。这就是魏晋时期的木板画“神猿献果图”。类似的绘画内容和题材可见酒泉丁家闸十六国墓室南壁第四层所画,一棵大树,白果点缀,墨笔树叶纵横摆布,枝间鹦鹉,树梢青鸟。低处的树杈上一只赤猴神猿探身摘果。树下一女全裸,执耙做收集状。此画已被奉为经典,载入史册。1987 年,陈醉先生所著《裸体艺术论》将此画作为中国最早的"最符合裸体人物绘画意义的作品",今天我们看到魏晋时期的这幅"神猿献果",就知道中国的裸体绘画有比十六国更早的版本。

图六 "神猿献果图"木板画

6. "驿骑图"木板画(图七)

时代为魏晋。长 54.8 厘米,宽 18.3 厘米。

紧急军情,三千里加急。一塘兵头戴巾帻,面形宽大,身穿绔褶,手举羽毛,肩挎军情急件,驰马传递。塘马头竖彩缨,四蹄腾空,犹如流星疾驰,以至于马尾和包囊鞍鞯装饰纽带也飘了起来。

边关、城堡、烽火台,岑参有诗云:"一驿过一驿,驿骑如星流;平明发咸阳,暮及陇山头。"野草、荆棘,如同飞沙走石。云气缭绕,如波似浪。此幅"驿骑图"用笔简洁概括,颇见功力。可与嘉峪关魏晋 5 号墓"驿传图"比美,堪称魏晋驿使姊妹篇。

山峦起伏,丛林飞逝,如此驿传佳作,神情毕肖,魏晋风韵尽情呈现。古代驿骑传递,地方有驿夫驿马,军队用塘兵塘马,手持羽毛代表有紧急军情和重要物件,必须是昼夜兼程马不停蹄,换马不换人。此图为中国早期邮驿,传递军情指令,政治、经济、文化信息传递,对民族交往、情感交流提供了又一珍贵的象形资料。

图七 “驿骑图”木板画

7.“出巡图”木板画(图八)

时代为十六国时期。长 49.8 厘米,宽 22.2 厘米。

两骑奔驰,策马出巡,欲与雄鹰比速度。此图所绘两马竖耳瞪眼,马尾和鞍鞯束带所饰樱蛹飘然,传达出了两马奔跑的速度。此图夸张挥写了马蹄的比例,观之马蹄翻飞,嘚嘚声响。十六国的骑士头戴毡帽,八字长须,短衫蓝裤,持缰执鞭,策马飞奔,不失威武身姿。随行飞翔的雄鹰,似可作“龙雀”解读。“马超龙雀”与此图意象不谋而合。

图八 “出巡图”木板画

8.“羊群图”木板画(图九)

时代为十六国时期。长 46.3 厘米,宽 27 厘米。

羊群在山地食草,觅食徐行,撵羔、交配、抵角、奔跑、反刍、跪卧、眺望、等候,羊群百态形神毕肖,栩栩如生。画面中的 15 只羊仿佛数百只的一大群,山羊、绵羊,雌雄有别,大小各异,悠然自得,呈现出当时河西地区畜草丰茂、牧业兴旺的景象。从中可以看出绘画者对畜牧生活的观察入微，熟悉和了解的程度至深。

图九 “羊群图”木板画

9. “宴饮乐舞图”木板画（图十）

时代为十六国时期。长 50 厘米，宽 27 厘米。

图十 “宴饮乐舞图”木板画

10. “宴饮摔跤图”木板画（图十一）

时代为十六国时期。长 50 厘米，宽 27 厘米。

以上两幅木板画，构图和表现手法相近。反映出的是十六国时期河西地区生活的闲适、丰富多彩。通过宴饮和歌舞、摔跤，将民族、家庭、社会之间文体娱乐生活的情景充分展现。“羌笛何须怨杨柳,春风不度玉门关。”五弦悠扬,平沙落雁。舞者拂面抛袖踏歌行,仰首转身歌太平。显然“宴饮乐舞”传达的是对乐舞的欣赏和品味,“宴饮摔跤”则是击掌喝彩,鼓动挑战,一幕惊心动魄的场面。

图十一 “宴饮摔跤图”木板画

11. “百戏图”木板画(图十二)

时代为十六国时期。长 49.8 厘米,宽 27.1 厘米。

仿佛是今天的一个杂技表演,所绘栩栩如生,把杂技百戏之节奏、韵律、气氛生动呈现,画面结构天然自在,生意俨然。

图十二 “百戏图”木板画

12. “洗衣图”木板画(图十三)

时代为十六国时期。长45.5厘米,宽19厘米。

画中流水如歌,伴随着揉擦捶打衣物的节奏,男子头戴坠饰帽,跪坐溪流河边,使用捶衣棒捶打衣物。女子双袖高挽,在石板上有节奏地搓揉衣服。绘画者描写的是男女二仆劳作的场景,主题人物神情自若,不急不缓。远处的晾衣架用墨线架构,晾晒的衣物用五彩点缀,形象地表现了洗衣的场景氛围。画面优美舒朗,构成自然。河边小草、水流曲线寥寥数笔,恰到好处。

图十三 “洗衣图”木板画

丝绸之路民族裕固族的文化面貌

林尚斌①

裕固族是甘肃省特有的少数民族之一，也是我国人口较少但历史悠久的少数民族之一，主要聚居于肃南裕固族自治县和酒泉黄泥堡裕固族乡。

裕固族聚居地地处祁连山北麓甘肃省河西走廊中段的狭长地带，以红湾寺镇为中心，行政区划上由互不连接的三大块区域组成：东部的皇城区位于武威境内；中部是肃南裕固族自治县的马蹄区、康乐区、大河区、祁丰区等几个区；北部的明花区位于酒泉境内。全县南逾祁连山与青海省祁连县、门源县相连；北至河西走廊中部与酒泉、张掖、武威等市县相接；西至祁连山主峰与肃北蒙古族自治县毗邻；东到祁连山东端与天祝藏族自治县衔接。地理位置上处于中国古代著名的丝绸之路的黄金地段。

裕固族自称"尧呼尔"，历史上裕固族及其先世曾有过许多他称，如唐宋时期的"河西回鹘""沙洲回鹘""黄头回纥"，元代的"撒里畏兀"，明代的"撒里畏兀儿"，清代的"锡喇伟古尔"和"西喇古尔黄番"等。裕固族本民族的语言分两种，一种为西部裕固语，也称尧呼尔语，属阿尔泰语系突厥语族；一种为东部裕固语，也称恩格尔语，属阿尔泰语系蒙古语族。以新中国成立前裕固族古老部落看，使用西部裕固语的有亚拉格家、贺郎格家、西八个家等部落，主要分布在肃南裕固族自治县西部的明花区、大河区的亚乐、雪泉、水关等地；使用东部裕固语的有大头目家、五个家、罗儿家、杨哥家、东八个家、四个马家等部落，主要分布在肃南裕固族自治县东部的康乐区、皇城区、大河区的景耀和马蹄区的友爱等地。裕固族有本民族的语言，但没有文字，汉文是裕固族一般使用的文字，汉语也是裕固族使用的主要语言之一。

新中国成立之前，裕固族社会处于封建古老部落制度统治之中，部落组织是其基本的社会组织形式。其鲜明的特征是"既保留原始社会的部落组织，并且在不同历史时期发挥了重大作用，又鲜明地表现出封建的阶级统治特征。"②裕固族全体社会成员分属十个部落，其中西部裕固族有亚拉

①甘肃省博物馆。

②高自厚、贺红梅著《裕固族通史》，甘肃人民出版社，2003年，第159页。

格家、贺郎格家、西八个家三个部落；东部裕固族有大头目家、五个家、罗儿家、杨哥家、东八个家、四个马家和曼台部落等七个部落。部落组织中，每个部落有正副头目各一人，其下设有总圈头、小圈头和老者若干人。清代将裕固族划分为七族，并将大头目封为全体裕固族的总管，为裕固族最高统治者，大头目及各部落正副头目均由朝廷分封，享有世袭特权。

裕固族自古就是我国的游牧民族之一，裕固族的经济生活和生产方式以畜牧业为主体，游牧经济的生产方式大体上有游牧、半定居游牧和定居放牧三种形式。其中游牧的牧民基本上没有固定的、永久性的土木建筑等房屋住所，四季以帐篷为家，随季节的变化不断转移牧场；半定居的牧民一般都有土木结构或砖瓦结构的固定住所，定居点冬季基本都在牧场，夏季游牧则用帐篷，半定居牧民除牧业生产外，还经营小片耕地；定居放牧的牧民一般都分散定居于自家牧场，房屋多为土木结构的土坯房，定居放牧的牧民除放牧外还从事骆驼运输及出售芨芨草编织物等副业生产。游牧以康乐区最为典型，那里的草场一般都分四季牧场，根据季节，牧民全家老小搬迁帐篷随畜群移动；半定居游牧以大河区为典型，牧民冬季、春季在固定住所所在的牧场放牧，放牧者早出晚归，夏秋季节牧民带帐篷到海拔较高、距离较远的高山牧场放牧；定居放牧以明花区为典型，牧民在绿洲草场放牧，整个夏季还要割牧草为冬季储备大量牧草。

裕固族的族源学术界尚有许多不同的看法，目前比较统一的观点是“裕固族是唐末五代时期甘州回鹘的后裔”①。其民族可追溯到秦、汉时期的丁零人，魏晋的敕勒人(高车人)，及以后的回鹘人。早在汉代、三国时期，丁零的一部分脱离匈奴的统治，迁徙游牧于酒泉、武威及黑河下游，“为后来的回鹘入居河西开了先导”②。唐初铁勒系的一支契苾部东迁河西，被唐朝安置在甘、凉二州，契苾部后来也是回鹘的组成部分。680年，漠北回纥(回鹘)首领药罗葛氏独解支为避突厥之患，将其都督亲属及有功者迁徙于甘、凉二州，这是回纥(回鹘)药罗葛氏首次入居河西。685年，回纥等四部迁徙于河西，所有这些铺道之作，为后来回鹘药罗葛氏建立甘州回鹘汗国做了准备。744年，回纥首领骨力斐罗建立回纥(回鹘)汗国，脱离突厥汗国的统治，其政权承袭突厥汗国的一套统治制度，以畜牧业为主确立封建制。840年，漠北回鹘汗国崩溃，余部四散，其中一支迁徙到河西走廊，初依附于吐蕃，但却大大壮大了河西回鹘的力量。851年，河西地

①贺卫光、钟福祖著《裕固族民俗文化研究》，民族出版社，2000年，第3页。
②高自厚、贺红梅著《裕固族通史》，甘肃人民出版社，2003年，第159页。

方势力在张义潮的领导下打败吐蕃,唐朝在沙州设立归义军,河西地区的回鹘人脱离吐蕃,依附归义军。此后,归义军衰败,回鹘势力不断壮大,并多次向唐朝请求册封,874年(乾符元年)唐朝遣使册立回鹘。大约在892—904年,即唐末、五代之际,河西地区的回鹘人夺取甘州,并以甘州为牙帐(汗国首府),形成以甘州回鹘为中心,联合河西地区的各回鹘部落的河西回鹘割据集团,建立甘州回鹘汗国。

河西回鹘是回鹘分裂后的三大地方割据集团之一,以甘州为中心的河西回鹘,占据河西地区一个多世纪,把散处河西的回鹘各部团结为一支相对统一的联合力量,并在不同的历史条件下逐步形成了一些区别于其他回鹘割据集团的文化特征。在三大回鹘汗国中,喀喇和高昌回鹘都向农业经济转化,唯有河西回鹘仍以畜牧业为主,在传统游牧业的基础上丰富和发展本民族的文化。在新的历史条件下,以甘州为中心的河西回鹘继承回鹘与中央王朝友好交往的传统,同五代及宋朝建立了良好关系,不断促进各民族之间的相互团结,维护了丝绸之路的畅通。河西回鹘政治文化的发展对后来裕固族的形成与发展产生了重大影响,成为"裕固族的先世时期"①。

1028年,党项首领李元昊偷袭甘州,1036年占领整个河西地区,回鹘人四散奔离。一部分河西回鹘部落,可能包括甘州回鹘可汗"夜落隔"的后裔,离开河西走廊退处沙州以南,这支回鹘部落成为后来《宋史》和《金史》记载的"黄头回鹘"和"沙州回鹘","即今日裕固族的直接祖先"②。

1226年(元太祖二十一年,南宋宝庆二年),西征蒙古大将速不台"攻下萨里畏吾特勤赤悯等部",成为蒙元及元朝直接统治的一支回鹘人,从此这支回鹘人以"萨里畏吾"之称活跃于史册。元朝初建之时,出伯以"诸王"之衔戍守萨里畏吾地区,蒙古人入居,出现了以蒙古王室为首领,回鹘为基层民众相互依存的特殊关系,从而使这个群体发生了质的变化,加速了新的民族共同体的形成进程。"以古回纥汗室氏族药罗葛、夜落纥为首的一支古回鹘人,同蒙古王室氏族出伯子孙为首的一支蒙古人相互融合,共同促进","一个既不同于回鹘,又不同于蒙古的新的民族共同体已处在孕育之中",成为裕固族的孕育时期③。

明朝建立后,保持了撒里畏兀儿的社会制度,并在部落基础上设立

①高自厚、贺红梅著《裕固族通史》,甘肃人民出版社,2003年,第159页。
②裕固族简史编写组《裕固族简史》,甘肃人民出版社,1983年,第32页。
③高自厚、贺红梅著《裕固族通史》,甘肃人民出版社,2003年,第159页。

半军事性的诸卫，由部落酋长充任首领，封撒里畏兀儿首领卜烟帖木儿为安定王，并准其子孙世袭，形成安定王系。安定王系在裕固族发展史上占有十分重要的地位，直接促成了裕固族的形成。明代，撒里畏兀儿诸卫在复杂的内外局势变化中由关外不断内迁，1490 年，第四任安定王千奔（裕固族民间传说中的安千赞吉）袭职，撒里畏兀儿南、西、北三面受敌，孤立无援，只得东迁嘉峪关内，投靠明朝。其他诸卫也先后东迁，至明嘉靖七年（1528 年），撒里畏兀儿各部得到明朝政府的安置，基本结束逃离状况。安定、曲先、阿端、罕东四卫至疏勒河、陶勒河上游和黑河谷地；沙州卫先至肃州，后至甘州南山；赤斤、罕东左右卫直接到肃州塞内。东迁后，赤斤、罕东左右卫尚保留卫建制，其余只有诸部而没有卫的建制。东迁使撒里畏兀儿这个古代回鹘、古代蒙古的融合体在新的民族共同体的发展中产生了重大作用，一个统一的民族"尧呼尔"正式形成。"东迁是今裕固族形成的标志"[①]。

清代，裕固族被称为"西喇古尔黄番"，1698 年，清朝封大头目厄勒者尔顺为七族黄番总管，赐黄马褂和红顶蓝领帽，同时封诸头目以守备、千总、把总等职衔，由此形成总管之下的七族联合制，结束了明中叶以来各部不相同属的局面。清朝封七族黄番大头目和各部落头目，准其子孙世袭，由此形成大头目世袭和各部落头目承袭系统。

民国年间，裕固族的族称开始遵循民族自称，以"尧呼尔"称呼裕固族。新中国成立后，依据裕固族人民的意愿，以同"尧呼尔"音相近的"裕固"（兼取汉语富裕巩固之意）作为全民族的名称，1955 年，肃南裕固族自治县成立，揭开了肃南各族人民的历史新篇章。

裕固族一直是活跃在丝绸之路上的"丝绸之路"民族，同时也是具有丰富多彩草原游牧民族文化的民族。在河西回鹘时期，裕固族先民的经济有两大支柱，一是占主导地位的传统畜牧业，马、驼占有量很大；二是商业，商业在社会经济中占重要地位。商业经营中通过畜产品入贡中原，换回大量物资，再与西域交易获取玉石等制品运往中原，往返交易，充分发挥中西经济文化交流的桥梁作用。河西回鹘使用古回鹘语、古回鹘文、突厥文和粟特文，并有较多的汉语、藏语借用词汇。居住使用"毡帐"，《新五代史》记载"可汗常居楼"。服饰以皮毛为主要原料，纺织品中有毛织的"斜褐"，贵族也着交换来的棉织品、丝织品服装。妇女服饰据《新五代史》记载

①高自厚、贺红梅著《裕固族通史》，甘肃人民出版社，2003 年，第 159 页。

“妇人总发为髻,高五六寸,以红绢囊之。既嫁,则加毡帽。”宗教信仰,初信摩尼教,后改信佛教。明代撒里畏兀儿入关以来,逐步接受藏传佛教,有信仰宁玛派、萨迦派、格鲁派等不同的部众,并分别戴红扎拉、紫扎拉、黄扎拉等不同帽顶的帽子。入清以后,则全改信格鲁派。裕固族除信仰佛教外,尚保留着原始宗教萨满教的信仰。

裕固族是由古代回鹘人和古代蒙古人经过长期融合于明代形成的一个民族,裕固族及其先祖也一直是活跃于古丝绸之路上的民族,在其历史发展过程中在河西走廊留下了或多或少的历史遗迹。

石窟寺遗迹:肃南文殊山石窟寺院,位于肃南裕固族自治县祁丰区文殊村的文殊山上,是古代河西地区著名的佛教寺院之一。十六国至唐、五代时期为汉传佛教之地,西夏、元代至明清以来为藏传佛教寺院。现存五个洞窟的部分造像和壁画。其中文殊寺前山万佛洞内西夏绘制的壁画都有回鹘文题记,百子楼内泰定三年《有元重修文殊寺碑铭》背面以回鹘文书写,1910 年,俄国人马洛夫在文殊沟内发现回鹘文《金光明最胜王经》。文殊山石窟壁画题记文字有回鹘文、藏文、蒙古文和汉文等几种文字。《有元重修文殊寺碑铭》高 1.24 米,宽 0.74 米,正面汉文书写,背面回鹘文书写,此碑提供了蒙古察合台支系和旭烈兀支系的世系谱,旭烈兀支系中有被元朝封为威武西宁王统治萨里畏吾的出伯等人。明清之际,文殊寺的藏传佛教得到进一步发展,并出现了自己的活佛转世系统,藏传佛教艺术也得到进一步发展。

寺院遗迹:从传说资料看,裕固族各部落在明代后期分别信仰宁玛派、萨迦派和格鲁派等不同派别的藏传佛教,至清朝前期各部都改信格鲁派。裕固族寺院多修建于清代,到新中国成立前,裕固族地区共有十座寺院,每个部落都有自己的寺院,故有“什么寺院属什么家”的说法。裕固族最早的寺院古佛寺(黄番寺)建于明末,景耀寺建于清顺治年间,其他寺院建于清雍正至光绪年间。十座寺院分别是景耀寺(五个家)、青隆寺(罗儿家)、红湾寺(西八个家)、水关寺、莲花寺(贺郎格家)、明海寺、长沟寺(亚拉格家)、康隆寺(大头目家)、黄番寺(又称古佛寺、黄藏寺、夹道寺,属曼台部落)和寺大隆寺(杨哥家)。这些寺院多毁于 20 世纪 50 年代,其中有些寺院遗址尚存。自 1986 年起,裕固人在原康隆寺、长沟寺和明海寺遗址修复了部分建筑。①

①郝苏民主编《甘青特有民族文化形态研究》,民族出版社,2000 年,第 344 页。

文字史料性遗物:20 世纪初，随着敦煌学的兴起和对敦煌文献的发掘,出现了一些裕固族及其先祖河西回鹘等族的历史资料,其中汉文资料有《张议潮变文》《张淮深变文》《沙州百姓上回鹘天可汗书》《张淮深修功德文》《曹议金上回鹘众宰相状》《白雀歌》《龙泉神剑歌》《儿郎伟》等,回鹘文资料有《金光明最胜王经》《有元重修文殊寺碑铭》《高昌王世勋碑》《大元肃州路也可达鲁花赤世袭之碑》等。20 世纪 40 年代,在蒙古人民共和国西南部同我国内蒙古自治区额济纳旗靠近的地区,发现一块石碑,分别用粟特文和突厥文刻成，因石碑破损严重，只可释读突厥文"英义·药罗葛",学术界认为此碑为甘州回鹘创立者仁美可汗的记功碑。

宗教文化:藏传佛教是裕固族全民族普遍信仰的宗教,而原始萨满教在民俗活动中也与藏传佛教保持着并存关系。藏传佛教在裕固族地区作为一种外来文化在其传播发展过程中实现了地方化、民族化,并具备了一些裕固族特点,使裕固族"原有的多神系统中又增加了一些新的神灵"①。因此,藏传佛教也是裕固族民族宗教中一个重要的分支。

裕固族文化的形成与历史上回鹘文化和蒙古族文化有直接关系,并由此产生一个新的民族文化。在裕固族文化中,一直保留着相当比例的古回鹘文化和蒙古族文化的成分。在语言中存在突厥语族(西部裕固语)和蒙古语族(东部裕固语)并存的状况,民族服饰和其他民俗文化中也明显存在受蒙古文化影响的痕迹。裕固族所处之地是农耕文化与游牧文化的交汇地带,这一地区既存在农耕经济又存在游牧经济,但受自然生态环境的制约,这一地区既不是典型的农耕经济区又不是典型的游牧经济区,而是"一种介于上述两种经济形态之间的半农半牧或农牧兼营的生计方式"。特殊的人文地理环境,使裕固族文化具有多民族文化融合的特点,除以上文化因素外,裕固族文化一直在与汉文化进行着广泛的交流,并融入大量的汉文化成分,"甚至可以说，裕固族文化就是在汉文化的依托下发展起来的"②。此外,藏传佛教的传入及藏传佛教普及为裕固族全民族的共同信仰,又使藏族文化融合于裕固族文化之中。

整体而言,裕固族文化是一种多民族文化的复合体,具有较强的复合性和非完全整合性。这一特点在裕固族文化中有多方面的表现:语言上,东西部使用两种不同的语言,除去通用语汉语,东西部裕固人无法交流;

①郝苏民主编《甘青特有民族文化形态研究》,民族出版社,2000 年,第 344 页。
②贺卫光编著《裕固族文化形态与古籍文存》,甘肃人民出版社,2002 年,第 71、72 页。

服饰、婚俗、葬俗等民俗文化上,东西部之间也存在某些差异;宗教上,藏传佛教与裕固族传统文化之间缺乏有机的结合,更多的只是流于形式,而与原始的萨满教信仰处于并存状态。这一切均构成裕固族民族文化的基本特征。

(本文原载:《2009 丝绸之路国际学术研讨会论文集》, 三秦出版社, 2010 年)

唐三彩与丝绸之路文化交流

林尚斌

唐三彩是以黄、绿、蓝、白等多种釉色烧制而成的质地坚实、色彩缤纷的釉陶器，是唐代陶器生产中异军突起、一枝独秀的釉陶艺术品，也是中国陶瓷艺术史上的一个奇葩。唐三彩釉色以铅和石英配料为溶剂，数种金属氧化物釉料为着色剂，其中主要是以氧化铜、氧化铁、氧化钴等呈色为绿、黄褐、蓝色的金属氧化物为着色剂烧制而成。唐三彩表面呈色是在器物烧制过程中着色剂在溶剂中流动、交融、浸润，使之自然形成黄、赭黄、翠绿、深绿、天蓝、褐红、茄紫等二色、三色及变幻多彩的色调，其釉在烧制过程中熔融流淌，使各种色素产生浓淡不一的层次变化，釉面出现绚丽斑斓、光泽夺目的色彩。唐三彩的动人之处在于陶塑与釉面完美结合而产生一种燏皇华贵的艺术气氛。

唐三彩一方面继承中国历代陶瓷工艺的优良传统，另一方面通过丝路文化交流吸收优秀的外来文化，创立了唐代塑陶艺术的独特风格。唐三彩是在综合东汉以来的绿釉和黄釉陶的基础上引进波斯蓝釉技术创烧而成的。唐三彩中呈蓝色的钴料，是从波斯进口的，因而有“三彩贵蓝”之说。唐三彩集绘画、石刻、雕塑艺术的优点，广泛采用印花、堆贴、刻画装饰图案，器物造型浑厚丰满，形象逼真，器物制作线条流畅，工整细腻，装饰色彩瑰丽，气魄雄健，由此形成了一种新奇的民族工艺，显示了盛唐时代的精神面貌，也从一个侧面反映了唐代中外文化交流的面貌。

含金属熔剂的釉陶的发明地并非中国，而是在西亚和北非。陶瓷专家叶喆民先生《中国古陶瓷科学浅说》中提出，“这种碱金属硅酸釉早已在埃及发明，但长时间没有传到埃及国外，自从混入铅变成容易使用的釉以后，才逐渐扩及到美索不达米亚、波斯、西域一带”，中国的铅釉陶也“是在汉朝时由西域传来”。因此，学者认为唐三彩就是在“西亚釉陶影响下，在汉代黄、绿铅釉陶器的基础上发展起来的”，钴料是于我国盛唐时期大量从西亚进口的。

“唐三彩出土最多、最集中的地区为西安、洛阳和扬州三地，特别是唐代‘两京’长安和洛阳地区出土三彩器最多。”[①]而西安、洛阳、扬州是陆上和海上丝绸古道的连接点，丝路文化的交汇地。

唐三彩是唐代厚葬之风的产物，唐代曾在“门下省”设置“甄官署”，专门负责宗室陵墓所需明器。唐代厚葬之风兴盛，“王公百官竞为厚葬，偶人、像马雕饰如生，徒以炫耀路人。本因心致礼，更相扇慕，破产倾资，风俗流行，遂下兼士庶”。[②]在唐代，自上而下形成了一种厚葬之风，上自王室成员，下至士大夫阶级乃至平民百姓，都流行以唐三彩陶器陪葬。厚葬之风使唐三彩的烧造数量及质量有了很大的提高，另外，商品经济的发展也大大刺激了唐三彩陶器的生产。

唐三彩造型各异，形式多样，但总括可分为像生俑、日常生活器皿和居室用具三大类。像生人物俑有文官、武将、贵妇、男女侍俑、胡人俑、天王俑等；动物有马、驴、骆驼、猪、牛、羊及家禽鸡、鸭等。日常生活器皿有瓶、壶、罐、钵、杯、盘等十多种，其中每一种又有多种式样，如瓶就有双龙耳瓶、双系扁瓶、花口瓶、洗口瓶、细颈瓜腹瓶等式样。居室及各种用具模型有亭台楼阁，各种房屋、车、柜等等。

唐三彩所有器物都是依照现实生活中的器物塑造，是现实实物的写照，唐三彩以塑造人物和马、骆驼等动物见长，像生俑中尤以人物居多，其次是骆驼和马，这些像生俑三彩器在很大程度上反映了盛唐社会的精神风貌。唐三彩人物俑不仅塑造了文臣、武将、贵族等上层人物的形象，也塑造了仆夫、武士、商队、乐队、侍女等中下阶层人物的形象，与此同时还塑造了当时在中国生活的亚、欧、非许多国家和地区人物的形象。通过丝绸之路进入中国的音乐、舞蹈、服饰，在三彩陶俑上突出表现出“胡化”的特点，陶俑的小袖窄衣，女子着男装骑马出行，男子着翻领皮衣、戴蕃帽，以及域外风格的驼、马、胡人俑，甚至有来自非洲等地的黑人俑。其中有肩背货袋、手执水壶的波斯商贩，高鼻深目、蓄络腮胡须的西域马夫，有金发碧眼、身穿丽服的白人少女，也有表现黑人形象的昆仑奴。总观唐三彩的造型、装饰吸纳了大量西亚因素，胡风浓郁。

唐朝是当时世界上最文明富庶的封建强国，国际交往频繁，对外交通、贸易空前繁荣。唐代长安是当时国际性的大都市，中西文化交汇的中心，唐人博大的胸怀、大唐帝国宽松的对外政策、畅通无阻的“丝绸之路”，

①阎存良《古陶珍宝唐三彩》，百花文艺出版社，2005年，第13页。
②《旧唐书》卷四五。

吸引着世界各地以及各民族的人们，来唐的外国使臣、留学生、商人、僧侣络绎不绝。当时进出长安的胡人人数极多，长安的胡人来自世界各地，旅居的胡人有数目很多的突厥人、波斯人、阿拉伯人，以及其他中亚西亚人和北非人，在长安西市中还有胡人聚居的专区。旅居胡人从事不同的职业，有亚、非各国家的使节、留学生，有经商做贸易及开店的客商，也有从事服务业的侍佣、娱乐业的戏耍等。大量异邦客人涌入，带来了他们的文化，一时间长安、洛阳两京毛毳腥膻，胡气氤氲，“长安胡化极盛一时”。

西亚、北非地区许多国家的使节、商贾、贵族、学者、艺术家、僧侣经常入唐贸易、访问。唐朝太学中有为数众多的外国遣唐使，官府亦有胡人供职。在市区，阿拉伯人、波斯人长期经营职店、珠宝店、胡食店和酒店。随着人员的密切往来，中外文化交往也出现了繁荣兴旺的局面。来自西域的胡旋舞、胡腾舞就曾在长安风靡一时，大批胡乐曲和乐器(如笠篌、琵琶等)也纷纷传入中国。在三彩俑中那些骆驼载乐俑、舞乐俑，正是体现了各民族文化大融合的壮观景象。唐人以一种博大的气魄，将各种中外舞乐加以吸收、改编和排演，甚至引入宫廷，列为宴飨之乐。唐代妇女还喜爱穿胡服、戴胡帽，从元稹诗 “胡音胡骑与胡妆，五十年来竞纷泊”“女为胡妇学胡妆，伎进胡音务胡乐”中可以体会当时胡风之盛，胡文化影响之大。西域各民族的乐器如琵琶、箜篌、五弦、横笛，舞蹈如胡旋舞、胡腾舞、拓枝舞等亦传入内地，佛教、景教、伊斯兰教文化也更广泛地传入。它们与汉民族的文化互相融汇，使华夏文明在唐代呈现出前所未有的勃勃生气。

唐朝前期，长安和洛阳都是外国使节、艺人和胡商云集之所，两地均出土粟特胡人后裔墓及墓志。粟特人以经商著称，魏晋南北朝至隋唐时他们是丝路贸易的主要担当者。昭武九姓粟特人进入中原地区后都以国为姓，有康、安、曹、石、米、何、史、穆等，而以康、安两国人最多，他们多为富商，不仅带来域外产品以与中国丝绸等产品进行交换，而且带来了西域的宗教和文化。

据《隋书·裴矩传》记载，北朝后期西域各国商贾多至张掖贸易，随着隋朝统一和中西交通的开展，丝绸之路向内地延伸，经长安一直延伸至中原洛阳。长安和洛阳由四通八达的驿道网络，辐射、连接全国各地，全国各地丰饶的物产源源不断地输入两都，又经东来西往的商使蕃客转运至世界各地。

唐朝是中国历史上中外文化交流、经济贸易往来最繁荣的时期,也是中西文化交流和经济贸易第二次高潮。以丝绸之路为纽带的商业贸易推动着中西方文化的交流融汇。唐朝的社会政治、经济、文化等各个方面都高度发达,在世界上处于先进地位。鼎盛时期的唐帝国开创了大一统王朝盛世外交的新局面,中华文明在中外文化交流中兼容并蓄,极大地丰富了中华文明的内涵。

据新旧唐书记载,当时世界70多个国家,亚洲40多个国家与唐朝都有频繁的来往。其中丝绸之路沿线诸国天竺、波斯帝国和阿拉伯帝国也多次派遣使节来华。下表为部分丝绸之路沿线国家使节派遣的次数和时间:

分期	粟特诸国		吐火罗诸国		天竺诸国		波斯诸国		合计	
	入朝数	百分比	入朝数	百分比	入朝数	百分比	入朝数	百分比	入朝数	百分比
618—711	44	32.4%	30	35.3%	24	42.8%	18	25.7%	116	33.5%
712—751	81	59.6%	50	58.8%	29	51.8%	40	57.2%	200	57.8%
752—907	11	8%	5	5.9%	3	5.4%	12	17.1%	30	8.7%
合计	136	100%	85	100%	56	100%	70	100%	346	100%

从上表可以部分反映唐朝对外交流的情况(据《唐六典》记载,有300多个国家及地区和唐朝有交往)。

从唐三彩雄浑绚丽、挥洒淋漓的釉色,雍容大方、淳厚饱满的造型,以及浓郁的异国情趣和华丽的艺术风格,不难想见唐人那种勇于吸收异域文化的伟大胸襟,以及将其十分自然地融进中华民族传统的豪迈气概。这种巧妙地把外来文化形式和传统民族艺术结合起来的手法,充分证明唐三彩在吸收外来文化的同时,更善于使之为我所用。

唐三彩人物俑,其实就是大唐盛世的缩影,它体现出的是陶艺家细致入微的观察力,同时也从另一个角度反映了丝绸之路的繁荣景象,以及中西贸易的频繁,具有极大的艺术感染力。从唐三彩人物俑形象的选择上不难发现陶艺家的灵感大都来源于实际需要及生活体验。

唐墓中出土的大量三彩胡俑,特点非常明显,均深目高鼻,络腮胡或八字胡,身材魁梧,与中原人有着明显区别,应为西亚、中亚或欧洲人。其人物形象主要包括文官俑、牵马牵驼俑、骑马俑、商俑、侍俑、乐舞俑等等。不仅数量、品种众多,而且造型生动,形象逼真,千姿百态,极具个性。加之精细传神的彩绘,准确地反映出了不同身份、不同地位、不同职业的人物的性格特征和心理状态,为我们研究唐代外域人在中原的活动提供了丰富的实物资料。

唐代三彩胡俑的人物形象特征与中原人的形象有着明显的区别,身材高大魁梧,高鼻深目,大眼阔嘴,多留大胡子。其中长胡子、络腮胡以及八字胡有的直接塑造出来,突出脸面;有的则以彩绘画出胡子,这类胡俑的面部一般被塑造得比较清秀俊俏(图一)。三彩胡俑以牵马牵驼俑的形象最为常见,数量最多,最为生动。肢体动作多呈双手握拳、抬起,做牵引状。

图一

形象各异的胡人俑,深目高鼻,浓髯曲发,或头戴尖顶帽,或身穿开领衣,异域特色清晰地呈现在他们身上。

胡俑的着装主要有以下几种形式:

一是身着翻领窄袖长袍,腰束带,有的腰间右胯处悬挂一袋囊,下穿裤,足穿长筒尖靴。

二是服装与一式完全一样,只是右臂不穿进长袍的窄袖内,类似我国藏民的穿法。

三是身着圆领或翻领窄袖短袍,袍不过漆,腰束带,下穿裤,足穿靴。

四是身着唐朝官服或唐装。

五是身着翻领窄袖燕尾式长袍,腰系带结于腰前,下穿裤,足穿尖头靴。

胡俑佩戴的帽子主要有四种式样:

一是弧顶折沿毡帽、弧顶卷沿毡帽、弧顶翻沿毡帽。

二是尖顶帽和折沿尖顶帽、卷沿尖顶帽。

三是幞头。

四是着官服者则带官帽。

胡俑的发式主要有四种式样：

一是卷发式,即整个头发呈卷状覆于头部。

二是盘辫式,即将长发在头部左右两侧梳理成辫,环头向后于后脑部交叉盘结。

三是垂髻式，即将长发在双耳上部梳理成髻，双髻下垂正好盖住双耳。

四是双髻式,即将长发在双耳上部梳理成髻。

胡俑的身份主要根据胡俑的造型姿态、行为动作、服装服饰、所持物品等来区分。如牵马牵驼俑呈站立,双手握拳抬起,做牵引状;商俑则肩背袋或怀抱袋;侍俑拱手于胸前,静立、毕恭毕敬;官吏俑着唐朝官服,肃穆恭顺;乐舞俑手持乐器或作舞蹈状。

"胡人的职业是丰富多彩的,身份亦是多元的,不仅仅是贩运的胡客商贾。既有从事畜牧的牵驼养马者,也有耕田扶犁的务农者,既有酿酒酤卖的酒家胡,也有变幻百戏的卖艺者,既有侍候主人的家奴,还有进入中原后为朝廷效力的文臣武将。"[①]如吐火罗叶护那都况利的弟弟仆罗子于神龙元年(705年)授左领军卫翊府中郎将,掌管禁宿卫[②]。唐三彩胡人、乐舞、杂技俑从另一个侧面表现出唐人生活的丰富多彩,再现了唐代盛世中原与边疆各族人民友好相处、中外频繁交往的情景。文吏俑、侍从俑、伎乐俑、舞俑、戏弄俑等也可直观看到大唐帝国与外来的关系,受外来的影响。

唐三彩俑对胡装十分偏爱,千姿百态、新颖奇异的各式胡装和唐代开放、猎奇、享乐的社会风气非常融合。胡装中有收腰紧身的回鹘装,有四周垂丝网的吐谷浑长裙帽,有鸟毛、羊毛织成的尖顶花边蕃帽等。

唐代女子衣着偏好胡装,化妆亦追胡风,"圆鬟椎髻,不设鬓饰,不施朱粉,唯以乌膏注唇"。当年唐代诗人白居易就说这种髻椎面赭的流行妆来自胡族,而非华风。开风气之先的是宫廷贵妇,"开元初,从驾宫人骑马者皆着胡帽,靓妆露面,无复障蔽。士庶之家又相仿效"。[③]喜着胡装的除女

①李华峰《丝路古道与唐代胡俑》,《中国文物报》2008年8月。

②《全唐文》卷九九九。

③《旧唐书·舆服志》。

子外,王公官吏及士庶男子也有这种癖好。如唐李贞墓出土的三彩骑马女俑头戴胡帽,身穿紧腰胡装,足登小皮靴,朱唇赭颊,是当时最流行的拟胡人打扮。

下面就以各种三彩实物及相关资料加以叙述。

图二

三彩胡人文吏俑(图二)

高 91 厘米,1987 年半坡饭店基建工地出土。

三彩胡人文吏俑(右),为西域胡人形象,粗眉,深目大眼,大高鼻,宽嘴略张,头戴高毡帽,身着宽袖圆领长袍,腰系带,双手半举置于胸前,内衣窄袖长,露于长袍袖外。右手在内衣袖内,左手握拳,脚穿高长靴。

胡人文吏俑(左),头带黑帽,身着长袍,腰系带,胸前有"假裲",露两脚,立于近方形台上。

三彩胡人文吏俑反映当时出使唐的使臣或唐朝做官的胡人。

大食人俑(图三)

高 28.5 厘米,中国历史博物馆藏。

大食人俑头戴尖顶折沿帽,长脸,深目高鼻,满鬓胡须,身着束腰服装,下身着裤,足登长筒靴,双腿并立。他左臂按于胸前,右臂下垂至腰间,手握胡瓶,面呈拘谨谦恭的状态。

图三

大食人陶俑形象与《通典》记大食"其国男夫鼻大而长,瘦黑,多须髯,似婆罗门",《新唐书》卷二三八记大食 "男子鼻高,黑而髯"相吻合。

大食是唐朝人对阿拉伯人的专称,唐高宗时,大食人打败波斯帝国,占领了伊朗高原,并于永徽二年(651 年)向唐遣使朝贡。之后,两国通过丝绸之路交往日益频繁。许多大食商人往来于陆路与海路之间,在做商品交易的同时也将伊斯兰教带入中国,并开始在中国的西安、广州、泉州等地定居。唐代墓葬中发现的大食人俑就是这一历史背景下的产物。

图四

三彩胡人执事俑(图四)

高 31 厘米,河南洛阳出土。

浓眉多须,胡人形象。头盘巾,身着褐绿短袍,束腰袒胸,足穿黑褐色毯靴。右手执汗巾披于肩,左手持筋贴于腰。憨厚恭维,生动塑造了当时饮食业的胡人执事形象。

唐代长安和洛阳有胡人开设的胡店,经营颇受欢迎的胡饼、烧饼、抓饭、炉饼等胡食,长安西市曲江池是胡店集中的地区。胡人开的酒店都有胡姬招待,李白《前有樽酒行》诗中有"胡姬貌如花,当炉笑春风"句。

三彩牵马胡人俑(图五)

高 58 厘米,西安市东郊洪庆出土。

胡俑头微侧,头戴幞头,眉目清秀,下巴有须,面相年轻,为西域人形象。胡俑身着长袍,腰系带,脚蹬靴,双手握缰绳。牵马俑气态浑厚,形态自然准确,表现了青年人健美的风姿。

图五

图六

三彩牵马俑(图六)

高 66 厘米,1963 年洛阳关林 2 号墓出土。

这件牵马俑表现高鼻深目的胡人一手执鞭一手牵缰绳,训斥顽马的情景。

唐三彩中,各种牵马牵驼俑的形象非常注意人畜之间的神情交流,表情生动各具个性。

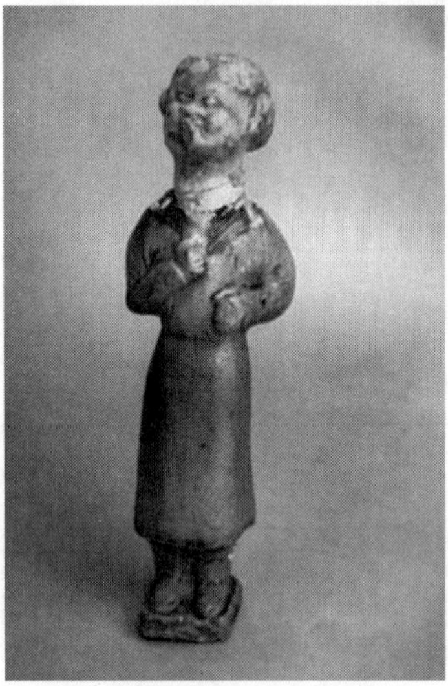

图七

三彩伶人胡俑(图七)

高24厘米,1972年洛阳谷水6号墓出土。

唐代盛行胡戏,有外域伶人作此表演。该伶人胡俑为中年胡人形象,头梳辫发,身穿绿色翻领窄袖束腰黄色长衣,足着长筒靴站立。伶人面部表情生动,两目圆睁,抬头仰视,似笑非笑,右手握于胸前,左手握于腰际,为正做胡戏表演的动作。

三彩胡人牵骆驼俑(图八)

骆驼高70厘米,长51厘米;俑高68厘米。北京故宫博物院。

胡人俑深目高鼻,面部敷粉画彩,头戴折沿尖顶帽,身穿窄袖长袍,领口外翻,内着半臂,腰后系一包袱,下着裙,足蹬长靴,双手握拳,姿势呈拉缰绳状。驼首上昂,张嘴作嘶鸣状。

三彩牵驼俑(图九)

驼长50厘米,高40厘米;牵驼俑宽13厘米,高28厘米。西安市南郊五四四五厂出土。

图八

图九

胡俑头略向后转,仰看骆驼,双手半举,牵驼缰绳状,腰微扭。胡俑长发中分,高鼻大眼,身着圆翻领窄袖长袍,腰系带。骆驼四腿站立,仰头伸颈欲鸣。胡人与骆驼的雕塑形态为胡人牵驼行进途中的瞬间形态,胡人回首观望,用力拉缰绳,表现正在牵高头大骆驼行走的刹那间情景。

三彩牵驼俑(图十)

驼长50厘米,高40厘米;牵驼俑宽13厘米,高28厘米。西安市南郊三爻村南出土。

牵驼俑头戴幞头,浓眉大眼,高鼻长须,身着圆领窄袖长袍,腰系带,脚穿长靴,胡俑微侧身牵骆驼,做双手半举拉骆驼缰绳状。骆驼昂首伸颈,仰头向上,四腿站立,表现了人与骆驼并行于丝绸之路的瞬间场景。

图十

三彩牵马俑(图十一)

马高72厘米;俑高63厘米。1931年河南省洛阳市出土。

牵马俑高鼻深目,头戴尖顶毡帽,身着圆领交襟右衽袍,腰系行囊,下穿窄裤,足穿尖头靴,双手紧握,作执缰牵马状。马剪鬃缚尾,口角悬镳,背具桥鞍。

图十一

唐三彩牵马俑、牵驼俑、饲马俑、骑驼俑等统称为执役俑,其中最多的是牵马俑和牵驼俑。牵马俑和牵驼俑基本上都塑造成胡人形象,带有浓郁的异国情调,年轻年长者都有,有的戴尖顶毡帽,有的穿翻顶短袍,体质健壮,神态昂然,动作灵活,憨厚质朴。马和骆驼是陆路丝绸之路上主要的交通工具,载人以马为主,运物则必须用吃苦耐劳又力大体健的骆驼。西域各族以游牧生活为主,善于调教马和骆驼之类的动物,丝绸之路跋涉也是人、马、驼同行,因而牵马、牵驼俑和动物俑成对或成系列出现是必然现象。三彩俑造型中人和动物相呼应,人的神情与对应的动物神态相交流的和谐场景,反映了唐代塑工细微的观察能力和高超的表现手法。

三彩胡人骑俑(图十二)

高83厘米。1928年河南洛阳出土,河南博物馆藏。

骆驼仰首张口作嘶鸣前行状,口中舌头、牙齿可见。驼背双峰间骑坐一胡人,胡人高鼻深目,满腮胡须,头戴尖顶皮帽(即所谓浑脱帽),身着翻领胡服，腰束革带，脚穿皮靴。胡人双手似紧握缰绳，两腿紧贴骆驼腹背。胡人骑骆驼俑整体造型十分形象地表现了丝绸之路上骆驼商队赶路的情形。

三彩胡人背猴骑驼俑(图十三)

高 74 厘米，长 55 厘米。北京故宫博物院藏。

图十二

图十三

骆驼昂首引颈，作嘶鸣状，四足前后错落，作起步状。驼背骑坐一胡人，胡俑深目高鼻，络腮胡，头扎幞头，身着翻领窄袖、开胯过膝的胡服，下着裤子，足蹬高靴，手扶骆驼前肉峰。胡俑肩上站立一猴，猴一爪扶俑头部，一爪托腮，一副顽皮之相。该作品表现了胡人在经商之余戏猴、骑驼漫游的场景。

图十四

此作品中的胡人为西域康国人形象。康国人善商贾，骑驼俑塑造了盛唐时西域康国人东来华夏的情景。

胡人骑驼奏乐俑(图十四)

高约 56 厘米，2002 西安市长安区郭杜乡出土。

骆驼曲颈昂首，张口嘶鸣，驼背两驼峰间侧坐一双腿交叉，神态自若的胡俑。胡俑高鼻大眼，留串脸胡须，头戴幞头，身穿翻领窄袖长袍，下着裤

图十五

子,足穿靴。胡俑上身半侧微向右,双目视前方,前胸挂一鼓,双臂半举作击鼓状,整体造型惟妙惟肖地反映了唐朝西域艺人在长安生活的精彩场面。

骆驼舞乐俑(图十五)

高83厘米,1975年西安鲜于庭诲墓出土。

这件唐三彩作品鲜明地塑造了一群歌舞乐人在骆驼背上载歌载舞的欢乐情景,人物造型生动。该骆驼俑共载有5人,其中3人胡人特征明显。骆驼高大健壮,引颈昂首,背上的毯子色泽鲜艳,质地精美。在骆驼背上的几个舞乐者中,一个胡人站在中间,右手握拳前伸,左手藏在袖内,边歌边舞。他周围的四个伴奏者向四面端坐,是两个胡人,两个汉人,手里分别拿着琵琶、鼓、铜钹和笳管,作演奏状。笳管是一种簧管乐器,起源于西域龟兹国,是演奏唐代教坊音乐的重要乐器。

该舞乐俑表现的乐舞场景展现了浓郁的异域情调,反映了盛唐时期长安乐师对西域乐曲的融合吸收与创新。唐朝开元年间,社会上十分流行胡人的服饰、音乐和歌舞,这件唐三彩俑展现了当时长安街头常见的舞乐场景,真实地反映了这一社会风俗。

隋唐时,四方少数民族音乐传入的有十四种之多,唐代士大夫多醉心胡乐,以至于“城头山鸡鸣角角,洛阳家家学胡乐”。唐代在广泛吸收西域音乐的基础上,形成十部乐,由燕乐、清乐、西凉、天竺、高丽、龟兹、安国、疏勒、高昌、康国组成,龟兹乐居首。乐曲的名称就已告诉我们乐曲的内容,以胡乐居多,且来自四方各国。

西域乐器是唐乐不可缺少的伴奏乐器。其中最典型的胡乐器是琵琶。除琵琶外,还有竖箜篌、五弦、横笛、都县鼓、毛员鼓、羯鼓、铜钹、贝等主乐器,分别来自波斯、印度等地。

在古丝绸之路上,骆驼和马是长途跋涉的主要交通工具。身着窄袖大衫、头戴高帽、骑马牵驼的三彩胡人俑,表现了不同地区、不同风貌、不畏劳苦往返“丝绸之路”的西域商人形象。西域商人骑驼牵马,在骆驼叮当声中长途跋涉,他们是“丝绸之路”商品交换、文化交流的使者,将西亚和中亚的珠宝、织毯、香料、葡萄、苜蓿、石榴、蚕豆、胡桃等,在骆驼的背上经沙海戈壁,引进大唐中土。西域各民族的乐器如琵琶、箜篌、五弦、横笛,舞蹈如胡旋舞、胡腾舞、拓枝舞等亦传入内地,佛教、景教、伊斯兰教文化也更广泛地传入。

马上人俑是唐三彩马中的重要品种。三彩马上人俑的坐骑一般都采用立姿,而马上人则多姿多彩,既有狩猎射箭者,又有打马球者;既有胡人,也有汉人;既有男人,还有女人。马上男俑常是深目高鼻,络腮胡子,面容粗犷,肌肉发达,反映出强悍豪放之气。马上女俑则婀娜多姿,衣着华丽,发髻高耸,体态丰腴,飒爽英姿。

图十六

图十七

三彩腾空骑马俑(图十六)

长 52 厘米,高 38 厘米。1966 年西安市西郊制药厂出土。

马作飞腾状,马背上骑一胡俑,发分梳两结,脸略向右侧视,身微倾作控缰状,身着圆领深蓝色长袍,腰系革带,左侧挂一圆形小囊,足蹬尖头靴。马鞍下垫有深褐色障泥,垂于马背两旁,鞍后搭一行囊,真实地反映了在丝绸之路上西域胡人急奔长安城的形象。

三彩骑马狩猎俑(图十七)

高 43 厘米,北京故宫博物院藏。

马足直立,微微前倾。骑马者尖鼻深目,颧骨突出,两鬓长髯,唇留八字须。其头罩黑色幞头,身着绿色翻领窄袖袍,足登乌皮靴,双手作持缰之态,双目凝视前方,似在寻找猎物,马鞍背后蹲坐一犬。

骑马、射箭、狩猎是胡人擅长的技艺,唐代有些胡人以狩猎、打球、奏乐为业,三彩中可以见到狩猎胡人佣、骑马胡人俑、打球胡人俑等。

唐朝统治者有北方少数民族血统,性喜狩猎,并以善猎为荣。狩猎不仅是其生活习俗的客观反映,也从一个侧面映衬出唐人自强、自信之心态。

三彩骑马俑(图十八)

俑高 36~38 厘米,长 36 厘米。秦安县叶家堡出土。

图十八

这组三彩骑马俑,女骑俑头饰高髻,身穿窄袖圆领或"V"形领紧身衣,数位男骑俑头戴软幞头,身着圆领紧袖紧身衣。其中有一男俑深目高鼻,长着旋颊及耳的大胡须,身穿翻领胡式大衣,足着长靴,为典型的胡人形象。这组三彩骑马俑表现出唐朝胡汉不同民族和谐相处的场景。

三彩骑马女俑(图十九)

图十九

高 35.2 厘米。1972 年陕西省礼泉县李贞墓出土。

唐代妇女喜着胡装,这件女俑面额丰满,头戴花边胡帽,身穿紧身胡袍,长裙拽地,足穿小皮靴,全套胡人装束,表现了盛唐美女"胡化"装扮的形象。

三彩骑马女俑(图二十)

高 33 厘米,长 26.7 厘米。1960 年陕西省乾县永泰公主墓出土,陕西历史博物馆藏。

女俑头梳双螺髻,眉清目秀,红唇,身穿红翻领绿色窄袖衫,双手持缰,稳坐马上。马为褐色,体肥腰圆,四肢健壮,抬头向前,等待主人驱使,展现了唐代妇女的时代风尚。

三彩骆驼载乐俑(图二十一)

通高58厘米,长41厘米。1959年西安西郊中堡村唐墓出土。

该载乐骆驼俑表现了一个以驼代步,由主唱和伴奏组合的乐队在闹市巡回歌唱的场景。载乐俑驼背部架一平台,铺方格纹长毯,上有八人,七男乐俑一女舞俑。七个乐俑身着汉服,环坐平台四周,分别执笛、箜篌、琵琶、笙、箫、拍板、排箫7种乐器,正全神贯注地演奏,唱歌女舞俑梳着唐朝妇女典型的发型,身穿高束腰的长裙,站立于七个乐俑中间,头向上扬,轻拂长袖,轻歌曼舞。整体造型呈现出一派欢乐热闹的气氛。

图二十

图二十一

这组乐舞俑舞乐者均穿着汉族衣冠,使用的却大都是从西域传入的乐器,表现的是流行于开元、天宝时期的“胡部新声”,即胡汉文化融合后的新舞乐,反映了唐人生活中的“胡气”,是典型的盛唐时期的作品。

三彩胡人抱鸭酒囊壶(图二十二)

1976年河南孟津周寨出土。

它与盛唐时期常见的七子盘(或称母子盘、七星盘)一同出土,可知其原始用途可能与唐代胡人献宝或献酒的习俗有关。

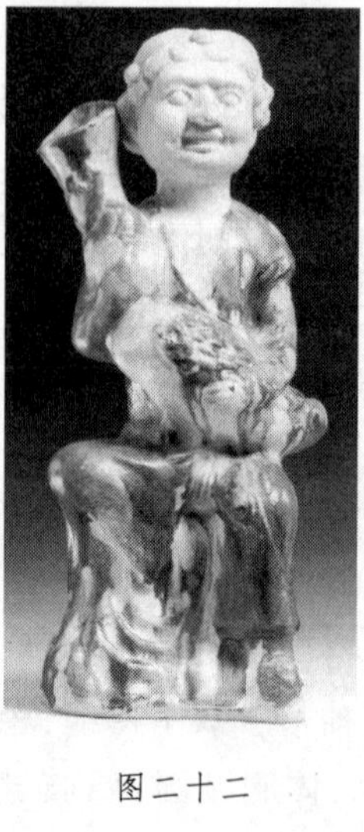

图二十二

在唐人眼中以波斯为代表的西域胡人识宝善饮,故将其视为财富的象征。唐人饮酒时兴用“酒胡子"木偶在酒席上佐酒助兴,"酒胡子"为胡人形,置之盘中,左右欹侧如舞,久之乃倒,视其传筹所至或倒时所指向者饮酒,故又称劝酒胡。唐三彩和唐代白瓷中都有胡人捧囊壶作品出现,反映了劝酒或献宝的题材。

三彩胡人抱鸭酒囊壶与唐三彩酒具七子盘、高足盘一起出土,它与新疆吐鲁番阿斯塔那187号唐墓出土的"持茶具女侍"盛唐绢本绘画题材相似,绢本绘画中有侍女捧持放置高足杯的高足盘,说明这种高足盘在唐代曾用于敬酒或敬茶。中国古代有茶酒具不分的做法,绢本绘画上的高足杯在唐代金银器和瓷器中均可见实物,用途多是酒具,说明高足盘也用于唐代敬饮。唐诗中有"擎出酒胡当玉盘"之说,在酒具组合中高足盘与胡人持囊壶共出,与唐人劝酒用的酒胡造型应有一定关联,反映了唐代胡人劝酒的酒俗。

唐三彩动物俑,马比较多,其次就是骆驼。马在古代是重要的交通工具,战场上也需要马,农民耕田也需要马,交通运输也需要马;骆驼是丝绸之路长途跋涉的交通工具,与当时中外贸易密切相关,商人从东往西、从西往东贩运商品。

马是唐人生活不可或缺的组成部分,唐代的良马大多由西域、边地进贡,唐墓中出土的各种三彩马,尽管千姿百态,却都有头小、臀圆、体态均匀、膘肥体壮的特点,是当时西域马体型的写照。随着东西方交通的开发,中亚出产的良马不断传入中国,除一部分优异的品种作为宫廷御用外,多数用作马种的改良和繁殖,所谓"既杂胡种,马乃益壮"。这也就为三彩工艺品制作提供了丰富的素材。唐代马俑的造型臀部肥硕,颈部宽,与我们现在看到的马的形状不大相同。唐代匠师抓住了马的特点,塑造了一匹匹栩栩如生、高大健硕、制作精良的马俑。唐三彩马造型的特点是以静为主,但是静中带动,眼睛圆睁,通过细部刻画显示唐马内在精神和韵律。马或昂首嘶鸣、或低头沉思、或奔走、或静立,马尾或下垂、或打结,皆表现出生动活泼、充满活力的神态。如奔马俑,表现四蹄腾空"竹批双耳峻,风入四蹄轻"一瞬间的景象。提腿马俑,三蹄落地,后腿弓,左前腿直,右前腿抬起,突显有矫健的腿部肌肉的战马形象。

三彩三花马俑(图二十三)

通高79厘米,长85厘米,西安大唐西市博物馆藏。

马俑目视前方,竖耳张嘴,头顶马冠,面饰当卢,马鬃被精心修剪出三

图二十三

缕垛堞状,马鞍上披有绿色柿蒂纹障泥,胸前的攀胸上挂有马珂,股后的鞧上垂饰杏叶,臀上装饰云珠。马俑造型俊健矫捷,细腻生动,栩栩如生,线条流畅,装饰华美,是当时人们所乘宝马良驹的真实再现。

唐王朝的良马大多为边地进贡所得,由负责管理御用马匹的"尚乘局"在马身上印"三花飞风"等字样作标记,即《唐六典》言"凡外牧进良马,印以'三花'、'飞'、'风'之字,而为志焉"。马鬃被修剪成形似锯齿状的雉堞为装饰风尚,剪为三辫者称为三花马、五辫者则称为五花马。这种饰马之风源于突厥,在唐代的达官显贵中相当流行,它既是区分马匹等级的一个重要标志,也是马主人高贵身份的衬托。

黑釉三彩马(图二十四)

高66.5厘米,长84厘米。1972年河南省洛阳关林出土。

马头低俯,作嘶鸣状。马全身黑色,唯马面、鬃尾和四蹄为白色。马头小领长,四足挺立,膘肥体壮,骨肉匀称,色彩纯正,体态雄健,气质高贵,其姿态神韵达到了力与美的和谐统一。黑釉三彩马是雄健有力的良马,"龙种神驹,四蹄踏雪"的艺术再现。

图二十四

骆驼性情温顺强韧,坚忍顽强,执拗而有耐力,能在炎炎烈日、水干草枯的环境中找到生命之水，坚强地存活，带领驼队走出绝境，还能在漫漫黄沙、飞扬的逆风中找到归途。骆驼以其特有的灵性和意志，成为艰难道路上的杰出驮畜，被誉为“沙漠之舟”，在古丝绸之路商品贸易、文化交流中发挥了重要作用。从汉到唐持续近千载的岁月中，古人创作了千姿百态的骆驼形象，特别是唐三彩作品中骆驼的形态、组合、驮载物品等的造型赋予了更多的文化内涵，使其成为一种符号——“丝绸之路”的象征。

三彩单峰驼(图二十五)

高82厘米，长60厘米。1973年于咸阳渭城区药王洞村契苾明墓出土，咸阳市博物馆藏。

单峰驼体态雄健，驼峰高耸，引颈昂首，作张口嘶鸣状。唐墓出土三彩中，双峰驼居多，单峰驼少见，而保存完整、形体高大者，全国仅此一件。单峰驼主要生活于印度、阿拉伯半岛及北非，不见于中国内陆。

契苾明为唐初著名的少数民族将领契苾何力之子，《魏书》记载，契苾氏为高车六姓之一，是曾活动于伊吾以西、焉耆以北一带的著名部落。三彩单峰驼在咸阳契苾氏墓出土，表明了唐代丝绸之路中外贸易的繁盛。

图二十五

双峰载物骆驼俑(图二十六)

高87厘米，故宫博物院藏。

骆驼两目圆睁，昂首嘶鸣，两峰之间搭挂驮囊，囊袋两侧搭挂丝绸、水囊等物。

驮囊上所饰脸谱为火祆神图案，过去通常称作虎面纹。段成式《酉阳杂俎》卷四云：“突厥事祆神，无寺庙，刻毡为形，盛于皮袋，行动之处，以脂苏涂之。”

图二十六

姜伯勤先生认为“盛于皮袋”当与驮囊上的图案有关,故此图案不应称作虎面纹而应当称为火袄神。

随着隋唐中外文化交流频繁，波斯文化日益给中国传统文化艺术带来影响。对唐三彩器皿而言,影响最大的是波斯萨珊王朝的金属工艺,唐三彩装饰借鉴了萨珊王朝银器的精湛工艺。

隋唐时一些陶瓷器模仿波斯萨珊王朝的银器风格、造型,颇具异国情调。如三彩兽形杯、象首杯、龙首杯、鸭首杯、雁首杯等立体高浮雕的花纹经过三彩釉的装饰,显得金碧辉煌,华贵绚丽。

图二十七

三彩龙首杯(图二十七)

高8厘米,陕西省历史博物馆藏。

整个杯呈兽角状,以龙首为把,杯体饰浮雕状花草纹。施黄、绿、白等色釉,色泽鲜艳光亮。纹饰和造型均具有波斯萨珊王朝银器特点,是中西艺术的结晶,是将萨珊王朝金属工艺融合于三彩工艺的杰作。

三彩凤首壶(图二十八)

高31厘米,甘肃省天水市甘谷县出土,甘肃省博物馆藏。

该三彩凤首壶为凤首直口,凤眼圆睁,张喙含珠,细长颈,壶腹椭圆,高圈足造型。凤冠伸长至腹为柄,头额部精细刻画毛羽、花瓣脉络,腹中央部位贴塑宝相花装饰,上腹及圈形器座等处贴塑垂莲瓣纹。器身各部位,交错施黄、赭、青等釉彩,色彩鲜亮明快。该三彩凤首壶壶体造型优美,凤首形态神采奕奕,体现了唐代丰满健实的艺术特色。

图二十八

凤首壶是唐三彩器物中常见的器型,初唐开始流行,造型以凤首做盖,壶形保留了南北朝时期莲花尊的形状,又吸取了波斯金银器中鸟首壶的造型特征,这种把外来文化与中国传统巧妙融合的装饰手法,是唐三彩造型上的创新手法,波斯萨珊式器物造型风格,更是古丝绸之路商贸频繁的缩影。

唐代是一个善于吸收、融合外来文化的时代,在萨珊风格的金银器大量传入中国后,就出现了很多不同材质的仿制品。这些器物融入了大量的中国元素,形制相似,但更注重实用性;纹饰上则是兼容并蓄,对外来装饰纹样进行了大胆吸收,巧妙融合,多采用唐代的缠枝花卉、骑马狩猎、各种祥瑞动物等纹样,外来文化因素与中国文化因素进行了重新搭配组合,最终演变为创新的器物装饰手法。

从中西方文化交流的历史可以看到,中外文化交流具有双向性,而不是单向传播。这种双向的交流,即中华文明的外传与异域文明的内徙,丰富和发展了双方的文化,构成了世界文化发展史上的积极因素。唐人所创造的灿烂文化,以宏伟的气魄给邻近国家以深远的影响。

从唐代的商业贸易来看,到唐代做生意的西域人,通过"丝绸之路",使用"沙漠之舟"——骆驼,不仅将中国的丝绸运到各地,而且也把唐三彩和其他陶瓷器带到他们各自的国家。

中国发明的罗盘针、火药、造纸、印刷术、丝绸、瓷器、茶叶也在骆驼的背上被带向西方。其中一些伟大的发明再经阿拉伯人的传播,到12、13世纪进入了欧洲,它们被欧洲人用于科技、文化、航海、军事和社会生活之中,从而对文艺复兴之后的西方世界产生了长达几个世纪的广泛影响。

中亚撒马尔罕发现的唐代铜镜、铜钱、丝织品、三彩、伊拉克底格里斯河西岸的沙玛拉遗址出土的大批中国陶瓷等就是丝绸之路上唐王朝对外经济、文化交流的考古学证据,反映了当时中国商品远销域外的盛况。唐三彩作为一种杰出的艺术品,受到各国人民的喜爱,并成为唐朝重要的对外输出品。对外贸易的发达使唐三彩陶器有了十分广阔的海外市场,至9世纪,唐三彩陶器开始向外输出。由于政治、经济的发达,各国商贾有的远涉重洋,有的沿着"丝绸之路"来到长安、洛阳和扬州等地,把包括唐三彩在内的商品运回自己的国家。根据外国考古发掘资料,在不少国家的许多地方已发现了唐三彩的踪迹。较重要的地区如埃及开罗南郊的福斯塔特、伊拉克巴格达北面的萨马拉和伊朗的内沙布尔等。

唐代,国内通往少数民族地区与国外的交通十分发达,唐三彩制品的一部分即通过洛阳、长安,从陆上输往国外,主要是用骆驼队、马帮运载,甚至人力担运。由于陆上运输量小,装卸不便,且陶瓷容易破碎,因此,外销产品大部分是通过东部海上航道,即“陶瓷之路”输出国外的。

唐王朝对于外国来华进行商贸活动的所谓“蕃客”“胡客”,采取了比较开明的保护政策,尽可能提供方便。晚唐时期,中国陶瓷制品向伊斯兰地区出口处于上升趋势,贸易活动日益兴旺。首先是由于当时伊斯兰在阿巴斯统治下,下达了禁止奢侈的命令,禁止或限制生产金、银及铜器,取而代之的是高质量的陶瓷,特别是高雅华贵的唐三彩制品。出于这种原因,8世纪末开始大量进口中国陶瓷与三彩制品。在东方,与朝鲜、日本的陶瓷贸易更为频繁。

安史之乱后,三彩制品被国内外单纯当做随葬品和珍藏品的时代结束了,作为生活用品的各种各样的三彩器皿包括青花瓷器的生产和输出数量大大增加。从8世纪中叶开始,唐三彩制品同其他中国陶瓷作为大宗贸易商品通过“陶瓷之路”输入印度诸国,以及菲律宾、婆罗洲、苏拉威西、爪哇、苏门答腊等东南亚各地,并跨越万里波涛抵达非洲地带。东南亚的柔佛河流域的古遗址、婆罗洲的交莱、马来半岛等地也发现许多唐代中、晚期的三彩制品与其他中国陶瓷的残片。菲律宾群岛的八打雁、布土安古遗址中出土了唐三彩制品和巩县窑的白瓷。埃及开罗南部的福斯塔特遗址从1912年到1966年,经几次考古发掘,出土中国陶瓷片12000多片。

唐三彩制品给输入国社会也带来了深刻影响。首先带来了工艺技术上的刺激和美术方面的影响。日本国际陶瓷贸易史著名学家三上次男说:“从8~9世纪至15~16世纪,埃及不断输入性质不同的陶瓷。当中国陶瓷的新品种以优美的姿态出现时,不管在什么时代,马上就能造出仿制品来。一输入唐三彩,就出现了所谓的埃及三彩(多彩彩纹陶瓷)……中国陶瓷之所以被珍重,当然是因为它质量优良而又珍贵。同时可以造出很多的仿制品,适合当时的嗜好而被喜爱。大概是由于中国式样的流行,而所谓的中国时髦当时在埃及是很盛行的……这种风潮绝不只是埃及,同时代的波斯也是一样。在8~9世纪的时候,从中国输入唐三彩和邢州白瓷后,马上就造出华丽的所谓波斯三彩(多彩彩纹饰陶器和多彩刻文陶器)……

在陶瓷方面,流行中国作风的情况,遍及整个中东地域。”各地仿制的唐三彩制品,一般是采取中国的样式,并加入当地的风味和色彩。

另一方面,中国工匠们也努力开发制造带有异国情调的新品种和装饰内容,以迎合海外商旅和各国人民的喜好。如葫芦瓶、凤头壶、象枕以及装饰方面的翼狮、莲纹、宝相花等。这些造型与装饰图案显然是从国外引进的,具有中亚的风格。中外陶瓷贸易的交流有力地促进了唐三彩生产的发展,丰富了花色品种。

从考古发现也可以看到,苏联的撒马尔罕发现了唐三彩碗;伊拉克阿北路特和沙姆拉(萨麻拉)发现有三彩盆和三足盘;伊朗的德赫兰地区、叙利亚、约旦都发现了三彩钵、三足盘等器物;埃及的福斯塔特遗址和苏丹出土了不少三彩片;印尼发现了三彩器皿;在日本也发现了唐三彩。可见唐三彩的足迹遍布亚洲、非洲、欧洲。唐代广泛的经济文化交流,使盛极一时的唐三彩奇迹般地迅速传到世界各地。

唐三彩这颗璀璨的明珠,给当时的世界带来很大震动。在唐三彩运销世界各地的同时,三彩工艺随之传出海外,丝绸之路西端的波斯烧出了“波斯三彩”。中国唐三彩工艺对这些国家的陶瓷发展起了举足轻重的作用。如 9—11 世纪在两河流域、伊朗一带流行的白底多彩绘釉陶和白底多彩撒釉刻纹陶,就是仿制唐三彩的杰作,其形式类似唐三彩,造型具有浓郁的伊斯兰文化与当地地域特色。

这些融合了伊斯兰文化特色的西亚釉陶,与本地的陶瓷技艺形成独特的艺术风格,也是对中国唐三彩的演化和发展。回顾往昔,虽然唐三彩在中国历史上随着大唐而兴,随着安史之乱而衰落,但它对东亚、西亚、北非的釉陶艺术都无疑产生了深远影响,催生、推进了这些海外国度的釉陶艺术,并在西亚和北非的伊斯兰陶器史上影响深刻,让唐三彩的旋律余音袅袅,长久不绝。

丝绸之路上黄河古筏风俗考

常清民①

古老的羊皮筏子作为原始而古老的水上交通工具历史悠久。以皮筏渡水、运载是许多少数民族民间水上交通运输风俗,沿传至今已有几千年的历史。羊皮筏子流行于青海、甘肃、宁夏、山东境内黄河沿岸,以兰州一带为最多。羊皮筏子也叫黄河羊皮筏子,因为它仅流传于黄河两岸。

一、皮筏的起源

皮筏,古称"革船",一种古老简易的渡河、运载工具。最早的地理书《尚书·禹贡》记载:"大禹导河自积石,致龙门,入于海。"文中所指的"积石",是今天黄河上游青海省循化县境内的积石山,黄河从这里穿过,河面最窄处仅有十多米,名曰狐跳峡。这种地理环境促成了最早"皮筏"雏形的诞生。居于青海省循化县境内黄河上游两岸的保安、撒拉、东乡等民族,依旧使用此方法渡河。为了互通有无、交换物产,两岸人们以自己的聪明才智,发明了以羊皮囊渡河的方法,其具体的操作方法是,杀羊后,将羊皮囫囵剥下,制作成袋状羊皮囊,将物品装入其中,人以胳臂将皮囊抱夹住与它一起渡河,到对岸后再放气取出物品,接着背上皮囊与物品一起上市交易,之后,再以同样的方法渡河而归。这种渡河的皮袋,经过逐渐演变与发展,便形成了我们今天看到的羊皮筏子。

从有关历史文献来看,皮筏最早见于《水经注·叶榆水》记载:"不韦县汉建武二十三年(47年),王遣兵来,乘革船南下。"《后汉书》中说:"护将校尉邓训,缝革囊为船,在青海贵德载兵渡黄河。" 以后历代文献也有相关的记载,《旧唐书·东女国传》:"用牛皮为船以渡。"《北史·驸国传》:"驸国有水阔为百余丈,并南流,用皮为舟而济。"至《宋史·王延德传》"以羊皮为囊,吹气实之,浮于水",已非常接近今天羊皮筏子的实际情况。从这些早期记载,足见此风俗由来已久。

①甘肃省博物馆。

皮筏的地域分布也较为广泛,古人氐羌、室韦、东女国、嗢子族、蒙古族、满族都曾使用过皮船。唐代诗人白居易的《长庆集·蛮子朝》诗有云:“泛皮筏兮渡绳桥,来自西鄘州道路遥。”绳,指绳水,在今山东淄博和博兴之间。这说明当时在山东一带,也有用皮筏作为渡河工具的。现代的纳西族、普米族、藏族、羌族、保安族、撒拉族、回族、土族、汉族依然使用着。

二、皮筏的制作

自古以来在黄河上漂着两种皮筏子,一种为牛皮筏,编圆木为排,下栓十几个牛皮筏囊,载重可达数十吨,多用于货运,从兰州直达包头,到达目的地后,不仅将船上的货物卖出,连架船的圆木也卖掉。然后筏客子们(划筏人)雇骆驼驮牛皮囊返回,以备下次再用。另一种是羊皮筏,形制较小,负重亦轻,以客运为主。《太白阴经·战具篇·济水具》曰:“浮囊以浑脱羊皮,吹气令满,紧缚其孔,缚于肋下,可以渡也。”文中的“浑脱”指整体剥下羊皮,“缚于肋下”就是抱着羊皮囊。这样用皮筏渡河就同时具有了两种功能:一为舟船;二为救生器具。

张九钺《陶园文集·洛中行》亦有制作皮筏的记载:“以大羊空其腹密缝之,浸以麻油,令水不透。”我所看到的剥制羊皮的方法和文献记载非常接近。以实考为据,笔者曾多次到甘肃省景泰县老龙湾村,对羊皮筏子风俗进行调查,这个村以羊皮筏子多而闻名,被誉为羊皮筏子村,村里家家户户都会做羊皮筏子。在调查访问中笔者认识了不少这方面“身怀绝技”的筏客子,与他们一起座谈并亲眼见到了制作羊皮筏子的过程。

首先,做好羊皮筏子的关键在于剥好一张完整的羊皮囊。剥羊皮时要从头部开始,整体下剥,皮与肉组织整体脱离,不能东一下、西一下,也不能使羊皮有一丝一毫的损伤,如不小心用刀将皮子捅破,这一张羊皮就算完了,所以我看见老李头在剥皮子时,十分谨慎、小心,一般情况下很少用刀,而多用手去剥,用撕、压、拉、捶、捅等手法进行剥离。“以浑脱羊皮”,令“大羊空其腹”。

其次,剥下的羊皮须除去毛,去脂肪,熟皮,灌油,使皮囊光亮可见,既结实,又防水。经过这几道工序,一只成品的羊皮囊就算做好了。值得一提的是灌什么油是有讲究的,“浸以麻油,令水不透”,麻油,是指百姓家里食用的胡麻油，而不是蓖麻油或芝麻油。这种油不易变质，对防止阳光对皮囊的暴晒和黄河水对羊皮的浸泡起到很好的保护作用，如果用别的油灌进皮囊，就会使羊皮囊很快发黑、发臭，最后腐烂变坏，就不能用了。

再次，一般做一只羊皮筏子按大小不同需要9至12个羊皮囊。羊皮筏子的扎制比较简单，先将数十根三四厘米粗的圆木棍用绳子扎成约六尺宽、一丈长的由许多方格子组成的长方形框架，再把制好的皮囊整齐地排列，一并拴于架下，这样一只完整的羊皮筏子就做成了。

三、皮筏的漂流与运输

乘坐皮筏子漂流时，首要一点就是要筏子保持平衡，不管乘筏人或坐或蹲，都必须排列均匀，不得站立或乱动，以免皮筏翻倾。渡河时，皮筏基本上是顺流而下，以木桨用力划向对岸，羊皮筏子返回原地时，则由筏客子扛于肩头，步行于上游处，再放筏从河中急划过来，返回原处。故兰州有句俗语："下水，人乘筏；上水，筏乘人。"过去，黄河上的桥梁很少，再加上陆路交通不发达，人们只有依靠羊皮筏子来运物载人。被誉为报道西北第一人的范长江在他的《中国西北角》一书里详细记载了20世纪30年代他由兰州乘坐羊皮筏子漂流至内蒙古采访时的心情和见闻："西北水上运输，皮筏较木船更普遍"，"筏上如设帐幕，则立即可以布置成宽敞的水上行宫，空气与阳光皆十分的美好"，"兰州以下黄河，在离城六七十公里以后，有长六十里的大峡，险水最多，故普通水手不易通过，于是应运而产生一种专门驾驶大峡一段险水为职业的水手，名曰峡把式……"。

在兰州至包头的河道上，要经过多处水势汹涌、山崖峻峭的山谷，在民国初年的时候，有一个外国传教士乘羊皮筏子东下，筏子到了红山峡(靖远县黄沙湾)后，由于水势凶猛，传教士心里害怕，便乘机跳到靠峡边的一块大石头上，可是被大浪急流包围着的这块大石头，并非安全之地，传教士便每过一筏就摆手求救，但这里水流湍急，过往的筏子都不敢停，传教士终因无法营救而被饿死。从此，人们就把此地叫作"洋人摆手"。

1930年前后，兰州一带共有兰州帮、靖远帮、青城帮筏户三帮，共有羊皮筏子百余只，从事一些短途客货运输。随着羊皮筏子驾驶技术的改进，1932年以后，兰州至包头的水上航运业务就完全由羊皮筏子担任了。

据《甘肃省志·航运志》记载，1938年中国共产党在靖远建立了红色武装，从兰州搞到2700单军衣，100多支步枪，2万多发子弹，还有一些其他物资。这些物资都是由伐客子们连夜从兰州顺黄河而下，上岸后又用驴马驮到目的地的。这些物资对当时的陕甘革命根据地发展和壮大起到了积极作用。

抗日战争爆发后，兰州和重庆都遭到了日本侵略者的狂轰滥炸，陆路运输线基本瘫痪，重庆燃油紧缺，汽车、飞机没有汽油可加，前方告急。1941年夏，国民党政府玉门油矿局总经理孙越琦专程来到兰州，对皮筏子运输很感兴趣，并通过当时的兰州市政府找到了从事筏子运输业务30多年的王信臣先生，要用皮筏子试办从广元到重庆长达700多千米的运输。于是油矿局购买了羊皮筏2000个，编成每只近400个羊皮囊扎制成的皮筏5只，每只载重60吨，共装载300吨汽油。聘用筏客子20多人，由油矿局成立的“兰州皮筏运行队”专门负责运送汽油。1942年夏，装载了300吨汽油的5只巨型羊皮筏子，开始了前途未卜的军用航行。当5只皮筏子历经两个星期(木船需一个月)从广元浩浩荡荡到达重庆时，整个山城轰动了，当地官员和扶老携幼的群众如潮水般涌来参观兰州羊皮筏子。油矿局为此举行了盛大的“欢迎皮筏子航运大会”并摄制电影留念，有许多外国记者参观后要求带羊皮筏子去国外展览，重庆各报也都用显著篇幅刊发了皮筏运输的新闻。由于各种报刊都以“羊皮筏子赛军舰”为题进行了大肆渲染，兰州一带人从此就有了有名的“洋芋花开赛牡丹，羊皮筏子赛军舰”的俗谚，流传至今。

重现昔日“羊皮筏子赛军舰”的风俗情景，一直是我的一大心愿，我与老李头还有十几个筏客子们一合计，大家一致叫好。经过一番准备，大家伙绑的绑、拴的拴，用了不大会儿工夫就将一艘“羊皮筏子军舰”组合而成。消息一传开，村里的男女老幼奔走相告，赶到河边看热闹，就连邻村的乡亲们也跑来观看助兴，我更是激动不已，忙得不可开交，脱掉鞋子，跳进河水里拍摄记录，争取多拍一些，拍好一些。虽然这艘羊皮筏子不具备“实战性”，但是这帧镜头足以使我满足和自豪，可以肯定拍摄到的“羊皮筏子军舰”镜头十分珍贵，因为近几十年还没有听说过谁再现和记录过“大型军舰型”羊皮筏子。图片在国内外发表后引起积极关注。

四、筏客子的生活与禁忌

旧时,黄河河道既无水文资料又无导航设备,羊皮筏子能否将乘客与货物送往目的地,全凭筏客子们的经验与胆识,因此,筏客子们都很“迷信”,也就形成了这个行当很多禁忌风俗。每次开筏漂流之前筏客子们都要沐浴净身,并且不得近女色,选好黄道吉日,然后杀鸡宰羊,祭祀河神或龙王,祈求神灵保佑平安。他们十分忌讳讲“破”“沉”“撞”“没”等字眼,只许乘客称呼他们“掌柜的”或“把式”,不许称呼“筏客子”或“船家”。在筏子路过一些“事故多发地点”时,他们禁止乘客询问地名。漂流途中每见河神庙或龙王庙,都要停下筏来,进庙烧香磕头,祈求一路平安。

在筏客子生活中还有许多“讲究”“规矩”和“禁忌”。漂流过程中,筏子不免有搁浅的时候,筏客子就得赤身裸体下水,推动筏子,乘客中年轻力壮的人也要下水推筏,虽然脱光了衣服,但筏子上的乘客不许讥笑,必须保持严肃镇静。除此之外,筏子绝不运载新婚夫妇,但对运送死者的灵柩却十分欢迎,他们认为送殡是一种吉兆,而新婚夫妇会给他们带来灾难。筏客子的禁忌虽如此之多,但“神灵”并没有带来多少平安与幸福。

因为社会的原因,他们当时的地位十分低下,清朝时,他们的子女连入学考试的资格都没有。民国时,他们的地位虽然有了些改变,由以前的“单帮漂流”到有了统一的组织,但随之而来的是数不尽的苛捐杂税。筏客子得向官府缴纳“筏捐”“桨捐”以及“统税”(全国统一税款)和“壮丁款”等十多项税款。除此之外,每到一个关口还要报关验单,免不了被各道关卡勒索。

这些还不是筏客子辛酸生活的全部,路途遇险,魂归西天,则不必说。要命的是,在一些漂流地段当地的土匪与官府勾结,时常抢劫筏子上的货物与钱财,被劫后,筏客子得倾家荡产来赔偿货主,赔不起的也就只能隐姓埋名漂流他乡了。在新中国成立前,筏客子的历史,就是一部辛酸史。

划着筏子去到黄河里捕鱼,是龙湾村又一个特色风俗。五六十年代,每逢谁家婚丧嫁娶,筏客子们都要到河里打几网鱼,以表心意。那时,一网打下去足足能打二三十斤黄河大鲤鱼,最大的鲤鱼有一二十斤重,最小的也有一斤多重,长着长胡子的鲤鱼又好看,又好吃,自己家吃不完,还送给邻居家分享。现在生活好了,加上筏客子们年事已高,已很少下河捕鱼了。

旧时黄河两岸操此业的水手很多,常用嘴对皮囊吹气,所以当听到有人夸海口、说大话时,往往以“请你到黄河边上去”来讥讽,意思是到黄河边上吹羊皮囊或牛皮囊,俗语“吹牛皮”即源于此。

五、古老的羊皮筏子与现代水上交通工具共生并存

如今现代化交通运输工具取代了许多古老的交通工具,羊皮筏子也失去了当年黄河水上运输的主导地位,昔日的辉煌和荣耀已经成为历史,但它在水上交通历史进程中所起到的积极作用是不能忽视的。现在它作为一项古老的水上交通民俗工具,与现代先进的水上交通工具同生共存,依旧发挥着积极的作用,成为一种典型的民俗文化现象。

为了发展和丰富西北的民俗旅游事业,羊皮筏子村被甘肃省有关部门定为黄河民俗风情旅游景点,村里人也不失时机地抓住机遇,发展羊皮筏子旅游项目。村委会还规定,凡制作一个羊皮筏子,补助三百元钱。消息传开,老筏客子个个摩拳擦掌,笑得合不拢嘴。老李头第二天就从山里放羊人手里买回来了七八只羊,说好了,羊皮归老李头,羊肉归放羊人。现在古老的羊皮筏子吸引了不少的中外民俗学者和游客,不少筏客子重操旧业,重振往日雄风。十几个羊皮筏子一字摆在河边还真有点阵势。

从调查中和老筏客子们的言谈话语中可以感受到,他们对羊皮筏子的感情依旧,对昔日岁月的感情依旧,人世间有许多难以割舍的情感,传承了千百年的羊皮筏子风俗便是其中之一。

(本文原载:《民俗研究》2003年第3期)

从泾州大云寺谈中国舍利塔基地宫的发展演变过程

——兼论隋仁寿所立寺塔

刘志华[①]

1964年12月，甘肃省泾川县城北唐代大云寺的塔基地宫中，出土了一具方体盝顶石函，顶部正中镌刻有减地阳文隶书“大周泾州大云寺舍利之函揔一十四粒”十六字。函身四周壁阴刻“泾州大云寺舍利石函铭并序”，时间为“大周延载元年(694年)”。发掘简报认为是隋文帝仁寿年间在泾州安奉的舍利，武周时期又进行了重新瘗埋[②]。有赖于石函周壁刻铭解读，并结合其他史料，我们得以逐步还原了一段逝去的历史图卷。

仁寿元年(601年)，笃信佛法的隋文帝杨坚60寿辰时，大兴佛事，颁布诏令，要在全国30个州建30座灵塔来安置他早先获得的舍利子，并派名僧多人于十月十五日前往各州分送。

位于泾川县城关镇水泉寺村的“泾州兴国寺”，也在敕诏之列。寺院的始建年代不知，但据郑樵《通志·金石略》载：“泾州兴国寺碑，开皇十年(590年)，李德林撰。”宋《金石录》载：“隋泾州兴国寺碑，李德林撰，开皇十年十二月。”明《统志略》载：“泾州兴国寺碑，李德林撰，开皇十年。”民国时期张维《陇右金石录》载：“泾州兴国寺碑，在泾川县，今存。”1943年时碑尚存，今佚。碑文的撰写者李德林是隋代名臣，所撰碑文是在开皇十年，一般而言寺院建设早而撰碑晚，或同时。可知至少当时已有兴国寺之名。11年后的仁寿元年(601年)，隋文帝下诏颁舍利于泾州大兴国寺，或许是将原有的兴国寺更名为大兴国寺。

到了唐代武则天时期，《旧唐书》卷六《则天皇后本纪六》：“载初元年秋七月，有沙门十人伪撰《大云经》，表上之，盛言神皇受命之事。制颁于天

---

①甘肃省博物馆。

②甘肃省文物考古工作队《甘肃省泾川县出土的唐代舍利石函》，《文物》1966年第3期，第8~15页。

下,令诸州各置大云寺。"《唐会要》卷四八记:"天授元年(690年)十月二十九日,两京及天下诸州各置大云寺一所。" 当时全国有三百五十八州,建造大云寺三百五十八座。泾州也在前朝隋代大兴国寺原址上兴建了大云寺,因塔寺颓败,修建时于塔基下地宫内发现隋文帝敕分舍利,在僧侣和信众们瞻礼供奉后依次放入重新制作的金棺、银椁、鎏金铜函之中盛装,纳入石函,并在石函上镌刻铭文,盛记其事。最后将其放入新砌筑的地宫,建塔供奉。705年,唐中宗李显登基复唐,诏毁大云寺。泾州大云寺也应在其时被毁,只有地宫掩埋地下,千余年后再次出土。

一、舍利瘗埋方式

目前所发现的舍利多放置在塔基底部,但瘗埋方式在不同阶段有不同的形式。

第一,简单地直接将石函埋入塔基下的夯土之中:目前发现纪年最早的北魏孝文帝河北定县舍利塔北魏舍利石函就埋在距地表1.5米深的塔基夯土层中,石函呈长方体,高58.5厘米、长62厘米、宽57.5厘米,盝顶函盖上刻铭文十二行,详细记述了造塔的缘起,文中有"维大代太和五年(481年)岁在辛酉春二月"[①],值得注意的是在石函内还有铜盖弓帽、铜镞和铜镜残片等,这说明早期瘗埋舍利时除了宗教仪式上所规定的法器和供养具之外,人们还按照当时墓葬随葬的习俗来施舍供养。这已将古印度式的舍利盛放容器改变为使用中国式样的盝顶盖方石函,表明当时舍利容器的造型已日渐中国化[②]。

河南洛阳北魏熙平元年(516年,据北魏杨衒之《洛阳伽蓝记》载)永宁寺塔基也是夯土筑成,因清朝末年曾遭盗掘,情况不明,现坑内无任何遗物。原可能也瘗埋有舍利。塔基中央有一个1.7米见方的竖穴,四壁夯土整齐[③]。

北魏的这两座塔基都没有地宫,是将舍利石函直接埋入塔基夯土内,这是中国舍利塔基的早期形式。

据《南史》记载,梁武帝大同三年(537年)时改建长干寺佛塔,在塔基

①河北省文化局文物工作队《河北定县出土北魏石函》,《考古》1966年第5期,第252~259页。

②杨泓《中国古代和韩国古代的佛教舍利容器》,《考古》2009年第1期,第73~84页。

③中国社会科学院考古研究所洛阳工作队《北魏永宁寺塔基发掘简报》,《考古》1981年第3期,第223~224页。

地面下四尺发现“龙宫”，到深九尺处时发现石柱础，下有石函，内有盛放舍利的整套容器，梁武帝仍以金玉宝罐将舍利盛入放于七宝塔内，纳入大石函中并随同施舍王侯贵族的珍宝等一同再次瘗埋①。

泾川出土的北周天和二年（567年）宝宁寺比丘慧明舍利石函，因为出土情况不详，无法具知，推测或许也是埋入夯土中。

这些考古发现说明，在南北朝时期尚未出现专门用于安置舍利容器的地宫。

第二，北朝晚期已经开始有将石函瘗埋在用砖石构筑的简易墓室状建筑内的方式：最初是在放置舍利的石函周围用砖或石砌成简陋的墓圹，有的还在圹内安置石条，充当“护石”，一般空间狭小，仅能容纳石函。模拟我国丧葬传统中的规制，以石函为棺，外圹为椁。

如东魏北齐邺南城的佛寺塔基，发现在刹柱础石下面，筑长、宽、高均约70厘米的正方体墓圹，以细腻的黑灰色砖砌筑，惜早年被盗一空，有可能为瘗藏舍利而修筑②。

隋代塔基虽未出现地宫，但已与北魏直接埋石函于夯土中的情况有所不同，在石函外砌了护石围墙。

1986年西安东郊发现的隋开皇九年（589年）的“隋舍利墓”，用20块长方形砖围砌成长89厘米、宽37厘米、高36.4厘米的长方形砖匣，匣顶置墨书舍利塔铭。位于隋大兴城兴宁坊清禅寺内。根据出土的墨书砖志文“四方弟子等出砖石，聚运迄今/起基发自泉营筑，安舍利佛骨/八粒并诸七宝定塔基下”看应该也是塔下墓圹③。

泾川大云寺舍利石函铭中有“爰有古塔余基……言未倍寻，便臻藏所。遽开砖室，爰得石函。”可知原有隋仁寿元年泾州大兴国寺修筑的墓圹。

山东平阴出土的“大隋皇帝舍利宝塔”铭石函被直接埋在距地表1.6米深的夯土中。据报告“石函出土于台地的东北部，周围是一片夯土……夯土厚2.5米，夯层厚10~15厘米，石函周围夯土层纯净，不包含砖石等

①毛颖《镇江甘露寺唐代舍利瘗埋制度及舍利子研究》，《唐史论丛》（第十一辑），第212~220页。转引自蒋赞初《关于金陵长干寺和禅众寺之舍利》，《长江中下游历史考古论文集》，科学出版社，2001年，第169页。

②中国社会科学院考古研究所、河北文物研究所邺城考古队《河北临漳县邺城遗址东魏北齐佛寺塔基的发现与发掘》，《考古》2003年第10期，第3~6页。

③郑洪春《西安东郊隋舍利墓清理简报》，《考古与文物》1988年第1期，第61~65页。

任何建筑材料,亦未发现地宫建筑痕迹。"[①] "但是如果仔细分析,就会发现平阴出土的舍利石函分内外两重,外重以榫卯套合而成,内重以整石凿成,两种不同的制作方法似乎表明两者之间功能的差异,在已知的北魏至隋唐的石函之中均用整石凿成,未见以榫卯套合而成者。同时,平阴发现的外函更与隋代的地宫结构相似,初步推测平阴发现的所谓外函应当是石圹。由于其空间狭小,形制又与石函相似,发掘者误将石圹当成了外函。"[②]据推测此处或是仁寿二年高僧明驭奉敕送舍利到达的济州崇梵寺遗址。

1969年4月出土的陕西耀县发现的隋仁寿四年(604年)宜州宜君县神德寺塔基,舍利石函四周及盖上有长方形或方形护石包裹,周围砌有砖墙[③]。神德寺塔是隋文帝在仁寿四年命全国三十个州所建的舍利塔之一。

河北正定白店村出土的隋炀帝大业元年(605年)石函"位于地表1米左右深处,函外四周砌有砖圹。"[④]

据范成大《吴郡志》载:吴郡太守李显,于大业四年(608年)为隋炀帝及皇后、齐王、六宫眷属"各舍七珍",时任吴郡司户的严德盛撰文《吴郡横山顶舍利灵塔铭》:"在郡城之西山顶上,营造七层之宝塔,以九舍利置其中,金瓶外重,石椁周护。"应该也是塔下石圹[⑤]。

1980年6月四川成都市西隅长顺中街,距地面4米深处一红砂岩石板构筑的石圹室内出土了一具青石质盝顶舍利石函。根据同出的隋五铢钱初步断定时代约在隋至初唐[⑥]。

第三,隋代出现了专门安置舍利的长方形或方形的竖穴式地下建筑,仅为一个狭小的密室,虽与当时的墓葬形制有一定区别,和目前所发现的

①邱玉鼎、杨书杰《山东平阴县发现大隋皇帝舍利宝塔石函》,《考古》1986年第4期,第375~378页。

②冉万里《略论隋代舍利的瘗埋制度》,《陕西历史博物馆馆刊》第十一辑,三秦出版社,2004年,第72~89页。

③徐萍芳《唐宋塔基的发掘》,《新中国的考古发现与研究》,文物出版社,1984年,第613~616页。

④赵永平、王兰庆、陈银凤《河北省正定县出土隋代舍利石函》,《文物》1995年第3期,第92~95页。

⑤杜文玉《隋炀帝与佛教》,《陕西师范大学学报》(哲社版)2001年6月第30卷第2期,第108~117页。

⑥李思雄、冯先诚、王黎明《成都发现隋唐小型铜棺》,《考古与文物》1983年第3期,第112页。

典型唐代地宫相比尚属于初级阶段，但标志着舍利瘗埋方式发生了重大变革，已经逐步被中国传统的棺椁墓葬形式所替代，并进一步出现了新的瘗藏方式，即以砖砌墓室代替外藏椁，葬具直接放置在墓室之中，周边围以供养和祭祀物品，事死如事生的模仿房屋起居状态的建筑形式——地宫。

地宫是佛塔的附属部分，建于塔基之下，用于埋藏舍利和供奉物。《宝楼阁经下》载：安置舍利，要在无喧闹、既机密又清静的地方建舍利精室。“地宫”，顾名思义，就是地下宫殿，亦即人死后在冥界所居之宫室。而唐人并不称“地宫”，大云寺舍利石函铭文中称“砖室”，法门寺铭刻称为“石室”。

唐代出现了在塔基下构筑类似墓室的砖砌地宫。初唐时，地宫一般只是砖石结构的简单地室，葬具简易，供养品很少。

陕西蓝田唐法池寺遗址中发现的初唐舍利石函外仅有围砌方砖。

1990年河北正定开元寺发现一座初唐地宫，平面内方外圆，内室壁用单砖素泥铺砌而成，内放石函，“石函正中为一铜函，内套木函、金函，金函内存放舍利。铜函四周无规律地散放着开元通宝、五铢钱和铜、铁钗。”从隋文帝五铢钱与具有唐初武德年间特征的开元通宝同出看，此座地宫的时代大约是初唐①。

1958年，在山西省长治市发现的唐代舍利棺，塔基正中的圆形土坑内置六块石板合对组成的石椁，内套有石棺，棺内埋藏银椁、金棺。由于未有文字记录，只能根据石棺形制及所刻纹饰推断为唐代遗物②。

到唐代武则天时期，瘗埋舍利的制度发生了划时代的变革，地宫正式出现，盛装舍利用金棺、银椁。据唐释道宣《集神州塔寺三宝感通录》，唐高宗显庆五年(660年)春三月，敕取法门寺舍利在东都洛阳宫中供养，龙朔二年(662年)送返本塔(按：即扶风法门寺阿育王塔)石室掩之。

甘肃省泾川唐代大云寺的塔基地宫。埋于延载元年(694年)，比龙朔二年晚三十二年，是目前所发现年代最早的地宫。仿墓室建造，平面呈“甲”字形。“窨室作券顶，方向正南北，室门南开，作方形，前有甬道，宽约1.5米、长约2米。(甬道内有‘开元通宝’铜钱五十三个。)”甬道内有砖砌石台通向地面，甬道两侧壁上原绘彩色壁画，惜经风化，现已剥蚀殆尽。

①刘友恒、聂连顺《河北正定开元寺发现初唐地宫》，《文物》1995年第6期，第63~68页。

②山西省文物管理委员会、山西省考古研究所《山西长治唐代舍利棺的发现》，《考古》1961年第5期，第286~287页。

泾川县博物馆藏地宫门框(JCB1294)，通高149厘米，宽107.8厘米，厚18.8厘米。青石质，由门楣、门柱、门槛组成(图一)。

图一

门楣呈半圆形，顶弧而下平。“长1米，高0.36米，厚0.19米。门楣正中刻一束腰莲座，莲座上置一香炉，上又刻如意火焰宝珠，莲座两侧刻二幡盖，刻工十分精细，香炉两侧各刻一飞天，梳唐代妇女的“抛家髻”，面颊丰满圆润，袒露上身，戴项圈、玉环，胸腹肌肉饱满，下着大裙，均面对香炉，作凌空飞舞之状。飞天周围衬托以流云。”

两侧门柱(立颊)为长方形四棱柱，高约1.5米、宽约0.4米、厚0.3米。下端突榫。“正面刻二力士，门道内相对的两面刻二天王、二力士，高髻上束华鬘冠，宝缯向头之两侧上方飘舞，腮颊丰满，颔下有须，立眉怒眼，叱鼻张口，摆出一副十分凶恶的架势。戴项圈、玉环，上身袒露，筋肉暴起，下着战裙，胸前挂璎珞，于腹前穿臂交叉，披巾自双肩搭下，绕于胸腹之际两道。右手横胸，左手下垂，五指伸张，挺立于一束腰仰覆莲台上。力士之形象和装束特点，比较接近洛阳龙门石窟奉先寺的石雕力士。西侧力士的形象特点与东力士相同。二天王身着甲胄，下着战裙，足套长统战靴，均立于一石上。力士、天王的雕作，纯系我国传统线刻。”

门槛(地栿)作横长方形石条，上端有卯眼，正面线刻缠枝忍冬纹。

室门前原有一大石板当做门扇用于封门，“舍利石函”即置于室内。

晚于大云寺地宫的，1985年发现的陕西临潼庆山寺塔基地宫，建于开元二十九年(741年)四月八日，为一砖砌券室，平面呈“甲”字形，地宫长方形(2.07×1.47米)，砖筑券顶，高1.80米，前有长1.15米、宽0.75米的甬道，甬道前有斜坡慢道，一如当时的墓室之制。两壁精绘护法的天王力士。甬道内接墓室，其间安设有精美线刻的石质半圆形门楣、立颊、地栿和门砧石，线雕飞天、狮、凤等各种纹饰，两扇板门上雕天王力士。石门外两侧各有一头三彩蹲狮。地宫内三壁绘有壁画，宝帐后北壁上画须弥山，东西两壁绘伎乐和众罗汉，地面铺砖并涂朱红色①。

1987年4月10日发现的甘肃天水唐永安寺塔地宫，修建于唐玄宗天宝六年(747年)，青砖砌筑，坐北朝南，平面呈“甲”字形，地宫正方形，前有甬道，甬道口以大青砖封堵。地宫内紧靠北壁砖砌五层高的棺床，出土的白釉瓷舍利盒应该就放置其上。两尊彩绘陶天王俑是作为护法神随葬的。出土的“大唐舍利塔之碑”铭文曰“今有遗形舍利，建塔镇于唐邽川……天宝六载岁次丁亥二月丁未十五日辛丑，永安寺比丘海印敬造。”整个地宫的建造虽不奢华，但依旧可以看出虔诚恭敬之心，地基处理得很是细致，先铺以5厘米厚的鹅卵石求其坚固，隔绝泥壤；再铺上10厘米厚的木炭以吸潮；然后又铺上5厘米厚的细黄沙土，便于渗漏积水。青砖铺地后，其上才砌筑地宫，四壁用白灰涂抹②。

中国瘗埋舍利的制度，发展到唐代已成定式。武周时期，地宫形制被确立，地宫平面呈方形或长方形，砖石结构，砌矮床，券顶石门，壁上画壁画，前有甬道，一如墓室之制③。这种舍利地宫的形制始于大云寺地宫建筑，舍利瘗埋空间呈正南北方向，北方为尊、为上、为圣。甬道和墓室之间立有石门，将地宫分为南北两部分。石门为瘗埋和纪念空间的界线，其分界功能与同时期的唐墓中的石门一致④。至中、晚唐，地宫型制就分为了较为简陋的民间供奉型和趋于豪华的帝王供奉型。前者如中唐天水永安寺地宫，后者如著名的晚唐法门寺塔基安放舍利的地宫，是模拟人间帝皇葬制的最高规格的墓室构筑的，富丽堂皇，此不赘述。

二、隋文帝仁寿年间诏立寺塔

经过北周武帝灭佛活动后，佛事凋敝。隋文帝在全国各地大兴佛寺，

①临潼县博物馆《临潼唐庆山寺舍利塔基精室清理记》，《文博》1985年第5期，第12~37页。

②莎柳《甘肃天水市发现唐代永安寺舍利塔地宫》，《考古与文物》1992年第3期，第65~69页。

③徐苹芳《中国舍利塔基考述》，《传统文化与现代化》1994年4期；《中国历史考古学论丛》(台北)，第417~437页，允晨文化实业公司，1995年。

④杨效俊《隋唐舍利瘗埋制度的形成原因及特点》，《考古与文物》2012年第4期，第93~100页。

建造佛塔以安奉舍利。他曾于仁寿元年六月十三日(文帝六十岁生日)、二年正月二十三日、四年四月八日(佛诞日)三次下诏分发舍利,在全国大州建寺立塔安奉。前后共有110州之多。仁寿、大业之际,隋境190州(郡),已有130州(郡)先后建寺立塔。

隋建舍利塔的形制问题,古建专家多认为是木塔,梁思成教授疑仁寿分布诸州之舍利塔均为隋时最普遍之木塔。“六朝及早唐之塔,据我们所知道的,如洛阳伽蓝记所述之‘胡太后塔’及日本现存之京都法隆寺塔,均是木构(法隆寺五重塔乃飞鸟时代物,适当隋代,其建造者乃是高丽东渡的匠师,其结构与洛阳伽蓝记中所述木塔及云冈石刻中的塔多符合)。且我们所见的邓州大兴国寺,仁寿二年的舍利宝塔下铭,铭石圆形,亦像是埋在木塔之塔心柱下那块圆础下层石,这使我们疑心仁寿分布诸州之舍利塔均为隋时最普遍之木塔。”①

刘敦桢教授以为“云岩寺塔……它的建造年代最容易和隋仁寿舍利塔混为一谈,但杨坚(文帝)建塔诏书,与杨雄等庆舍利感应表,以及后来幽州悯忠寺重藏舍利记,很明白地告诉我们,仁寿元年所建舍利塔三十处,全是‘有司造样送往当州’的木塔。按照当时木塔式样,塔的平面应是方形,和现在云岩寺塔根本不合。”按照当时木塔式样,塔的平面应是方形②。

仁寿元年所建舍利塔三十处,全是“有司造样送往当州”,也就是各州建塔都由朝廷统一设计标准,有一定的明文规定和标准图样。当时建塔是为了在塔基下面安放舍利,上面的塔身只是一个象征性的纪念物,并不供人登临,因此高度不大。从颁诏起到开始备料,至塔建成半年足矣。《北史·倭国传》载,隋炀帝大业三年(607年)倭国遣沙门数十人来学佛法。而同年创立的日本奈良法隆寺五重塔,完全有可能把隋舍利塔的官方式样传回建造,虽然经过日本匠师的再创作,但基本尺度和造型不会有太多变化,虽然现存的高度25米左右的木塔经过多次火焚重建,但基本形制依旧,可以用于参考推测隋仁寿时的舍利木塔。

有学者根据文献记载隋代大兴城中(长安)木构佛塔所占比例较大为依据,认为“在短时间内营建具有一定规模的佛塔,采用木结构可能是有

①梁思成《由天宁寺谈到建筑年代之鉴别问题》,《中国营造学社汇刊》第5卷第4期,第137页。

②刘敦桢《苏州云岩寺塔》,《文物参考资料》1954年第7期,第27页。

统一样式的多级木塔”[①]。

也有学者认为隋文帝三次分颁舍利所建之113处均为木塔，因为在风雨侵蚀下，木塔有因潮湿发生腐烂的可能，乃至很快倒塌。兼之天灾人祸、战争破坏等因素，这些木塔很难保存下来。隋文帝在诞生日追报父母之恩，需要在短时间内建造舍利塔，从时间上应该是构筑木塔为宜[②]。

《全唐文》卷九八七收有一篇唐会昌六年(846年)9月碑《采师伦书重藏舍利记》云：“舍利本大隋仁寿四年甲子岁，幽州刺史陈国公窦抗于智泉寺创木浮图五级，安舍利于其下。”可证四年时所建塔为木构[③]。

陕西周至县仙游寺法王塔为七级密檐式四边形砖塔，有学者根据出土的隋代《舍利塔下铭》石碑阴面刻写的唐《仙游寺舍利塔铭》“此塔即大隋仁寿元年十月十五日置也”断定是隋仁寿元年塔[④]。我们以为此说不确，首先未能详释铭文，“至大唐开元四年重出舍利，本寺大德沙门敬玄……乃眷彼前修，情深仰止，谨舍衣钵之资，用崇斯塔……至开元十三年岁次乙丑十二月十五日甲子朔，庄严事毕，重入灵塔。其塔乃莹以丹表，饰以朱漆，致使固齐天地，岿然独存。其铭曰：蜂台构毕，雁塔休工，天花随喜，地塔崇封。开元十三年十二月十五日下。”距隋仁寿元年已有115年之久的开元四年重出舍利，文中未详何故，推测与重修有关，高僧敬玄“眷彼前修，情深仰止”，此前应该已经有过重修之事，他又捐资重新修葺，开元十三年方始竣工。所以铭文中有“蜂台构毕，雁塔休工，天花随喜，地塔崇封”句。历时9年，相较于砌筑砖塔所费工时较为合理。天宫已如专家推断为中唐所筑，拆下来的塔砖也是比较典型的隋唐时期青砖，那么整个塔的年代也应基本同时。其次，甲字形覆斗状盝顶地宫是典型的唐代形式，一定是先构筑地宫，才能在其上砌筑砖塔，所以塔的年代要晚于地宫年代。学术界也有认为是唐塔[⑤]。

山东省济南市历城区柳埠镇东的神通寺内有一隋代亭阁式单层四门

①林通雁《仙游寺法王塔的时代风格及地宫瘗埋舍利制度》，《陕西历史博物馆馆刊》第六辑，陕西人民教育出版社，1999年，第196~199页。

②张驭寰《关于隋朝舍利塔的复原研究》，《故宫博物院院刊》2001年第3期，第13~17页。

③王世仁《隋幽州弘业寺及智泉寺史实考略》，《北京史地》，第74~78页。

④刘瑞《法王塔地宫发现的重大意义》，《西北大学学报》(哲社版)1999年2月(第29卷第1期)，第92~96页。

⑤刘呆运《仙游寺法王塔的天宫地宫与舍利子》，《收藏家》2000年第7期，第60~64页。

塔,1973年维修时,发现在塔顶一块石拱板上有“隋大业七年造”的刻字,并在塔心柱正中,距地面1.6米处出土了舍利石函、铜盒、舍利子等物。因资料发表不详,舍利容器的情况尚不得而知。据《续高僧传》卷十《释法瓚传》载:“神通寺古号为郎公寺……开皇三年,文帝以通征屡感,故改曰神通也。释法瓚,刘州人也……仁寿置塔,敕令送舍利于泰山神通寺。”有学者认为是隋文帝为供奉舍利而修建的舍利塔,始建于隋仁寿元年,建成于大业七年(611年)①。但此说有错讹和可商榷之处。首先,齐州神通寺建塔是隋文帝仁寿四年(604年)第三次分颁舍利事,而非仁寿元年。仁寿四年四月,隋文帝下诏“朕已分布远近,皆起灵塔;其间诸州犹有未遍。今更请大德,奉送舍利,各往诸州,依前造塔……又下敕三十余州一时同送。”其次,四门塔为石塔,与目前学术界基本认同的木塔形状有异。以石材造塔,第一要备石料,第二施工费周折,需要一定的时间作保证,费时7年才建成,与隋文帝起塔要求不吻合。我们推测原为木塔,后损毁,隋炀帝大业七年时又以石材重建新造,并非仁寿时舍利塔。

隋仁寿元年时泾州大兴国寺所建造寺塔缺乏史料记载,但在90年后,已经是“爰有古塔余基,在兹寺之右,高惟及仞,衰劣無常。壤甓既零,榛芜遂积。”说明溃塌时间较久,连残余的塔基也不很高。若是砖石建筑,若非地震不易倒塌,即使崩塌,也会留有大量的砖石残积。因为尚余有残迹和塔基密室的留存现状,也可以排除人力拆除因素。所以我们可以逆向推断,隋时所建寺塔应该为木塔无差。由于风雨侵蚀、地震洪水、改朝换代的战争灾祸等原因,导致木塔塌毁,于是才有了武周时期利用旧址新建大云寺时隋文帝仁寿舍利的再现圣辉。

①陈冬梅《四门塔应是隋文帝为供舍利而建》,《中国文物报》2002年8月30日7版。

《泾州大云寺舍利石函铭并序》校注

刘志华[①]　王明珠[②]

1964年12月,甘肃省泾川县城北发现一处砖砌窨室,系唐代大云寺塔的地宫遗迹,出土有舍利石函一具,为质地坚硬的灰白色大理石制成。石函呈正方体,高28.3厘米,正、背面宽50.5厘米,两侧宽49.5厘米。函盖盝顶形,正中刻方形界格,减地阳文隶书"大周泾州大云寺舍利之函揔一十四粒"十六字。函身四周壁以纤细阴线等分划方界格,格内阴刻孟诜撰"泾州大云寺舍利石函铭并序"。铭文已在《甘肃省泾川县出土的唐代舍利石函》文中披露[③](下文简称《函》),但所录铭文有数处讹漏,且对武则天的武周新字均未做释读。其后,杜斗城先生也在《泾州大云寺舍利石函铭并序 跋》中做过稽考[④](下文简称《跋》),仍有错误。为了全面准确地记录、释解及研究,现特复勘比原石,努力校释。

一、铭文校对

铭文阴刻于界格内,自右向左竖书,四面计89行,1049字。其中有数字因泐损漫漶不清而无法解释。为忠实原文,便于校对,现将原文字实录,而不转换为通用简化字体。中有空格处也以间隔示之。"」"为换行符号,"□"为缺字符号。

录文:

1　涇州大雲寺舍利石函銘並序。」

2　朝散大夫行司馬平昌孟詵撰。」

3　若夫能仁幽贊,沿聖敬以開祥;」

①②甘肃省博物馆。

③甘肃省文物工作队《甘肃省泾川县出土的唐代舍利石函》,《文物》1966年第3期,第8~15页。

④杜斗城《泾州大云寺舍利石函铭并序　跋》,《敦煌学辑刊》2005年第4期,第38~45页。

4 妙善冥扶,徇貞明而效彩。故難」
5 思鉅相,形於廣濟之辰;稀有殊」
6 姿,顯自揔持之運。恭惟瑞景允」
7 應。慈猷者焉,爰有古塔餘基,」
8 在茲寺之右,高惟及仞,衰劣無」
9 常。壤甓既零,榛蕪遂積。建葺之」
10 始,訪耆顔而靡詳;光影之奇,在」
11 休辰而屢警。維那玊(正)法言於司」
12 馬孟詵:以為伊昔拘夷,爰分舍」
13 利,甫覃八國,俄遍十方。斯阯騰」
14 輝,必是遺好,每將穿究,苦乏資」
15 力。詵謂之曰:"自香薪既燎,珍塔」
16 具修,理契則通,道符乃應。當今」
17 圓常攝運,方等裝期。闡持線之」
18 微言,贊結繩之景化。融之以慧」
19 晷,潤之以慈雲。行使家勵四勤,」
20 人和五力。諸佛現喜,幽瑞騰光,」
21 彩發散身,復何疑也?勉加開顯,」
22 當申資助。"於是庀徒具錘,揆勢」

23 施功。言未倍尋,便臻藏所。遽開」
24 塼室,爰得石函。中有瑠璃瓶,舍」
25 利十四粒。詵與長史濟北史藏」
26 諸,安定縣令穎川陳燕客,並當」
27 寺徒眾俱時瞻奉。法公嚴持香」
28 水,誠祈就浴,倒瓶伫降,虛器匪」
29 延,合眾驚嗟,咸沮情望。既而言」
30 曰:"接神在敬,奉覺以誠。茲理或」
31 睽,冥應自阻。願眾等少湔意垢,」
32 暫技情塵,注仰內專,虔恭外肅,」
33 同申懺露,共取感通。"於是言既」

34 逗機,人皆勵歎。進力堅猛,諦受」
35 精嚴,復寫茲瓶,方下神粒。于函」
36 之側,仍勒銘云:」
37 神皇聖帝,埊(地)同𠀑(天)合,〇(星)拱辰居,」
38 川潮海納,偉哉!」
39 睿后顯號,著於銘刊,鑠矣! 康」
40 期景度,𡕀(載)於冥紀。乘變之機不」
41 測,先物之軌難尋;彰妙本之宿」
42 圓,證善權之今發。捨𠀑(天)形而演」
43 慶,彩叶大雲;懷埊(地)品以宣慈,化」
44 敷甘露。豈與夫風君絙瑟,火辟」

45 軫琴。黃祁出名丹,靈則□大誥。」
46 其沖輿技哉, 神通者哉。昔八」
47 萬四千,育王起光明之塔;三十」
48 六億,道楞𡕀(載)平等之龕。乃睠規」
49 模,敢忘修措。爰以大周延𡕀(載)元」
50 𠡦(年)歲次甲午七𠥱(月)癸未朔十五」
51 𡆠(日)己亥,還於佛殿之下,崇」
52 聖福焉。廣廈清泠,曾軒肅穆,基」
53 侔象戴,遂擬龍緘。採涅盤之舊」
54 儀,道宴坐之遺則。□(云)說法而為」
55 蓋,花韞覺以成臺;若諸𠀑(天)之赴」
56 臨,疑列仙之降衛。夫以炎祁遞」
57 運,流峙或移。不茂委於琱鐫,詎」
58 永宣乎殊妙。式詮斯祐,用刊于」
59 側。庶乎 宸徽亹亹,與僧伽而」
60 永存;靈彩昭昭,歷遐劫而常現。」
61 重宣 睿感,乃作銘云:」
62 滿𠥱(月)為容,攢曦表相。一音攸述,」
63 萬法斯亮。鶴林遷暎,龍步韜威。」

64 芳薪罷焫,抣璅凝晖。五分餘坔,」
65 千齡翔陛。聖騈陞慧,彩允」
66 慈政。雪龕曩飾,(月)殿新封。昔悲」
67 雙樹,今棲四松。念□難留,□□」

68 不測,願言景僽,長揮 太極。」
69 中散大夫使持節涇州諸軍事守涇州」
70 刺史上騎都尉源修業」
71 朝散大夫前沙州長史博陵崔撝」
72 奉義郎行錄事參軍尹元綱 參軍韋晉」
73 通直郎行司功參軍事寇基亮」
74 宣義郎行司戶參軍李恁 博士鄭元禮」
75 奉義郎行司倉參軍獨孤思禮」
76 通直郎行司法參軍張景略 郝師式」
77 參軍張守範 參軍皇甫言充 王僧言」
78 豳州宜祿縣尉檢校營使汲人趙貞固書」
79 定遠將軍守左衛涇陽府折衝都尉」
80 宣義郎行許州長社縣尉竇少繹」
81 徵事郎行安定縣尉竇少微」
82 承義郎行同州參軍姜昕」
83 涇陽府右果毅遊騎將軍薛智靜」
84 通直郎涇陽府長史趙思一」
85 登仕郎行涇州錄事董玄挺」
86 僧大量 僧行恭 僧悟寂 惠覺」
87 上座復禮 除疑崇道無着」
88 寺主志筠 處寂僧嘉慶小羅漢」
89 僧廣法 諶嚴 師叡道寂」

对勘:

第 8 行的,《函》文和《跋》文均释为“衺”,应为“衰”。

第 8 行的,《函》文释为“兼”,应为“無(无)”。

第11行的,《函》文释为“出”,《跋》文未释读。此系武周新字“正”。

第20行的,《函》文和《跋》文释为“弘”,应为“和”。

第23行的,《跋》文释为“遂”,应为“遽”。

第32行的,《跋》文释为“校”,其“扌”部分明显,应为“挍”。

第34行的,《函》文和《跋》文释为“欸”,应为“歎(叹)”。

第37行的,《跋》文释为“日”,应为武周新字“星”。

第39行的,《函》文未释出,应为“铭”。

第39行的,《跋》文释为“镌”,应为“鑠(铄)”。

第40行的,《函》文未释出,应为“度”。

第41行的,《函》文释为“車儿”,《跋》文释为“軏”,应为“軌(轨)”。

第46行的挍,《跋》文释为“校”,其“扌”部分明显,应为“挍”。

第48行的、,《跋》文释为“护量”,误。应为“道愣”。

第49行的,《函》文和《跋》文释为“从”,不通,应为“以”。

第54行的,《函》文未释出,《跋》文释“空”。窃以为释“云”为当。

第64行的,《函》文和《跋》文均释为“构”,其“扌”部分明显,应为“拘”。

第64行的,《函》文未释出,《跋》文释为“函”,应为“坐”。

第65行的陛,《函》文脱“陛”字。

第65行的,《跋》文释为“陛”,应为“陞”。

第68行的餤,《跋》文未释出。

第71行的,《跋》文释为“璩”,其“扌”部分明显,应为“摀”。

第72行的,《跋》文释为“卢”,应为“尹”。

第77行的,《函》文释为“说”,应为“言充”。

第78行的,《函》文释为“幽”,应为“豳”。

第82行的,《函》文和《跋》文均释为“参”,应为“承”。

第87行的,《函》文释为“著”,应为“着”。

第88行的,《函》文脱“慶(庆)”字。

二、铭文注释

【泾州大云寺】泾州:今泾川县,隋安定郡。唐武德元年(618年),改名泾州。大云寺:689年,武则天诏天下各州建大云寺,705年,唐中宗李显登基复唐,诏毁大云寺。

【若夫能仁幽赞,沿圣敬以开祥;】能仁:梵语的意译,即释迦牟尼。意为有能力与仁义的智者。《修行本起经》卷上:“佛告童子,汝却后百劫,当得作佛,名释迦文。(原注:汉言能仁)……于是能仁菩萨(指释迦未成佛之前)以得决言,踊跃欢喜。”幽赞:亦作“幽讚”,谓暗中受神明佐助。沿:遵循;因袭。圣:宗教信徒对所崇拜的事物的尊称。敬:恭敬;端肃。开:使显露出来。祥:善;吉利。开祥即发祥,显现吉利的征象。

【妙善冥扶,徇贞明而效彩。】妙善:《隋书·列传第三四·王劭传》记载:“仁寿中,文献皇后崩,劭复上言曰:‘……伏惟大行皇后圣德仁慈,福善祯符,备诸秘记,皆云是妙善菩萨。’”即观世音菩萨。冥:幽暗。扶:扶持;帮助,辅助。徇:顺从;依从。贞明:指日月或日月之光辉。效:显示,呈现。彩:光彩;色彩。

【故难思巨相,形于广济之辰;】巨:大,巨大。形:流露;显示。相:容貌,样子,相貌。广:通“旷”。旷济:佛教语,指普度众生。辰:日子;时光。

【稀有殊姿,显自摠持之运。】殊姿:特异非凡的资质。显:显露;表现;显示。摠:通“总”,总。总持:佛教语,梵语陀罗尼的意译。谓持善不失,持恶不生,具备众德。亦指咒语,意即能总摄意持无量佛法而不忘失之念慧力,实即一种记忆术。运:通“晕”,日月周围的光圈。

【恭惟瑞景允应】瑞景:吉祥的景象。允:确实;果真。应:感应;应验。

【慈猷者焉】猷:谋略;计划;谋划。焉:于是;于此。

【爰有古塔余基】爰:代词,代指这里、那里。古塔余基:应是隋代大兴国寺塔残迹。

【高惟及仞】仞:古代长度单位。周制八尺,汉制七尺。《说文》:“仞,伸臂一寻八尺也。”

【访耆颜而靡详】耆:古称六十岁曰耆。又意为师长,此处耆颜指年高寿而多知者。靡:不。

【在休辰而屡警】休辰:良好的日子。休,美好。

【维那正法】维那:为梵语羯磨陀那之略译,意译授事,即以诸杂事指授于人。旧称悦众、寺护。为寺院三纲之一,主管僧众庶务,位在上座、寺主之下。正法:维那的法名。

【伊昔拘夷】伊昔:从前。拘夷:拘夷那羯,地名。又作俱夷那竭,拘尸那。世尊入灭之国名,在中印度之东北方,佛教说释迦牟尼涅槃于此地。

【甫覃八国,俄遍十方。】甫:开始,引申为刚,才。覃:达到,延及。俄:不久。遍:走遍,遍及。“十方”,十个方向。东、西、南、北、东北、东南、西南、西北、上、下十方。此处两句意为:舍利刚分到八国,很快就遍布天下了。八国分配佛舍利之事迹,详载于诸经“乃八分舍利与八国,八国皆得舍利而归,各起塔供养。”

【斯址腾辉,必是遗好,】址:同“址”,基址。腾辉:闪耀光辉。遗好:遗留好物。指地宫埋藏舍利之事。

【每将穿究,苦乏资力。】穿:挖掘;开凿。究:研究;探求。

【自香薪既燎,珍塔具修,】香薪:指作为柴火的香木。燎:《广雅》:“燎,烧也。”珍:珍贵的;稀有的;精美的。具修:齐备;完备。

【理契则通,道符乃应。】理:道理;事理。契:符节、凭证、字据等信物,泛指契约。通:畅达;顺畅。道:事理;规律。符:符节、凭证、字据等信物。应:响应。符契:符节。引申为与佛有机缘。

【圆常摄运,方等装期。】圆常:佛教语,谓破除偏执,归于常道。摄:安定,安静。运:运行;运转;转动。方等:佛教语。方正平等,谓所说之理方正而平等。为一切大乘经教的通名。装:装饰,打扮。期:机会,机运,命运。

【阐持线之微言,赞结绳之景化。】阐:阐发,阐明。微言:含义深远精微的言辞。赞:赞美;称颂。结绳:用绳子打结以记事,后指上古时代。景化:犹敬仰。

【融之以慧晷,润之以慈云。】慧晷:语见唐代菩提流志等译《大宝积经》“慧晷耀于昏衢。慈云清于朽宅。”慧,又称增上慧学,亦即智慧。晷:日光;亮光。慈云:慈:仁爱,和善。

【家励四勤,人和五力。】励:《说文》:“励,勉力也。”勤:不怠之义;或以精勤心断除怠慢心。四勤即四正勤,即:(一) 为除断已生之恶,而勤精进。(二) 为使未生之恶不生,而勤精进。(三) 为使未生之善能生,而勤精进。(四) 为使已生之善能更增长,而勤精进。以一心精进,行此四法,故称四正勤。和:附和,响应。五力:一信力、二精进力、三念力、四定力、五慧力。

【诸佛现喜,幽瑞腾光。】现:显露;出现。喜:喜兆。幽:潜隐。腾光:闪射出光彩;光华四溢。

【彩发散身】彩发:即发彩,放出光彩。散:散布;分发。

【勉加开显】勉：赶快。加：施及；加以。开：开启，打开。显：显露；公开。

【庀徒具锤，揆势施功。】庀徒：聚集工匠、役夫。揆势：揆时度势，指估量情况审度形势。施功：操作。

【言未倍寻】寻：中国古代的一种长度单位，八尺为寻。唐代一尺合今30.7厘米。

【遽开砖室，爰得石函。】遽：立刻，马上。爰得：于是就得到。

【中有瑠璃瓶】瑠璃：指玻璃。玻璃瓶实物今存。

【俱时瞻奉】俱：偕同，一起。时：副词，及时。瞻奉：恭敬侍奉。

【法公严持香水】法公：沙弥之别名。《释氏要览·上》曰："若年十四至十九，名应法沙弥，今呼沙弥为法公也。"严：庄严貌。《跋》文以为是法公名字，不确。香水：用香料和水制成。梵语称"阏伽"。

【倒瓶伫降，虚器匪延，】伫：肃立。降：通"隆"，尊崇。虚器：中空的器物。此处当指琉璃瓶。匪：假借为"非"，表示否定，相当于"无"。延：通"羡"，盈余。

【合众惊嗟，咸沮情望。】惊嗟：犹惊叹。咸：全都。沮：失意，沮丧。情：外界事物所引起的喜、怒、爱、憎、哀、惧等心理状态。望：希图，企盼。

【奉觉以诚】奉：信奉；尊奉。觉：觉悟。谓领悟佛教的真理。

【兹理或睽，冥应自阻。】兹：这个，此。或：连词，表示假设，犹倘若，假使。睽：违背，不合，不顺。冥应：谓神佛庇佑。阻：隔绝；断绝。

【少湔意垢，暂拭情尘，】湔：洗濯。意：人或事物流露的情态。垢：污秽，尘土一类的脏东西。拭：揩拭，擦去。情尘：指情爱，情欲。佛教视情欲若尘垢，故称。意垢情尘，即尘世的烦恼。

【注仰内专，虔恭外肃，】注仰：抬头注视。引申为仰慕。内：内心。专：专一，纯一，集中。引申为诚笃。虔恭：诚敬；诚心，虔诚。外：外表。肃：恭敬。

【同申忏露，共取感通。】申：表明；表达。忏：忏露，承认错误，说出来。感通：谓神妙不测，感之斯应也。盖修行之人，既证道果，内性明了，则无感而不通。

【言既逗机，人皆励叹。】逗机：与对手之机根相应。逗，投合之义。即师家之机与学人之机相契合，为大悟彻底、契合佛祖之要机。禅林多用"投机"一语。励：振作。叹：因高兴、兴奋、激动而发出长声，叹赏，叹服，赞叹，叹观止矣(指赞美看到的事物好到极点)。

【进力坚猛，谛受精严，】进力：努力，使劲。坚猛：朱芾煌编《法相辞典》：《集异门论》十三卷十页云：言有勇坚猛者：谓由成就精进力故；勇决而取，坚住而取，猛利而取。诸所有取，是善非恶；随所取相，守护不舍。如护他国，善能守护。是故说为有勇坚猛。谛：认真仔细需经审视。谛受就是认真仔细地接受。佛教里的谛，是审实不虚之义。指真实无误、永远不变之事实，即真理。那么谛受就是要求信徒从心中明白地去接受佛经佛法。精严：精练谨严，精细严密。

【复写兹瓶，方下神粒。】写：移置，放置。《说文》："写，置物也。"俗字亦作泻。下：投放，放入。

【神皇圣帝】神皇圣帝：武则天代唐为周自立为帝，称"金轮圣神皇帝""越古金轮圣神皇帝"。

【埊(地)同𠀑(天)合，〇(星)拱辰居，川潮海纳，】埊：武则天新创制"地"字；𠀑：武则天新创制"天"字。〇：武则天新创制"星"字。辰：即北辰，北极星。拱：环绕。北极星高悬不动，群星四面环绕。旧时比喻治理国家施行德政，天下便会归附。川潮海纳：海纳百川之意。

【睿后显号，着于铭刊，铄矣！】睿后：圣明的君主。显号：显贵的地位。铭：刻写在器物上的文辞，亦指刻写有文辞的碑版。刊：刻；雕刻。铄：美，美盛。

【康期景度，𡕀(载)于冥纪。】康：治理。景：光明。期度：法度；限度。𡕀：武则天新创制"载"字。冥纪：亡人诞辰。

【乘变之机不测，先物之轨难寻；】乘变：履机乘变，犹随机应变。随着情况的变化灵活机动地应付。机：先兆，征兆，事物变化的迹象、征兆。不测：无法预料。轨：法则，制度；规矩；法度。

【彰妙本之宿圆，证善权之今发。】妙本：指称处于本始状态之道体。圆：圆满；周全。善权：语出《正法华经善权品第二》，谓佛说经，善权变化，无有方所，或出或处，皆顺机宜，随类开演，令人悟解，悉得证入，是为善权。发：显现，显露。

【舍天形而演庆，彩叶大云；】舍：施予；布施。天形：天体的形态。演：推演，阐发。庆：福泽。大云：应即《大云经》。

【怀地品以宣慈，化敷甘露。】怀：胸怀；怀抱。品：佛经的篇章。梵语"跋渠"，意译为"品"。地品：丁福保《佛学大辞典》："(经名)华严经之品名。六十华严第二十二品,八十华严第二十六品,详说十地菩萨之修业。”宣慈:本谓博闻慈爱。后泛指博爱众人。化敷:传布,散布。犹敷化,布行教化。甘露:佛教用语,在搅拌大海时重新获得神的甘露。有“长生”或“不死”之意,可以战胜恶魔或死魔。又,阿弥陀的原名为甘露,即不死之意。

【风君絙瑟,火辟轸琴,】风君:风神。絙瑟:奏琴。火辟:辟,君主。与上文风君相对,应为火神之意。轸琴:拨弄瑶琴。

【沖兴挍哉】沖:同“冲”,快速地向上。兴:犹升。挍:同“校”,呈效;呈现。

【神通者哉】神通:佛教语。谓佛、菩萨、阿罗汉等通过修持禅定所得到的神秘法力。

【昔八万四千,育王起光明之塔;】育王:阿育王是印度孔雀王朝的君主。阿育王皈依佛教,后来还成为了佛教的护法,大兴佛教,建寺立塔,奉安舍利。据《佛祖统纪》卷三三所载:“佛灭度后百年,阿育王取佛舍利,夜役鬼神,碎七宝末,造八万四千塔,尊者耶舍舒指放光,八万四千道,令羽飞鬼各随一光尽处安立一塔,于一日中遍赡部界。”

【道楞载平等之龛。】道:指佛教或佛教徒。楞:为楞伽山之略,相传佛在此山上说经。道楞合意为佛之代称。平等:佛教名词,意谓无差别。指一切现象在共性或空性、喂识性、心真如性等上没有差别。龛:塔下室,即地宫。

【乃睠规模,敢忘修措。】睠:同“眷”,回视;反顾。修:整修;修理。措:安放。

【爰以大周延𡕀(载)元𠡦(年)岁次甲午七𠥱(月)癸未朔十五𡆠(日)己亥,】爰:于是;就。以:于。𠡦:武则天新创制“年”字。𠥱:武则天新创制“月”字。𡆠:武则天新创制“日”字。

【崇圣福焉】崇:聚积;聚敛。圣:犹言神圣的。为宗教信徒对所崇拜的事物的尊称。崇福:积善求福。焉:于此。

【广厦清泠,曾轩肃穆,】广厦:大房子。清泠:清爽寒凉之意。曾:通“层”,重叠。轩:以敞朗为特点的建筑物。肃穆:严肃而安静,庄严肃穆。

【基侔象戴,遂拟龙缄。】侔:等同,齐等,相等,侔拟。戴:棺束。古时棺饰的一种,以其颜色、数目标示丧者的地位。拟:拟比,仿照。缄:古代用以固定棺木的绳索。龙象:水行中龙力大,陆行中象力大,故佛氏用以喻诸阿罗汉中修行勇猛、有最大能力者。也用以比喻佛门威力与自在。此二句意为按照以前的奉安模式重新装殓舍利。

【采涅盘之旧仪,道宴坐之遗则。】采:采用。涅槃:指佛灭,俗称死亡。旧仪:犹古礼。道:遵行;实行。宴坐:佛经中指修行者静坐。也作“燕坐”,指结迦趺禅定坐。遗则:指前代留传下来的法则。

【云说法而为盖,花韫觉以成台;】说法:讲授佛法,宣讲宗教教义。韫:蕴藏,包含。觉:《说文》“觉,悟也。”

【若诸天之赴临,疑列仙之降卫。】诸天:佛教语,指护法众天神。佛经言欲界有六天,色界之四禅有十八天,无色界之四处有四天,其他尚有日天、月天、韦驮天等诸天神,总称之曰诸天。赴:到;去;前往。临:到;至,常用作敬辞。列仙:诸仙。降:降落。落下。

【炎祁递运,流峙或移。】炎:太阳。祁:大;盛。递运:交替运转,循环往复。流:流动。峙:水中土丘。或:副词,或许;也许。移:转移;移动。

【不茂委于琱镌,讵永宣乎殊妙。】不:没有。茂:美好;优秀。委:托付。琱镌:雕刻。比喻修饰文字。讵:表示否定,相当于“无”“非”“不”。永:永久,永远。宣:显示;宣扬。殊妙:犹绝妙。

【式诠斯佑】式:以,以此。诠:详尽解释;阐明。

【庶乎】庶乎:犹言庶几乎。近似,差不多。

【宸徽亹亹,与僧伽而永存;】宸徽:北极星所居,即紫徽垣。亹亹:美妙,美好。僧迦:略称为僧,意译为和、众,乃和合的意思,故又称为和合众、和合僧、海众。又华梵并举,合称为“僧侣”,为三宝之一。即指信受如来教法,奉行其道,而入圣得果者。或指信受佛法,修行佛道的团体。

【灵彩昭昭,历遐劫而常现。】灵彩:指神佛的霞光。昭昭:明亮;光明。遐劫:佛教指极久远的时间;生生世世。

【重宣　睿感】重宣:佛教语,谓教主说法告一段落,以偈颂重复概括精义。睿感:指皇帝圣明的感应。

【攒曦表相】攒:聚拢;集中。曦:太阳,阳光,如曦月(日月)。表相:佛教语,指表现出来的相貌。

【一音攸述,万法斯亮。】一音:《出维摩经》“一音者。佛之音声也。”攸:久;长远。述:记述;讲述。万法:佛教语,指事物及其现象,也指理性、佛法等。“万法”指一切事物。斯:尽;皆。亮:显示;显露。

【鹤林迁暎,龙步韬威。】鹤林:释迦牟尼涅槃于拘尸那揭罗城外娑罗双树间,因悲伤而其树即时惨然变白枯萎,犹如白鹤,亦称鹤林。迁暎:迁:变动,变更;暎:阳光。龙步:犹言龙行虎步。形容仪态庄重,气度不凡。韬:掩藏,敛藏。威:威严;尊严。

【芳薪罢爇,拘璅凝晖。】芳薪:祭奠活动时所用的薪柴。罢:停止;结束。爇:点燃;焚烧。拘:拘;拘璅,这是释尊、琉璃王、释迦族的本生事。琉璃王灭释迦族,佛无法挽救,并头痛,诸比丘问因缘,佛说释迦族人于过去世捕鱼,时有拘璅、两舌二鱼不甘被捕杀,发愿报仇。时佛为童子,看鱼被捕而笑。佛因昔坐笑二鱼被杀,今患头痛,释迦族人因杀鱼今遭亡族。凝:凝结。晖:光辉。

【五分余垄,千龄翔陛。】余垄:余地。原指空隙的地方。千龄:犹千年、千岁。极言时间长久。翔:栖止。陛:台阶,也专指宫殿的台阶。

【圣骈升慧,彩允慈政。】圣:聪明睿智。骈:聚集,罗列。升:上升,登上。慧:佛教名词(般若)。意译为慧,智慧。彩:光彩;色彩。允:公平;得当;相称。慈:佛教语,指佛、菩萨爱护众生,给予欢乐。政:同“正”,正直;公正。

【雪龛曩饰,月殿新封。】雪龛:应指先前隋代地宫。月殿,应指此次重新砌筑的地宫。

【昔悲双树】双树:《丁福保佛学大辞典》“娑罗双树之略。佛入灭之处。”娑罗树林四双八只,西方一双在如来前,东方一双在如来后,北方一双在如来头,南方一双在佛之足……入涅槃已。其娑罗林东西二双合为一树,南北二双合为一树。

【愿言景焰,长挥　太极。】愿言:思念殷切貌。景:指太阳。焰:光芒;光辉。太极:谓天宫,仙界。

【上座复礼】上座:又称长老、上腊、尚座、首座、上首。此词指僧众中出家年数(法腊)较多者,或指年岁高者,有时亦为对僧人之尊称。复礼:《中国佛学人名辞典》载有二人,“1. 唐,(武后时)奉敕参予贤首译场,翻华严经,时德齿俱尊,众所知识,余未能详知。‘武则天以晋译华严旧经未备……后付沙门复礼、法藏等于佛授记寺译成八十卷。圣历二年(699 年)功毕’。2. 唐,京兆皇甫氏子。住大兴善寺,游心佛典,兼明玄儒,尤工吟诗,复能撰文。永隆中(680 年)撰有释典十条以问者,礼因着十门辨惑论答之。有文集存世。”不知其二人与此有无关涉。

【寺主志筠　处寂】寺主：一指一寺之主；一指“三纲”(上座、寺主、维那)之一，主掌一寺事务，俗称“当家”。处寂：(648~734)唐代净众宗僧。受则天武后征召入内，赐予袈裟。后归四川住资州德纯寺。

三、武周文字

在武则天执政期间，曾经五次把十八个特殊用字改写字形，通行于全国。“铭并序”中也使用了新字。

长寿三年(694 年)五月，武则天加尊号为越古金轮圣神皇帝，改元为延载，甲午年正月一日(694 年 11 月)又改元证圣。实际延载年号行用也仅有 8 个月。舍利函刻铭纪年为延载元年(694 年)七月十五日，而 4 个月后又改元证圣，但铭文中“圣”字仍未改，说明正处于第三次改字之前。据统计：文中共出现了(正)字 1 次、埊(地)字 2 次、(天)字 3 次、○(星)字 1 次、(载)字 3 次、(年)字 1 次、(日)字 3 次、(月)字 1 次，共计八字 15 次，均符合当时情形。

君令改字，全国实行。在同一件实物上，需改的字，无论出现几次均需改写，人名中的字也必须改，比如 “维那正法”。“君”字为特例，只用于帝王之称号，以示臣民对帝王的尊崇。在“君”的其他意义上都用本字。如铭文中“风君絙瑟”句中“君”字使用本字而不用改字。

四、结　语

综观全文，可以看出刻铭的书法有三种变化，“铭并序”部分为楷体正书，均刻写于界格之内，结构严谨，工整规矩，可以看出正文部分的恭敬严肃。而官员职位部分则相对比较随意，虽以楷书，但大小结构则不一，由于官职名称所限，多需在一行内表示，故舍去界格，显得拥挤，疏朗不均。到了结尾，僧侣名录则更加随意书写，大小不一，给人以草就的感觉。铭文中言及“豳州宜禄县尉检校营使汲人赵贞固书”，此人是当时名士，从铭文即可看出其书法造诣很高。而后两部分的书写则有可能为他人所书。因而有高下不同。

(本文原载：《陇右文博》2012 年第 1 期)

明代土鲁番与中原王朝的朝贡关系

廖元琨[①]

明代中原王朝与土鲁番政权的朝贡贸易关系是西域史研究中的重要内容之一。先前有关于土鲁番的研究多集中在明代土鲁番政权的变化和发展及其土鲁番政权在明代中期与中原王朝在哈密卫控制权的争夺等问题上,并且取得了大量的优秀成果[②]。本文从双方朝贡贸易关系发展的角度来梳理明代中原王朝与土鲁番政权之间友好和曲折所交织而成的朝贡关系。

一、洪武至成化年间土鲁番与中原地区的友好交往

明朝建国伊始,鉴于西域地区是连接中原与中亚、南亚、西亚乃至欧洲的交通枢纽地带。为了保证对外陆路交通的顺畅,明朝政府在不断对北方蒙古用兵的同时,不断向西域地区派出使臣,以期打通贸易通道。洪武二十四年(1391 年)恰逢“别失八里王黑的儿火者遣其千户哈马力丁、百户斡鲁撒等来朝贡马”。[③]明太祖借此良机,同年派遣主事宽彻、监察御史韩敬、大理评事唐钲等人出使西域地区。但由于长期的隔绝而产生的误会致使没有达成通好的外交目的,并且宽彻等人被扣留。洪武三十年(1397 年),明太祖复派使臣持书前往东察合台王庭别失八里解决双方的外交误解。明太祖在信中写道:“朕即位三十年,西方诸国商人入我中国互市,边吏未尝阻绝。朕复敕吾吏民不得持强欺谩番商。由是尔诸国商获厚利,疆

①甘肃省博物馆。

② 陈高华《关于明代吐鲁番的几个问题》,《民族研究》1983 年第 2 期;刘国防《关于明代前期土鲁番统治者世系的几个问题》,《新疆大学学报》1997 年第 4 期;田澍《明代哈密危机述论》,《中国边疆史地研究》2002 年第 4 期;田澍《彭泽与甘肃之变》,《中国边疆史地研究》2004 年第 1 期;马守平《试析土鲁番与明朝的关系》,《青海民族研究》2004 年第 2 期;田卫疆《关于明代吐鲁番史若干问题的探讨》,《中国边疆史地研究》2005 年第 3 期;侯丕勋《哈密国“三立三绝”与明朝对土鲁番的政策》,《中国边疆史地研究》2005 年第 4 期。

③《明太祖实录》卷二一〇,洪武二十四年七月癸丑条。

场无扰,是我中国有大惠与尔诸国也。”并且明太祖在信中解释了洪武二十一年(1388年)放归与东察合台汗国敌对的撒马尔罕商人实出于外交礼节与对实际情况失察的综合原因,“向者撒马尔罕商人有漠北者,吾将征北边执归京师。朕令居中国互市,后知为撒马尔罕人,遂俱遣还本国。”并且明太祖询问了宽彻等人下落,以求放归使节,“其君长知朝廷恩意遣使入贡,吾朝廷亦以知其事上之礼,故遣使宽彻等使尔诸国。通好往来,抚以恩信,岂意拘吾使者不遣。吾于诸国未尝拘留使者一人,而尔拘留吾使岂礼也哉?”明太祖还在信中表达了尽管明朝使臣被扣押,但出于友好交往的愿望,明朝并没有非难留居在内地的西域商人。表现出作为大国宽容外交的态度,“是以近年回回入边地者,且留中国互市,待宽彻归然后遣还。及回回久不得还,称有父母妻子,朕以人思父母、妻子乃其至情。逆人至情,仁者不为。遂不待宽彻归而遣之,是用复遣使赍书往谕使知朝廷恩意,毋使道路闭塞而启兵端也。”①这次的外交努力使得别失八里方面对明朝的猜疑得到化解,不久宽彻等人就被送归明朝。由此,明朝和东察合台方面政治上达成和解局面。加之西域地区对明朝贸易需求日益加深,明朝对西域的交通政策得以良好开局。

继明太祖之后,明成祖朱棣放眼世界的交通观念贯穿在他的执政时代。不仅在海路上开创了明朝辉煌的大航海时代,陆路上,西域商人通过丝绸之路将中国的文化和商品送达万里之遥的中亚、欧洲。这一切表明明朝并不是从立国开始就是一个保守自固的国家,它对世界的态度是开放的、积极的。而明朝最直接的目的则是要利用朝贡贸易实现对西域各国的羁縻,使之“臣服”,营造“藩篱”,以期达到西部边疆地区的国防安全。如明成祖曾敕书甘肃守臣:西域“遣使来贡,如至可善待之,其市易者听自便,盖远人慕义而来,当加厚抚纳,庶见朝廷怀柔之意”。②这份敕书明确了其对西域国家的友好往来政策。永乐四年(1406年)东察合台新王“沙迷查干遣使来朝贡马”,明成祖不仅予以热情款待,“赐其使者钞币,命礼部宴劳之”,而且“遣鸿胪寺丞刘帖木儿等赍敕及彩币往劳沙迷查干令与其使者偕行,并赐所过哈剌火州、土鲁番、柳陈三城王子哈散等彩币”。③虽然对国家而言,朝贡贸易是出于政治目的而开展,但对于明代社会和西域地区来

①《明太祖实录》卷二四九,洪武三十年正月丁丑条。
②《明成祖实录》卷一四一,永乐十一年七月丙午条
③《明成祖实录》卷五四,永乐四年五月戊戌条。

讲,其中所包含的经济和文化因素则更为重要。并且对西域各国而言,通过朝贡贸易可达到回报丰厚的经济目的。一般来讲,西域诸国朝贡的经济目的有两方面:一是向明朝进贡本地特产之物,如马匹、玉石、珍兽等,得到丰厚的“回赐”。“回赐”物品通常比“进贡”物品的价值高出很多。明朝对各种贡物的“回赐”数量有很详细的规定。如马每匹“回赐”彩缎四表里,驼每只四表里等等,仅永乐二十年(1422 年)一次“哈密忠义王兔力帖木儿遣使舍黑马哈麻及土鲁番都督尹吉儿察贡马千三百匹”。[①]从中就可窥见朝贡贸易规模之大小。而不在规定内的物品则临时“会估”来定,多数情况下所给“回赐”远远高于贡物本身的价值,使得西域贡使和商人往往是络绎不绝于贡道之上。另一方面,西域贡使利用朝贡的机会,携带各种土特产到中原进行贸易,换取各种生活必需品。明朝政府规定,进贡的使者可以“量带方物来京贸易,但不可入境市物”。[②]但同时也是出于怀柔远人的政策而议定“盖羁縻远人,宜俯顺其情,而不可过防以伤其向化之心”。但是出于需求,土鲁番贡使和商人往往置法令不顾,铤而走险,经常尽量私带方物,沿途买卖。他们中多有“夹带私物虚糜,供结所赐尽于京师鬻之”。[③]明朝统治者也多次严命“进贡毋得入境市物,其以物售之者治以重罪”。[④]但由于屡禁不止,对于这些贡使们,明朝政府在其完贡后额外“准于会馆开市”“与民交易”。[⑤]这从一个方面看出,对于这些屡屡犯禁的西域贡使,明朝政府的外交政策总体上是比较宽容和温和的。这对于明朝对西域的交往和丝绸之路的繁荣有着一定的积极意义。

永乐到成化年间是土鲁番与明朝关系发展较好的阶段。在此期间,土鲁番与明朝不断互派使节,保持友好交往关系。明朝方面所派遣的使节众多,其中有如郑和一样的中官李达、杨忠等奉使西域,也有少数民族出身的哈蓝伯、帖木儿卜花、哈三等人。但其中最为瞩目的当属五次出使西域的陈诚。其足迹最远到达哈烈(今阿富汗的赫拉特),他前后在西域地区活动长达数十年,为中原和西域之间的政治、经济和文化上的往来做出了不可估量的重要贡献。从其诗文中我们就可以看到他出使西域的政治抱负和交通西域的大时代背景。在一首题为《土尔番城》的诗中陈诚写到“路

①《明成祖实录》卷二五四,永乐二十年十二月甲申条。
②《明武宗实录》卷四三,正德三年十月甲戌条。
③《明武宗实录》卷四三,正德三年十月甲戌条。
④《明武宗实录》卷四三,正德三年十月甲戌条。
⑤《明宪宗实录》卷八六,成化六年十二月丙午条。

出榆关几十程,诏书今到土番城。九重雨露沾夷狄,一统山河属大明。天上遥瞻黄道日,人间近识少微星。姓名不勒阴山石,愿积微勋照丹青。”① 表明了他建功西域,愿为中原和西域两地之间的友好往来鞠躬尽瘁的良好心愿。

土鲁番与明朝之间的友好往来主要是通过朝贡贸易的形式。明朝对土鲁番的少数民族首领广为册封,大量赏赐,通过政治上的笼络、经济上的恩惠密切了土鲁番地区与明朝的关系,对于维护明朝宗主国的政治地位有着深远的意义。自永乐四年(1406 年)起,土鲁番几乎每年一次或多次地会同西域诸国派出使节团向明朝进贡,使团少则数十人,多则数百人。使臣在朝贡时受到明朝优待的同时并接受明朝授予的都指挥使、千百户、镇抚等勋职。如宣德三年(1428 年),“土鲁番城都督锁恪弟猛哥帖木儿来朝贡马,命为指挥佥事”。②也有自愿留在中原为国出力者,如土鲁番城人速哥“永乐中来朝,升都督佥事”。卒后其子也苦著儿袭职,于宣德二年五月升指挥佥事③。又如宣德三年,“土鲁番城千户他力麻敏何秃等来朝”,“奏愿居京自效命为指挥佥事所镇抚等官”。④再如宣德四年(1429年),“土鲁番城都指挥佥事爱鬼着儿等来朝奏愿居京自效”,明宣宗皆命有司予以优待,“赐金织袭衣、彩币、银纱、绵布、鞍马,仍命有司给房屋、器皿等物如例”。⑤而其中最为瞩目的是宣德五年(1430 年)土鲁番城头目都督佥事尹吉儿察为歪思汗所逐,“率家属来朝愿居京师以图报效。”⑥之前尹吉儿察曾在宣德元年(1426 年)入贡于明朝,并且其子满哥贴木儿在宣德三年(1428 年)也遣使向明朝贡。这是史书中记载的土鲁番地区投效明朝级别最高的土鲁番贵族⑦。之后到成化年间,仍多有土鲁番人士前往明朝寻求自效的机会。

此外,明朝与土鲁番地区的宗教团体也有积极联系。明朝册封土鲁番地区宗教上层人物为都纲等职,国师等号,管理当地宗教事务。永乐六年(1408 年)五月“土鲁番城僧清来率其徒法泉等来朝,贡方物”。明成祖“命

①(明)陈诚《西域行程记》,《附录诗文》第 126 页,中华书局,2000 年。
②《明宣宗实录》卷四九,宣德三年十二月甲午条。
③《明宣宗实录》卷二八,宣德二年五月丁酉条。
④《明宣宗实录》卷四〇,宣德三年三月戊戌条。
⑤《明宣宗实录》卷五八,宣德四年九月辛亥条。
⑥《明宣宗实录》卷六八,宣德五年七月丁巳条。
⑦刘国防《关于明代前期土鲁番统治者世系的几个问题》,《新疆大学学报》1997 年第 4 期。

清来为灌顶慈慧圆智普应国师，法泉等为土鲁番等城僧纲司官”。[1]紧接着六月“土鲁番城僧古麻剌失里等贡马及方物”。[2]之后土鲁番派出的使节团中僧人占了相当多的比例。在永乐到宣德年间，土鲁番的著名僧人和国师如南答失里、巴剌马答失里、桑果、把剌马剌失里、佛先、格来等人[3]先后进京朝贡，都受到明朝政府的热情款待。这些活跃在贡道之上的使臣们为土鲁番和中原两地之间的政治、经济、文化交流做出了自己积极的贡献。

二、哈密危机对朝贡贸易的影响

明代的甘肃镇是明朝进入西域地区的门户和重要中继地区。为保证西域交通的安全顺畅，明朝在不断巩固甘肃地方边防体系的基础上，洪武、永乐两朝先后在嘉峪关以西地区设立了以当地少数民族为主的赤斤、安定、曲先、阿端、罕东、罕东左、沙州、哈密八个卫所[4]。这些地处少数民族地区的羁縻卫所一方面起到保证西域安全的作用，同时也成为西域和内地交往的中转站。通过这一系列努力，明朝在西域地区树立了其大国威望，不断吸引着西域诸国前来贸易通好。在这八个卫所之中哈密卫地处最西端，与土鲁番毗邻。永乐初年在此设立卫所后，“令为西域之襟喉，以通诸番之消息，凡有入贡夷使方物悉令此国译文具闻”，[5]同时“诸国之向背虚实皆赖其传报”。[6]哈密卫在一定程度上成为了明朝“会同馆”的分支机构[7]。到宣德年间，明朝的大赦令也同样适用到了哈密地区[8]。此时的哈密

①《明成祖实录》卷七九，永乐六年五月辛酉条。
②《明成祖实录》卷八〇，永乐六年六月乙巳条。
③《明成祖实录》卷一一五，永乐九年夏四月癸酉条；《明宣宗实录》卷一九，宣德元年七月己未条；《明宣宗实录》卷五二，宣德四年三月癸丑条；《明宣宗实录》卷五四，宣德四年五月己未条；《明宣宗实录》卷五七，宣德四年八月庚子条；《明宣宗实录》卷六六，宣德五年五月壬寅条；《明英宗实录》卷三二，正统二年七月丁巳条。
④沙州卫与罕东左卫相继设立于同一地区，故一般称为“关西七卫”。
⑤(明)马文升《兴复哈密国王记》，《纪录汇编》卷三七，商务印书馆，1938年。
⑥(明)许进《平番始末》，《纪录汇编》卷三八，商务印书馆，1938年。
⑦杨建新、马曼丽主编《西北民族关系史》，民族出版社，1990年，第400页。
⑧《明宣宗实录》卷一三，宣德元年正月庚戌条。

卫几乎形同于内地州县。哈密卫“当中西之孔道”,地理位置十分特殊。中亚诸地交往中原必经哈密,贡利丰厚,因此,哈密便成为众所争夺的焦点。前期正统年间主要是瓦剌对哈密的争夺，而自从成化年间土鲁番势力发展起来后,便也加入到争夺哈密卫的过程中来。

从永乐年间开始，位于明朝北边的瓦剌蒙古势力在明朝抑制鞑靼蒙古的政策下得到扶持,发展迅速。正统四年(1439 年)也先称太师淮王后,基本将瓦剌诸部统一了起来,势力变得更强。也先看准哈密作为“西域襟喉”的优越地理位置,一旦控制哈密便可控制中亚、西亚与中原交往的陆路交通,获利必定丰厚。所以瓦剌采取军事打击和政治联姻相结合的手段几欲控制哈密。明朝面对瓦剌的军事进攻的威胁和失去哈密的危险,全力应战。但当时明朝统治阶层内部的腐朽直接导致了正统十四年的“土木之变”,这一惨败加剧了明朝内部政局动荡,也致使明朝统治者无暇顾及与西域的交往,而将主要精力放在防范瓦剌蒙古诸部上。因此,土鲁番与明朝的往来由于瓦剌势力的干扰而使得交流渐为稀少。正统、景泰、天顺年间,土鲁番和明朝之间的交往较前两朝少很多。景泰年间,土鲁番向明朝进贡两次，其中一次是土鲁番回族人察乞儿归附明朝。明政府命其为头目,“送南京锦衣卫安插”,并赐所需钞、布、牛羊、柴米、房屋、床榻等物①。而至明英宗经过“南宫之变”复辟后,便立即试图着手恢复对西域的交往。他“遣官舍预给一二十月本色俸米,令其粜用,赏给银两表里,赍往西洋土鲁番、亦力把里、撒马尔罕、哈密等处分投和番”。② 但大臣们认为明朝自“土木之变”后国力衰弱,急需内敛以养国力。司吏张昭上疏称“山东、直隶等处连年灾伤,人民缺食,穷乏至极,艰窘莫甚”。③要求暂停和番活动以苏民力。于是明朝暂停了对西域的大规模外交活动。但这也没有完全宣告两地之间的交往就此断绝。天顺年间贡使依然不绝于途,年年朝贡,明朝更是不断派遣使臣前往土鲁番等地册封少数民族首领。

从成化九年(1473 年)到嘉靖七年(1528 年)可视为土鲁番与明朝关系发展的第二阶段。此间,土鲁番国势强盛起来,几次与明朝争夺哈密,致使哈密卫“三立三绝”,矛盾冲突不断。早在成化九年以前,土鲁番速檀阿力便“累引兵劫掠哈密诸部地,已略尽”。到成化九年(1473 年),“正月,

①《明英宗实录》卷一九九,景泰元年十二月庚寅条。
②《明英宗实录》卷二七八,天顺元年五月丁丑条。
③《明英宗实录》卷二七八,天顺元年五月丁丑条。

(土鲁番)围其城,破之,执其王母,夺朝廷所降金印"[①]。同年四月,明朝一方面令都督同知李文,右通政刘文赴甘肃经略,敕书土鲁番速檀阿力,令"悔过自新,退还哈密境土"。另一方面,敕令甘肃守将严加戒备,"相机以行",赤斤等卫"会兵并力,以相卫翼"[②]。但土鲁番拒绝交还哈密,面对明朝使臣的诘责"抗语不逊"[③]。军事方面也由于兵力多集中于甘肃镇的防守,无力出兵讨伐。如此,在哈密问题上明朝暴露出自"土木之变"后综合国力走下坡路的态势。无奈之下,明朝只得于成化十二年(1476年)重新铸印赐予哈密都督罕慎,并在次年将哈密卫治移于苦峪城。这种边疆政策上的退缩表现,使得阿力"始轻中国"。

而土鲁番和明朝并没有因为土鲁番占领哈密而断绝之间的朝贡贸易往来。明朝君臣在廷议中普遍认为虽然在哈密问题上与土鲁番产生了争端,但由于双方的朝贡关系历来亲密,土鲁番方面依旧不断"遣使进贡或有向化之心",并且担心一旦开战,土鲁番胁边定会导致"甘肃之患方殷,设使河套之虏不退,关中供亿愈难继矣"。所以廷议的结果是继续采取怀柔政策,意图"因赐之敕,使悔过自新,庶可以散其奸谋"。[④]在这个决议的影响下就出现了土鲁番贡使依然往来于两地之间的特殊景象。在哈密事变后同年十月"阿力王等遣使臣写亦米、马儿黑木等来朝贡马",而明朝仍按旧例"赐宴并衣服彩段等物有差"[⑤]。同时这些使臣朝贡的目的之一也在于打探明朝在哈密问题上对待土鲁番的态度,明朝也通过使臣传达其外交照会。土鲁番使臣"即奏其主速檀阿力初无叛意,欲请遣朝臣往彼通道"。据此明朝诘责"其所奏乃文过之辞"[⑥],但如果阿力能退出哈密,"诚心奉贡,朝廷不计前过,仍以礼待之"[⑦]。同时,为了封锁先前都督同知李文、右通政刘文至赤斤卫筹划军务的消息,明朝将朝贡结束的土鲁番使臣"初议留暂处甘凉,后恐其泄漏事情,复议候李文还自哈密日方许出关"[⑧]。并且明朝方面发现"阿力所遣使臣多系哈密之人反覆变诈",于是决定将这

①《明宪宗实录》卷一一五,成化九年四月丙寅条。
②《明宪宗实录》卷一一五,成化九年四月丙寅条。
③《明宪宗实录》卷一三〇,成化十年闰六月乙巳条。
④《明宪宗实录》卷一一八,成化九年七月壬辰条。
⑤《明宪宗实录》卷一二一,成化九年十月丙子条。
⑥《明宪宗实录》卷一三六,成化十年十二月丙申条。
⑦《明宪宗实录》卷一三七,成化十一年正月己巳条。
⑧《明宪宗实录》卷一三五,成化十年十一月庚申条。

些贡使"先是暂留,在后宜行文等审勘,果土鲁番夷人即彼遣回,若系哈密变诈之人则具闻处治"。[①] 但不久"其留甘州者十余人乘隙逃去"[②],明朝方面也并没有予以追究。之后土鲁番贡使依然频繁入贡。这表明,虽然土鲁番政权在扩展的过程中与明朝产生了一定的冲突,但土鲁番依然承认明朝宗主国的地位。其双方在政治上和经济上的紧密关系是无法断绝的。

成化十四年(1478 年)土鲁番速檀阿力死,阿黑麻继立。明朝守臣认为土鲁番"其国已易主",上疏建议"请乘间封(哈密)王、遣之国"[③]。于是在经过几年的准备后,成化十八年(1482 年)哈密都督罕慎自苦峪率军夜袭哈密城。在赤斤、罕东二卫兵力的协同下一举收复失地。土鲁番守将牙兰仓皇逃去。西域诸部受到震慑,随即"瓦剌小列秃并土鲁番头目亦各差人递马讲和"。明朝鉴于哈密王母"忠顺王女阿黑察见在土鲁番居住,安定王累取不来,别无应继亲属",认为罕慎"系王婿把塔木儿之子,有根基力量",并且他"克复哈密,收捕剌木等,八城人民俱已归向"。遂在弘治元年(1488 年)"封王掌管地方"[④]。但土鲁番速檀阿黑麻却以"罕慎非王族"为借口,同年伪与之通婚,将其诱杀,从而复据哈密。面对复失哈密的危机,廷议当中以英国公张懋为首的多数大臣认为应当"姑俟徐图"[⑤],充分暴露出明朝在面对同样的突变第二次发生之时,却依旧束手无策的窘境。随即阿黑麻故伎复施,遣使称贡求和,"并求为哈密王"[⑥]。明朝以"薄其赐赉,或拘留使臣,却其贡物"的外交手段逼阿黑麻"悔罪"[⑦],阿黑麻对此不满,意图"勒兵近塞",以军事胁迫明朝对他吞并哈密这一既成事实的承认。牙兰劝阻了阿黑麻长途出兵的企图,进言到"今既杀其国王,则夷汉之心皆怒。若合谋并进,非我利也。不如乘势还城印以款之,再图后举。"[⑧]阿黑麻遂于弘治四年(1491 年)归还哈密城池、金印。在讨论哈密复国的问题上马文升分析认为"哈密国回回、畏兀儿、哈剌灰三种番夷同居一城""彼此颉颃",并且北山一带瓦剌蒙古部落小列秃、野乜克力"辄肆侵陵"哈密,必须寻找蒙古王族之裔"袭封以理国事,庶可慑伏诸番,兴复哈密。不然虽十年

①《明宪宗实录》卷一三四,成化十年十月己丑条。

②《明宪宗实录》卷一三五,成化十年十一月庚申条。

③(明)许进《平番始末》,《纪录汇编》卷三八,商务印书馆,1938 年。

④《明宪宗实录》卷二三五,成化十八年十二月庚午条。

⑤《明孝宗实录》卷二〇,弘治元年十一月丙戌条。

⑥(明)许进《平番始末》,《纪录汇编》卷三八,商务印书馆,1938 年。

⑦(清)张廷玉《明史》卷三二九《哈密卫传》第 8517 页,中华书局,1974 年。

⑧(明)许进《平番始末》,《纪录汇编》卷三八,商务印书馆,1938 年。

未得安耳。”[①]但由于罕慎被杀，王母阿黑察也已经故去，所没有嫡系继承人可立为忠顺王。次年，经过寻访，明朝封安定族人故忠义王脱脱近属从孙陕巴为忠顺王。这从继承权的角度上断绝了阿黑麻意欲吞并哈密卫的企图。但弘治六年(1493年)，阿黑麻以哈密大头目阿木郎“尅其赏赐”“虏其部落头畜”等为借口，“移书甘肃守臣，谓本国既献哈密城池，阿木郎复潜导野乜克力人马，至其国，入钞掠，朝廷所赐衣币亦被克减，故为此报复之举”，[②]发兵夜袭哈密，杀死阿木郎，执陕巴而去。明朝因事起于土鲁番与哈密之间的摩擦，开始力图居中调解，派遣兵部侍郎张海、前府都督同知缑谦前往经略。然而二人处置失当，试图“闭嘉峪关，示西域入贡诸番夷，俱毋令入。使阿黑麻结怨于众夷，以孤其势。”并且请旨将土鲁番贡使“写亦满速儿等四十余人皆安置两广、福建”作为人质暂时扣押。这种做法一反之前的怀柔羁縻之策，不但没有解决双方之间的矛盾，反而使得双方之间的对抗不断升级。“西域诸夷怨朝廷赏赐大减，又沮其由海道贡狮子，反相率从阿黑麻，阿黑麻复入哈密，自称可汗，大掠罕东诸夷。”[③]外交上的失利加之阿黑麻的袭扰，使得明朝不得不于弘治八年(1495年)决定出兵哈密。由于明军远道而来，行动迟缓，土鲁番守将牙兰早就望风而遁，明军没能够对土鲁番军队予以重创。明军大费周章夺回的哈密城已经是个残破不堪、无法驻守的空城，明军随即撤回。明军撤回后不久，哈密城又被土鲁番占领，哈密居民再次向明朝边境逃附。“哈密城池既克复，本卫夷众入城居守土鲁番阿黑麻复攻之，不能下竟败去。哈密夷众以地方伤残之余，贫困难守，尽自焚其土剌房舍，诣肃州求济。”[④]哈密虽复为土鲁番占据，但由于明军军威震慑，加之战争使得土鲁番大伤元气。次年“阿黑麻以畏威悔过，计无所出，遂遣使入贡，并以陕巴、金印来归且求写亦满速儿等”[⑤]。并在弘治十年(1497年)，送还陕巴以及所掠哈密人口。经此变故，哈密卫人众散居于哈密、苦峪及瓜州、沙州等地方“俾自耕牧”，内部更加分裂。固守和复兴哈密卫至此就已经成为明朝不能实现的计划。

弘治十七年(1504年)阿黑麻卒，其子满速儿继立为土鲁番速檀，虽

①(明)马文升《兴复哈密国王记》，《纪录汇编》卷三七，商务印书馆，1938年。
②《明孝宗实录》卷七四，弘治六年四月己亥条。
③(明)罗曰褧《咸宾录》卷三《哈密》，第66页，中华书局，2000年。
④《明孝宗实录》卷一二三，弘治十年三月壬戌条。
⑤(明)马文升《兴复哈密国王记》，《纪录汇编》卷三七，商务印书馆，1938年。

对明朝“修贡如故”,但其人“桀黠变诈蝓于父,复有吞并哈密之志”[①]。而哈密卫内部矛盾重重,难以复兴。“陕巴既归自土鲁番,而势力单弱,哈密人复有谋奉土鲁番真帖木儿为主者,陕巴惧,复挈家出居苦峪。”[②]次年,明朝“遣人自苦峪护送(陕巴)还国,又谕令赤斤、罕东二卫及哈密都督奄克孛剌、写亦虎仙等辅翼之,仍拘土鲁番之幼子真帖木儿于甘州夷馆養给”[③],如此暂时稳定了哈密政局。不久陕巴卒,其子拜牙即继位,明朝封其为忠顺王。

三、哈密危机的深入——甘肃之变

明朝鉴于哈密政局渐趋缓和,于正德六年(1511 年)将真帖木儿“厚其宴赏,转令哈密送回”,并且“敕谕其兄速坛满速儿及哈密忠顺王速坛拜牙即,令修政睦邻,永通职贡”[④]。但正德八年(1513 年),哈密王拜牙即因“素昏愚,性又淫暴”,失民心,“心怵属部害己”,所以在土鲁番速檀满速儿引诱之下,拜牙即最终“弃城叛入土鲁番”。满速儿一方面“派火者他只丁据管哈密”,另一方面“遣火者马黑木赴甘肃言拜牙即不能守国,满速儿遣将代守,乞犒赐”[⑤]。意图软硬兼施使得明朝承认他吞并哈密卫的既成事实。

而明朝此时正全力防范北方的蒙古部落,无力西顾,对于满速儿的要求除了外交辞令拒绝外,拿不出一个解决办法。正德九年(1514 年)土鲁番速檀满速儿探知甘肃镇“荒旱饥窘,人死亡且半,城堡空虚”,于是屡次要挟明朝,向明朝敲诈缎匹一万作为哈密城印的赎金,且要求放回其贡使,以此逼迫明朝承认他对哈密的控制权,否则“定要把旗插在甘州门上”[⑥]。面对满速儿的挑衅,总制陕西都御史邓璋认为事态严重,上疏请命重臣经略,明朝廷议后派彭泽前往经略,“量调延绥宁夏固原官军驻甘肃御之”,“各镇巡等官俱听节制,仍敕哈密邻近赤斤蒙古等诸夷卫互相应援,并力防守”[⑦]。明朝为稳住哈密局势,暂时对土鲁番没有采取强硬的措施,甘肃守

①(清)张廷玉《明史》卷三二九《土鲁番传》,中华书局,1974 年,第 8533 页。
②《明孝宗实录》卷二一九,弘治十七年十二月丙子条。
③《明孝宗实录》卷二二三,弘治十八年四月丁卯条。
④《明武宗实录》卷七七,正德六年七月壬子条。
⑤(清)张廷玉《明史》卷三二九《哈密卫传》,中华书局,1974 年,第 8521 页,。
⑥(明)严从简《殊域周咨录》卷一三《土鲁番》,中华文史丛书,台湾华文书局,第 618 页。
⑦《明武宗实录》卷一一二,正德九年五月己丑条。

臣并以“瓦剌达子侵哈密”，满速儿抵御有功，遂“以闻，且为乞赏”[①]。但这种小恩小惠似的收买已经再也无法满足土鲁番政权在迅速扩张中对哈密主权的需求。彭泽到达甘州后，开始调集兵马，逢“土鲁番复以书来，急欲缎匹”。同时满速儿得知“彭泽军在，不敢深入。假写番文称‘被赤斤抢了贡物，与他报仇。不敢侵犯甘肃，只讨些赏赐回去’。”据此，彭泽便判定“番酋可以利陷”，于是遣通事火信、马驯赍缎匹二千，同写亦虎仙前往土鲁番，“赎取城印”[②]。彭泽因年老多疾，昏聩至以为事态已经平息，便匆忙回奏朝廷“西夷事宁，乞致仕”。但满速儿欲壑难平，“嫌其赏薄”，继续讨价还价，试图以此使得明朝承认土鲁番吞并哈密，并继承哈密卫在西域的政治、经济地位。

至此，明朝朝臣多有不满，认为满速儿“夷性变诈、嗜利无厌”[③]，彭泽“奏增赏物以怀来之”的处置方法“卒不得其要领”。肃州兵备副使陈九畴愤慨彭泽“不能身当利害，何但模棱为”[④]的做法不当。巡按御史冯时雍更是上疏认为满速儿“贪狡反复，非厚惠可怀”，为达到制裁土鲁番的目的，“宜闭关绝其朝贡”[⑤]。如此，要求强硬政策对待土鲁番的意见充斥朝野上下。随后满速儿为了解明朝政府的态度，“遣写亦虎仙及其婿马黑木入贡以觇虚实”。不料甘肃守臣“以随贡头目火者撒者儿乃火者他只丁弟，惧其为变，乃并其党虎都写亦羁之甘州”。满速儿闻之大怒，遂于正德十一年(1516年)九月入寇肃州，甘肃镇“游击将军芮宁率众出御之，败没”，明军700余人阵亡。之后满速儿“遣斩巴思等十余人以驼马至肃州诡言乞和，而阴贻阿剌思罕儿、写亦虎仙等书约举火为内应”。陈九畴发觉其诡计，及时收捕或斩杀城内内应者，满速儿“久驻无援，恐谋泄”，[⑥]在肃州周边地区大肆抢掠后撤出肃州。史称“甘肃之变”。

土鲁番速檀满速儿虽然没有实现自己的目的，但也给明朝政府很大震动，显示了其地区优势已经达到敢与明朝抗争的地步。纵观土鲁番政权的发展过程，早在土鲁番阿力称速檀时，便已进入到一个快速扩张阶段。

①《明武宗实录》卷一一八，正德九年十一月丙子条。

②(明)严从简《殊域周咨录》卷一三《土鲁番》，中华文史丛书，台湾华文书局，1969年，第618页。

③《明武宗实录》卷一三七正德十一年五月庚寅条。

④(清)张廷玉《明史》卷二〇四《陈九畴传》，中华书局，1974年，第5379页。

⑤《明武宗实录》卷一三七，正德十一年五月庚寅条。

⑥《明武宗实录》卷一四五，正德十二年正月壬寅条。

虽“所部精兵不过三百，马步兵不满二千”[①]，但已具备了蚕食哈密卫的实力，并且逐渐“吞并诸国，势渐张，地广人众，大异曩时”。[②]终于在成化九年第一次入侵哈密。到速檀阿黑麻时，土鲁番“土城大如营者三，小如堡者十六，戍甲不满三百，兵马不满三千”[③]。但也两度侵占哈密，对明朝的西域政策造成沉重的打击。到速檀满速儿时代，土鲁番兵力又增多了一倍，再加上裹胁其他部落，“势驱沙、瓜，姻连瓦剌，借名诸番”，在明朝看来 “所纠集不过二万余人”[④]，便敢于进犯甘肃镇。这对于明朝这一老大帝国的君臣们来讲，局面变得危急起来，苦心经营的关西卫所几乎丧失殆尽，预示明朝西域政策的僵化和错误的政治决策终将遭受毁灭性的打击。“明朝必须改变对西域的固有政策，设法与日益强大的土鲁番修好关系，重建土鲁番与明朝国防利益之间的新格局。”[⑤]但令人遗憾的是，直到第二次“甘肃之变”后明朝嘉靖统治集团方才试图调整与土鲁番政权的关系。

四、嘉靖朝西域政策的变化所带来的新局面

正嘉之际，明朝内部权力更迭，“杨廷和集团在这一巨变中始而专权”[⑥]。杨廷和借武宗遗诏表明了其针对土鲁番的强硬态度，将往来于土鲁番与明朝之间的哈密卫大头目写亦虎仙逮捕，扣之以 “交通土鲁番，兴兵构乱，搅扰地方，以致哈密累世受害，罪恶深重”[⑦]的罪名后，于正德十六年(1521 年)将其处死。杨廷和没有深刻认识到哈密危机根源在于土鲁番是一个正在迅速扩张的地方政权，它的繁荣除了其臣民自身努力之外，还包括它长时间在与明朝通好的过程中获得的巨大财富。可以说，土鲁番政权的勃兴是与明朝息息相关的，明朝在一定程度上造就了土鲁番政权的发展。而杨廷和代表的一部分官僚错误地认为只要击退土鲁番，哈密卫就可以复兴。但事实上从罕慎、陕巴至拜牙都不具备统领哈密卫的能力。加之哈密卫内部部族分裂严重，哈密卫的丧失从成化年间就已经成为一个

①《明宪宗实录》卷一三〇，成化十年闰六月乙巳条

②(明)杨一葵《裔乘》卷八《西北夷》，《玄览堂丛书初集》，正中书局，1981 年。

③《明孝宗实录》卷八九，弘治七年六月丙寅条。

④《明武宗实录》卷一六四，正德十三年七月己亥条。

⑤田澍《明代哈密危机述论》，《中国边疆史地研究》2002 年第 4 期。

⑥田澍《嘉靖革新研究》第 8 章《解决哈密危机》，中国社会科学出版社，2002 年，第 220 页。

⑦《明世宗实录》卷一，正德十六年四月壬寅条。

苟延残喘似的延续。而这个延续则也是明朝苦苦支撑的结果。明朝花费巨万主导西域政治格局的同时没能及时灵活地调整其西域政策，这是造成其西域政策遭受重大挫折的根本原因。永乐之后僵化的守边策略,始终将嘉峪关作为边境线而畏缩不前，将哈密卫视为不可替代的藩篱而抱残守缺,则是错误政策指导下的具体失败表现。

写亦虎仙之死并没能如杨廷和集团所愿吓退土鲁番，反而招致了满速儿更大的怨恨。土鲁番两万骑兵在满速儿的率领下以报仇为名于嘉靖三年(1524 年)九月再次大举进入甘肃镇,围困肃州,抢掠甘州。在河西地方惨遭涂炭之后,明朝方才匆忙“调陕西、延宁及庄浪四路游击官军各三千驰赴肃州”,并且“特命兵部尚书金献民兼都察院右都御史总制军务,署都督佥事杭雄充总兵官提督军务”[①]。与此同时,明廷内部就针对土鲁番是否应该闭关绝贡展开了激烈争论。尚书金献民认为：“河西地方,民穷彻骨,万一见之不真,复听入贡,必将浚民之膏血为之饭食,劳民之筋骨为之役使,驿路骚扰,鸡犬不宁”[②],要求闭关绝贡并加强战备。陈九畴、卢问之亦俱上书请闭关绝贡。陈九畴认为:“土鲁番所以敢犯甘肃者,以我纳其朝贡,纵其实贩任其还往,使得稔知我之虚实,而启其戎心也。”[③]他将土鲁番的使臣视为谍报人员,认为应该予以戒备。次年,土鲁番向明朝派出朝贡使臣“持番文求贡”。佥都御史寇天叙等以为“土鲁番谲诈反覆,不足深信”[④]。如此表明闭关绝贡观点被许多大臣予以赞同。而杨一清则认为“我能绝其入贡之路,不能绝其入寇之途”,并且甘肃镇在满速儿洗劫之后“边备不严,兵马怯弱,安知不蹈嘉靖三年之覆辙乎？”所以认为“闭关绝贡之说不可执以为常”[⑤]。但鉴于绝贡派的反对,以及土鲁番对甘肃仍有零星侵袭,土鲁番入贡使臣一直被阻挡在边关之外。

至嘉靖七年(1528 年),明朝与土鲁番的外交关系随着一场政治变革而重新修好。嘉靖革新中的核心人物张璁、桂萼、霍韬等人借着对“甘肃之变”的问责,力图改革明朝的西域政策。在中央政府内部,问责金献民玩忽职守,延及杨廷和主持闭关绝贡之举。地方上则先后派遣边务练达的杨一

①《明世宗实录》卷四三,嘉靖三年九月丙戌条。
②(明)严从简《殊域周咨录》卷一三《土鲁番》,中华书局,2000 年,第 640 页。
③《明世宗实录》卷四八,嘉靖四年二月己亥条。
④《明世宗实录》卷六一,嘉靖五年二月庚申条。
⑤杨一清《论哈密事情奏对》《密谕录》卷七,《杨一清集》,中华书局,2001 年,第 1053 页。

清、王琼先后提督陕西三边军务。虽在是否与土鲁番通贡的问题上桂萼与王琼等人之间就要等到土鲁番悔罪之后再通贡的意见上有所分歧，但明朝君臣最终经过商议确定放弃继续扶持忠顺王王统，尽快恢复与土鲁番之间的外交关系和朝贡贸易。嘉靖八年(1529年)明政府最终决定放弃哈密卫,名义上批准其“专图自治”,实则放弃了扶持哈密复国这一味同鸡肋的政策,这也在另一个方面承认了土鲁番吞并哈密的既成事实。如此调整后,明朝与土鲁番的关系也渐趋缓和。而之后不久土鲁番因为迅速扩张而走向了派系分裂的道路。在土鲁番政权迅速扩张的过程中征战频繁,致使其内部矛盾也日渐尖锐。上层统治者为争夺财富，不仅强迫当地居民从军,还裹胁其他部落“以助声势”,并且向这些部落“年例索其子女、牛畜,来寇就其刍粮、马匹,需求扰害,殆无宁岁”[①]。使得周边依附部落不堪其压迫而起身反抗,多逃附明朝寻求庇护。嘉靖七年(1528年)沙州番族帖木哥、土巴二部,因土鲁番“岁征其妇女、牛马,不胜侵暴”,因而到甘肃“叩关求附”[②]。此外土鲁番头目牙兰在其内部派系斗争中失败,“为满速儿所疑,惧诛”,遂与帖木哥、土巴部落一起内附明朝。于是“自写亦虎仙诛,他只丁阵殁,牙兰又降,失其所倚赖,势亦渐孤。部下各自雄长,称王入贡者多至十五人,政权亦不一”[③]之后,土鲁番与明朝之间再也没有发生过大规模武装冲突。而土鲁番与明朝的朝贡贸易依然往来,延续不断,“逮世宗末年,番文至二百四十八道。朝廷重违其情,咸为给赐。”至隆庆年间土鲁番政权内部分裂,三王并立。三王都各自“遣使来贡”。直到崇祯年间,土鲁番仍派遣使节到明朝进行朝贡贸易活动。

结　语

纵观有明一代，中原王朝与土鲁番地区之间的往来既有友好贸易也有冲突与战争，而以朝贡贸易为主要形式的友好往来则是两地交往过程中的主流。双方战争的根源在于当以土鲁番为代表的地方政权在迅速崛起的过程中，与中原王朝所固守的扶持哈密政权的既定政策之间产生矛

①(明)严从简《殊域周咨录》卷一四《罕东》,中华文史丛书,台湾华文书局,1969年,第677页。

②《明世宗实录》卷八九,嘉靖七年六月壬寅条。

③(清)张廷玉《明史》卷三二九,《土鲁番传》,中华书局,1974年,第8535页。

盾是在所难免的。对于明朝来说,没有能够正确分析土鲁番政权势力的崛起和哈密政权的衰落是难以回避的事实。明朝一意孤行地耗费巨资去支持一个难以复兴的哈密政权,而对土鲁番闭关绝贡,扣押其贡使以及处死写亦虎仙这类起到联络双方作用的人物等强硬手段，这是无法从根本上解决明朝抱残守缺的做法而引起的边疆危机。但所幸双方的交流并没有因战争冲突而停止，明朝仍有许多有识之士认清西域地区的稳定和安全并不是靠封锁和武力所能解决的。这种观点到嘉靖年间最终能够促成放弃继续扶持哈密卫,承认土鲁番政权在西域地区所取得的政治地位,符合当时时代发展的需求。这样一来,不仅加强了土鲁番与中原经济的交流,而且也将中原的先进农耕文化带到西域,促进了西域地区经济、文化的发展。而一旦闭关绝贡,将双方的外交关系诉诸武力,使得土鲁番以及周边各国中断了与中原的贸易往来,不仅这些邻国会"嫌怨之",就是土鲁番本身也购买不到所需之物。明朝政府曾敕书土鲁番政权,指出朝贡贸易"实尔国无穷之利,比之据守孤城,自阻道路,其得失无难辨者"[①]。也正因为如此,土鲁番与明朝发生冲突后,多是迅速从"悔过"转向"乞贡",从而使得双方外交关系得到改善。所以,每次开关通贡之后,土鲁番与明朝的朝贡贸易往来更为频繁。说明西域的繁荣稳定是与中原地区息息相关的,两地的经济文化往来需要和平稳定的政治环境来支撑，正如明朝与西域诸国所达成的共识,"讲和便好,不讲和便不好"[②],这才是两地得以共同走向繁荣昌盛的唯一坦途。

(本文原载:《2009 年全国博士生学术论坛论文集》2009 年)

①《明宪宗实录》卷一三八,成化十一年二月丙申条。

②田澍《嘉靖革新研究》第 8 章《解决哈密危机》,中国社会科学出版社,2002 年,第 229 页。

浅谈中国青铜时代

米　毅

国家的出现,意味着文明的繁荣。公元前3500年左右两河流域和埃及进入了文明时期;公元前2600年左右印度河流域进入文明时期;公元前2000年左右,中华文明进入夏王朝时期。自此,中国的青铜时代拉开了序幕。

青铜时代,即一个以青铜器为政治、文化、生活代表的时间段,不以朝代为界限,出现于夏王朝初期。前期为“模”和“范”铸青铜器,后期辅以失蜡法铸造,延续近2000年。直到礼制被打破,铁器开始流行的战国时期,青铜时代才渐渐画上了句号。中国青铜器在世界上是独一无二的,青铜时代大量繁缛华丽青铜礼乐器的制作,与世界上其他国家青铜文明时期用青铜制作工具、兵器和饰品有明显的不同。在这一时期,青铜器不仅作为国家政治物质化的象征,还是社会等级、地位的物质化象征,在很大程度上代表了中国早期的文明。国家有国之重器,所谓“九鼎”就是国家政权的象征。在这钟鸣鼎食的时代,皇室、贵族是青铜器的拥有者,铜器是“子孙永宝用”之器,是地位尊卑的象征。《春秋左传》记载:“国之大事,在祀与戎”,早期青铜器主要用于祭祀与战争,尤其是商、周两代;周王室东迁后“礼崩乐坏”,战国以后,青铜器在各个方面的作用逐渐被其他金属器代替。

青铜器一般被定义为以红铜为主要成分,与锡、铅的合金为原料做成的器物。按照用途可分类为容器、乐器、兵器、车马器、工具、杂项(带钩、铜镜、铜钱、铜佛造像等)。中国青铜器涉及文化、科学技术等多方面,且青铜时代的各个发展阶段,各类青铜器的形制、铭文、纹饰等都会随时间发生阶段性的变化,铸造和装饰工艺也在不断地发展,所以中国青铜器可以通过器型学、造型艺术、纹饰、铭文内容、文字、书体演变、青铜器铸造和装饰工艺几个方面进行研究。

青铜器制作在技术上以陶范铸造为主,辅以失蜡法铸造(春秋中期出现)和多种表面装饰工艺的传统技艺。陶范材料由多种原料配置而成,经特定工艺处理后具有良好的铸造性能。在青铜器陶范铸造工艺中,“模”是指用于制作范的原型,“范” 指依照模型的形状和纹饰翻制出来用于铸造青铜器的铸型,“模”与“范”决定了青铜器的形状。陶范铸造可以采用一次成型的浑铸技术,也可以依靠部件分铸接、铸焊、机械连接等技术手段,将各部件连成一个整体,以获得结构复杂、具有立体感的青铜器物。铸造过程中经常使用内范支钉以及芯撑等技术。复合金属技术和成套编钟的铸造,表明人们对青铜性能的高度认知,技术已炉火纯青,形成了专业化分工生产。

随着青铜冶铸和工艺的发展,主要作为礼器的青铜器,其发展和功能的不同体现以及青铜器的造型和纹饰在不同阶段的变化, 青铜时代大致分为二里头文化时期,商代前期(二里岗文化时期),商代后期(殷墟文化时期),西周时期至春秋早期,春秋中、晚期至战国早期,战国中、晚期六个发展阶段。下面分阶段详述。

一、二里头文化时期

二里头遗址发掘于河南偃师二里头村,是一个大型宫殿的遗址。二里头文化分为四期,第四期的年代下限可能已经进入商代早期。二里头文化一期、二期基本只有小件青铜器,三期以后出土有青铜容器,并且在有些器物上出现了简单的几何形花纹,代表青铜铸造业已经达到一定水平。二里头文化出土最多、最具代表性的器物为爵,其他地方出土的同时期器物很少。二里头时期大约相当于文献记载的夏王朝时期。夏人“姒”姓,夏第一位国君为禹。在禹之前都是禅让制继承部落首领的位置,禹死时也禅让于东夷益,但由于益无显赫功业,最后禹之子启将益杀死,继帝位。启即位后,便废除禅让制,建立了君主世袭制度。世袭制度建立,标志着漫长的原始社会被私有制社会所替代,中国历史上第一个奴隶制国家夏朝建立了。夏代自禹到桀,共传十四世、十七王,前后经历了约四百七十年。

二、商代前期(二里岗文化时期)

汤为商代第一位国君,商人"子"姓,且商代姓大于氏,姓一直不更改,同一姓不同分支的族人为了区别,才有不同的氏,商人一般都是以地名、水名或其他有纪念意义的字为氏。商代分为两期,是以盘庚迁都于殷为界限,商人曾多次迁移都城,原因据考也是多方面的,有避水患说、解决内乱说,也有一说是为了更牢固地统治西北的少数部族。由于这种种原因,自成灭夏至盘庚迁殷历经五迁都城,不断向西迁移,最后定都于现河南安阳。

因为二里岗位于郑州老城约二华里,故俗称之为"二里岗",在此地发现的文化遗址被命名为二里岗文化。此时期的器物在河南、河北等地均有出土。这时期觚、斝等新的器型不断出现,以酒器为主。食器、水器具备的礼器体制初步建立,兽面纹、龙纹、鸟纹成为主要装饰纹饰,其装饰手法也由简变繁,由粗变精。

三、商代后期(殷墟文化时期)

盘庚迁殷至纣王帝辛为商代后期。商代后期的青铜器根据其组合的变化、器形和纹饰的主要特征可分为三期:一期:盘庚—小乙;二期:武丁—祖甲(或者廪辛早期);三期:廪辛—帝辛。商代后期以二期最具代表性,二期又以妇好墓出土的四百多件文物最为珍贵和重要。这一时期的主要特点是青铜器器物种类更丰富,许多器物上出现铭文,青铜器的种类与器型在这一时期基本齐全,动物形象作为器物造型的青铜器有较多的发现。在商代后期出现由底纹、主纹及主纹上的花饰组成三层花的形式,浮雕和平雕相结合,代表商代后期为青铜器发展的一个高峰,其器形、纹饰都到达一个巅峰。此时期器物在山东、河北、北京、陕西、山西、四川、湖南都出土过。商代自汤至纣,共传十七世、三十王,前后经历了约六百年。

四、西周时期至春秋早期

周人“姬”姓,因西周建都在镐京,东周的都城洛邑在镐京的东方,所以分为西周和东周。西周从公元前1046年到公元前771年;东周自公元前770年到公元前256年。周朝共传三十世、三十七王,延续约八百年时间,为中国历史上最长的朝代。

西周时期青铜器主要出土于三个地方:一为周原地域(狭义的周原即现在的西安到宝鸡之间,广义的周原即整个扶风岐山的北部地区);二为长安,即沣水东、西两岸;三为洛阳。这一时期应该为中国青铜器的整饬(修整,整治)时期,其特点为:

1. 青铜器的组合更有规律性,特别是中期以后,主要指用鼎制度开始流行;
2. 形制和纹饰的变化有非常清楚的规律性整合;
3. 造型和纹饰总体较庄重、简朴;
4. 宗法制度影响下,青铜器作为礼器的用途更强;
5. 铸造技术无明显突破;
6. 铭文字体整体趋向于严谨。

西周青铜器一般分为三期:早期:武、(周公)成、康、昭;中期:穆、共、懿、孝;晚期:夷、厉、(共和十四年)、宣、幽。西周青铜器最大的特色是铭文在器物上大量出现,但是西周早期还深受商代青铜的影响,自中期开始逐渐摆脱商人的模式,形成自己独特的风格。花纹由具象变抽象,波曲纹、兽体变形纹逐渐成为装饰题材的主体;长篇记事铭文不断出现,题材涉及当时的社会历史、典章制度、宗教礼仪、军事战争、土地交换、司法刑律等,成为研究这一时期历史最可靠和最直接的文字资料。到了西周晚期,由于政治经济的衰败,导致了青铜工艺发展的相对停滞,器物的形制和纹饰出现了固定的、有局限性的搭配,不再像以前那种器型和装饰千变万化的局面。

五、春秋中、晚期至战国早期

周王室在后期势力不断减弱,尤其是周平王东迁洛邑(今河南省洛阳市)后,各诸侯在政治上得到以前王室才有的礼制待遇。各大诸侯国争霸中原,先后出现了齐桓公、宋襄公、晋文公、秦穆公、楚庄王(也有一说是齐桓公、晋文公、楚庄王、吴王夫差、越王勾践)五大诸侯霸主。各诸侯国经济的发展也促进了青铜铸造的发展。器型的设计注重与实用性相结合,新组合、新器形不断出现,工艺多样化,纹饰更多,如镶嵌、错金银、鎏金、彩绘等表面装饰新工艺的运用。这一时期青铜器上长篇的记事体铭文逐渐减少,物勒工名的铭文内容开始出现,地方也出现了比较有特色的器物,南方青铜器上出现并流行鸟虫书等艺术化字体,失蜡法的发明,印模法等技术也广泛应用。总之,这个时期的青铜器就像这个时期的文化一样,出现了百家争鸣的现象。春秋时期从周平王开始至周敬王结束共二百九十多年。

六、战国中、晚期

经过春秋长期激烈的争霸战争,到战国开始时,主要的诸侯国只有齐、楚、燕、韩、赵、魏、秦七国,历史上称之为“战国七雄”。战国中期以后,青铜器作为贵族阶层身份象征的礼器作用已经基本消失,用鼎制度尚存,但已经不严格。青铜器基本上用于生活实用,青铜工艺也逐渐衰退。青铜器在大部分地方的作用被其他金属器(例如:铁)所代替,被用于礼器的青铜时代逐渐消逝,铁器开始大量用于工具、兵器、农具等方面。

青铜时代虽然结束,但是青铜器从未退出过历史的舞台,青铜佛造像、铜镜等一直流行到近代。由于青铜时代青铜器的精美,后世朝代还有仿制品出现。

青铜铸造的文明,成就了一段永恒的记忆。世界各文明古国先后都出现过不同发达程度的青铜时代,但是中国青铜时代的青铜器从多方面真实反映了社会、历史的发展历程,具有重要的历史、艺术和科学价值,是人类文明发展中的珍贵文化遗产。

清代《甘新驿道旅程抄本》和古代驿站之功能

葛雅莉[①]

一

甘肃省博物馆藏《甘新驿道旅程抄本》,出土于武威天梯山石窟。纸本墨书,原为折叠状,残长56厘米,是一本清代丝绸之路自甘肃至新疆的珍贵导行册。它记载了自甘肃安西至新疆哈密、巴里坤地区的驿站、军台、里程、路况、水味、店房、饭铺等情况,所记载驿站的大致情况为:大山头有店房戈壁,35里山坡路;马兰井子有军台、店房,35里沙石路;红柳河子有饭铺,45里;星星峡有军台、店房,50里沙路;小红柳园有店房,40里石子路;沙泉子有饭铺、戈壁,30里沙石路,水碱;疙瘩井子有饭铺、戈壁,50里沙路,水苦;苦水有军台、店房、戈壁,80里沙石路,水苦;红山子有军台、店房、戈壁,60里沙路,水苦;格子烟墩有军台、店房,70里沙路,水苦;长流水有军台、店房,40里沙路,水好;40井子有饭铺,30里沙路,水碱;黄芦岗有军台、店房,35里沙路;榆邱墩子有饭铺,35里沙路。接下来进入哈密城,共计1520里。接下来三个地名已残,相距分别是60里沙路、60里沙路、50里小石子路,有军台、店房,属于戈壁;沙泉子有店房20里小石子路;鸭子泉有店房、军台,40里石子路;梯子泉有店房,40里石子路;燎墩此处分路避13间房,北路有军台,冰雪山路车难行,无店通文报。燎墩有军台,80里山沟路由达板。橙(橹)沟有军台,30里山路达坂;肋巴泉有军台、戈壁,60里山路;套赖泉有军台,通巴里坤1里山路;接下来的部分已残。

上述记载,虽显枯燥而冗长,但它真实地记录了我国"大漠孤烟直,长河落日圆"的西北地区驿站的位置分布、性质、功用等详细情况,是我们今

①甘肃省博物馆。

天研究清代信息传递方式的重要文献资料。因此,笔者想以此为导,进一步分析我国古代驿站的形成发展历程,穿越时空去感受先民那段驿站传书的啸啸岁月。

二

古代驿站的出现最初是为了官员往来和文书邮递之需要。古代驿站,起源极早。据历史考证,早在商代,朝廷就设立了许多据点和止宿之处,最初这些据点称为"堞",大约 50 里设一处,后来发展为"次",商朝有霍、齐、淮等名目,就是在霍、齐、淮地止宿的临时客舍。这是商王朝专为商王、贵族建筑的道边旅舍,学者们认为这就是中国最早的驿站雏形。西周时,邮驿制度自成体系,趋于规范,文书传递方式名称不一,比如:以车传递称为"传",这是一种轻车快传;另一种车传称为"驲";又有一种称为"邮"的,在周代主要指边境上传书的机构;还有一种叫作"徒"的,此时车传居多。在西周的邮传驿道上,沿途设置了休息站,叫作"委""馆"或"市"。

到了秦始皇统一中国,驿站开始被赋予军事用途。汉代延续秦代的制度,秦汉的邮驿开始逐渐完善、级别分明、用途专一,设立了亭、邮、驿、传。在传递文书的驿道邮路途中,每隔一定距离便设置一个传递机构,规模大些的配备房舍、马匹等,供运送官物以及来往官员和传递文书人员使用,规模较小的只负责传递文书。当时普遍按照 10 里一亭、50 里一驿设置。其中,亭和邮是食宿之所,驿和传是传递公文官物之机构。《后汉书·蔡邕传》载有"吾昔尝会稽高丽亭"之语。据《吴郡志》记载,"高丽亭有二,一在阊门外,一在盘门外"。

三国时东吴邮驿的最大特点是水驿的出现。水驿到隋唐时,得到了更大的发展。嘉峪关魏晋墓里曾出土一块有画像的砖,上面画着一个驿使骑在飞驰的红鬃马上,一手持缰,一手举着文书,急行传递,生动地表现了当时驿传的情况。

唐代驿站兼顾馆舍之用,因此改称为"馆驿"。据《吴地记》叙,苏州有"全吴、盘门、通波、临顿、升月、乌鹊、江风、望亭八所驿站",都办有店肆供商人旅客住宿,酒食丰足。到了宋代,驿站开始被"军管",与秦汉时的驿骑和唐代的驿夫不同,宋代由军卒负责驿递,带有军邮性质。发驿遣使,宋初时制有银牌，宽 2.5 寸，长 6 寸，上嵌饰二麒麟，穿有红丝，后在使臣和护边兵中有遗失而废，改用铜质鎏金字牌。凡传递紧急信息，要日行 400 里，恰如《说岳全传》中所说："十二道金牌急急召回岳飞。"

元代邮驿组织曾以四通八达的交通网络称雄东方，闻名世界，元代邮驿通信称"站赤"，是蒙语"驿传"之译音，传递信息有另一种风情。当时朝廷规定，通信有两条传递渠道：一是"遣使驰驿"，凡属国家大事的文书，即由专使马驿传递；另一种是铺兵传递日常小事的文书，由步递传递。据《元史兵志》记载："铺兵走递时，皆腰革带，悬铃，持枪，挟雨衣，赍(带)文书之行，夜则持火炬，道狭，则车马者、负荷者闻铃避诸旁，夜亦以惊虎狼也。"由此可以看出，元代步递是昼夜兼程，风雨无阻的。

意大利人马可·波罗对这种"步递"有生动描绘："各邮站之间，每隔约五公里的地方住着步行信差，他们身缠腰带，上系数个小铃，以便在很远的地方时，听到铃响，人们就知道驿卒将来了。因为一个步行信差到另一站，约五公里，铃声报知他们的到来，使另一站的信差有所准备，人一到站，便接过邮包立即出发，这样，一站站依次传下去，极为神速。"

进入清代，驿站将交通与通信融为一体。当时的清朝政府约有 4 万多名铺兵组成邮驿组织，规模庞大，超过以前任何朝代。清代邮驿对于统一的多民族国家的形成和巩固发挥过重要的作用。

笔者认为，清代驿站有一套行之有效的组织管理体制，并配制了役夫和驿马、驿车、驿船等设施，而清末的腐败现象和近代电信交通业的发展则是清代驿站衰落的主要原因。1913 年，北洋政府宣布"裁汰驿站，开办邮政"，驿站才退出历史舞台。现代意义上的邮政业务出现后，红火数千年的驿站算是完成了历史使命。目前，全国还保留下来的千年古驿站已不多见，苏州的横塘驿站、河北怀来的鸡鸣驿城、高邮盂城驿等，是仅存的为数不多的古驿站。

三

杨贵妃"一骑红尘妃子笑，无人知是荔枝来"，离不开四通八达的驿站；李清照"锦书谁寄相思语"的闲愁，也离不开急速传递的驿站。古代驿站既为王朝服务，也为百姓解忧。驿站，由最初的只传递信息，后来赋予了住宿、接待官员之功能；由最初的民用到后来的以军为主、军民兼用，性质在不断发生变化；由最初的松散、结构单一逐步演变为由政府统一组织、管理的庞大交通、通信网络体系，管理服务日趋完善。

从总体上分析，驿站的主要功能之一是充当政府的“驿”和“馆”，这可以从驿站的职能定位、驿丞的职责分工等方面得到充分的映证。

一般的驿站都包括“驿”和“馆”两部分。如果说“驿”的主要职能是“传递功能”，那么“馆”的主要职能就是“接待”。公馆又叫客馆、候馆、宾馆、馆第等。高邮盂城驿“复于旁南，别为公馆”，说的就是盂城驿开设的秦邮公馆。明代高邮知州赵来亨的《公馆记》有生动描述：“皇华有堂，堂构峨峨，后寝渠渠，缭以周垣，启以高门，赭垩黝碧，宏敞炜煌。”另外，盂城驿所在的巷子名字就叫“馆驿巷”，从古至今一直沿用。可见“馆”和“驿”是密不可分，不可或缺的。

为什么历朝历代的地方官员都十分热衷于馆驿的建设呢？这是因为馆驿不仅是官府衙门的一个重要部门，还因为馆驿是地方的门面。馆驿建设的好坏，正面反映了地方行政的兴衰。他们一方面以整洁的环境，宽畅的屋宇，华丽的设备，博得过往官员的欢颜；一方面又以驿亭桥道的整齐划一，标榜地方吏治的昌明。这就相当于今天的“政绩工程”“形象工程”。难怪苏轼在《凤鸣驿记》中发出“视出所居与其凡所资用，如官府、如庙观、如数世富人之宅，四方之至者如归其家，皆乐而忘去”的感叹。

此外，古代驿站的官府衙门地位，还可以从驿站的官员管理、工作职能等方面来体现。

就全国的驿站而言，驿站的官员都是由垂直主管部门管理。从唐代开始，邮驿的中央管理机构是尚书省的兵部，改变了汉魏历代由法曹兼管邮驿的体制。在地方上原是州县两级管理，以后“道”逐渐也成为一级行政单位，每级都有专人负责管理。到了明代，中央管理邮驿的机关为兵部车驾清吏司。在地方上，邮驿受布政使与按察使双重领导。《明史》对知府、知县和驿丞的分工有明确规定：“驿丞，典邮传迎送之事。”而“知府、知县掌一府、县之政，宣风化、平狱讼、均赋役，以教养百姓”。

古代，驿站遍布各地，履行着很强的政府职能。《明会典》把邮驿的功能定位得十分具体：“传达政令，递送使客，飞报军情(灾情)，转运军需(官需、贡品)。”为了适应这种功能，驿站就必须具有官府的行政能力。具体表现为:其一,驿站按编制,除了驿丞外,还配有棚头、差头、牢头、禁卒等。《高邮州志》载,高邮盂城驿编制有棚头一人(注:清代陆军编制十四人为一棚),差头三人。其二,驿站不但有成套刑具,驿站还设有监房。有一部记载直隶河西驿的手记《驿事纪略》就写得很具体:"各内外衙门派人持火牌、兵票押解人犯沿途宿驿。为避免发生逃亡事故,有的驿站设置囚室,用以关押在途人犯。这是驿站的固有职能,由来已久,并非新增加的任务。"其三,驿站还是犯人服刑的场所。明清时将犯人发配到驿站从事驿站内最艰苦的劳役,这叫"摆站"。蒲松龄在长篇小说《醒世姻缘传》中大写特写高邮盂城驿内摆站犯人的服刑活动。小说深刻刻画驿内内幕,令人发指。其四,驿站还可以公开出"告示",如《涌幢小品》载:"前在京,过安福胡同,见兵马司告示大于巡城御史。后归家,见驿丞告示亦大于知县。"

驿丞虽小,但直属吏部。州县的驿站设驿丞一职,主管驿站事务,为一驿之长,官秩为从九品,未入流。《明吏·职官志》云:"驿丞典邮传迎送之事"。驿丞由吏部任免,并按规定考核铨叙。驿丞的工作是专职迎来送往,周旋于上司显宦之中,责任却也十分重大。"秩莫卑于驿官,事莫纷于邮务。"这说明,驿丞官虽微小,但发生在邮驿之中的事端却又非常纷繁复杂。一些驿丞勾结权势,串通州府,对上卑躬屈膝,对下作威作福,百姓也视之如虎狼。京剧《临江驿》对此情形有着淋漓尽致的描述。

今天,我们处在一个飞速变化的信息时代,加拿大人麦克卢汉"地球村"的预言已变为现实,乔布斯、扎克伯格等人已将信息的沟通实现无缝联连。驿站已成为过去,邮政也在发生着蜕变。但古代驿站在当时社会经济发展中所起的桥梁和纽带作用,以及所担当的政府职能,是我们不能否定的。在过去那个"逢火连三月,家书抵万金"的时代,唯有驿站能穿越千难万险,带给人们亲人的思念和远方的关怀。

驿站,虽早已退出了历史舞台,淡出我们的视野,但是,它曾经的辉煌向我们昭示,它绝不会在人们的记忆里消失。相反,随着我们信息传递的更加快捷,它在人类发展历史长河中必将成为一道亮丽的、永恒的风景线。

(本文原载:《丝绸之路》2012年4月下半月刊)

心道法师及其所创法幢宗

米玉梅①

20世纪初,中国结束了一千多年的封建统治王朝,解体了世袭相传的君主统治体制,进入了一个新的民主共和时期,中国佛教也在这个历史长河中有了巨大变化,佛教本有的传统观念得到冲击,传统的佛教思想受到严重影响。涌现出的许多高僧大德,对传统的佛教文化体制提出了改革,打破了过去的经院式佛教模式,兴办佛教学院教育,发展综合佛教文化事业。心道法师是当时在这种积极的佛教先进思想影响下的精通佛理的青年僧人,在西北弘法的十六年时间里,他融合儒家文化、汉藏文化,形成了自己独特的佛学思想,并创建"法幢宗",在中国近代佛教史上具有很大影响,为佛教的发展和改革做出了巨大贡献。

一、心道法师

心道法师,湖北荆州松滋县人,生于清光绪三十一年正月初七(1905年2月23日),少年时期因受母亲信佛修善的熏陶和影响,礼近佛典,十五岁时广泛阅读经、史、子、集及儒、释、道经典,十八岁时在松滋岱辅庙剃度出家,法名源福,法号心道。同年在江陵古刹章华寺得戒大和尚净月上人座前,受具足戒。在这之后的几十年中,在净月上人鼓励和支持下,只身外出,游历参学,精心修禅,潜心学习佛教的大小乘经典,博通三藏,显密兼容,为日后树宗立说奠定了良好的基础。1929年至1930年,在厦门闽南佛学院研究部学习,师从太虚法师,深入经藏研究,潜心修禅习律。一年后,因其研究成果突出,聘为该院助教,后继任教授及督学。1931年至1932年,在鼓山佛学院任教授兼教务主任,讲授《法华经》、《中国佛学》等课程。1933年,心道法师结束十年的游历学习生活,返回章华寺。1934年,心道法师住进藏传佛教格鲁派六大寺庙之一的青海塔尔寺学习藏密,从师于蒙、藏诸大德,学习藏文和显密经典。在学习期间,心道法师拜谒九世

①甘肃省博物馆。

班禅,班禅对其赠语:“吾们原来是一家人,宜相亲相敬,共弘佛法”,并在九世班禅举行的长寿灌顶法会上,首次受密宗灌顶,在班禅于塔尔寺举行的传时轮金刚大灌顶时,心道法师再次受记灌顶。1932年,法师第二次赴青海塔尔寺学密、求法,先后从班禅大师、恩久活佛、阿嘉活佛等处接受灌顶、受记、赐名,获得“丹巴增贝堪布佛”和“班智达”的称号。

心道法师从赴青海学密开始,在长达十余年的时间里,往返于青海、甘肃、陕西、宁夏、新疆、内蒙古、四川等省区讲经说法,恢复佛教正信。在西北五省弘法的十余年里,所到各市、县改组和筹建上百个居士林和佛教团体,新建、改建、恢复数十座寺院,传三坛大戒七次剃度弟子数百人,受皈依和五戒的居士数万人。面对多民族、多信仰、诸宗互斥和邪教横行的现实,为弘扬正信佛法,为振兴西北佛教,心道法师创立了以“破邪显正、显密并弘、禅净双修”为宗旨的法幢宗;并创刊《西北佛教周报》,成立大兴善寺佛学院,积极宣传正信的佛教,倡导佛学要进入社会、服务社会,庄严国土、利乐有情、爱国爱教,倡导宗教和睦、民族团结。在抗战时期,先后在西安、甘肃等地发表抗日演说,兴办佛教实业体制,并亲自组织“中国佛教徒战地服务僧众救护队”“僧侣防空义勇队”,支援抗日救国运动。在中国近代佛教史上具有很大影响,为中国近代佛教的发展做出了巨大贡献。

1947年冬离开西北后,在南京普照寺任方丈,并成立了“中国法幢学会”,同时兼任上海弥陀寺方丈。新中国成立后,出任南昌佑民寺方丈,先后出席了中国佛教协会第一、第二、第三届全国代表大会并任理事,担任江西省政协委员,佛教协会会长,1968年去世,终年六十四岁。

二、法幢宗的创立及其主要思想

(一)法幢宗的创立及宗旨

法幢宗是中国禅宗临济宗的分派,形成于20世纪30年代,主要遍布和盛行于我国西北五省。20世纪三四十年代,地处边陲的西北,民族杂居,宗教信仰复杂,除信仰伊斯兰教、藏传佛教以外,各种教派林立,相互之间倾轧排斥,使得佛教内部不振,外道盛行,再加上本地僧侣素质不高,忙于办庙会,赶经忏,疏于弘扬正信,心道法师便萌生了振兴西北佛教的宏愿,他说“西北各省,昔为佛教发源之地,厥后几经兵劫,几致摧毁殆尽。

近年以来，虽经诸大法师及各善知识，力予提倡，唯以人心沉溺，能警觉者，为数仍少。愿欲救斯乱世之劫运，必以弘扬佛法为先，必以振兴西北佛教为先”“欲建立西北真正的佛教，非破除那些似是而非的冒牌佛教不可。”他利用在塔尔寺学密的机会和地方政府的关系，在青海省的西宁、通海、湟源等地创办了佛教会和居士林，后来又在甘肃、宁夏、新疆等地先后组织成立了佛教会和居士林，讲经弘法和发表演说，阐明正信的佛教与迷信、佛教与外道的区别、佛教的教化作用和外道的害处等佛教基本知识，使得当地百姓纷纷弃外道而归依佛教，佛教得到了迅速发展，对社会的安定也起到了积极作用。心道法师由此也得到启示，结合自己显密兼通的特点，另辟传播佛教的蹊径，创立法幢宗，“予虽是临济第五十代，然又为天台第四十三世，复受过黄教堪布拉，故须综合显密禅净，融通贯摄，开创法幢宗而普弘扬”。1942 年，心道法师在甘肃民勤县枪杆岭山创建在西北弘法的第一个法幢寺，从此法幢宗在西部正式形成，先后在甘肃、青海、宁夏、新疆等地创建了十多座以“法幢寺”命名的寺院，使得法幢宗很快发展起来，并迅速遍布西北五省，占有了西北近代佛教史的主导地位，为西北佛教后来的发展打下了坚实的基础。

法幢一词，在《无量寿经》中出现，《无量寿经》云：“扣法鼓，吹法螺，执法剑，建法幢，震法雷，法电，彭法雨，演法师。”《涅槃经》云：“法殿欲崩，法幢欲倒”，意为要遵佛祖旨义，所到之处要破邪显正，要“建法幢于处处，破邪网于重重”，“重振佛教”。心道法师以湖北沙市彰化寺净月长老所赠八十八个字作为法幢宗的传承，即：心融谛理，道振大千，法演三乘，师资一贯，止观双照，显密通圆，开示了义，体离言诠，信解清静，善超圣贤，彻悟实际，证入幽玄，海印发光，妙音普选，六度齐修，福智庄严，应机设教，殊胜因缘，和敬温良，礼让益谦，戒定慧学，永远流传。

法幢宗以“禅净双修、显密并弘、破邪显正”为宗风。“禅净双修”，即同时修持禅宗，净土宗，不偏执于任何一门；“显密并弘”，即同时弘扬显宗、密宗两大宗派；“破邪显正”，即破除外道邪教对佛法的谬误及佛教内部存在的偏执，恢复佛教正信。法幢宗在弘法、传戒、建寺中，始终倡导以戒为师，倡导在平时的修持中要诸宗融汇，互不排斥，要互相尊重，不论是学显学密之大乘，还是修声闻、缘觉二乘，都要遵释迦牟尼佛“建法幢，震法雷”的教导，勿使“法殿欲崩，法幢欲倒”；倡导使佛教诸恶莫做、众善奉行的教义和人生佛教的内容进入社会、服务社会,庄严国土、利乐有情,遇到社会动荡或邪教横行时,要救国救民,破邪显正。法幢宗的确立,在很大程度上符合当时西北的地理环境,有利于藏传佛教和汉传佛教之间的融合,也有利于汉藏民族之间的平等和睦,对当时西北佛教界恢复佛教正信信仰起到了不可低估的作用。

(二)法幢宗的主要思想

1. 汉藏相融

心道法师早年学习天台宗、律宗、净土宗,后在青海塔尔寺密宗学院学习密宗,在这期间,广泛接触包括班禅在内的藏族各界人士,深入学习藏语、藏密,以汉僧身份登上喇嘛讲台讲经说法,同时在内地又传播藏传佛教,在继承了汉藏佛教各自特点的同时,形成了自己独特的汉藏相容的佛学思想。

第一,注重藏传佛教中关于人间的内容"即身成佛论"。"即身"是指现实生身,"成佛"意为取得佛果,这是藏传佛教密宗理论中的核心思想,也是藏传佛教信徒在其宗教实践中所追求的重要目标,心道法师在西北弘法期间,结合显密知识,并注重藏传佛教关注现实人间的内容,提倡用大乘佛教菩萨道的精神关注社会、关注人生。

第二,注重显密并弘,诸宗融合的特点。心道法师提倡各宗派之间要互相融合,不拘泥于显密,而应儒家、汉传、藏传诸宗融合。

第三,注重藏传佛教中重视宗教实践的特点。中国内地的汉传佛教在其发展过程中不太关注宗教实践本身,而是强调个人顿悟的重要性,这与重视宗教实践的藏传佛教形成了巨大的反差。心道法师在西北弘法期间,看到了两者在这一方面的显著区别,在弘法过程中,提倡显密并弘,把藏传佛教重视宗教实践的特点融合在自己的佛学思想中,并在汉藏信徒中广为传播。

2. 人生佛教

人生佛教理论是近代佛教教理改革的重大成就,它不依靠任何一古代宗义或异地宗派,而是探求于佛的行果、境智、依正,重新建立适应现代之机的中国佛学,其要点在"阐明佛教发达的人生理论","推行佛教利益人生的事业",将传统的佛教转为注重现实人生的"人间佛教"或"人生佛教"。建设"人生佛教",旨在倡导佛教要积极入世,要解答许多与世俗生活相关的问题，使佛教起到应有的教化人民、传播文化的作用。心道法师在西北开展弘扬正信佛法，在民族杂居、佛法衰弱的特有环境下因地制宜地宣传正信、教化民众，同时积极开展“人生佛教”的实践活动，倡导要使佛教诸恶莫做、众善奉行的教义和人生佛教的理论进入社会、服务社会，改变人们心目中佛教只讲 “四大皆空”“六亲不认”“不关心国家兴衰和国民存亡”等等的误解，倡导爱国爱教、维护民族团结、促进宗教和谐。心道法师所做的这些对于西北佛教未来发展产生了重要的示范作用。“人生佛教”的一个重要课题就是弘扬正信佛法，由于当时西北消息闭塞，交通不畅，在一定程度上影响正信的传播，鉴于此，心道法师创刊了《西北佛教周报》，以弘扬正信；成立了大兴善寺僧学院，以整顿僧制。这些实践为“人生佛教”的理论提供了成功的范例，其影响一直延续至今。

3. 诸宗并弘

首先在融合中国的原有宗派、融合汉传的同时，也融合藏传佛教，儒、释、密三者融汇，实现诸法并弘的目的。其次重视与时代地区环境的结合，实践“人生佛教”理论。心道法师结合西北的特殊情况，创建了法幢宗，在西北弘法过程中，针对当时西北教派林立、宗教混杂、正信佛教不昌的情况下，提出了佛教的价值和精神，即“佛教能产生一切”“佛教之哲理，为其他学说所不及”“佛教没有时间性和空间性”，因而，“欲达世界大同，佛教是最好的工具”，同时，他认为“三民主义与佛教相辅而行”“信仰佛教，正宜发扬先哲功德，慎勿涉及迷信，以自取灭亡”。在处理佛教出入世关系时，心道法师倡导要积极入世，他认为“和尚虽是出家人，不过出了父母之家，还没出国家之家，出家人也还是国民一分子，当然要对国家有密切关系，古人所谓‘天下兴亡，匹夫有责是也’”。因此，心道法师在抗日战争中倡导佛教徒对救国工作要发挥自己的力量，以出世的心态积极做入世的事业，服务于社会，既要爱教，也要爱国，要有世界胸怀，不要为民族感情所积弊。在弘法过程中，提倡显密并弘，不仅倡导同一教中的不同派别之间要和谐，而且倡导不同宗教之间也要和谐。谨记九世班禅的赠语：“吾们原来是一家人，宜相亲而相敬，共弘佛法”，并亲身实践，以汉僧的身份与其他教派友好相处，平等论教，提出“释穆一家”的主张，其主张在今天看来仍然具有现实意义。

三、积极实践“人生佛教”

心道法师在分布着几十个特有少数民族的西北地区因地制宜创宗弘法，在青海、宁夏、新疆等少数民族地区用汉、蒙、藏文讲经说法，宣讲佛教平等、缘起等教义教理，倡导各民族之间要平等、团结，各宗教之间要平等友好。在西北弘法实践的十几年岁月中，对“人生佛教”理论加以创新，赋予了“人生佛教”新的内容及意义。改建和组建了居士林和佛教会，创办佛教刊物，弘扬正信佛法，引导佛教弟子学习和研究佛教教理，弘扬佛教文化，发扬佛教文化教育事业；创办僧学院，开启了西部佛教教育的先例，推动西部佛教教育的发展；创立“法幢宗”，创办法幢学会，弘扬法幢宗“显密圆融，破邪显正”的宗风，发挥社会力量，倡导爱国爱教、维护民族团结和促进宗教和谐。

西秦《佛说摩诃刹头经》译记及相关问题考释

白　雪

在敦煌文献中，保存有大量的关于佛教译经的题记，这些译记反映了中古时期以敦煌为中心的西北地区的佛教状况。现藏于日本的《佛说摩诃刹头经》译记对研究佛教在南北地区的传播路线、西北与江南佛教的交流问题和对十六国时期著名高僧圣坚的研究都有着重要的价值。

现藏于日本京都国立博物馆的守屋孝藏收集品中，有一则西秦《佛说摩诃刹头经》译记。《京都国立博物馆藏品图版目录》公布了此经卷的尾部图版(图版 68)，并简单介绍此经卷为 27.7×217.5 厘米[①]。此卷为纸质墨书，共 2 行，第一行 16 字，第二行 9 字[②]。池田温先生的《中国古代写本识语集录》和王素、李方所著的《魏晋南北朝敦煌文献编年》也对此件译记作了全部的录文[③]，但后者对此卷为敦煌藏经洞出品存疑[④]。现过录此经译记如下：

> 右西秦太初年，乞伏氏都菀川。沙门圣坚
> 于江陵新寺译。庾爽笔。

根据尾部图版可判定此经可能为《佛说摩诃刹头经》[⑤]，此经为经集部的小部头经文，共一卷，全文 1260 字，为西秦沙门圣坚所译。摩诃意为大、多、胜，刹头为众生之意，故摩诃刹头即大众生之意。此经的异译本有西晋沙门释法矩所译的《灌洗佛形像经》。此经文内容为四月八日是释迦佛与

①《京都国立博物馆藏品图版目录　书迹编　中国·朝鲜》，京都国立博物馆，1996 年 3 月，第 21 页。将此经卷的时间定为 8 世纪，认为此写卷为唐代写品，有误。

②王素、李方《魏晋南北朝敦煌文献编年》，新文丰出版公司，1997 年，第 107 页。

③池田温《中国古代写本识语集录》，东京大学东洋文化研究所，1990 年，第 79~80 页。

④王素、李方《魏晋南北朝敦煌文献编年》，新文丰出版公司，1997 年，第 107 页。

⑤《大正藏》第 16 册，新文丰出版公司，1983 年，第 797~798 页。

十方佛诞生、出家、涅槃日,广大众生也在此时浴佛形像。众生若能自己减省家财以浴佛像,可得无上之福。欲求梵天,天王可得;欲做飞行皇帝(转轮王)可得;欲在世间豪贵可得;欲求百子千孙可得;欲求长寿无病可得等等好处。经中还对灌佛形像的用钱也做了具体说明,将此钱分为佛钱、法钱、僧钱。经文最后还叙述了浴佛的方法。杜斗城先生在研究西秦佛教时指出,因为浴佛可以得到无上好处,使得四月八日浴佛节成为了民间重要的节日,《摩诃刹头经》在这里起到了一定作用①。

此经的译者释圣坚,《高僧传》未列专传,对其记载较早的是隋代费长房的《历代三宝记》卷九载:

> 乞伏国仁陇西鲜卑,世居苑川,为南单于。前秦败后,遂称秦王,仍都子城,尊事沙门。时遇圣坚,行化达彼,仁加崇敬,恩礼甚隆。即播释风,仍令翻译,相承五主(应为四主)四十四年……晋孝武世,沙门圣坚于河南国为乞伏乾归译,或云坚公,或云法坚,未详孰是,故备列之。②

唐代释智昇的《开元释教录》卷四亦载:

> 沙门释圣坚,或云法坚,亦谓坚公,未详孰是,故备列之。器量弘普,利物为心。以乞伏秦太初年间,于河南国为乾归(谥武元王)译《罗摩伽》等经一十五部。寻其圣坚游化,随处出经,既适无停所,弗知附见何代世录为正。今依法上总注,入乞伏秦世录。③

由此可知,圣坚四方游化到达西秦后,被乞伏乾归恩崇,留在西秦为之译经。圣坚四处游化,曾到不同的地方译经,这也解释了为何圣坚会在江陵译经。圣坚一生共译十五部二十四卷佛经④, 具体为:《罗摩伽经》三

①杜斗城《西秦佛教述论》,《中华佛学学报》第13期,2000年,第213页。

②费长房《历代三宝记》卷九,《大正藏》49册,第82~83页。释道宣《大唐内典录》卷三,《大正藏》55册,第254页,也对圣坚有相同的记载,但《历代三宝记》记"乞伏西秦沙门释圣坚 十四部二十一卷经",漏《罗摩伽经》三卷。

③智昇《开元释教录》卷四,《大正藏》55册,第518页。

④智昇《开元释教录》卷四,《大正藏》55册,第517页;《大唐内典录》卷三载圣坚共译一十五部,合二十二卷,但其中注5亦注明"二=四",第255页。

卷,《太子须大拏经》一卷,《睒子经》一卷,《摩诃刹头经》[①]一卷,《无崖际持法门经》一卷,《演道俗业经》一卷,《除恐灾患经》一卷,《贤首经》一卷,《阿难分别经》[②]一卷,《妇人遇辜经》一卷,《方等主虚空藏经》八卷,《孛经》一卷,《僮迦叶解难经》一卷,《七女本经》一卷,《菩萨所生地经》一卷。其中《摩诃刹头经》和《太子须大拏经》都是圣坚于江陵新(辛)寺译出的。费长房曰:"一经江陵出,一经见《赵录》,十经见《始兴录》。"[③]既然《摩诃刹头经》和《太子须大拏经》都是于江陵新(辛)寺译出的,"一经江陵出"就很有问题。从其所译的佛经也可以看出,圣坚所译皆为一些小部头的经典,或者是大经的节译,杜斗城先生认为这是与西秦国力相一致的[④]。

译记中有"乞伏氏都菀川"之语,其中"菀川"即为"苑川"。在一些史籍中也有将"苑川"写为"宛川"的情况,如《碛砂大藏经》中《历代三宝记》卷九载:"乞伏国仁陇西鲜卑世居宛川"[⑤]。《水经注》卷二《河水》云:"苑川水出勇士县之子城南山,东北流,历此成川,世谓之子城川。又北迳牧师苑,故汉牧苑之地也……又曰:苑川水地,为龙马之沃土,故马援请与田户中分以自给也。有东、西二苑城,相去七十里。西城,即乞佛所都也。"[⑥]自汉始,金城、榆中二县属金城郡,勇士县属天水郡。三国时期,金城郡属凉州,领县五,榆中为首县,可知金城郡治已移至榆中,且此时的勇士郡已废,其地并入榆中县。十六国时期,榆中仍属金城郡,很多先生皆考苑川就是今榆中县[⑦]。《资治通鉴》卷一一五胡三省注曰:"乞伏氏本都度坚山,乾归强盛,始都苑川。既为秦所破而降于秦,秦使镇苑川,复叛,恐为秦所袭,还保度坚山。今部众浸盛,不畏秦,复都苑川。"[⑧]可见,西秦虽曾以苑川为都,但也几度易其国都。

---

①《大唐内典录》记此经为《灌佛经》(与别译《摩诃刹头经》大同小异)。

②《大唐内典录》记此经为《阿难问事佛吉凶经》(一名《阿难分别经》)。

③费长房《历代三宝记》卷九,《大正藏》49册,第83页。

④杜斗城《西秦佛教述论》,《中华佛学学报》第13期,2000年5月,第218页。

⑤《碛砂大藏经》影印宋元版,第95册,线装书局,第127页。

⑥郦道元著,陈桥驿校证《水经注校证》卷二《河水》,中华书局,2007年7月,第52页。

⑦刘国元、吕叔桐《隋金城郡治地位考》,《兰州学刊》1984年第5期,第103~106页;吕叔桐、牛丽红《古代榆中考》,《兰州学刊》1985年第4期,第94~97页;陈守忠《榆中县历史沿革》,《河陇史地考述》,兰州大学出版社,1993年11月,第266~276页。周伟洲《乞伏鲜卑与陇西鲜卑》,《西北历史资料》1984年第1期,第8页,认为苑川在今榆中东北。

⑧司马光《资治通鉴》卷一一五,安帝义熙六年(410)条,1956年6月,第3636页。

西秦乞伏氏居于苑川的始末,《晋书》卷一二五载:

> 泰始初,率户五千迁于夏缘,部众稍盛。鲜卑鹿结七万余落,屯于高平川,与祐邻迭相攻击。鹿结败,南奔略阳,祐邻尽并其众,因居高平川。祐邻死,子结权立,徙于牵屯。结权死,子利那立,击鲜卑吐赖于乌树山,讨尉迟渴权于大非川,收众三万余落。利那死,弟祁坚立。祁坚死,利那子述延立,讨鲜卑莫侯于苑川,大破之,降其众二万余落,因居苑川。①

可见,乞伏氏由高平川(今宁夏固原城川)迁入苑川时,乞伏氏并未建国。虽居于苑川,但苑川并不是其都城。乞伏述延后因畏后赵侵逼,又由苑川迁入麦田(今甘肃靖远县北),直至乞伏司繁时又迁入度坚山(今靖远、皋兰县北部山梁)。乞伏国仁时,国仁乘前秦淝水大败,收回故地,并于太元十年(385年)以勇士、榆中、金城县地建苑川郡,筑勇士城以都之。同年,西秦建国之始,乞伏国仁就将苑川置为其十二郡之一②。387年3月,乞伏国仁接受了苻登给予的"大将军、大单于、苑川王"的封号。太初元年(388年),乞伏国仁卒,弟乞伏乾归立,改元太初,并迁都于金城。但在太初八年(395年)"乾归所居南景门崩,恶之,遂迁于苑川"③。太初十三年(400年),西秦被后秦所灭。401年,后秦姚兴想利用乞伏乾归父子的势力统治陇右,遣乾归还镇苑川,尽以部众配之,这为乞伏氏的复国奠定了基础。410年,"乾归攻秦金城郡,拔之"。"八月,乾归复都苑川。"④可见,西秦先后三次以苑川为国都。但西秦立国的47年中,共传四主,所用年号为:

乞伏国仁	建义元年到建义四年(385—388年)
乞伏乾归	太初元年到太初十三年(388—400年)
	更始元年到更始四年(409—412年)

①房玄龄等《晋书》卷一二五《乞伏国仁载记》,中华书局,1974年11月,第3113~3114页。

②所置十二郡为武城、武阳、安固、武始、汉阳、天水、略阳、漒川、甘松、匡朋、白马、苑川。(《晋书》卷一二五《乞伏国仁载记》,第3115页。)

③《晋书》卷一二五《乞伏乾归载记》,第3119页。《资治通鉴》卷一一一亦载此条。

④《资治通鉴》卷一一五,安帝义熙六年(410)条,第3629、3636页。

乞伏炽磐　永康元年到永康八年(412—419年)
　　　　　建弘元年到建弘九年(420—428年)
乞伏暮末　永弘元年到永弘四年(428—431年)

此译记是写于太初年间,且以苑川为都时,而在西秦统治的47年中,仅乞伏乾归使用过太初年号,且直至太初八年乞伏乾归才又由金城迁都回苑川,到太初十三年西秦一度亡国,直至409年才再建西秦,所以此译记应是太初八年(395年)六月至十三年(400年)七月之间所写的①。

此译记还记有"沙门圣坚于江陵新寺译"之语,圣坚所译的《佛说摩诃刹头经》很可能是在游化到江陵新(辛)寺的时候译的。由此可见,十六国时期,虽然战乱不断,但西北地区与江南是有交往的,并且也应存在一条来往于西北与江南之间的道路。

西秦立国陇右,394年冬十月,乞伏乾归大败杨定尽有陇西之地,秦州也归入了西秦的统治区域之内②。这一时期也有一些西秦僧人,在秦州麦积山隐居,如释玄高"乃杖策西秦,隐居麦积山"③。可见,这个时期由苑川到秦州的道路是畅通的。并且很多僧人也来往于凉州与蜀之间进行传法,释智猛元嘉十四年(437年)由凉州入蜀,并于元嘉末,卒于成都④。《高僧传》卷一一亦载:

> 昔长安昙弘法师,迁流岷蜀,道洽成都。河南王藉其高名,遣使迎接。⑤

魏晋南北朝时期,吐谷浑主与乞伏氏都曾被称为河南王,但《宋书》卷

①池田温《中国古代写本识语集录》中,将此卷定为西秦太初年(388—408年)。而王素先生认为西秦乞伏乾归于东晋太元十三年(388年)六月继位,改元太初,九月迁都金城。太初八年(395年)六月,始迁都苑川。太初十三年(400年)七月,为后秦所败,先走依南凉,旋降于后秦。此后,乞伏乾归虽授秦委派,迁镇苑川,但直到晋义熙五年(409年)七月,再建西秦,改元更始,徙都度坚山前,基本上一直隶属后秦,既未奉太初年号,又不以苑川为都城。可见,本件的时间,应以太初八年(395年)六月为上限,太初十三年(400年)七月为下限。(王素、李方《魏晋南北朝敦煌文献编年》,第107页。

②《资治通鉴》卷一〇八,孝武帝太元十九年(394年)条,第3417~3418页。

③释慧皎撰、汤用彤校注《高僧传》卷一一,中华书局,1992年,第409页。

④释慧皎撰、汤用彤校注《高僧传》卷一,中华书局,1992年,第125~126页。

⑤释慧皎撰、汤用彤校注《高僧传》卷一一,中华书局,1992年,第410页。

九六载，吐谷浑主被封为河南王是在宋文帝元嘉十六年(439 年)[①]，而乞伏乾归于 394 年就被拜为“左丞相、河南王、领秦、梁、益、凉、沙五州牧，加九锡”[②]，且昙弘法师与杖策西秦的释玄高为友，因此，此处的河南王应就是西秦国主乞伏乾归。《高僧传》卷一一亦载：

> 长安沙门释昙弘，秦地高僧，隐在此山，与高相会，以同业友善。[③]

因此，昙弘有可能是由秦州进入巴蜀。魏晋南北朝时期，很多僧人也由陇西经由巴蜀进入江南，《高僧传》卷三、卷一一载：

> [昙摩蜜多]少好游方，誓志宣化，周历诸国，遂适龟兹……遂度流沙，进到敦煌，于闲旷之地，建立精舍……顷之，复适凉州……以宋元嘉元年展转至蜀，俄而出峡，止荆州，于长沙寺造立禅阁，翘诚恳恻，祈请舍利。[④]
>
> [释僧隐]秦州陇西人……闻西凉州有玄高法师禅慧兼举，乃负笈从之……高公化后，复西游巴蜀，专任弘通。顷之东下，止江陵琵琶寺，咨业于慧彻。[⑤]

昙摩蜜多和释僧隐都是由凉州至蜀，并由此东下至荆州、江陵。唐长孺先生、陆庆夫先生也研究认为很多著名的僧人都是从河西借由河南道经由巴蜀而进入江南的[⑥]。既然南北朝时期，由苑川到秦州再经由巴蜀东下江南的道路已经存在了，并已有很多的僧人利用此道来往于西北与江南之间，那么西秦时期，这条道路也很可能还是存在的，圣坚也很有可能利用这条道路由苑川去往江陵。

圣坚翻译《佛说摩诃刹头经》的江陵新寺，在《开元释教录》《大唐内典

①沈约《宋书》卷九六《鲜卑吐谷浑传》，中华书局，1974 年 10 月，第 2372 页。
②《资治通鉴》卷一〇八，孝武帝太元十八年至十九年条，第 3412 页。
③释慧皎撰、汤用彤校注《高僧传》卷一一，第 409~410 页。
④释慧皎撰、汤用彤校注《高僧传》卷三，第 120~121 页。
⑤释慧皎撰、汤用彤校注《高僧传》卷一一，第 432 页。
⑥唐长孺《北凉承平七年写经题记与西域通往江南的道路》，《魏晋南北朝隋唐史资料》第 1 辑，第 1~7 页。陆庆夫《五凉佛教及其东传》，《敦煌学辑刊》1994 年第 1 期，第 8~18 页。

录》等书中都有所涉及。《开元释教录》卷三、卷四载：

(沙门卑摩罗义)顷之南适江陵于辛寺夏坐。开讲《十诵》。

沙门昙摩耶舍，罽宾人……后南游江陵，止于辛寺大弘禅法。其有味靖之宾披榛而至者三百余人。

太子须大拏经一卷出六度集第二卷异译于江陵辛寺出庾爽笔受或云须达拏见始兴录及宝唱录应入晋世随人附秦[1]

《大唐内典录》卷三载：

太子须大拏经于江陵寺出庾爽笔见始兴宝唱录应入晋世随人附秦[2]

《开元释教录》中皆将江陵“新寺”写为“辛寺”。《大唐内典录》中的“江陵寺”处，有㊟21 曰：“陵+(新)㊡,(辛)㊉㊍”[3],《碛砂大藏经》中也将“新寺”写为“辛寺”[4]。由此可知，宋以前都称此寺为“新寺”，到元、明之时才称其为“辛寺”。因此，西秦时期此寺应为“新寺”。《高僧传》卷一、卷三载：

[昙摩]耶舍后南游江陵，止于辛寺，大弘禅法，其有味靖之宾，披榛而至者，三百余人。

[释法显]后至荆州，卒于辛寺，春秋八十有六，众咸恸惜。其游履诸国，别有大传焉。[5]

如此多高僧大德都游方至江陵新(辛)寺弘扬佛法、翻译佛经，可见江陵新(辛)寺应是江陵地区的著名佛寺。而圣坚游方至此寺，并且在此翻译了《佛说摩诃刹头经》等佛经，可见圣坚也应是当时比较著名的僧人，惜佛传未录。

此译记的最后有“庾爽笔”三个小字，且圣坚翻译的另两部佛经也同

① 智昇《开元释教录》卷三、卷四，《大正藏》55 册，第 507、517 页

②释道宣《大唐内典录》卷三，第 254 页。

③释道宣《大唐内典录》卷三，注 21 载“陵+(新)㊡,(辛)㊉㊍”，第 254 页。

④《碛砂大藏经》(影印宋元版)，第 97 册，第 130、395 页。

⑤释慧皎撰、汤用彤校注《高僧传》卷一、卷三，第 42、90 页。

样记有“庾爽笔”,《开元释教录》卷四载:

> 太子须大拏经一卷 出六度集第二卷异译于江陵辛寺出庾爽笔受或云须达拏见始兴录及宝唱录应入晋世随人附秦
>
> 僮迦叶解难经一卷 亦云童迦叶经与鸠摩迦叶经同本祐云出长阿含庾爽笔受见始兴王宗宝唱支敏度等四录[①]

除《佛说摩诃刹头经》外,这两部佛经也是由庾爽抄写的,其中《太子须大拏经》也是译于江陵新(辛)寺。既然庾爽在江陵新(辛)寺帮助游化至此的圣坚抄写佛经,那么其很可能居住在江陵。并且东晋时期的颍川鄢陵庾氏也曾雄踞荆楚,庾爽很可能和颍川庾氏有一定的渊源。

颍川鄢陵的庾氏家族,兴于汉魏,盛于东晋,败落于南朝。正史中鄢陵庾氏的出现是在东汉,《后汉书》卷六八载:“庾乘字世游,颍川鄢陵人也。少给事县廷为门士。林宗见而拔之,劝游学宫(官),遂为诸生佣。后能讲论,自以卑第,每处下坐,诸生博士皆就雠问,由是学中以下坐为贵。后征辟并不起,号曰‘征君’。”[②]庾氏在江左之兴主要由于庾氏联姻帝室的家族关系和庾亮出入儒玄的个人素质[③],以及庾亮、庾翼在荆楚长达十年雄踞[④],都为庾氏家族在东晋确定了地位,庾峻、庾纯、庾亮及其子嗣都在东晋的朝廷中担任重要的官职[⑤]。晋孝庄帝时,庾氏家族的势力达到了顶峰,“太后临朝,政事一决于亮”[⑥],但庾氏家族的显贵也招致了朝野的反对和怨恨,并且其家族内部也开始堕落,导致了政治力量格局的变化,使得庾氏家族走向衰落[⑦]。桓温掌权后,太和六年(371 年)以武陵王同党之罪名,对庾氏家族进行了致命的打击,庾氏家族由此开始走向衰落。“从客观作用说来,与琅琊王氏合作,巩固琅琊王氏首创的门阀政治的,是颍川庾氏;结束了‘王与马共天下’的局面,使琅琊王氏转衰的,是颍川庾氏;使江、荆、梁牢固地连为一气,并取得襄阳以巩固荆州,为桓温的崛起创造条件

①智昇《开元释教录》卷三、卷四,《大正藏》第 55 册,第 517、518 页。《大唐内典录》卷三也载此事,《大正藏》,第 254~255 页。

②范晔《后汉书》卷六八《郭符许列传》,中华书局,1965 年,第 2229 页。

③田余庆《东晋门阀政治》,北京大学出版社,1989 年,第 88 页。

④章义和《地域集团与南朝政治》,华东师范大学出版社,2002 年,第 88 页。

⑤《晋书》卷五〇、卷七三《庾峻传》《庾纯传》《庾亮传》,第 1391~1396、1397~1404、1915~1936 页。

⑥《晋书》卷七三《庾亮传》,第 1918 页。

⑦孟繁冶《汉魏晋南朝时期颍川鄢陵庾氏家族源流考》,《许昌师专学报》,1992 年第 3 期,第 97~102 页。

的,也是颍川庾氏……颍川庾氏居琅琊王氏和谯国桓氏之间,起承先启后的作用。”[1]

魏晋以来,玄学逐渐取代儒学的统治地位。两晋时期,儒学家族如果不入玄风,就产生不了为世所知的名士,从而也不能继续维持其尊显的士族地位。东晋执政的门阀士族,很多都不同程度地由儒入玄[2]。颍川庾氏是东晋盛极一时的门阀士族,庾氏家族要保持其地位,当然也必须出入儒玄,庾氏虽以儒学传家,但也同时崇信老庄,如“(庾)亮美姿容,善谈论,性好《庄》《老》,风格峻整,动由礼节,闺门之内不肃而成”[3]。并且东晋时期佛教已有很大发展,它对当时的思想文化,以至于政治、经济领域都有广泛影响[4],以玄学的兴起和般若老庄意趣的相近为契机,佛教在东晋引起了士大夫阶层的普遍关注,士大夫与僧人交游成为一时的社会风尚[5]。庾氏家族是东晋著名的士大夫阶层,其成员与僧人为友也不足为奇,如《开元释教录》卷三载有庾亮与沙门帛尸梨蜜多有所交往,并对其十分赞叹[6]。《法苑珠林》卷五三亦载:

> 晋沙门有支孝龙,淮阳人。少小风姿见重,加复神采卓荦,高论适时,无人能抗。陈留阮瞻、颍川庾凯,并结知音之交,世人呼为八达。
>
> 晋康僧渊,本西域人,生于长安。貌虽胡人,语实中国。容止详正,志业弘深。晋成之世,与康法畅、支敏度等俱过江。畅亦有才思,善为往复,著《人物》《始义论》等。畅常执麈尾行,每值名实,辄清谈尽日。庾元规谓畅曰:“此麈尾何以常在?”畅曰:“廉者不求,贪者不与,故得常在。”渊亦机辩,逾过于畅。[7]

①田余庆《东晋门阀政治》,北京大学出版社,1989年,第112页。

②田余庆《论东晋门阀政治》,《北京大学学报》1987年第2期,第42页。

③《晋书》卷七三《庾亮传》,第1915页。

④任继愈主编《中国佛教史》第二卷第三章《东晋时期南方的佛教》,中国社会科学出版社,1985年,第546页。

⑤张宇《东晋南朝士大夫与佛教的关系(上)》,《魏晋南北朝隋唐史资料》第12辑,1993年8月,第128页。

⑥智昇《开元释教录》卷三,《大正藏》55册,第503页。

⑦释道世撰,周叔迦、苏晋仁校注《法苑珠林》卷五三,中华书局,2003年,第4册,第1590页。

可见,颍川鄢陵庾氏的庾亮与庾凯都同僧人交游,并结为知音之交。而帮助圣坚抄写经文的庾爽也可能与圣坚有私交。可见,鄢陵庾氏家族的人与佛教是有一定渊源的。

十六国时期,佛教已经有了很大发展,且南北方佛教也通过译经、僧侣来往等形式开始传播和交流。《佛说摩诃刹头经》的译记虽仅有短短2行,25字,但对我们了解这一时期的佛教和交通有重要的价值。首先,译经者圣坚在《高僧传》中无专传,而通过此译记补充了对圣坚的记载。其次,此译记不但反映了十六国时期南北地区佛教的交流,而且也反映了魏晋南北朝时期僧人由西北到江南交流佛教的路线,圣坚很有可能就是通过此道路,由苑川经由秦州入蜀再东下江陵的。最后,译记还反映了东晋时期,庾氏家族与佛教的渊源。

(本文原载:《敦煌学辑刊》2011年第3期)

甘肃出土的元代青花瓷及相关问题探析

李 捷[1]

甘肃地处黄河中上游,是华夏文明的发祥地之一,也是古代丝绸之路的必经之地。悠久的历史、独特的地理环境,使甘肃遗存了大量珍贵的文物。丝绸之路上出土了大量的宋代、明清时期的瓷器,但是元代青花瓷却是凤毛麟角。而海上丝绸之路沿线国家均发现元青花的完整器物和残片。自20世纪70年代以来,临洮和武威两地先后出土了两批珍贵的青花瓷器,弥补了丝绸之路上元青花稀少的空白,同时也在一定程度上反映了元代青花的流向。

一、器物介绍

临洮出土的以下两款青花瓷为同一墓葬出土器物,现藏于临洮县博物馆。

青花花鸟玉壶春瓶(图一):高27厘米,腹围47.5厘米。喇叭口,颈细长,腹椭圆。全器纹饰分为七层,口沿饰卷草纹一周,颈部画四蕉叶,肩上及近底处饰仰腹莲花瓣,腹下部的菊花缠枝相连,工艺精细。腹部的主题纹饰为盛开的莲花,左有戏水的鸳鸯一对,右为一仙鹤。纹饰精细,无论水禽、仙鹤均栩栩如生,钴料蓝中泛白,显示出特有的美感,是元青花中的精品。

图一 青花花鸟玉壶春瓶

青花凤纹匜(图二):高4.1厘米,口径13.2厘米。内壁饰缠枝菊花,内底为展翅对飞的两凤凰。外壁为壶门形仰腹莲图案,内有

①李捷(1979—),女,2003年毕业于西北师范大学历史系博物馆专业本科,助理馆员,现任于甘肃省博物馆资料中心。

图二　青花凤纹匜

宝相花。

武威出土的青花瓷为窖藏①，2001 年出土于武威市南大街，现藏于武威市博物馆。

青花高足杯（图三）：高 8.7 厘米，口径 7.7 厘米。深腹弧壁，近底部丰满，外形为竹节喇叭形高圈足，杯身与圈足胎接。圈足的露胎处呈土黄色，见砂粒。器口的胎骨较厚。器形规整，造型优美。器内口沿处两条细弦纹中间绘卷草纹，卷草纹的起落笔处色深，底部绘昭君出塞图，昭君骑马，马膘肥，人物眉眼清秀，弹琵琶（图四）。器外壁腹绘三朵缠枝牡丹，上下辅以两条细弦纹，竹节至喇叭口之间绘覆式单线芭蕉叶纹。白胎白釉，白釉色泛灰，青花蓝中闪灰，色泽浓淡不一，钴料浓处青花呈黑蓝色。

图三　青花高足杯正面

图四　青花高足杯上面

武威出土的青花莲池鸳鸯纹碗（图五）：2 件。其中一件完好。口径 16.3 厘米，底径 6.3 厘米，高 7.7 厘米。侈口，深腹弧壁，近底部丰满。圈足，足根平切，足沿斜削一周，足壁较厚，足底无釉，粘有砂粒。底心有明显旋纹，中有一乳钉。露胎处胎色呈土黄色。口沿内绘一圈忍冬纹，上下

① 姚永春《武威元代窖藏瓷器》，《陇右文博》，2003 年。

图五 青花莲池鸳鸯纹碗正面

图六 青花莲池鸳鸯纹碗上面

辅以三条弦纹，底一圈弦纹内绘莲池鸳鸯图案，一对鸳鸯相对游（图六）。外壁两层花纹，由两条弦纹隔开，上绘六朵缠枝番莲，花叶呈葫芦形，下绘双勾九瓣仰莲，仰莲中绘如意云纹，器形规整。

另一件碗口有两处磕缺，磕缺处胎质洁白细腻。此碗口径16.2厘米，底径5.7厘米，高7.7厘米（图七）。器形不规整，碗有些扁，碗形状同上。内口绘缠枝草叶纹，上下辅以三条弦纹，底部两道弦线内绘莲池鸳鸯纹，一对鸳鸯在追逐游戏（图八）。外壁两层纹饰，由双弦纹隔开，上绘五朵缠枝番莲。

两件碗均釉质光亮、润泽，白釉闪青，青花料蓝中闪灰，钴料浓处呈蓝黑色，有蓝黑色斑点。

图七 青花莲池鸳鸯纹碗正面

图八 青花莲池鸳鸯纹碗上面

二、与其他地区出土青花瓷器的比较

元代中、晚期的青花瓷器,大致可分为两大类:一类多为小件器物,胎子轻薄,不甚精细,多为青白、乳白、半透明或影青釉。青花的颜色灰暗迷蒙,纹饰稀疏但奔放洒脱,有的可以说相当潦草,常见器物有高足杯、碗、盘、香炉、小罐、蒜头瓶、玉壶春瓶等,多为日常生活用品,这类青花瓷器当时生产数量有限,属民用瓷。另外一类青花瓷器,以大件器物为多,其共同特点是大器者胎体厚重,小件轻薄,色白致密,透明釉白中闪青,青花颜色浓艳鲜亮,色浓处有黑褐色斑点。该类器件做工精良,纹饰层次多,有的甚至多达十来层,画得很满,但繁而不乱,层与层之间留一周空白,器底端两层之间无空白,每层纹饰内容之间没什么关系,如经常是在缠枝菊、蕉叶、缠枝莲、缠枝牡丹之间夹杂云凤、云龙、杂宝、海水江牙等,将毫不相干的纹饰组合在一件器物上。这类瓷器国内传世品极少,墓葬出土也不多见,绝大多数是窖藏出土。

临洮出土的玉壶春瓶,造型与广东博物馆所藏青花人物故事玉壶春瓶①形似,颈细长,腹椭圆而略鼓。颈部所饰同为芭蕉叶,而且都是四瓣。瓷匜内底所绘的凤凰形象与1977年内蒙古库仑旗白庙子元代窖藏出土玉壶春瓶②腹部所饰凤凰十分相似。腹内壁所饰的缠枝花卉与1980年江西高安窖藏出土的青花缠枝牡丹纹盖梅瓶③腹部的牡丹枝的画法有相似之处。

两件青花瓷器上所绘的壶门形的仰腹莲形纹饰在《中国文物精华大辞典·陶瓷卷》所收录的几件青花瓷上常见。可以断定这两件青花瓷为元代青花瓷中的典型性器物。

武威窖藏青花高足杯是元代瓷器中最为流行的瓷器,专供习惯于游牧的蒙古贵族使用,便于系带在马上喝奶,又称"马上杯"④,其造型由商代晚期青铜觚及元朝高足碗的形制演变而来。敞口朝天,高足立地,整体造型隽秀、婀娜,体现了蒙古民族的豪放。从目前出土的情况看,这类器物

①国家文物局主编《中国文物精华大辞典·陶瓷卷》534图,第327页。

②国家文物局主编《中国文物精华大辞典·陶瓷卷》536图,第328页。

③国家文物局主编《中国文物精华大辞典·陶瓷卷》541图,第329页。

④依谷《江西高安元瓷窖藏发现纪实》,《南方文物》2002年第1期。

分为四棱竹节式、七棱竹节式、竹节喇叭式以及转心式，一种是《中国文物精华大辞典·陶瓷卷》所收录，为无棱角的平面的高足；一种如武威出土的竹节形的高足，类似的高足杯在内蒙古林西县的窖藏中有发现。其中一件残破的，在内底中心饰一朵菊花；另外两件，一件的外壁饰龙纹，一件的外壁饰凤纹。至于其使用的先后(抑或同时出现)则尚无充分的划分理由和依据。从图案上看，元青花高足杯或以青花内外双绘青龙，或绘青花菊纹，或绘岁寒三友，内口沿多饰卷草纹，底心处在双弦纹组成的圆圈内绘一束莲纹，而武威的高足杯上的昭君出塞图尚未在已知其他器物上发现。

武威出土的青花莲池鸳鸯纹碗造型与日本大阪市立东洋陶瓷美术馆所藏青花莲池水禽碗[1]形似(图九、图十)，器形都为敞口、深腹、小圈足、足内无釉、砂底、足壁厚、削足规整、足沿斜削一圈、足根平切、有明显弦纹、底足中心往往有乳钉突起的特征。

图九　青花莲池水禽碗正面

图十　青花莲池水禽碗上面

青花主体纹饰，缠枝番莲人物故事及莲池水禽图等为元青花瓷常用题材。已发现的元青花中，故事人物图的题材以秦汉时期的为主，江西高安出土的梅瓶上有萧何月下追韩信，广东省博物馆收藏的青花盖罐上有将军蒙恬，鸳鸯戏水图案见于1972年内蒙古西林县出土元代青花窖藏中的鸳鸯纹盘中[2]，在其他地区发现的青花器物上也常见，是元代流行的青花纹饰图案。

①《世界美术大全集·东洋编》第7卷(元)，1999年。

②林西县文管所《内蒙古林西县元代瓷器窖藏》，《文物》2001年第8期。

三、一点认识

现国内收藏的完整的元青花瓷器,总数大约 100 多件,十分罕见和珍贵,甘肃出土青花瓷器,尤其是临洮出土的两件,无论器形或装饰花纹都属元青花中的上品,可以说扩大了元青花的类型和出土的范围,值得重视。本文从以下几个方面提出粗浅的一点认识,与同仁们共商。

1. 出土青花瓷的时代

近年的研究获得了突破性的进展。有学者将元青花瓷中典型的池塘鸳鸯戏水图案的渊源进行了探索,并与元代丝织品上的同类图案进行了比较,将这类图案出现的上限时间确定为天历元年即元文宗即位的当年(1328 年)。而将"现今传世极精美的元青花"的考订为"1328—1335 年之间的元官窑产品",绝大多数都应当是 1328 年至 1331 年元文宗赠送给伊力汗的"赐瓷"[①]。那么,临洮和武威的青花瓷是否属"现今传世极精美的元青花"呢?临洮和武威在元代均与皇室有密切的关系。武威曾为"西凉府"及"永昌府"的治所。阔端太子及他的儿子只必帖木儿都在武威任过"西凉王",在武威还有纽林的斤为首的高昌回鹘(1316 年被封为高昌王),阿台不花为首的西域回鹘等部。包括临洮在内的甘肃渭河上游地区和洮河中下游地区是由汪世显为始封者的汪氏家族的封地,自 20 世纪 50 年代以来,在汪氏家族的基地常有精美的"高级"用品出土,如甘肃省博物馆收藏的蓝色玻璃托盏(图十一),漳县博物馆收藏的"双龙串花"雕花漆案(图十二),均为具有"皇室气息"的元代器物,是难得的珍品。

图十一　玻璃托盏

图十二　"双龙串花"雕花漆案

①刘新园《元文宗——图铁睦尔时代之官窑瓷器考》,《文物》2001 年第 11 期。

2. 元青花的流向

元代景德镇制瓷业生产力是在继承宋代瓷业生产力基础上，有了巨大发展和质的飞跃。

据元人蒋祈在《陶纪略》中记："景德镇，有窑 300 余座。"而这 300 座窑，就是元代景德镇瓷业生产力发展的物质基础。从景德镇窑场堆积物残片看，当时的生产量也是相当巨大。这说明，元代景德镇瓷业生产能力、生产规模与贸易的兴盛和各种瓷器产品在市场上所占有的份额进一步扩大。同时也说明，元代景德镇生产瓷器的规模相较宋代大了许多，其产量也十分庞大。从上述可知，元代景德镇的瓷器产量巨大，传世品却并不是太多。从目前已知的发现元青花的地点主要在国内、中东地区、东南亚地区，那么其具体的踪迹又在哪些地方呢？

已知的出土材料表明，元代中期是景德镇瓷业大发展的时期，也是元青花的创烧期，而此时元代朝廷统治已开始江河日下。元朝廷权贵生活极度腐化，统治阶级的内部矛盾愈演愈烈。元青花作为备受朝廷贵族青睐的高档消费品，需求量也越来越大。因此，元青花的流向与元代中后期的朝廷政治生活、经济政策、官吏制度、手工业发展以及对外贸易等有着密切的关系。从出土情况来看，主要有两条运输主干线：

第一条是"南瓷北输"主干线。这条瓷运线与元代南粮北运路线基本相同，即由江西景德镇昌江经赣江，由鄱阳湖入长江，再由长江进入运河，直达元大都(北京)通州惠通河码头。元大都作为南方瓷器向北方扩散的集散地，路经河北、山西，陆路运输到达蒙古元上都——和林以及商业重镇集宁路、大同路、兴和路等，再经各驿站，深入蒙古草原腹地，与"草原丝绸之路"连接，直达西域各国。

第二条是"南瓷海运"主干线。由昌江流经赣江，再由鄱阳湖进入长江，经明州(宁波)、泉州等港口出海，将元青花等瓷器外销日本、泰国、菲律宾、印度、伊朗、土耳其和埃及等非沿岸国家，这条运输主干线又称"海上陶瓷之路"。上述国家已先后发现元青花的完整器物或残片。

3. 主要范围

元代青花出土地国外多，而国内少。以国外为例，在日本、韩国、东南亚、南亚、西亚、中东、非洲等地均有出土，而且其中不乏上等精品①。相

①彭涛《元代景德镇青花瓷器的外销及相关问题》，《南方文物》2003 年第 2 期。

反，国内考古发现的元代青花瓷器却不多，根据报告和粗略统计，可以确定元代青花瓷的使用范围大约在三个地域范围内：一是以江西为中心的包括江苏、湖南、广东在内的南方地区，以江西高安青花瓷为代表。江苏镇江、金坛，安徽蚌埠等地也有出土，广东、湖南等地有零星收藏。代表性的器物有梅瓶、盖罐、高足杯[①]。二是以北京为中心的，包括河北保定、内蒙古林西在内的北方地区，这里是元朝建立后蒙古贵族统治的中心区域，代表性的器物为青花执壶，如 1964 年河北保定出土的青花八棱执壶[②]，1970 年北京出土的青花凤头扁壶，1972 年内蒙古林西出土的青花扁壶，装饰青花色调鲜艳，色重处有晕散现象和深入骨的银色结晶体，使用的是进口“苏泥勃青”料。第三个区域，蒙古大草原是蒙古帝国和各汗分封所在地，近 20 年来，在内蒙古通辽、赤峰、锡林郭勒、集宁、呼和浩特、包头和阿拉善等地区的古城遗址、古村落的墓葬、窑藏，发掘和出土了大量瓷器，其中包括一批精美的元代青花瓷器。还有甘肃武威、临洮在内的西部地区，其中新疆出土为残片，而甘肃两地出土为完整器物。长期以来，新疆出土元青花瓷器被认为是西亚等地瓷器辗转传入中国的遗留物，甘肃青花瓷器的出土，给我们提供了有可能为南方传入的线索。

（本文原载：《2009 丝绸之路国际学术研讨会论文集》，三秦出版社，2010 年）

①刘裕黑、熊琳《江西高安窖藏出土元代青花、釉里红瓷器》，《文物》1982 年第 4 期。
②河北省博物馆《保定市发现一批元代瓷器》，《文物》1965 年第 2 期。

浅析高善穆石造像塔

高蓊生①

“塔”在印度被称作Stupa,汉文译为窣睹波或率都婆、睹塔婆等,意为“高显处”或“高坟”,原是印度的一种纪念性坟墓的通称。它的造型简单一致:覆钵形,上立长柱形标志“刹”。除了大型的佛塔建筑,还有用石、木、陶、铜、金、银等材料制作的许多可在室内供养的佛塔。我国最早的佛塔是发现于甘肃酒泉、敦煌及新疆吐鲁番的北凉石塔,其中最完美、最精美的便是现藏于甘肃省博物馆的高善穆石造像塔(图一),它是研究我国最早佛教思想、佛教与道教的关系等不可多得的珍贵实物。

高善穆石造像塔由黑色玄武岩雕成,高44.6厘米,底径15.2厘米,塔整体呈尖锥形,由宝顶、相轮、塔颈、覆钵、经柱、基柱等六部分组成,基座已佚。

最上面是扁平圆形宝顶,高0.4厘米,直径4.7厘米,顶上中部阴刻北斗七星。有的学者从中国传统观念出发,认为北斗七星表达塔寺坐北朝南的传统风水观念。但有的学者认为印度佛教中的北斗七星,表示妙见菩萨的化身,以此来消灾除病,延年益寿。也许这才是制造这座塔的真正目的。宝顶下面是七层相轮,高16厘米,逐层收分呈立锥形,相轮的四角,刻留四条垂线,把相轮分为四档。佛塔的相轮本来有一层到十三层不等,是存在着等级差别的,地位越高层数越多,地位越低层数越少,到后来也就不遵守了。相轮的用途主要是为了使人们仰望瞻视,以此来提高佛塔的地位。相轮下面有“刹柱”,也就是塔颈部分,高1.2厘米,用雕出的矮柱分成八格,每格中间雕“品”字形方斗承托。

塔颈下面是覆钵。钵本是佛僧化缘、用餐的容器,放在佛塔上则表示佛、高僧等圣人贤人应受到人们的敬仰、供养。在这个半球形覆钵上开了八个圆拱龛,龛上部饰大瓣覆莲。两龛楣尾端结束成环,每个龛内都刻有一尊高浮雕佛像,其中七尊禅定坐佛,面容较圆,双眼鼓凸,高磨光髻,身短,着通肩大衣,阴线刻重叠式衣纹于胸前呈“U”字形下垂。另一尊为交

①甘肃省博物馆。

图一

脚弥勒佛，头戴有冠帔的宝冠，袒上身，戴项圈、臂钏，下着羊肠大裙，双手交于胸前。各像背后刻圆形头光及弧形背光。佛座雕成矮台，没有纹饰。弥勒佛就是未来佛，据《弥勒下生经》说，弥勒下世后，“天下太平，毒气消除，雨润和适，五谷滋茂”“人皆慈心，修行十善，所营农稼，一种七获”。所以，弥勒出世象征着清平世界的到来，成为历代佛教徒梦寐以求的愿望，弥勒信仰也成为魏晋以来佛教的主要信仰之一。七佛和弥勒佛同时出现的造像题材，反映了当时人们不仅信仰七佛，也渴望弥勒降世。所以魏晋以来，七佛之后常常伴随弥勒菩萨，组成过去、现在、未来三世佛的世系，反映了当时三世佛的信仰。

经柱为圆柱形，高 7.2 厘米，柱围 46 厘米，周围刻发愿文和经文 36 行，每行 6 至 10 字不等，一般为 8 字一行。书法规整刚劲，为经典的北朝写经体。具体内容是“高善穆为父母报恩立此释迦牟尼得道塔”，之后刻有《增一阿含经·结禁果》中的一段：“闻如是……是各得道。”这是四阿含经中的第一部，是小乘教经典。佛教根据人们的大小根基而说大、小二教，即大乘与小乘。大乘是对于有大机缘的人说大法，开其智，最后可成佛果并可度化众生；小乘则是对于机缘小的人说一般的声闻缘觉，灭其智，只追求个人自我解脱，最后使自己成阿罗汉果，要求比较低。所以，由此塔刻《增一阿含经·结禁果》可以看出，这位高善穆有自知之明，知道自己成不了佛，便只求成阿罗汉果就满足了。这也许就是造此塔的基本想法吧。经文后刻有“承玄元年岁在戊辰四月十四日辛亥丙申时休息昙摩高宝合家妻共成此塔,各为十种父母报恩欢喜五义"。北凉承玄元年为北魏太武帝神䴥元年，即428年。这一明确的纪年便使之成为了我国最早的佛塔实物。

最下面的基柱为八棱柱,高8厘米,每个面上用阴线刻一尊肖像,手中分别持宝珠、宝瓶、宝扇等。关于这八尊像众说纷纭,一种说法是菩萨,另一种说法是天人,还有一种说法是供养人全家。而肖像的右上方各刻一个八卦符号,这又是什么含义呢?既然肖像与卦象紧密配合,必定有其内在联系。只有将八卦理解为八个方位,将八尊肖像理解为佛教中的"八方天",即八方的护法——东方帝释天、南方焰摩天、西方水天、北方毗沙门天、东北伊舍那天、东南火天、西南罗刹天、西北风天,八卦和肖像才能完美结合,才是正确的解释。

这座塔的形状与印度极具代表性的桑奇大塔的形状很相似，都是在台基上建一圆形覆钵。但不同的是,桑奇大塔在覆钵上有一四层方形物,类似相轮,上面又是三层塔刹,没有刻佛像,而是用狮子、大象等象征物代替。这座造像塔则是在覆钵上设一尖锥形相轮,相轮上没有塔刹,只有很短很短的刹柱。它是犍陀罗艺术传入中国并与中国文化相结合的产物。在我国佛教艺术早期,只有单身的佛和护法,其面相圆润丰满,表情严肃冷峻,高发螺髻,穿僧祇支或通肩大衣等。到了第二时期,佛则是瘦骨清相,威严而又古朴敦厚,褒衣博带,质地厚重,衣纹密集,直平阶梯式,内穿僧祇支,胸前束宽带,颈长、肩窄、胸平。从这座塔佛的形象与服饰来看,兼有早期与第二时期的特点，所以说此塔处于中国佛教艺术由早期向第二时期过渡的阶段。

值得重提的是,这座塔上的北斗七星和经文很具特点,而且还将八卦刻上佛塔。中国人对北斗的崇拜也是由来已久,早在殷商时代,人们就已经为北斗举行隆重的祀典，并且将北斗与王联系起来，认为祀斗就可以"王受佑"。道藏中有《北斗七星灯仪》《北斗本命延寿灯仪》,说明向北斗祈禳以延寿。佛教也崇拜北斗,认为北斗七星是妙见菩萨的化身,佛法中有《北斗护摩法》《北斗尊星王法》《北斗七经延命经》等。八卦是中国传统文化的重要基石,是探索天人之学,既探索宇宙、人生奥秘及其相互联系,又有逢凶化吉、避祸趋吉的办法。总之,古人崇拜北斗、八卦是为了祈福,拜佛也为祈福,这些都与造塔的目的相符,所以就采用了,使中外文化汇聚在一起,集中地在这座塔上体现了出来。这从另一方面也反映了当时的民众普遍将神佛等同起来,将神仙、佛陀和黄老并为一谈,一起供奉祭祀的事实。如汉桓帝曾在宫中铸黄金佛像,与老子并立供奉,以祈求长寿多福;东汉时期的墓室壁画及画像砖也多将佛像与东王公、西王母、青龙、白虎、朱雀、玄武刻在一起,甚至在敦煌莫高窟北魏、西魏时期的洞窟中,常常出现伏羲、女娲、东王公、西王母、雷公、电母等形象。也就是说,佛教早期正是利用中国传统的神仙思想向民众灌输佛教教义,使中国人喜爱并接受。

高善穆石造像塔是匈奴族建立的北凉政权时期的产物,并出土于酒泉这一丝绸之路上的著名重镇,因此,它也是研究东西方文化交流和少数民族对中华文化做出杰出贡献的重要物证。总之,这座塔的形制、题材及其艺术特色等都极具研究价值,是我国有纪年的早期佛塔的珍贵实物资料,是当之无愧的国宝。

(本文原载:《丝绸之路》2004 年第 10 期)